THE REPORT OF ECONOMIC POLICIES AND SIMULATIONS

〔第四辑〕

经济政策与模拟研究报告

中国社会科学院经济政策与模拟重点研究室

经济管理出版社
ECONOMY & MANAGEMENT PUBLISHING HOUSE

图书在版编目（CIP）数据

经济政策与模拟研究报告. 第四辑/中国社会科学院经济政策与模拟重点研究室. —北京：经济管理出版社，2012.7
ISBN 978-7-5096-1993-3

Ⅰ.①经… Ⅱ.①中 Ⅲ.①中国经济—经济政策—研究报告 Ⅳ.①F120

中国版本图书馆 CIP 数据核字（2012）第 124451 号

组稿编辑：张永美
责任编辑：张永美
责任印制：杨国强
责任校对：陈　颖

出版发行：经济管理出版社
（北京市海淀区北蜂窝 8 号中雅大厦 A 座 11 层　100038）
网　　址：www.E-mp.com.cn
电　　话：(010) 51915602
印　　刷：三河市延风印装厂
经　　销：新华书店
开　　本：787mm×1092mm/16
印　　张：18
字　　数：394 千字
版　　次：2012 年 10 月第 1 版　2012 年 10 月第 1 次印刷
书　　号：ISBN 978-7-5096-1993-3
定　　价：58.00 元

·版权所有　翻印必究·
凡购本社图书，如有印装错误，由本社读者服务部负责调换。
联系地址：北京阜外月坛北小街 2 号
电话：(010) 68022974　邮编：100836

经济政策与模拟研究报告(第四辑)编辑委员会

主　编：李　平

副主编：李雪松　张　晓

编委会（以姓氏笔画为序）：

　　　　王宏伟　王国成　齐建国　李　平　李文军　李　军
　　　　李金华　李　青　李雪松　汪同三　汪向东　何德旭
　　　　张昕竹　张　晓　张　涛　郑玉歆　赵京兴　龚　益
　　　　樊明太

编辑组：韩胜军　张　杰　沈　嘉

本书作者

第一章　沈利生
第二章　张　晓
第三章　谭运嘉　王宏伟　李　平
第四章　郑玉歆　刘小敏
第五章　张友国
第六章　蔡跃洲
第七章　娄　峰
第八章　蒋金荷
第九章　刘　强

目　录

第一章　对外贸易对经济增长贡献的多国比较
　　　　——基于投入—产出模型的分析 ································· 1
　第一节　根据外贸依存度来比较外贸对各国经济的影响 ················· 2
　第二节　出口对经济贡献的计算公式 ································· 9
　第三节　进口对经济贡献的计算公式 ································ 11
　第四节　数据来源 ·· 12
　第五节　各国出口对经济贡献的计算结果及分析 ······················ 14
　第六节　各国进口对经济贡献的计算结果及分析 ······················ 23
　第七节　若干结论 ·· 30

第二章　中国对外贸易的虚拟水资源含量及其政策含义 ················ 33
　第一节　人类社会的水危机及"水足迹"与"虚拟水"的概念 ············· 35
　第二节　分析模型和数据处理 ······································ 38
　第三节　估计结果讨论 ·· 42

第三章　大型建设项目区域经济影响评价实证分析
　　　　——基于区域投入—产出模型分析 ······························ 47
　第一节　引　言 ·· 47
　第二节　项目区域经济影响评价的内容和评价方法 ···················· 50
　第三节　区域投入—产出模型和数据说明 ···························· 51
　第四节　对项目所在区域经济增长的影响的实证分析 ·················· 56

第四章　中国低碳经济情景模型的构建与初步分析 ···················· 65
　第一节　中国低碳经济情景模型构造 ································ 65
　第二节　中国 2020 年碳排放基准情景及分析 ························ 81

第五章　中国碳减排目标的选择
　　　——基于 CGE 模型的随机模拟分析 ······························ 101
　第一节　应对气候变化的国际行动与中国的碳减排目标 ··············· 101
　第二节　总量限制与强度约束
　　　　——有关温室气体减排目标的争论 ···························· 104
　第三节　碳减排目标的比较方法
　　　　——基于 CGE 模型的实验方案 ······························· 110
　第四节　数值模拟结果 ··· 119

第五节　关于结果的进一步讨论 …………………………………………… 123
　　第六节　结　　论 …………………………………………………………… 125
第六章　中国储蓄率与增长路径的代际交叠动态一般均衡分析
　　　　　——人口结构影响的数理分析及 GAMS/MPSGE 情景模拟 ………… 131
　　第一节　基本思路 …………………………………………………………… 131
　　第二节　Diamond 代际交叠的模型分析框架 ……………………………… 132
　　第三节　基于 Diamond 模型框架的人口变化影响分析 …………………… 135
　　第四节　基于 GAMS/MPSGE 模拟的基本原理 …………………………… 139
　　第五节　使用 GAMS/MPSGE 动态建模的技术细节 ……………………… 142
　　第六节　人口老龄化影响的情景模拟 ……………………………………… 146
　　第七节　相关结论 …………………………………………………………… 149
第七章　中国金融可计算一般均衡（FCGE）模型的理论构建 ……………… 151
　　第一节　可计算一般均衡模型的理论综述 ………………………………… 151
　　第二节　中国 2007 年金融社会核算矩阵的编制 ………………………… 165
　　第三节　中国金融可计算一般均衡模型的建立 …………………………… 172
第八章　中国发展低碳经济的潜力空间研究
　　　　　——基于系统动力学理论和投入—产出分析模型 …………………… 183
　　第一节　研究背景 …………………………………………………………… 183
　　第二节　中国碳排放的特征分析 …………………………………………… 185
　　第三节　低碳经济模型的研究现状 ………………………………………… 190
　　第四节　模型方法与情景模拟结果 ………………………………………… 192
　　第五节　低碳经济发展潜力分析 …………………………………………… 198
　　第六节　结论以及未来的研究工作 ………………………………………… 200
第九章　能源经济系统动力学模型研究 ………………………………………… 203
　　第一节　建设中国国家能源预测与分析模型系统的重要意义 …………… 204
　　第二节　同类模型系统综述 ………………………………………………… 205
　　第三节　CEMS 的目标、主要特点与创新 ………………………………… 218
　　第四节　中国能源模型系统的结构设计 …………………………………… 219
　　第五节　初步模拟结果 ……………………………………………………… 237
　　附　　录 ……………………………………………………………………… 268

第一章 对外贸易对经济增长贡献的多国比较
——基于投入—产出模型的分析

随着经济全球化进程的加快，世界总出口的增长速度快于世界 GDP 的增长速度（见图 1-1），各国之间的经济联系日益密切。这种形势的有利之处是，当一些国家的经济欣欣向荣快速增长时，会同时带动其他国家一起增长；但其不利之处是，当某些国家，特别是经济总量比较大的发达国家出现经济危机时，也会拖累其他国家，进而引发较大的区域性危机，甚至会引起全球性的经济危机。例如，1997 年的东亚金融危机就给很多东亚国家的经济以重创；2008 年由美国次贷危机引发的全球性金融危机，导致世界各国几乎无一幸免都受到了影响。世界总贸易量的变化大致反映了全球的经济景气变化，图 1-1 所示是 1990 年以来世界总出口量的增长率和世界 GDP 增长率的变化情况。从图 1-1 中可以看到，当世界出口增长率较高时，大致也是世界 GDP 的增长率较快之时；反之亦反，两者大致保持同升同降之势。2008 年的全球性金融危机直接导致当年的世界 GDP 增长率和世界出口增长率同时下滑；2009 年两者更是同时出现了负增长，分别为 –1.9%、–11.3%。

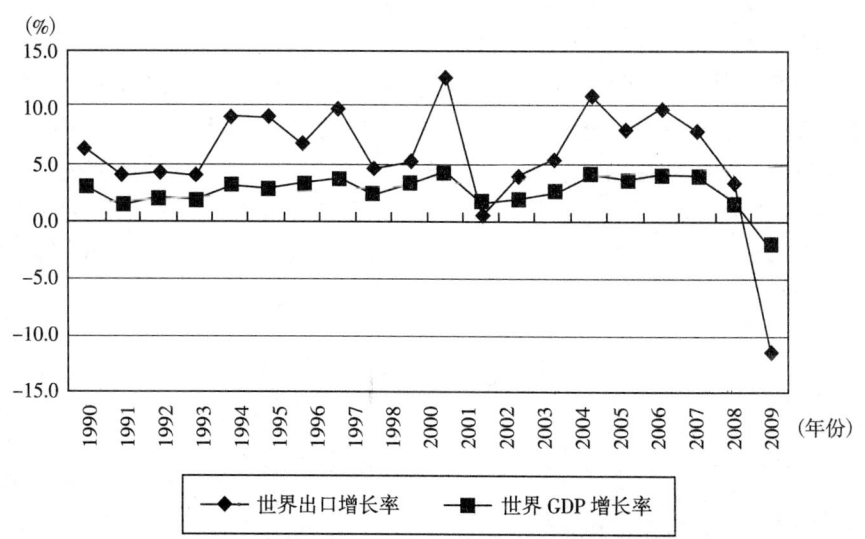

图 1-1　1990~2009 年世界出口（货物和服务）增长率和 GDP 增长率
数据来源：世界银行数据库，世界发展指数。

我国自从实行改革开放政策以来，对外贸易发展迅速，出口对经济的拉动作用越来越大。在评估我国对外贸易发展对经济增长的作用时，既可以在纵向的时间维度上与自身的过去作比较，这方面的研究可以见到很多；还可以把中国与世界其他国家在横向维度上进行比较，评估各国的对外贸易对各自经济的影响，这种跨国比较方面的研究还不多见。通过这种横向比较，可以确切地评估一下，在当今世界上，各国对外贸易对自身经济影响的程度上的差别以及对经济增长贡献的大小。通过这种比较分析，还有助于判断我国的对外贸易继续发展下去的位次变化。一旦世界经济发生动荡时，可判断我国经济受到的影响在世界上处于何种位置。显然，这种评估会对国家制定外贸政策产生一定的影响，且有利于进一步利用对外贸易促进我国的经济发展。

第一节 根据外贸依存度来比较外贸对各国经济的影响

判断对外贸易对一国经济的影响程度，一个简单而又方便的方法是比较"外贸依存度"。本节计算了两个"外贸依存度"：一个是按照"传统公式"计算的，另一个是按照"新公式"计算的。笔者认为，根据新公式计算的结果更为合理。

一、采用传统公式计算外贸依存度

计算外贸依存度的传统公式是：

外贸依存度 = 对外贸易总额/国内生产总值（GDP）   (1-1)
出口依存度 = 出口总额/国内生产总值（GDP）   (1-2)
进口依存度 = 进口总额/国内生产总值（GDP）   (1-3)

以上公式中的对外贸易总额是出口总额与进口总额之和，所以外贸依存度也是出口依存度与进口依存度之和。还需要说明的一点是，这里的外贸总额（或出口总额+进口总额）既包括了货物贸易额，也包括了服务贸易额（我国的海关统计中只有货物的进出口额）。依据这些公式计算得到的结果直接出现在各种世界性数据库中。例如，世界银行数据库中的世界发展指数就包括此类数据。表1-1列出了1995~2009年总共24个国家的外贸依存度。

表1-1 按照传统公式计算得到的各国外贸依存度

单位：%

年份 国家	1995	1998	2000	2003	2005	2006	2007	2008	2009
中国	38.8	36.4	44.2	56.9	68.6	70.6	68.0	62.2	49.1
德国	47.4	56.0	66.4	67.3	76.9	85.0	86.7	88.5	76.7
加拿大	71.5	80.9	85.4	72.5	71.9	69.8	68.0	69.0	59.1

续表

年份 国家	1995	1998	2000	2003	2005	2006	2007	2008	2009
英国	56.6	53.8	57.1	53.3	56.2	60.2	56.5	61.0	57.7
意大利	47.7	47.3	53.2	48.6	52.0	56.3	58.2	58.3	48.3
法国	44.4	49.9	56.2	50.1	53.0	54.8	55.0	55.6	48.0
日本	16.9	19.9	20.5	22.4	27.3	31.0	33.6	34.9	24.8
美国	23.3	23.7	25.9	23.3	26.5	27.8	28.7	30.6	25.1
比利时	127.0	135.8	153.6	143.4	156.4	160.8	162.9	170.5	143.2
斯洛伐克	113.3	129.2	143.5	153.6	157.2	172.8	174.5	168.3	203.2
荷兰	113.0	120.4	134.6	119.7	130.7	137.9	140.9	145.0	131.6
奥地利	70.7	81.7	91.1	93.7	104.4	108.5	112.9	112.6	96.5
丹麦	71.1	74.3	87.1	84.4	93.1	101.0	102.4	107.2	91.7
瑞典	72.6	79.4	86.7	80.2	89.0	94.1	96.3	99.7	90.1
芬兰	65.5	69.1	78.1	70.6	79.5	86.3	86.6	89.9	72.3
波兰	44.2	56.8	60.7	69.3	74.9	82.5	84.4	83.9	77.7
葡萄牙	61.1	65.3	69.0	62.2	65.0	70.8	72.6	75.1	63.6
希腊	43.6	49.3	63.2	52.3	53.8	55.8	57.4	59.2	47.9
西班牙	44.8	53.6	61.2	55.0	56.6	59.0	60.6	58.7	49.0
印度	23.1	24.0	27.4	30.9	41.2	45.7	45.2	52.5	45.8
印度尼西亚	54.0	96.2	71.4	53.6	64.0	56.7	54.8	58.5	45.5
南非	44.9	50.2	52.8	53.4	55.2	62.5	65.5	73.9	55.4
澳大利亚	37.2	39.6	40.6	39.7	38.6	40.7	40.7	41.4	—
巴西	16.0	15.9	21.7	27.1	26.6	25.8	25.2	27.4	22.6

数据来源：世界银行数据库，世界发展指数（World Development Indicator，WDI）。

表1-1中除第1行是中国外，其他各国分成两组，按2008年的外贸依存度从高到低的次序排列。从第2行到第8行是第1组，是七国集团（G7——德、加、英、意、法、日、美）国家；从第9行起是其他国家。从表1-1的数据可以看到，1995年以来，我国的外贸依存度呈逐年上升趋势，且上升得很快。1995年只有38.8%，到2006年就上升到70.6%，这是我国对外贸易增长速度快于GDP增长速度的结果。2008年和2009年出现下降，是受到了源自美国次贷危机所引发的全球金融危机的影响。在G7国家中，外贸依存度较高的是德国和加拿大，最高时分别达到88.5%、85.4%。英国、意大利、法国的外贸依存度要低些，大致在50%~60%，一度高于中国，近年来逐渐低于中国。经济总量处于前两位的美国和日本，外贸依存度并不高，最高时分别为30.6%、34.9%。中国与G7国家相比，排在第三位，可以算是高的。图1-2所示是用传统公式计算得到的2008年各国外贸依存度比较。

在表1-1列出的其他国家中，11个欧洲国家加上南非，它们的外贸依存度普遍都比较高；印度尼西亚、印度、澳大利亚、巴西的外贸依存度普遍低些，其中巴西的外贸依存度一直都是在27%以下。引人注目的是表1-1中的这几个国家——比利时、斯洛伐

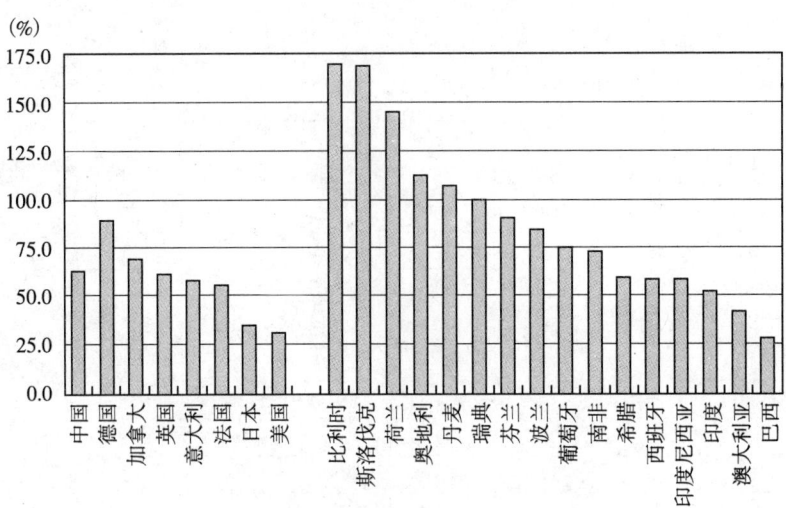

图 1-2 用传统公式计算的 2008 年各国外贸依存度

克、荷兰、奥地利、丹麦，它们的外贸依存度都超过了 100%，也即这些国家的进出口总额比它们各自的国内生产总值（GDP）还要高。利用传统的外贸依存度公式计算得到的结果出现大于 100% 的现象，这是不可避免的，其原因是公式中的分子进出口总额未全部包含在分母 GDP 之中。然而，外贸依存度超过了 100% 的事实很不好解释，它很容易让人产生疑问：这些国家的经济活动都被对外贸易支配了？这就意味着，传统的外贸依存度公式存在着固有的缺陷，这正是本文要用计算外贸依存度新公式的原因。

二、采用新公式计算外贸依存度的理由与计算结果

笔者①曾在相应论文中分析过传统外贸依存度公式存在的问题，进而提出了计算外贸依存度的新公式。任何一国的经济都要依赖且仅依赖两个市场：国内市场和国外市场。如果把外贸依存度定义为一国经济对国外市场的依赖程度，那么，与其相对应的就是内贸依存度，即一国经济对国内市场的依赖程度。两个市场囊括了一国的全部经济活动，故两个依存度之和正好等于 100%。用 100% 减去外贸依存度，就得到内贸依存度。从这个无懈可击的逻辑推论可知，无论是外贸依存度还是内贸依存度，都应是小于 100% 的正数，那样才有意义。然而，在上节传统的外贸依存度计算结果中，有些国家超过了 100%，如果说这些国家的内贸依存度是负值，显然是不合适的。这就表明，利用传统的外贸依存度公式不可能计算出内贸依存度。或者说，它回答不了"内贸依存度"是多少的问题。我们很难想象，如表 1-1 中的比利时、斯洛伐克、荷兰等国的经济中会没有国内市场，或者说不对国内市场有依赖。

笔者提出的计算外贸依存度的新公式建立在投入—产出分析的基础上，具体形式为：

外贸依存度 = 外贸总额/经济活动总量   (1-4)

---

① 沈利生：《论外贸依存度》，《数量经济技术经济研究》，2005 年第 7 期。

出口依存度 = 出口总额/经济活动总量 (1-5)

进口依存度 = 进口总额/经济活动总量 (1-6)

其中，外贸总额（或出口总额、进口总额）包括了货物和服务。经济活动总量 = 总产出（或总投入）+ 进口总额。总产出（或总投入）可根据投入—产出表中的相关数据得到，或者利用公式计算：总产出 = GDP/增加值率。新公式与传统公式的不同点表现在分母上，新公式的分母大了，把分子全部包括了进去，故不会出现计算结果大于100%的问题。

按照公式（1-4）、公式（1-5）、公式（1-6）计算得到各国的外贸依存度列在表1-2中。

表1-2 用新公式计算得到的各国外贸依存度

国家	年份	GDP	出口总额	进口总额	增加值率	外贸依存度(%)	出口依存度(%)	进口依存度(%)
中国	1995	59278.5	12990.4	11467.5	0.3826	14.7	7.8	6.9
	2000	92346.9	23123.0	21472.4	0.3586	16.0	8.3	7.7
	2005	186256.1	68495.3	58798.5	0.3407	21.0	11.3	9.7
加拿大	1995	7579.0	2703.2	2954.7	0.5023	31.4	15.0	16.4
	2000	10301.7	4586.4	4312.0	0.5058	36.1	18.6	17.5
	2005	12846.0	4912.8	4929.5	0.5208	33.3	16.6	16.7
德国	1995	16626.7	3792.9	3892.3	0.5345	22.0	10.8	11.1
	2000	19027.9	5765.7	6811.4	0.5170	28.8	13.2	15.6
	2005	20837.8	7566.0	8046.5	0.5130	32.1	15.5	16.5
英国	1995	6609.8	1863.5	2070.5	0.4919	25.4	12.0	13.4
	2000	8741.9	2405.3	2865.6	0.4881	25.4	11.6	13.8
	2005	11756.0	2932.7	3736.4	0.5207	25.3	11.1	14.2
法国	1995	10866.0	2394.3	2506.2	0.5388	21.6	10.6	11.1
	2000	13376.5	3572.3	3987.1	0.5116	25.1	11.9	13.2
	2005	15930.7	3993.3	4646.4	0.5117	24.1	11.2	13.0
意大利	1995	8804.1	2194.2	2078.2	0.4975	21.6	11.1	10.5
	2000	10973.5	2900.3	3125.1	0.4741	22.9	11.0	11.9
	2005	13226.5	3418.0	3719.1	0.4736	22.6	10.8	11.8
日本	1995	50524.6	4680.9	4372.4	0.5445	9.3	4.8	4.5
	2000	51660.8	5636.7	5032.5	0.5341	10.5	5.5	4.9
	2005	49963.4	7325.5	7187.6	0.5315	14.3	7.2	7.1
美国	1995	72799.5	6975.3	8756.7	0.5372	10.9	4.8	6.1
	2000	98169.7	9251.7	14080.1	0.5398	11.9	4.7	7.2
	2005	124218.9	11049.2	19270.8	0.5377	12.1	4.4	7.7
斯洛伐克	1995	5393.3	3283.5	3367.0	0.4033	39.7	19.6	20.1
	2000	8652.8	6609.3	7074.8	0.3828	46.1	22.3	23.8
	2005	13909.6	11131.3	11600.4	0.4178	50.6	24.8	25.8
比利时	1995	1858.1	1051.1	1309.4	0.4505	43.4	19.3	24.1
	2000	2260.8	1528.7	2044.0	0.4183	48.0	20.5	27.4
	2005	2781.1	1710.5	2309.1	0.4416	46.7	19.9	26.8

续表

国家	年份	GDP	出口总额	进口总额	增加值率	外贸依存度(%)	出口依存度(%)	进口依存度(%)
荷兰	1995	2932.9	1352.3	1637.1	0.5053	40.2	18.2	22.0
	2000	3686.4	1844.6	2508.0	0.4854	43.1	18.3	24.8
	2005	4681.7	2381.0	3262.2	0.4867	43.8	18.5	25.3
丹麦	1995	8989.2	3026.7	3161.4	0.5405	31.3	15.3	16.0
	2000	11553.8	5349.5	5574.8	0.5325	40.1	19.6	20.4
	2005	13702.5	6525.3	7144.4	0.5154	40.5	19.3	21.2
奥地利	1995	1570.0	480.8	615.5	0.5452	31.4	13.8	17.6
	2000	1876.5	770.4	927.1	0.5172	37.3	16.9	20.4
	2005	2252.5	1005.0	1222.7	0.5036	39.1	17.6	21.5
瑞典	1995	16228.5	6662.3	5698.1	0.5059	32.7	17.6	15.1
	2000	20332.5	9677.9	8879.8	0.4908	36.9	19.2	17.7
	2005	24988.8	12259.8	11208.9	0.4913	37.8	19.7	18.1
芬兰	1995	857.4	334.7	274.8	0.4934	30.3	16.6	13.7
	2000	1168.9	531.9	439.1	0.4675	33.0	18.1	14.9
	2005	1417.2	627.4	583.2	0.4673	33.5	17.4	16.1
波兰	1995	2659.7	608.7	709.4	0.4537	20.1	9.3	10.8
	2000	6611.3	1924.7	2488.7	0.4667	26.5	11.6	14.9
	2005	8985.2	3267.3	3719.5	0.4599	30.0	14.0	16.0
葡萄牙	1995	732.6	211.7	294.5	0.4745	27.5	11.5	16.0
	2000	1130.9	299.2	497.0	0.4897	28.4	10.7	17.7
	2005	1343.6	369.3	557.7	0.4856	27.9	11.1	16.8
印度尼西亚	1995	53457.7	12236.0	12676.4	0.5443	22.5	11.0	11.4
	2000	135483.1	56949.0	41871.9	0.5084	32.0	18.5	13.6
	2005	287689.2	97710.5	84013.2	0.5058	27.8	15.0	12.9
希腊	1995	736.2	134.1	199.3	0.5891	23.0	9.3	13.8
	2000	1263.2	215.5	521.0	0.5846	27.5	8.0	19.4
	2005	1828.5	324.9	612.5	0.6060	25.8	9.0	16.9
西班牙	1995	4096.1	809.9	997.8	0.5129	20.1	9.0	11.1
	2000	5792.1	1527.8	2027.1	0.4847	25.4	10.9	14.5
	2005	8313.2	1978.1	2813.8	0.4699	23.4	9.6	13.7
南非	1995	4041.7	818.2	759.2	0.5158	18.4	9.5	8.8
	2000	8384.8	1899.9	2294.7	0.5238	22.9	10.4	12.5
	2005	14551.2	3102.3	4372.1	0.4584	20.7	8.6	12.1
澳大利亚	1995	4481.0	833.6	976.9	0.5023	18.3	8.4	9.9
	2000	6850.8	1478.9	1545.8	0.4832	19.2	9.4	9.8
	2005	8362.1	1604.3	1903.6	0.4841	18.3	8.4	9.9
印度	1995	8305.5	880.9	967.7	0.5537	11.6	5.5	6.1
	2000	16657.7	2003.9	2463.3	0.5556	13.8	6.2	7.6
	2005	26483.3	3560.1	4523.9	0.5167	14.5	6.4	8.1

续表

国家	年份	GDP	出口总额	进口总额	增加值率	外贸依存度(%)	出口依存度(%)	进口依存度(%)
巴西	1995	6013.4	485.1	613.1	0.5401	9.3	4.1	5.2
	2000	10424.5	1101.5	1343.1	0.5212	11.5	5.2	6.3
	2005	19763.7	3240.7	2491.3	0.5219	14.2	8.0	6.2

数据来源：从 OECD 数据库下载得到各国投入—产出表。货币单位分别是：日本、印度和印度尼西亚为百亿本币，欧盟各国为亿欧元；其他各国为亿本币。

为了便于直观比较，图 1-3 列出了用新公式计算得到的 2005 年各国外贸依存度。从总体上来看，各国的外贸依存度中最高的是斯洛伐克（50.6%），最低的是美国（12.1%）。外贸依存度较高（接近或超过 40%）的国家，也是表 1-1 中用传统公式计算结果中超过 100%的那些国家（斯洛伐克、比利时、荷兰、丹麦、奥地利）。现在这些国家的外贸依存度除斯洛伐克外都未超过 50%，说明它们的内贸依存度大于 50%，也即在它们的全部经济活动中，有一半以上要依赖国内市场。

中国 2005 年的外贸依存度是 21.0%，在 24 个国家中属于偏低的，排在倒数第 7，仅高于美国、日本、南非、澳大利亚、印度、巴西。所有欧洲国家的外贸依存度都高于中国。在 G7 国家中，除美国、日本以外的其他国家的外贸依存度都高于中国。这个事实说明，虽然中国的外贸发展速度很快，外贸总量已进入世界前列，但中国经济对国外市场的依赖程度还不算很高。由此可以肯定地说，在世界经济出现风吹草动时，中国经济受到影响的程度会远远小于世界上的许多国家，包括若干重要国家，如 G7 中的德国、法国、英国、意大利、加拿大等。2008 年的全球金融危机给世界经济带来了灾难性影响，当年全球经济增长下跌（见图 1-1），2009 年很多国家的经济更是出现了负增长。而中国在连续两年实施扩大 4 万亿元投资的刺激措施后，经济增长却未受太大影响，2009 年和 2010 年的经济增长率分别为 9.1%、10.3%。这个事实充分证明了中国经济受世界经济走势的影响程度并不大。

用新公式计算得到的各国外贸依存度排序，反映了一国经济对国外市场的依赖程度的排序，大致上也是各国对外贸易对经济的贡献程度的排序。在本文下面的分析中，对 24 国的排列次序均与此处的排序保持一致。此外，在下文中说到外贸依存度时，均指用新公式计算得到的外贸依存度。

三、增加值率对外贸依存度的影响

图 1-4 所示是 2005 年各国的增加值率，这里有必要讨论一下。

注意表 1-1 中按传统外贸依存度公式计算 2005 年的结果，中国是 68.6%，在 G7 国家中，比中国高的只有德国（76.9%）、加拿大（71.9%），注意比中国低的三个国家：英国（56.2%）、意大利（52.0%）、法国（53.0%）。比较表 1-2 以新公式计算的 2005 年外贸依存度，英国（25.3%）、意大利（22.6%）、法国（24.2%）。这三个国家的外贸依存度

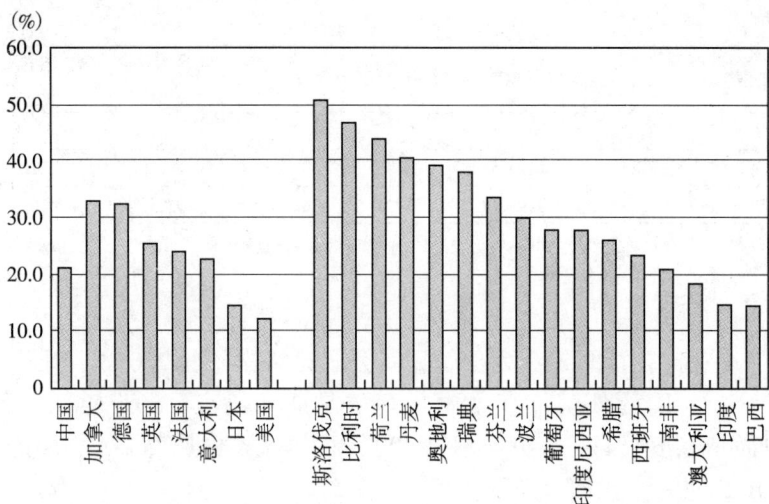

图1-3 用新公式计算得到的2005年各国的外贸依存度比较

都比中国（21.0%）高。这个变化自然是由于采用了不同的计算公式的缘故。新公式与传统公式的不同之处是，新公式中的分母使用了总产出，它比传统公式中的分母GDP大。总产出的放大倍数就是增加值率的倒数。由于各国国家的增加值率有所不同，差别还很大，这样在分母放大时，程度上也就有了差别。2005年中国的增加值率为0.3407，远远小于英国（0.5207）、意大利（0.4736）、法国（0.5117），故中国的分母放大程度要大于英、意、法，于是以新公式计算得到的外贸依存度，中国就比英、意、法小。

增加值率是增加值占总投入的比例，它是反映经济中投入—产出效率的综合性指标。在同样的投入下，如果增加值（产出）高，增加值率就高。1995~2005年，中国的增加值率呈现出持续下降的趋势，反映了投入—产出的效率在下降，实际上意味着经济增长的质量在下降。从横向比较来看，在24个国家中，中国的增加值率是最低的（见图1-4），

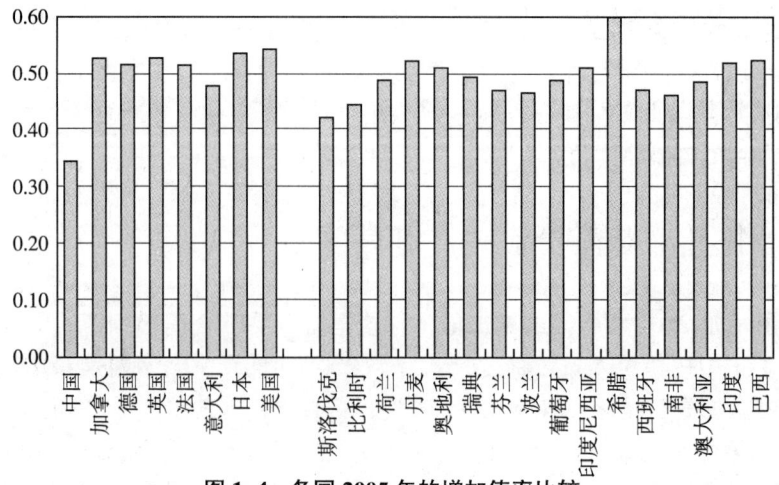

图1-4 各国2005年的增加值率比较

说明中国的经济增长还是一种粗放式的增长,以大强度地消耗各种资源为代价,所以,这种增长方式不可能持久。未来随着科学发展观的落实,中国的投入—产出效率应有所提高,增加值率应该会逐渐提高。这样,中国在未来年份 GDP 提高的同时,总产出的提高会相应慢些,那么,中国的外贸依存度就会上升得快些,可能会赶上 G7 中的某些国家,如法国、英国、意大利等。

第二节 出口对经济贡献的计算公式[①]

一个开放经济的投入—产出简化表如表 1-3 所示,国家统计局编制的中国投入—产出表就是这种形式。

表 1-3 开放经济的投入—产出简化表

		中间使用	最终使用				进口	总产出
	部门	1, 2, ⋯, n	消费	资本形成	出口	合计		
中间投入	1, 2, ⋯, n	x_{ij}	c_i	in_i	ex_i	y_i	$-M_i$	X_i
增加值		v_j	—					
总投入		X_j						

为了进一步分析出口和进口对经济的贡献,必须把中间投入和最终使用中的国内产品和进口产品拆分开,拆分成国内产品中间投入和最终使用,进口产品中间投入和最终使用,如此得到的就是非竞争型投入—产出表,如表 1-4 所示。表中各变量的上标 d 表示国内产品,上标 m 表示进口产品。注意,由于进口产品已从中间使用和最终使用中拆分出来,故右列的进口总量 m_i 是正值。

表 1-4 拆分进口以后的非竞争型投入—产出简化表

		中间使用	最终使用				进口	总产出
	部门	1, 2, ⋯, n	消费	资本形成	出口	合计		
国内产品中间投入	1, 2, ⋯, n	x_{ij}^d	c_i^d	in_i^d	en_i^d	y_i^d	—	X_i
进口产品中间投入	1, 2, ⋯, n	x_{ij}^m	c_i^m	in_i^m	ex_i^m	y_i^m	M_i	—
增加值		v_j	—					
总投入		X_j						

[①] 关于出口、进口对经济增长贡献更详细的讨论可参看沈利生:《外贸对经济增长贡献的定量分析》,《吉林大学社会科学学报》,2004 年第 4 期。

出口对 GDP 贡献的公式推导见下面的内容。

根据表 1-4，写出行平衡式，对于国内产品有：

$$\sum_{j=1}^{n} x_{ij}^d + c_i^d + in_i^d + ex_i^d = \sum_{j=1}^{n} x_{ij}^d + y_i^d = X_i, \quad i = 1, 2, \cdots, n \quad (1-7)$$

定义国内产品直接消耗系数 $a_{ij}^d = x_{ij}^d/X_j$，则有 $x_{ij}^d = a_{ij}^d \cdot X_j$，代入公式（1-7）得：

$$\sum_{j=1}^{n} a_{ij}^d X_j + c_i^d + in_i^d + ex_i^d = \sum_{j=1}^{n} a_{ij}^d X_j + y_i^d = X_i, \quad i = 1, 2, \cdots, n$$

写成矩阵形式：

$$A^D X + C^d + IN^d + EX^d = A^D X + Y^d = X$$

则有：

$$X = (I - A^D)^{-1} Y^d = (I - A^D)^{-1}(C^d + IN^d + EX^d)$$

即：

$$X = (I - A^D)^{-1} C^d + (I - A^D)^{-1} IN^d + (I - A^D)^{-1} EX^d = X^C + X^{IN} + X^{EX}$$

上式中的 X^C、X^{IN}、X^{EX} 分别是由国内产品用于消费 C^d、资本形成 IN^d、出口 EX^d 所拉动的产出。

定义增加值率 $r_j = v_j/X_j$，则增加值率行向量为 $R = (r_1, r_2, \cdots, r_n)$。由国内总产出产生的增加值（国内生产总值 GDP）为：

$$GDP = \sum_{j=1}^{n} v_j = (r_1, r_2, \cdots, r_n) \begin{bmatrix} X_1 \\ X_2 \\ \vdots \\ X_n \end{bmatrix} = RX \quad (1-8)$$

若把增加值率写成对角矩阵 $\hat{R}$，则可得到各部门产出 X_i 所产生的增加值 V：

$$V = \begin{bmatrix} v_1 \\ v_2 \\ \vdots \\ v_n \end{bmatrix} = \begin{bmatrix} r_1 & & & \\ & r_2 & & \\ & & \ddots & \\ & & & r_n \end{bmatrix} \begin{bmatrix} X_1 \\ X_2 \\ \vdots \\ X_n \end{bmatrix} = \hat{R} X \quad (1-9)$$

由于 $X = X^C + X^{IN} + X^{EX}$，则由消费、资本形成、出口各自拉动产生的增加值分别是：

$$GDP^C = RX^C = R(I - A^D)^{-1} C^d \quad (1-10)$$

$$GDP^{IN} = RX^{IN} = R(I - A^D)^{-1} IN^d \quad (1-11)$$

$$GDP^{EX} = RX^{EX} = R(I - A^D)^{-1} EX^d \quad (1-12)$$

定义出口对 GDP 的贡献率：$\eta^X = GDP^{EX}/GDP$（同样可以定义消费、资本形成对 GDP 的贡献）。一般来说，由出口产生的增加值 GDP^{EX} 要小于出口总值 $\sum_{i=1}^{n} ex_i^d$。可以证明，仅当进口产品不进入中间使用时，国内最终产品的总和等于 GDP；出口总值正好等于出口拉动的增加值。[①] 进一步定义出口贡献系数：δ^x = 单位出口产生的增加值。用公式表示就是：

$$\delta^x = \frac{出口产生增加值}{出口值} = \frac{出口产生增加值/GDP}{出口值/GDP} = \frac{出口对 GDP 贡献率}{出口占 GDP 比例} \tag{1-13}$$

第三节　进口对经济贡献的计算公式

进口对 GDP 贡献的计算公式推导见下面的内容。

根据表 1-4，写出如下列向平衡式：

$$\sum_{i=1}^{n} x_{ij}^d + \sum_{i=1}^{n} x_{ij}^m + v_j = X_j, \quad j = 1, 2, \cdots, n \tag{1-14}$$

定义国内产品供给系数：$d_{ij} = x_{ij}^d / X_i$，则有：

$$x_{ij}^d = d_{ij} \cdot X_i \tag{1-15}$$

定义进口产品供给系数：$e_{ij} = x_{ij}^m / M_i$，则有：

$$x_{ij}^m = e_{ij} \cdot M_i \tag{1-16}$$

此处定义的供给系数也称分配系数。把公式（1-15）、公式（1-16）代入公式（1-14）得：

$$\sum_{i=1}^{n} d_{ij} X_i + \sum_{i=1}^{n} e_{ij} M_i + v_j = X_j, \quad j = 1, 2, \cdots, n$$

写成矩阵形式：$D^T X + E^T M + V = X$

有：$X = (I - D^T)^{-1} E^T M + (I - D^T)^{-1} V = X^M + X^V \tag{1-17}$

在公式（1-17）中：

X^M 是进口用于中间投入引起的总投入：$X^M = (I - D^T)^{-1} E^T M$

X^V 是国内初始投入引起的总投入：$X^V = (I - D^T)^{-1} V$

根据增加值 V、增加值率 R、总投入（等于总产出）X 之间的关系（见公式 1-8），仿照公式（3-10）至公式（3-12）可得进口用于中间投入产生的增加值：

$$GDP^M = RX^M = R(I - D^T)^{-1} E^T M \tag{1-18}$$

进口用于中间投入推动各部门产生的增加值：

$$V^M = \hat{R} X^M = \hat{R}(I - D^T)^{-1} E^T M \tag{1-19}$$

进口对 GDP 的贡献率：

$$\eta^M = GDP^M / GDP \tag{1-20}$$

定义进口贡献系数：δ^M = 单位进口产生的增加值。用公式表示就是：

[①] 参见沈利生：《三驾马车的拉动作用评估》，《数量经济技术经济研究》，2009 年第 4 期。

$$\delta^M = \frac{\text{进口产生增加值}}{\text{进口值}} = \frac{\text{进口产生增加值/GDP}}{\text{进口值/GDP}} = \frac{\text{进口对 GDP 贡献率}}{\text{进口占 GDP 比例}} \tag{1-21}$$

进口产品用于中间投入与国内产品用于中间投入的一个根本不同点就在于，用于中间投入的进口品是外来的，它只在初始阶段投入生产过程。国内产品则不然，它是在国内生产的，并且不断重复地进入生产过程。所以，进口的中间投入品实际上就是初始投入，它与国内初始投入起着同样的作用。

第四节 数据来源

本文共用到 24 个国家的投入—产出表，每个国家都包括 1995 年、2000 年、2005 年这三年，下载自 OECD（经济合作与发展组织）数据库（网址：http://www.oecd.org/document/32/0, 3343,en_2649_34445_42162912_1_1_1_1,00.html）。这些投入—产出表有两个特点：其一，各国的投入—产出部门（行业）分类完全一样。其二，既有竞争性投入—产出表（中间产品和最终产品流量同时包含了国内产品和进口产品），又有非竞争型投入—产出表（把中间产品和最终产品拆分为国内产品和进口产品）。这就为利用多国数据进行计算比较提供了有利条件。但在实际计算时遇到了一个问题，在有些国家的投入—产出表中，某些部门（行业）没有数据，在其注释中说，这些部门（行业）包含在别的部门（行业）中。如把这些国家没有数据的部门（行业）删去，也是可以的。但这会引起两个问题：一是各国之间不好进行部门（行业）计算结果的比较，因为部门（行业）包含的内容有所不同；二是当各个国家的投入—产出表部门（行业）数不同时，就要分别对各个国家进行计算。而部门（行业）数完全一样时，在计算时便于进行批处理，可大大减少工作量。有鉴于此，本文采取了减少部门（行业）数的办法，大致以涉及部门（行业）数最少的投入—产出表为准，对部门（行业）数多的国家的投入—产出表进行了部门（行业）合并。原来的投入—产出表有 48 个部门（行业），经合并后减为 32 个。具体的合并情况如表 1-5 所示。

表 1-5　各国投入—产出表中的部门（行业）合并情况

原编号	原表中的部门（行业）	新编号	合并后的部门（行业）
1	农林牧渔业	1	农林牧渔业
2	能源采掘业	2	能源采掘业
3	非能源采掘业	3	非能源采掘业
4	食品、酒、烟草业	4	食品、酒、烟草业
5	纺织、皮革、制鞋业	5	纺织、皮革、制鞋业
6	木材制品业	6	木材制品业
7	造纸、纸制品印刷业	7	造纸、纸制品印刷业
8	焦炭成品油核燃料业	8	焦炭成品油核燃料业

续表

原编号	原表中的部门（行业）	新编号	合并后的部门（行业）
9	化学工业（不包括医药）	9	化学工业
10	医药		
11	橡胶塑料制品	10	橡胶塑料制品
12	其他非金属矿产品	11	其他非金属矿产品
13	钢铁	12	黑色、有色金属
14	有色金属	—	—
15	金属制品（不包括机器设备）	13	金属制品（不包括机器设备）
16	机器设备	14	机器设备
17	办公和计算机设备	15	办公和计算机设备
18	电力机械设备	16	机械、仪器设备
19	无线电、电视、通信设备	—	—
20	医学、精密光学仪器	—	—
21	机动车、拖拉机	17	机动车、拖拉机
22	建筑和船舶修理	18	建筑、飞行器、铁路交通设备
23	飞行器和航天器	—	—
24	铁路交通设备	—	—
25	制造业及循环利用（家具除外）	19	制造业及循环利用（家具除外）
26	电力生产和配送	20	电力、燃气、水
27	煤气、天然气生产配送	—	—
28	蒸气、热水供应	—	—
29	水净化、配送	—	—
30	建筑业	21	建筑业
31	批发零售修理业	22	批发零售修理业
32	住宿餐饮业	23	住宿餐饮业
33	陆路交通和管道运输	24	交通运输业
34	水上交通	—	—
35	空中交通	—	—
36	支持辅助交通和旅行社	—	—
37	邮电通信业	25	邮电通信业
38	金融保险业	26	金融保险业
39	房地产业	27	房地产业
40	租赁业	28	其他商业活动
41	计算机和相关活动		
42	研究和开发		
43	其他商业活动		
44	公共管理、国防、社会保障	29	公共管理、国防、社会保障
45	教育	30	教育
46	卫生和社会服务	31	卫生和社会服务
47	其他社区、社会、个人服务	32	其他社会服务
48	境外组织团体雇佣的私人就业	—	—

第五节 各国出口对经济贡献的计算结果及分析

一、出口拉动经济的贡献

在 24 个国家中,每个国家都有 3 年的投入—产出表,分别是 1995 年、2000 年、2005 年。从纵向看,可以通过这 3 个年份的计算结果,分析判断各国在这 10 年中的发展变化趋势。有些国家的变化还是很大的,如中国。从横向来看,则可以比较各国之间的差异情况。为简单起见,本文在作横向比较时,只比较了 2005 年。根据公式(1-10)、公式(1-11)、公式(1-12)计算得到各国消费、投资、出口拉动经济的结果列于表 1-6 中。我们主要关注各国出口拉动经济的贡献(拉动的比重),见表 1-6 的最右列。

表 1-6 各国出口拉动经济的贡献

国家	年份	GDP	拉动经济的增加值			拉动经济的比重(%)		
			消费	投资	出口	消费	投资	出口
中国	1995	59278.5	30725.4	18144.3	10978.1	51.8	30.6	18.5
	2000	92346.9	48036.8	24841.5	18065.2	52.0	26.9	19.6
	2005	186256.1	80692.4	57590.8	49756.7	43.3	30.9	26.7
加拿大	1995	7579.0	4640.4	869.6	1879.5	61.2	11.5	24.8
	2000	10301.7	5774.4	1232.5	3174.3	56.1	12.0	30.8
	2005	12846.0	7478.0	1796.1	3571.9	58.2	14.0	27.8
德国	1995	16626.7	10648.0	2957.7	3021.0	64.0	17.8	18.2
	2000	19027.8	11862.5	2881.0	4284.4	62.3	15.1	22.5
	2005	20837.8	12895.2	2430.3	5512.3	61.9	11.7	26.5
英国	1995	6606.6	4428.1	728.5	1450.0	67.0	11.0	21.9
	2000	8742.1	5803.7	1021.5	1916.9	66.4	11.7	21.9
	2005	11756.0	7864.5	1504.8	2386.6	66.9	12.8	20.3
法国	1995	10866.0	7312.6	1630.7	1922.7	67.3	15.0	17.7
	2000	13376.5	8780.7	1964.1	2631.7	65.6	14.7	19.7
	2005	15930.7	10597.2	2411.4	2922.1	66.5	15.1	18.3
意大利	1995	8804.1	5782.2	1340.8	1681.1	65.7	15.2	19.1
	2000	10973.5	7212.0	1647.1	2114.4	65.7	15.0	19.3
	2005	13226.5	8751.2	2048.0	2427.3	66.2	15.5	18.4
日本	1995	50524.6	33224.1	13011.9	4288.5	65.8	25.8	8.5
	2000	51660.8	34476.3	12123.0	5061.5	66.7	23.5	9.8
	2005	49963.4	33725.0	10039.8	6197.9	67.5	20.1	12.4
美国	1995	72799.5	56020.1	10540.1	6239.4	77.0	14.5	8.6
	2000	98169.7	73463.7	16665.2	8040.7	74.8	17.0	8.2
	2005	124218.1	94395.4	20324.6	9498.1	76.0	16.4	7.6

续表

国家	年份	GDP	拉动经济的增加值			拉动经济的比重（%）		
			消费	投资	出口	消费	投资	出口
斯洛伐克	1995	5393.3	2647.8	627.7	2117.8	49.1	11.6	39.3
	2000	8652.8	4254.4	1112.0	3286.3	49.2	12.9	38.0
	2005	13909.6	6432.7	1740.4	5736.5	46.2	12.5	41.2
比利时	1995	1858.2	1048.2	188.6	621.5	56.4	10.1	33.4
	2000	2260.8	1209.3	224.5	827.0	53.5	9.9	36.6
	2005	2781.3	1515.3	294.6	971.4	54.5	10.6	34.9
荷兰	1995	2932.9	1687.7	342.2	903.0	57.5	11.7	30.8
	2000	3686.4	2064.0	456.7	1165.7	56.0	12.4	31.6
	2005	4681.7	2632.4	498.4	1550.9	56.2	10.6	33.1
丹麦	1995	8989.2	5660.1	1143.6	2185.5	63.0	12.7	24.3
	2000	11553.8	6478.1	1449.9	3625.8	56.1	12.5	31.4
	2005	13702.5	7780.0	1668.7	4253.8	56.8	12.2	31.0
奥地利	1995	1570.0	983.5	249.9	336.6	62.6	15.9	21.4
	2000	1876.5	1108.3	264.4	503.9	59.1	14.1	26.9
	2005	2252.5	1298.3	297.2	657.0	57.6	13.2	29.2
瑞典	1995	16228.5	9999.7	1560.0	4666.8	61.6	9.6	28.8
	2000	20332.5	11977.4	1928.3	6426.8	58.9	9.5	31.6
	2005	24988.8	14572.8	2369.6	8046.4	58.3	9.5	32.2
芬兰	1995	857.4	523.7	95.3	238.4	61.1	11.1	27.8
	2000	1168.9	649.9	164.7	354.3	55.6	14.1	30.3
	2005	1417.3	817.0	210.9	389.3	57.6	14.9	27.5
波兰	1995	2659.7	1808.1	344.9	506.7	68.0	13.0	19.1
	2000	6611.3	4251.3	908.4	1451.6	64.3	13.7	22.0
	2005	8985.2	5776.7	939.3	2269.2	64.3	10.5	25.3
葡萄牙	1995	732.6	478.5	117.8	136.3	65.3	16.1	18.6
	2000	1130.9	723.2	200.1	207.4	63.9	17.7	18.3
	2005	1343.6	917.5	199.8	226.3	68.3	14.9	16.8
印度尼西亚	1995	53457.7	32457.2	10581.0	10419.4	60.7	19.8	19.5
	2000	135483.0	71406.3	18217.7	45859.0	52.7	13.4	33.8
	2005	287689.2	157878.4	49829.8	79980.9	54.9	17.3	27.8
希腊	1995	736.2	528.4	94.9	112.7	71.8	12.9	15.3
	2000	1263.2	922.8	182.8	157.5	73.1	14.5	12.5
	2005	1830.4	1345.7	243.8	240.8	73.5	13.3	13.2
西班牙	1995	4096.1	2815.6	685.5	595.0	68.7	16.7	14.5
	2000	5792.1	3775.4	1005.0	1011.7	65.2	17.4	17.5
	2005	8313.2	5250.7	1758.5	1304.0	63.2	21.2	15.7
南非	1995	4041.1	2955.3	440.6	739.3	73.1	10.9	18.3
	2000	8384.8	5864.6	833.2	1664.7	69.9	9.9	19.9
	2005	14551.2	10077.9	1755.3	2649.7	69.3	12.1	18.2

续表

国家	年份	GDP	拉动经济的增加值			拉动经济的比重（%）		
			消费	投资	出口	消费	投资	出口
澳大利亚	1995	4481.0	2997.7	766.8	716.1	66.9	17.1	16.0
	2000	6850.7	4409.0	1172.5	1269.2	64.4	17.1	18.5
	2005	8362.1	5336.1	1646.2	1379.8	63.8	19.7	16.5
印度	1995	8305.5	6059.2	1456.7	789.6	73.0	17.5	9.5
	2000	16657.7	12148.4	2754.0	1755.2	72.9	16.5	10.5
	2005	26483.3	17813.3	5575.4	3094.6	67.3	21.1	11.7
巴西	1995	6013.4	4405.0	1176.4	432.0	73.3	19.6	7.2
	2000	10424.5	7507.1	1951.1	966.3	72.0	18.7	9.3
	2005	19763.7	14452.8	2535.8	2775.1	73.1	12.8	14.0

注：货币单位分别是：日本、印度和印度尼西亚为百亿本币，欧盟各国为亿欧元；其他各国为亿本币。

从中国自身的纵向情况来看，在1995年、2000年、2005这三年，出口拉动经济的贡献明显上升，分别为18.5%、19.6%、26.7%，10年上升了8.2个百分点。在G7国家中，各国上升的百分点分别为：德（8.3个）、加（3.0个）、英（-1.6个）、法（0.6个）、意（-0.7）、日（3.9个）、美（-1.0个），只有德国可与中国相比，其他国家的变化都小得多。我们更关注中国与其他国家的横向比较。为了直观起见，图1-5给出了2005年各国出口拉动GDP贡献和出口依存度比较。可以看出，出口拉动经济的贡献的排序与出口依存度的排序大体上一致，出口拉动经济的贡献大的，出口依存度也高。从具体的数值来看，与G7国家相比，中国出口对经济的贡献保（26.7%）排在第二位，仅低于加拿大（27.8%），而高于德国（26.5%）、英国（20.3%）法国（18.3%）意大利（18.4%），与中国的出口依存度排序大致一致。在全部24个国家中，中国的出口拉动贡献处于中间位置，排在第12位。

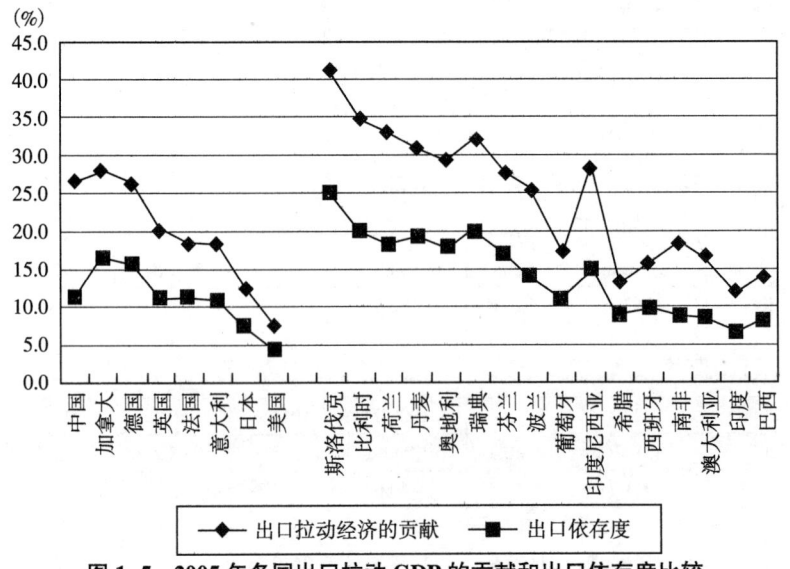

图1-5 2005年各国出口拉动GDP的贡献和出口依存度比较

二、对出口贡献系数的讨论

图1-6是24个国家的出口贡献系数比较（数据见后面的表1-9）。出口贡献系数是1单位出口拉动的增加值，是衡量出口产品效益的重要指标。2005年，中国的出口贡献系数为0.726，明显低于G7中的美国（0.860）、日本（0.846）、英国（0.814），略低于法国（0.732）、德国（0.729）、加拿大（0.727），稍高于意大利（0.710）。在全部24个国家中，中国的出口贡献系数居于中间位置。

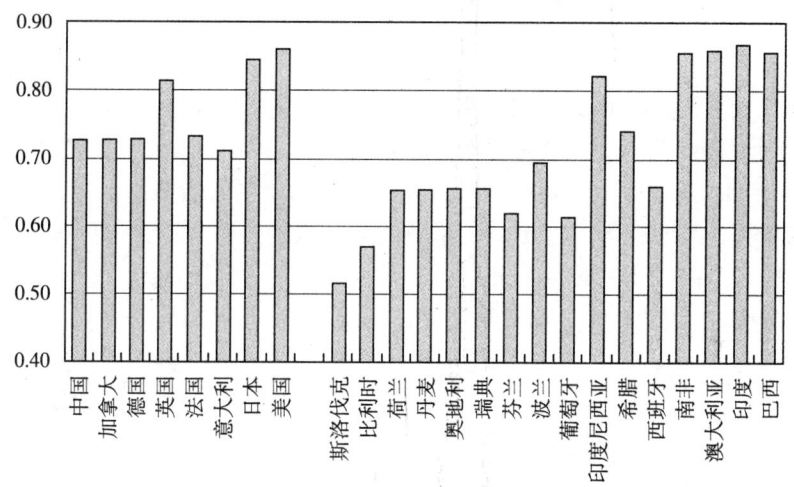

图1-6　2005年24国出口贡献系数比较

一个有趣的现象是，外贸依存度低的国家，其出口贡献系数高；而外贸依存度高的国家，其出口贡献系数低。欧洲国家中那些外贸依存度很高的国家，出口贡献系数都在0.7以下。探讨一下出口贡献系数与外贸依存度的反向关系，分析其中的原因是颇有趣味的。下面用计算公式来讨论：出口贡献系数是出口拉动的增加值与全部出口值之比［见公式（1-13）］，公式（1-12）给出了计算出口拉动的增加值，把公式（1-12）代入公式（1-13）可得：

$$\delta^X = \frac{R(I-A^D)^{-1}EX^d}{EX} = R(I-A^D)^{-1}W^{EX} \qquad (1-22)$$

公式（1-22）中的 $W^{EX} = EX^d/EX$，是各部门（行业）出口占总出口额的比重（权重）列向量。事实上，公式（1-22）的含义是，出口贡献系数 δ^X 是部门出口贡献系数的加权平均，其中 $R(I-A^D)^{-1}$ 就是部门出口贡献系数行向量，证明如下。

由公式（1-12）：$GDP^{EX} = RX^{EX} = R(I-A^D)^{-1}EX^d$ 可得到出口产生的增加值，观察国内产品的列昂别夫逆矩阵 $R(I-A^D)^{-1}$，令其元素为 b_{ij}，若第 j 部门（如第2部门）出口1单位产品（其他部门出口均为0），则由出口拉动的总产出为：

$$X^{EX} = (I - A^D)^{-1}EX^D = \begin{bmatrix} b_{11} & b_{12} & \cdots & b_{1n} \\ b_{21} & b_{22} & \cdots & b_{2n} \\ \vdots & \vdots & \cdots & \vdots \\ b_{n1} & b_{n2} & \cdots & b_{nn} \end{bmatrix} \begin{bmatrix} 0 \\ 1 \\ \vdots \\ 0 \end{bmatrix} = \begin{bmatrix} b_{12} \\ b_{22} \\ \vdots \\ b_{n2} \end{bmatrix} \qquad (1\text{-}23)$$

公式（1-23）表明，第 j 部门 1 单位出口所拉动的产出正是列昂剔夫逆矩阵（I - $A^D)^{-1}$ 的第 j 列，它既有 j 部门的直接产出 b_{jj}，还有其他部门的间接产出 b_{ij}（i≠j）。由此产生的增加值为：

$$GDP^{EX} = RX^{EX} = (r_1, r_2, \cdots, r_n)\begin{bmatrix} b_{12} \\ b_{22} \\ \vdots \\ b_{n2} \end{bmatrix} = \sum_{i=1}^{n} r_i b_{i2}$$

上式是第 j 部门（这里就是第 2 部门）单位出口拉动产生的增加值，包括第 j 部门出口直接拉动产生的增加值 $r_j b_{jj}$，加上由它引起其他部门间接产出所拉动产生的增加值 $r_i b_{ij}$（i = 1, 2, …, n, i≠j）。这里，我们可把部门单位出口拉动产生的增加值定义为部门出口贡献系数。不难证明，当所有部门都出口 1 单位产品时，即可得每一个部门的出口贡献系数，就是行向量 $R(I - A^D)^{-1}$ 中的各元素：

$$R(I - A^D)^{-1} = (r_1, r_2, \cdots, r_n)\begin{bmatrix} b_{11} & b_{12} & \cdots & b_{1n} \\ b_{21} & b_{22} & \cdots & b_{2n} \\ \vdots & \vdots & \cdots & \vdots \\ b_{n1} & b_{n2} & \cdots & b_{nn} \end{bmatrix} = \begin{bmatrix} \sum_{i=1}^{n} r_i b_{i1} & \sum_{i=1}^{n} r_i b_{i2} & \cdots & \sum_{i=1}^{n} r_i b_{in} \end{bmatrix}$$

证明完毕。

现在讨论部门出口贡献系数 $R(I - A^D)^{-1}$ 与外贸依存度的关系。式中的 A^D 是非竞争型投入—产出表的直接消耗系数，它与进口产品直接消耗系数 A^M 之和，就是竞争型投入—产出表的直接消耗系数 A，即 $A = A^D + A^M$。

当一国的外贸依存度较高时，一般来说，出口依存度和进口依存度也都较高，进口产品用于中间投入的部分在中间投入中所占的比例就比较大，即 A^M 比较大，相应的 A^D 比较小，于是（I - A^D）就比较大，$(I - A)^{-1}$ 就比较小，从而出口贡献系数 $R(I - A^D)^{-1}$ 就小。

这里隐含假定了增加值率 R 不变，这个假定不会对上面的讨论结论产生实质性影响。如果 R 较大，其所对应的直接消耗系数 A 就较小，A 的变动与 R 的变动呈相互抵消之势，因为各部门直接消耗系数之和加上增加值率正好等于 1。如此 A 与 R 的同时变动可大致当作同时不变动。

影响出口贡献系数的另一个因素是部门（行业）出口权重 W^{EX}，即出口结构。当部门出口贡献系数排在前面的产品，其出口比重也排在前面时，出口贡献系数就越大；或者说，部门出口贡献系数大的产品在出口中占的比例越大，出口贡献系数就越大。

三、出口拉动三次产业分析

出口拉动三次产业分析即考虑各部门1单位最终产品可分别拉动一、二、三次产业多少增加值。由非竞争型表列昂惕夫逆矩阵 $(I-A)^{-1} = B^d = b_{ij}^d$ 的含义可知，i 部门 1 单位最终产品拉动 j 部门的总产出为 b_{ji}^d，拉动 j 部门的增加值就是 $r_j b_{ji}^d$，$j = 1, 2, \cdots, n$。要得到 i 部门 1 单位最终产品拉动各次产业的增加值，只需把各次产业所对应的部门增加值分别加起来即可。

本文使用的投入—产出表①共32个部门，其中第1部门农业是第一产业，第2~21部门是工业和建筑业，为第二产业；第22~32部门是服务业，为第三产业。令 $V_i^{(1)}$、$V_i^{(2)}$、$V_i^{(3)}$ 分别表示第 i 部门 1 单位最终产品拉动一、二、三次产业的增加值，则有：

$$V_i^{(1)} = r_j b_{ji}^d, \quad V_i^{(2)} = \sum_{k=2}^{21} r_k b_{ki}^d, \quad V_i^{(3)} = \sum_{k=22}^{32} r_k b_{ki}^d, \quad i = 1, 2, \cdots, n \tag{1-24}$$

公式（1-24）可以写成统一的矩阵形式。考虑出口拉动系数 $R(I-A^d)^{-1}$ 即 RB^d，这是一个（1×n）的行向量，第 j 个元素是 j 部门 1 单位最终产品拉动所有部门产生的增加值之和。把对应的三次产业的各部门增加值分别相加，得到三次产业的增加值，为此只需把增加值率行向量 $R = (r_1, r_2, \cdots, r_n)$ 改写成一个 3 行 n 列的矩阵，3 行分别对应三次产业，第一行是农业，农业只有第 1 个部门，故第一行中只有第一列是农业的增加值率，其余各列都是 0；第二行是第二产业，故第 2~21 列为工业各部门和建筑业的增加值率，其余是 0；第三行中的第 22~32 列是第三产业各部门的增加值率，其余为 0。用 $V^{(1)}$、$V^{(2)}$、$V^{(3)}$（都是行向量）分别表示各部门 1 单位最终产品拉动三次产业的增加值，则有：

$$\begin{bmatrix} V^{(1)} \\ V^{(2)} \\ V^{(3)} \end{bmatrix} = \begin{bmatrix} r_1 & 0 & \cdots & 0 & 0 & \cdots & 0 \\ 0 & r_2 & \cdots & r_{21} & 0 & \cdots & 0 \\ 0 & 0 & \cdots & 0 & r_{22} & \cdots & r_{32} \end{bmatrix} \begin{bmatrix} b_{1,1}^d & b_{1,2}^d & \cdots & b_{1,32}^d \\ b_{2,1}^d & b_{2,2}^d & \cdots & b_{2,32}^d \\ \vdots & \vdots & \ddots & \vdots \\ b_{32,1}^d & b_{32,2}^d & \cdots & b_{32,32}^d \end{bmatrix}$$

$$= \begin{bmatrix} r_1 b_{1,1}^d & r_1 b_{1,2}^d & \cdots & r_1 b_{1,32}^d \\ \sum_{k=2}^{21} r_k b_{k,1}^d & \sum_{k=2}^{21} r_k b_{k,2}^d & \cdots & \sum_{k=2}^{21} r_k b_{k,32}^d \\ \sum_{k=22}^{32} r_k b_{k,1}^d & \sum_{k=22}^{32} r_k b_{k,2}^d & \cdots & \sum_{k=22}^{32} r_k b_{k,32}^d \end{bmatrix} \tag{1-25}$$

公式（1-9）可简记为：

$$V^{(1)(2)(3)} = R_{(3 \times 32)} B^d = R_{(3 \times 32)} (I - A^d)^{-1} \tag{1-26}$$

$V^{(1)(2)(3)}$ 是一个 3 行 42 列的矩阵，其第 j 列对应的三个元素就是第 j 部门 1 单位最终产品拉动的三次产业增加值。有了公式（1-10），再计算出口（EX^d 为列向量）拉动的

---

① 参见国家统计局国民经济核算司编：《2007年中国投入—产出表》，中国统计出版社2009年版。

三次产业增加值就容易了，只需在公式（1-26）右边乘上 EX^d：

$$V^{EX(1)(2)(3)} = V^{(1)(2)(3)}EX^d = R_{(3\times 42)}(I-A^d)^{-1}EX^d \qquad (1-27)$$

24 国的计算结果列于表 1-7 中。从中国的发展趋势来看，1995 年、2000 年、2005 年三年出口拉动三次产业的比重有明显的变化，那就是第一、第二产业的比重下降，第三产业的比重上升，这是一个很好的现象。

表 1-7 各国出口拉动的三次产业增加值

国家	年份	拉动产业的增加值				拉动产业的比重（%）		
		第一产业	第二产业	第三产业	合计	第一产业	第二产业	第三产业
中国	1995	1266.9	7240.4	2470.8	10978.1	11.5	66.0	22.5
	2000	1610.3	12230.7	4224.3	18065.2	8.9	67.7	23.4
	2005	3847.5	30691.8	15217.4	49756.7	7.7	61.7	30.6
加拿大	1995	107.3	1082.9	689.3	1879.5	5.7	57.6	36.7
	2000	108.1	1930.9	1135.3	3174.3	3.4	60.8	35.8
	2005	97.4	2120.5	1354.0	3571.9	2.7	59.4	37.9
德国	1995	41.9	1750.2	1228.9	3021.0	1.4	57.9	40.7
	2000	53.4	2369.3	1861.8	4284.4	1.2	55.3	43.5
	2005	48.7	2995.7	2467.8	5512.3	0.9	54.3	44.8
英国	1995	24.5	766.7	658.8	1450.0	1.7	52.9	45.4
	2000	12.9	825.3	1078.7	1916.9	0.7	43.1	56.3
	2005	13.9	867.0	1505.7	2386.6	0.6	36.3	63.1
法国	1995	85.6	882.6	954.5	1922.7	4.5	45.9	49.6
	2000	105.6	1145.4	1380.7	2631.7	4.0	43.5	52.5
	2005	98.0	1156.0	1668.2	2922.1	3.4	39.6	57.1
意大利	1995	66.1	902.5	712.5	1681.1	3.9	53.7	42.4
	2000	70.1	1101.5	942.9	2114.4	3.3	52.1	44.6
	2005	69.8	1204.5	1153.0	2427.3	2.9	49.6	47.5
日本	1995	9.4	2445.1	1834.0	4288.5	0.2	57.0	42.8
	2000	24.3	2766.8	2270.3	5061.5	0.5	54.7	44.9
	2005	14.4	3237.7	2945.9	6197.9	0.2	52.2	47.5
美国	1995	207.3	3166.6	2865.4	6239.4	3.3	50.8	45.9
	2000	153.1	3486.8	4400.8	8040.7	1.9	43.4	54.7
	2005	206.0	3704.7	5587.5	9498.1	2.2	39.0	58.8
斯洛伐克	1995	103.0	1084.4	930.4	2117.8	4.9	51.2	43.9
	2000	91.6	1725.3	1469.4	3286.3	2.8	52.5	44.7
	2005	161.9	3043.1	2531.5	5736.5	2.8	53.0	44.1
比利时	1995	15.1	292.0	314.5	621.5	2.4	47.0	50.6
	2000	17.4	359.2	450.4	827.0	2.1	43.4	54.5
	2005	12.8	384.9	573.7	971.4	1.3	39.6	59.1
荷兰	1995	75.1	403.6	424.3	903.0	8.3	44.7	47.0
	2000	74.2	480.4	611.1	1165.7	6.4	41.2	52.4
	2005	71.3	587.3	892.2	1550.9	4.6	37.9	57.5

续表

国家	年份	拉动产业的增加值				拉动的比重（%）		
		第一产业	第二产业	第三产业	合计	第一产业	第二产业	第三产业
丹麦	1995	186.2	1022.1	977.2	2185.5	8.5	46.8	44.7
	2000	188.8	1588.4	1848.6	3625.8	5.2	43.8	51.0
	2005	133.3	1860.8	2259.7	4253.8	3.1	43.7	53.1
奥地利	1995	10.4	188.3	137.9	336.6	3.1	55.9	41.0
	2000	10.9	272.1	220.9	503.9	2.2	54.0	43.8
	2005	13.7	336.2	307.1	657.0	2.1	51.2	46.7
瑞典	1995	154.6	2533.5	1978.6	4666.8	3.3	54.3	42.4
	2000	148.6	3196.1	3082.1	6426.8	2.3	49.7	48.0
	2005	118.6	3765.1	4162.7	8046.4	1.5	46.8	51.7
芬兰	1995	15.7	149.2	73.5	238.4	6.6	62.6	30.8
	2000	20.6	217.6	116.1	354.3	5.8	61.4	32.8
	2005	12.6	238.8	137.9	389.3	3.2	61.3	35.4
波兰	1995	24.3	295.9	186.5	506.7	4.8	58.4	36.8
	2000	39.5	711.2	700.9	1451.6	2.7	49.0	48.3
	2005	77.5	1048.7	1142.9	2269.2	3.4	46.2	50.4
葡萄牙	1995	6.5	77.0	52.8	136.3	4.8	56.5	38.8
	2000	7.3	95.3	104.8	207.4	3.5	46.0	50.5
	2005	8.9	111.5	106.0	226.3	3.9	49.2	46.8
印度尼西亚	1995	959.6	5872.4	3587.5	10419.4	9.2	56.4	34.4
	2000	3260.4	30263.3	12335.3	45859.0	7.1	66.0	26.9
	2005	5735.0	53085.6	21160.3	79980.9	7.2	66.4	26.5
希腊	1995	15.6	30.9	66.4	112.9	13.8	27.4	58.8
	2000	14.2	45.9	97.5	157.5	9.0	29.1	61.9
	2005	13.1	57.5	170.2	240.8	5.5	23.9	70.7
西班牙	1995	47.6	298.6	248.8	595.0	8.0	50.2	41.8
	2000	76.8	494.6	440.3	1011.7	7.6	48.9	43.5
	2005	80.9	599.4	623.7	1304.0	6.2	46.0	47.8
南非	1995	29.2	442.7	267.3	739.3	4.0	59.9	36.2
	2000	59.7	926.9	678.1	1664.7	3.6	55.7	40.7
	2005	73.2	1341.5	1235.1	2649.7	2.8	50.6	46.6
澳大利亚	1995	52.9	328.0	335.2	716.1	7.4	45.8	46.8
	2000	119.5	569.9	579.7	1269.2	9.4	44.9	45.7
	2005	92.5	634.8	652.5	1379.8	6.7	46.0	47.3
印度	1995	109.6	324.2	355.7	789.6	13.9	41.1	45.1
	2000	267.9	714.4	772.9	1755.2	15.3	40.7	44.0
	2005	320.9	1129.1	1644.6	3094.6	10.4	36.5	53.1
巴西	1995	49.7	239.4	142.9	432.0	11.5	55.4	33.1
	2000	96.6	547.4	322.4	966.3	10.0	56.6	33.4
	2005	304.1	1455.7	1015.3	2775.1	11.0	52.5	36.6

注：货币单位分别是：日本、印度、印度尼西亚为百亿本币，欧盟各国为亿欧元；其他各国为亿本币。

图1-7所示是2005年24国出口拉动三次产业增加值的比重比较。出口拉动第一产业的比重,中国为7.7%,稍大一点的是巴西(11.0%)、印度(10.4%),其他各国都比中国小,这表明,各国的出口对第一产业的拉动作用都比较小。

出口对第二产业有显著的拉动作用,中国是61.7%,比较大的国家还有印度尼西亚(66.4%)、芬兰(61.3%)、加拿大(59.4%)、德国(54.3%),拉动作用超过50%的还有斯洛伐克(53.0%)、巴西(52.5%)、奥地利(51.2%)、南非(50.6%)等。

出口对第三产业的拉动作用差别较大,中国只有(30.6%)。在G7国家中,按从大到小的次序排列为:英国(63.1%)、美国(58.8%)、法国(57.1%)、日本(47.5%)、意大利(47.5%)、德国(44.8%)、加拿大(37.9%)。在其他国家中,出口拉动第三产业超过50%的有:希腊(70.7%)、比利时(59.1%)、丹麦(53.1%)、印度(53.1%)、瑞典(51.7%)、荷兰(50.5%)、波兰(50.4%)。

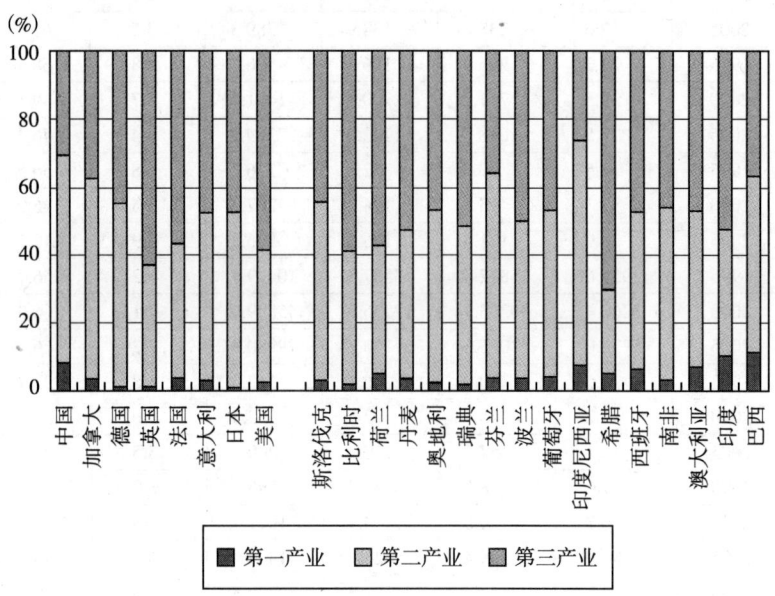

图1-7　2005年各国出口拉动的三次产业增加值比重

出口产品拉动三次产业的比重基本上与出口产品的构成相一致。中国目前是世界制造中心,所以,在中国的出口中,主要是第二产业的产品,故对第二产业有较大的拉动作用。若从外贸促进调整产业结构的角度来看,为了加大第三产业增加值在GDP中的比例,就需要加大第三产业产品的出口,这就需要从世界制造中心向世界创造中心转变。印度的出口拉动第三产业的比重超过了50%,是很值得中国借鉴的。

第六节 各国进口对经济贡献的计算结果及分析

一、进口推动经济的贡献

进口从供给方面推动经济，表 1-8 列出了 24 国进口对经济推动的贡献。在 1995 年、2000 年、2005 年，中国的进口推动 GDP 的比重分别为 10.9%、14.0%、17.1%，10 年间增加了 6.2 个百分点，进口的推动作用明显上升。在 G7 国家中，这 10 年的变化都要小于中国，变化的百分点分别为：加拿大（-1.9）、德国（3.5）、英国（-1.4）、法国（1.4）、意大利（0.8）、日本（2.7）、美国（1.8）。

表 1-8 各国进口对经济推动的贡献

国家	年份	GDP	初始投入推动的产业增加值		推动产业的比重（%）	
			国内	进口	国内	进口
中国	1995	59278.6	52835.9	6442.7	89.1	10.9
	2000	92346.9	79372.6	12974.3	86.0	14.0
	2005	186256.1	154429.7	31826.3	82.9	17.1
加拿大	1995	7579.0	6449.4	1129.6	85.1	14.9
	2000	10301.6	8723.0	1578.7	84.7	15.3
	2005	12846.0	11170.8	1675.1	87.0	13.0
德国	1995	16626.7	15065.9	1560.8	90.6	9.4
	2000	19027.9	16656.5	2371.3	87.5	12.5
	2005	20837.8	18147.4	2690.4	87.1	12.9
英国	1995	6609.8	5714.9	894.8	86.5	13.5
	2000	8741.9	7660.5	1081.4	87.6	12.4
	2005	11756.0	10337.4	1418.6	87.9	12.1
法国	1995	10866.0	9794.5	1071.5	90.1	9.9
	2000	13376.5	11805.6	1570.9	88.3	11.7
	2005	15930.7	14134.3	1796.4	88.7	11.3
意大利	1995	8804.1	7731.0	1073.1	87.8	12.2
	2000	10973.5	9543.5	1430.1	87.0	13.0
	2005	13226.5	11503.9	1722.6	87.0	13.0
日本	1995	50524.6	48055.2	2469.4	95.1	4.9
	2000	51660.8	48995.9	2665.0	94.8	5.2
	2005	49963.4	46151.9	3811.6	92.4	7.6
美国	1995	72799.5	68745.6	4053.9	94.4	5.6
	2000	98169.7	91657.6	6512.1	93.4	6.6
	2005	124218.9	115033.9	9185.0	92.6	7.4

续表

国家	年份	GDP	初始投入推动的产业增加值		推动产业的比重（%）	
			国内	进口	国内	进口
斯洛伐克	1995	5393.3	4044.9	1348.4	75.0	25.0
	2000	8652.8	6216.9	2435.9	71.8	28.2
	2005	13909.6	10022.0	3887.6	72.1	27.9
比利时	1995	1858.1	1475.8	382.3	79.4	20.6
	2000	2260.8	1702.5	558.4	75.3	24.7
	2005	2781.1	2147.3	633.8	77.2	22.8
荷兰	1995	2932.9	2421.6	511.3	82.6	17.4
	2000	3686.4	3002.9	683.5	81.5	18.5
	2005	4681.7	3794.6	887.1	81.1	18.9
丹麦	1995	8989.2	7788.1	1201.1	86.6	13.4
	2000	11553.8	9581.4	1972.3	82.9	17.1
	2005	13702.5	11163.3	2539.2	81.5	18.5
奥地利	1995	1570.0	1338.3	231.7	85.2	14.8
	2000	1876.5	1535.8	340.7	81.8	18.2
	2005	2252.5	1828.2	424.4	81.2	18.8
瑞典	1995	16228.5	13571.7	2656.8	83.6	16.4
	2000	20332.5	16658.4	3674.1	81.9	18.1
	2005	24988.8	20339.2	4649.6	81.4	18.6
芬兰	1995	857.4	734.0	123.4	85.6	14.4
	2000	1168.9	963.5	205.4	82.4	17.6
	2005	1417.2	1145.4	271.8	80.8	19.2
波兰	1995	2659.7	2308.5	351.2	86.8	13.2
	2000	6611.3	5592.9	1018.5	84.6	15.4
	2005	8985.2	7508.6	1476.6	83.6	16.4
葡萄牙	1995	732.6	620.8	111.8	84.7	15.3
	2000	1130.9	952.6	178.4	84.2	15.8
	2005	1343.6	1130.9	212.7	84.2	15.8
印度尼西亚	1995	53457.7	47740.4	5717.3	89.3	10.7
	2000	135483.1	118234.1	17248.9	87.3	12.7
	2005	287689.2	248080.8	39608.4	86.2	13.8
希腊	1995	736.2	659.6	76.6	89.6	10.4
	2000	1263.2	1086.9	176.3	86.0	14.0
	2005	1828.5	1609.2	219.2	88.0	12.0
西班牙	1995	4096.1	3635.2	460.9	88.7	11.3
	2000	5792.1	4893.9	898.2	84.5	15.5
	2005	8313.2	7069.0	1244.2	85.0	15.0
南非	1995	4041.7	3732.4	309.3	92.3	7.7
	2000	8384.8	7686.2	698.6	91.7	8.3
	2005	14551.3	12929.5	1621.8	88.9	11.1
澳大利亚	1995	4481.0	4023.7	457.3	89.8	10.2
	2000	6850.7	6169.5	681.3	90.1	9.9
	2005	8362.1	7543.3	818.9	90.2	9.8

续表

国家	年份	GDP	初始投入推动的产业增加值		推动的比重（%）	
			国内	进口	国内	进口
印度	1995	8305.5	7796.9	508.6	93.9	6.1
	2000	16657.7	15530.9	1126.8	93.2	6.8
	2005	26483.3	24305.2	2178.0	91.8	8.2
巴西	1995	6013.4	5679.3	334.1	94.4	5.6
	2000	10424.5	9661.1	763.4	92.7	7.3
	2005	19763.7	18325.1	1438.6	92.7	7.3

注：货币单位分别是：日本、印度、印度尼西亚为百亿本币，欧盟各国为亿欧元；其他各国为亿本币。

图 1-8 所示是 2005 年各国进口拉动 GDP 的贡献和进口依存度比较。可以注意到，图 1-8 中进口推动的贡献和进口依存度较为接近，这一点与图 1-5 有所不同。在图 1-5 中，出口拉动 GDP 的贡献要比出口依存度稍大些。引起此种不同的原因很简单，进口产品只有在作为中间产品进入生产过程后，才会对经济起到推动作用。在全部进口产品中，进入生产过程的只是一部分，另有一部分是直接作为最终产品而不进入生产过程，故进口产品对经济的推动作用就要小一些。而进口依存度中则包括了全部进口产品。显然，在进口产品中用作中间产品的部分越大，进口对经济的推动作用也越大。

2005 年，中国进口推动的增加值比重为 17.1%，高于 G7 中的所有国家，加拿大（13.0%）、德国（12.9%）、英国（12.1%）、法国（11.3%）、意大利（13.0%）、日本（7.6%）、美国（7.4%）。在全部 24 个国家中，中国也是比较高的，排在第 8 位，仅低于斯洛伐克（27.9%）、比利时（22.8%）、荷兰（18.9%）、丹麦（18.5%）、奥地利（18.8%）、瑞典（18.6%）、芬兰（19.2%）。

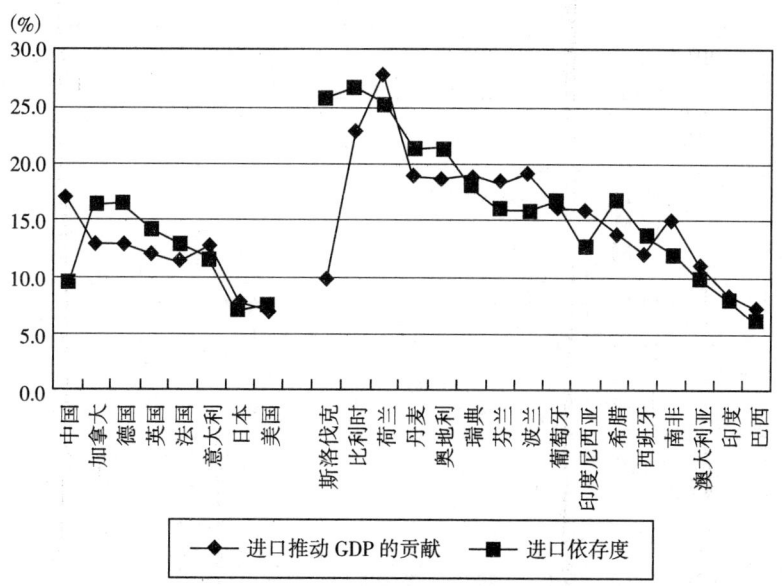

图 1-8 2005 年各国进口拉动 GDP 的贡献和进口依存度

二、进口贡献系数

表1-9列出了2005年24国的出口贡献系数和进口贡献系数。图1-9直观地显示了2005年各国进口贡献系数的比较。进口贡献系数是1单位进口产品推动产生的增加值,是衡量进口产品效益的重要指标。2005年,中国是0.657,与G7国家相比,远低于美国(0.812)、日本(0.805)、英国(0.749),稍低于法国(0.660)、意大利(0.662),略高于德国(0.630)、加拿大(0.628)。在所有24个国家中,中国的进口贡献系数居于中间位置。

表1-9 24国2005年的出口贡献系数和进口贡献系数

国家	出口贡献系数	进口贡献系数	差值	国家	出口贡献系数	进口贡献系数	差值
中国	0.726	0.657	0.069	奥地利	0.654	0.646	0.007
加拿大	0.727	0.628	0.099	瑞典	0.656	0.625	0.032
德国	0.729	0.630	0.099	芬兰	0.620	0.636	−0.016
英国	0.814	0.749	0.065	波兰	0.695	0.660	0.035
法国	0.732	0.660	0.072	葡萄牙	0.613	0.606	0.006
意大利	0.710	0.662	0.048	印度尼西亚	0.819	0.699	0.120
日本	0.846	0.805	0.041	希腊	0.741	0.709	0.032
美国	0.860	0.812	0.048	西班牙	0.659	0.702	−0.043
斯洛伐克	0.515	0.494	0.022	南非	0.854	0.747	0.107
比利时	0.568	0.527	0.041	澳大利亚	0.860	0.792	0.068
荷兰	0.651	0.615	0.036	印度	0.869	0.765	0.104
丹麦	0.652	0.637	0.015	巴西	0.856	0.799	0.057

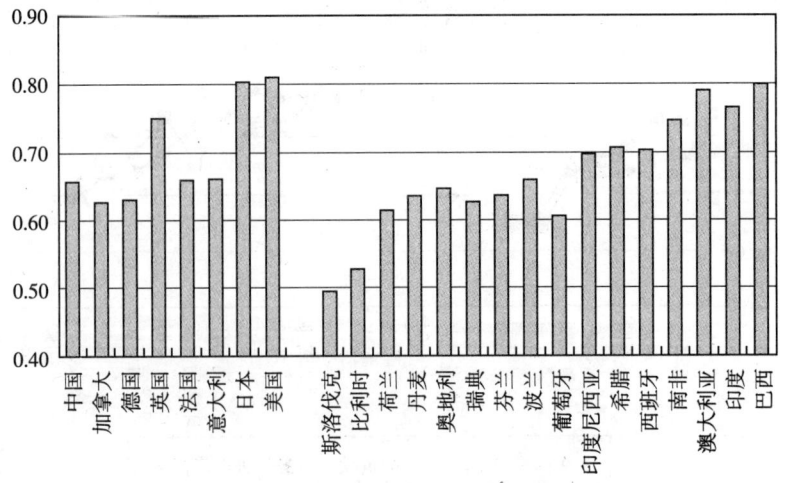

图1-9 2005年各国进口贡献系数比较

观察表1-9中的数字还可得知,出口贡献系数高的,其进口贡献系数也高,反之亦然。所以图1-8与图1-5就有了相似之处:外贸依存度较低的国家,其进口贡献系数较高;外贸依存度较高的国家,其进口贡献系数较低。此外,各国的这两个系数基本上有一个共同点,出口贡献系数都要稍大于进口贡献系数,只有芬兰和西班牙是例外。

三、进口推动三次产业的增加值

表1-10列出了进口推动三次产业的增加值。从中国的纵向比较来看,2005年的变动较为明显,第三产业的比重有了明显上升。

表1-10 各国进口推动三次产业的增加值

国家	年份	推动产业的增加值				推动产业的比重(%)		
		第一产业	第二产业	第三产业	合计	第一产业	第二产业	第三产业
中国	1995	281.8	5922.3	238.5	6442.7	4.4	91.9	3.7
	2000	334.0	11040.9	363.7	11738.6	2.8	94.1	3.1
	2005	845.6	28604.3	2376.4	31826.3	2.7	89.9	7.5
加拿大	1995	12.5	821.9	295.2	1129.6	1.1	72.8	26.1
	2000	18.1	1219.7	340.9	1578.7	1.1	77.3	21.6
	2005	27.6	1325.9	321.7	1675.1	1.6	79.2	19.2
德国	1995	48.2	1159.5	353.2	1560.8	3.1	74.3	22.6
	2000	52.6	1639.8	678.8	2371.3	2.2	69.2	28.6
	2005	48.4	1875.0	767.0	2690.4	1.8	69.7	28.5
英国	1995	23.3	688.2	183.3	894.8	2.6	76.9	20.5
	2000	18.2	812.2	250.9	1081.4	1.7	75.1	23.2
	2005	22.7	981.1	414.8	1418.6	1.6	69.2	29.2
法国	1995	27.0	868.9	175.6	1071.5	2.5	81.1	16.4
	2000	24.2	1252.0	294.7	1570.9	1.5	79.7	18.8
	2005	22.3	1413.0	361.1	1796.4	1.2	78.7	20.1
意大利	1995	39.8	824.0	209.3	1073.1	3.7	76.8	19.5
	2000	39.1	1036.0	355.0	1430.1	2.7	72.4	24.8
	2005	34.9	1266.2	421.5	1722.6	2.0	73.5	24.5
日本	1995	145.4	1804.9	519.0	2469.4	5.9	73.1	21.0
	2000	133.9	2021.1	510.0	2665.0	5.0	75.8	19.1
	2005	126.1	3236.0	449.6	3811.6	3.3	84.9	11.8
美国	1995	100.2	3301.5	115.6	3517.3	2.8	93.9	3.3
	2000	166.9	5118.5	284.0	5569.3	3.0	91.9	5.1
	2005	175.1	7314.9	448.1	7938.1	2.2	92.1	5.6
斯洛伐克	1995	34.8	1044.7	268.9	1348.4	2.6	77.5	19.9
	2000	35.8	2022.2	377.9	2436.0	1.5	83.0	15.5
	2005	56.2	3245.5	585.9	3887.6	1.4	83.5	15.1
比利时	1995	10.8	268.7	102.8	382.3	2.8	70.3	26.9
	2000	10.6	372.3	175.5	558.4	1.9	66.7	31.4
	2005	11.5	388.1	234.2	633.8	1.8	61.2	36.9

续表

国家	年份	推动产业的增加值				推动产业的比重（%）		
		第一产业	第二产业	第三产业	合计	第一产业	第二产业	第三产业
荷兰	1995	23.3	360.8	127.3	511.3	4.5	70.6	24.9
	2000	25.4	467.7	190.4	683.5	3.7	68.4	27.9
	2005	22.5	502.7	361.8	887.1	2.5	56.7	40.8
丹麦	1995	28.2	873.9	257.8	1159.9	2.4	75.3	22.2
	2000	34.6	1140.0	797.7	1972.3	1.8	57.8	40.4
	2005	37.9	1347.6	1153.8	2539.2	1.5	53.1	45.4
奥地利	1995	5.4	174.3	52.0	231.7	2.3	75.2	22.4
	2000	8.1	250.8	81.9	340.7	2.4	73.6	24.0
	2005	7.5	304.5	112.4	424.4	1.8	71.7	26.5
瑞典	1995	55.2	1908.5	573.7	2537.4	2.2	75.2	22.6
	2000	72.9	2498.0	922.6	3493.5	2.1	71.5	26.4
	2005	58.6	2940.0	1434.8	4433.4	1.3	66.3	32.4
芬兰	1995	2.8	93.1	27.5	123.4	2.2	75.5	22.3
	2000	4.8	160.3	40.3	205.4	2.3	78.0	19.6
	2005	6.3	193.9	71.7	271.8	2.3	71.3	26.4
波兰	1995	14.7	301.1	35.4	351.2	4.2	85.7	10.1
	2000	22.3	858.8	137.4	1018.5	2.2	84.3	13.5
	2005	30.1	1281.9	164.7	1476.6	2.0	86.8	11.2
葡萄牙	1995	7.8	83.0	21.1	111.8	6.9	74.2	18.9
	2000	8.7	141.8	27.9	178.4	4.9	79.5	15.6
	2005	9.1	174.0	29.6	212.7	4.3	81.8	13.9
印度尼西亚	1995	126.1	4426.5	1164.7	5717.3	2.2	77.4	20.4
	2000	750.5	12522.9	3975.6	17248.9	4.4	72.6	23.0
	2005	1273.8	30357.6	7976.9	39608.4	3.2	76.6	20.1
希腊	1995	2.4	69.6	4.5	76.6	3.1	91.0	5.9
	2000	5.6	135.7	35.1	176.3	3.2	77.0	19.9
	2005	4.8	166.2	48.2	219.2	2.2	75.8	22.0
西班牙	1995	21.7	361.8	77.3	460.9	4.7	78.5	16.8
	2000	24.9	686.1	187.2	898.2	2.8	76.4	20.8
	2005	26.8	935.3	282.1	1244.2	2.2	75.2	22.7
南非	1995	8.4	260.2	40.7	309.3	2.7	84.1	13.2
	2000	12.7	705.1	166.9	884.8	1.4	79.7	18.9
	2005	18.2	1347.6	256.0	1621.8	1.1	83.1	15.8
澳大利亚	1995	3.3	360.9	90.6	454.9	0.7	79.3	19.9
	2000	3.5	553.6	122.4	679.5	0.5	81.5	18.0
	2005	3.9	684.6	130.4	818.9	0.5	83.6	15.9

续表

国家	年份	推动产业的增加值				推动产业的比重（%）		
		第一产业	第二产业	第三产业	合计	第一产业	第二产业	第三产业
印度	1995	2.1	413.8	92.8	508.6	0.4	81.3	18.2
	2000	16.0	986.0	124.8	1126.8	1.4	87.5	11.1
	2005	19.2	2091.9	67.0	2178.0	0.9	96.0	3.1
巴西	1995	9.6	270.7	53.9	334.1	2.9	81.0	16.1
	2000	18.1	592.0	153.3	763.4	2.4	77.5	20.1
	2005	22.5	1078.8	337.3	1438.6	1.6	75.0	23.4

图 1-10 所示是 2005 年各国进口推动的三次产业增加值的比重。各国进口推动的第一产业比重都很低，中国为 2.7%，其他国家中最高的葡萄牙（4.3%）。

进口推动的第二产业比重都比较高。中国为 89.9%，与 G7 国家相比，略低于美国（92.1%），高于日本（84.9%）、加拿大（79.2%）、法国（78.7%）、意大利（73.5%）、德国（69.7%）、英国（69.2%）。在其他国家中，高于中国的还有印度（96.0%）。

进口推动的第三产业比重，中国很低，只有 7.5%，仅高于 G7 国家中的美国（5.6%）和其他国家中的印度（3.1%）。

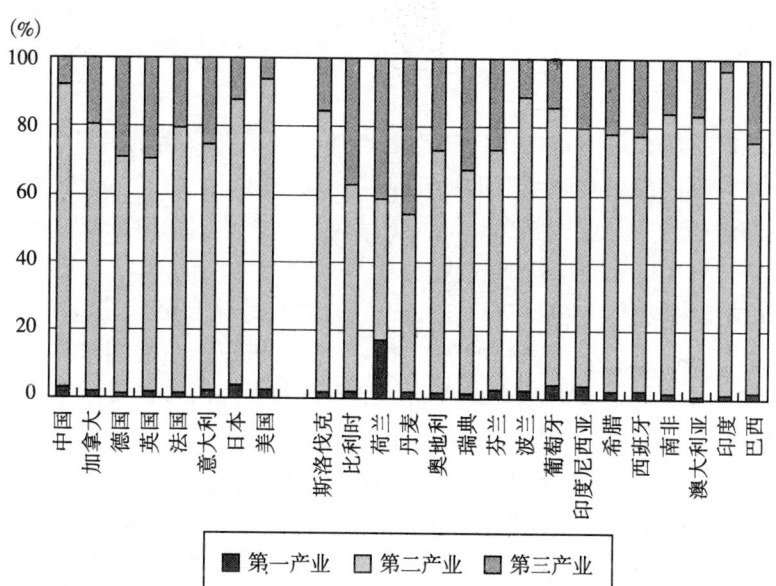

图 1-10 2005 年各国进口推动三次产业增加值的比重

第七节　若干结论

利用24国3年的非竞争型投入—产出表，通过相应计算和对比分析，可得如下结论：

（1）用新公式计算的外贸依存度可以真实反映一国经济对国外市场的依赖程度。用100%减去外贸依存度即可得到内贸依存度，它可以真实地反映一国经济对国内市场的依赖程度。在本文讨论的24国中，中国的外贸依存度居于中游，不算高。当世界经济形势发生波动时，对中国经济只产生中等程度的影响。中国的增加值率是24个国家中最低的，这反映了目前中国的经济增长仍处于粗放阶段。未来随着经济增长质量的提高，增加值率将跟着提高，因而对外贸依存度有一定的提升影响。

（2）出口从需求方面拉动经济增长，各国出口拉动经济的贡献与其出口依存度保持一致。中国的出口对经济的贡献和出口依存度在24国中都居于中间位置。近年来，随着出口依存度的快速上升，中国出口拉动经济的贡献同步上升，在24国中上升速度最快。

（3）进口从供给方面推动经济增长，各国进口推动经济的贡献与其进口依存度大致保持一致。中国的进口推动经济的贡献和进口依存度在24国中也居于中间位置。随着近年来进口依存度的上升，中国进口推动经济的贡献同步上升，在24国中上升速度最快。

（4）出口贡献系数是1单位出口拉动的增加值，是综合衡量出口产品效益的指标。出口贡献系数是部门出口贡献系数的加权平均，故与出口产品的结构关系甚大。提升出口贡献系数的途径主要是要调整出口产品的结构，加大部门出口贡献系数大的产品在总出口中的比重，就可以提高出口的效益。

（5）进口贡献系数是1单位进口推动的增加值，是综合衡量进口产品效益的指标。进口贡献系数是部门进口贡献系数的加权平均，故与进口产品的结构关系甚大，提升进口贡献系数的途径主要是要调整进口产品的结构，加大部门进口贡献系数大的产品在总进口中的比重，就可以提高进口的效益。

（6）出口产品拉动的增加值包括了三次产业的增加值，出口会通过拉动产业的增加值而对产业结构产生相应影响。同样，进口产品推动的增加值包括了三次产业增加值，进口会通过推动产业的增加值而对产业结构产生相应影响。为了实现经济结构的调整，加大第三产业的比重，对外贸易也可以发挥相应作用，关键是在调整出口产品结构和进口产品结构上下功夫。此外，本文关于出口产品拉动产业增加值而对产业结构的影响，可以扩展到消费、投资产品拉动产业增加值，进而对产业结构产生影响。①

（本章作者：沈利生）

---

① 进一步讨论可参见沈利生：《最终需求结构变动怎样影响产业结构变动》，《数量经济技术经济研究》，2011年第12期。

第二章 中国对外贸易的虚拟水资源含量及其政策含义

水作为自然资源，与石油、天然气以及煤等一样，参与生产过程。不仅如此，水作为维持生命的要素，支撑着地球上所有生物的生存。尽管在一般意义上，水在自然界总存量多于其他自然资源，然而在有些地方有些时候，仍然存在少水（缺水）、低质水（水污染）等问题。缺水和水污染问题已经而且在今后将继续成为困扰中国发展的重大问题。

如果我们不仅仅视水为一般的自然资源，而是视其为人类社会以及所有生物赖以生存的重要支撑资源和国家发展的战略资源，那么，对于水资源的研究，就应该涉及政治学、社会学、人类学、经济学、环境科学、气象学等不同学科，从而形成对水资源的交叉研究和跨学科的深刻认识。

改革开放30多年来，中国的对外贸易一直是中国经济增长的重要"引擎"和支柱。表2-1和图2-1显示出30多年来中国进、出口贸易占GDP份额的态势。数据表明，30多年来，中国对外贸易占GDP的份额呈现不断增长的趋势；进入21世纪，中国对外贸易占GDP的份额更呈现快速增长趋势，贸易出口额占GDP的比重为20%~40%，进口则占20%~30%。

这样的贸易规模，特别是出口规模，无疑增加了国内的就业和国民收入，带来了经济上的巨大收益。然而，另一方面，应该注意到，伴随着出口贸易的还有资源消耗和环境污染。贸易对资源环境的影响，越来越成为研究者和决策者关注的问题对象。Kando等人（1998）分析讨论了二氧化碳排放对日本、进出口的影响，Hayami等人（2002）则集中讨论了二氧化碳减排技术对日本、加拿大两国贸易的影响，Ackerman等（2007）讨论了日本、美国之间贸易隐含二氧化碳问题，Shui和Harriss（2006）讨论了中国、美国贸易中隐含二氧化碳的作用，而Muradian等（2002）、齐晔等（2008）、张友国（2009）、Machado等（2001）、Sánchez-Chóliz和Duarte（2004）以及Peters和Hertwich（2006）则分别给出了部分发达国家（工业化国家）以及中国、巴西、挪威、西班牙等国的贸易影响环境的案例分析。还有一批学者分析讨论了粮食贸易对区域或全球水资源安全以及粮食安全的影响（Hoekstra和Hung，2002；马涛、陈家宽，2006；Velázquez，2007；Novo等，2009）。

在国民经济体系中，农产品生产是消耗水资源的大户；工业产品的生产过程也要消耗水资源，因此，出口产品结构和数量也决定了隐含在其中的水资源出口量。本文试图对近年来中国对外贸易中隐含的水资源量进行数量分析,以此作为深入理解伴随着出口贸易的隐含水资源输出的变动情况,从而进一步认识我国对外贸易规模所付出的水资源代价。

在方法上,本文利用投入—产出模型,估计隐含在进出口商品与服务中的总虚拟水量,即不仅估计隐含在农产品中的虚拟水量,还估计了非农产品及服务产品的虚拟水含量。此外,还估计了通过中间使用(投入)转移隐含在产品及服务中的虚拟水含量。

表2-1 改革开放以来中国进出口贸易占GDP份额的变化

年份	贸易出口额(亿元)	贸易进口额(亿元)	GDP(亿元)	出口/GDP(%)	进口/GDP(%)
1978	167.6	187.4	3645.2	4.60	5.14
1980	271.2	298.8	4545.6	5.97	6.57
1985	808.9	1257.8	9016.0	8.97	13.95
1990	2985.8	2574.3	18667.8	15.99	13.79
1991	3827.1	3398.7	21781.5	17.57	15.60
1992	4676.3	4443.3	26923.5	17.37	16.50
1993	5284.8	5986.2	35333.9	14.96	16.94
1994	10421.8	9960.1	48197.9	21.62	20.67
1995	12451.8	11048.1	60793.7	20.48	18.17
1996	12576.4	11557.4	71176.6	17.67	16.24
1997	15160.7	11806.5	78973.0	19.20	14.95
1998	15223.6	11626.1	84402.3	18.04	13.77
1999	16159.8	13736.4	89677.1	18.02	15.32
2000	20634.4	18638.8	99214.6	20.80	18.79
2001	22024.4	20159.2	109655.2	20.09	18.38
2002	26947.9	24430.3	120332.7	22.39	20.30
2003	36287.9	34195.6	135822.8	26.72	25.18
2004	49103.3	46435.8	159878.3	30.71	29.04
2005	62648.1	54273.7	183217.4	34.19	29.62
2006	77594.6	63376.9	211923.5	36.61	29.91
2007	93455.6	73284.6	249529.9	37.45	29.37

资料来源:《中国统计年鉴》(2008),http://www.stats.gov.cn/tjsj/ndsj。

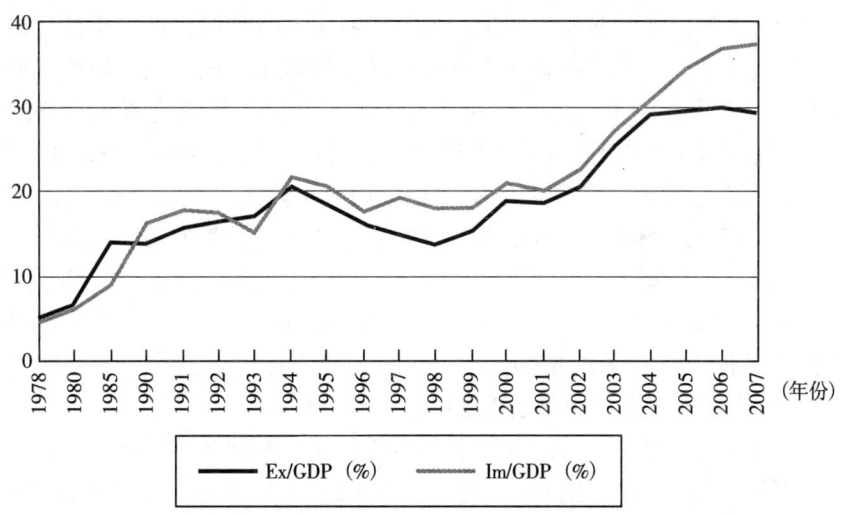

图 2-1 改革开放以来中国进出口贸易占 GDP 份额的变化趋势

资料来源：《中国统计年鉴》(2008)，http://www.stats.gov.cn/tjsj/ndsj。

第一节 人类社会的水危机及"水足迹"与"虚拟水"的概念

如今，对于全球至少 1/3 的地区而言，是水而不是土地，已经成为制约生产力发展的主要因素。自农业"绿色革命"始，全球的粮食增长超过了人口增长。然而，伴随着全球粮食生产量比一代人以前增长一倍的现实，是从河流及地下抽取的水量增长了两倍以上。地下水实际上是不可再生的资源：雨水每年仅能补充全世界地下水储量的千分之一。在一些较为干旱的国家，如埃及、墨西哥、巴基斯坦、澳大利亚以及中亚地区，从自然环境中取得水量的 90% 以上用于灌溉。[①] 而它们的人均水资源消耗量比有些欧洲国家高几倍，例如，巴基斯坦人均取水量是爱尔兰的 5 倍，埃及是英国的 5 倍，墨西哥是丹麦的 5 倍。可以这样说，农业"绿色革命"所取得的粮食产量成倍增长的成绩，很可能随着河流干涸、地下水耗尽、土地盐碱板结而丧失殆尽（皮尔斯，2009）。

人类社会因争夺水资源而引发冲突也已经成为事实。20 世纪 60 年代，以色列与其阿拉伯邻国爆发了战争。之后一个简单的事实是，战后以色列的用水量远远大于其降水量。这是由于其对约旦河西岸的占领，使其可以控制西部地下含水层；对戈兰高地的占领，使其可以控制约旦河，几乎整个约旦河流域都被以色列所控制了。实质上，以色列打响了人类社会第一场现代水资源的战争（皮尔斯，2009）。

---

① 在我国缺水的北方地区，水资源的 75%~90% 被用于农业，参见表 2-3。

长期以来，我国是"贫水"国家。尤其是我国北方地区，随着全球气候变化的影响进一步加剧，干旱化、荒漠化等生态环境问题连同缺水，已经成为影响区域工农业生产和当地人民群众生存的重要因素。表2-2给出了我国近年来水资源总量的变化量，表2-3列出了我国南北方水资源利用的结构情况。数据显示，1999~2007年，除1999年和2002年外，在其余年份，我国的水资源总量均少于多年平均值（表2-2）。数据进一步显示，我国北方地区工业和生活用水量均少于南方地区（表2-3）。据估计，我国人均水资源量为2220立方米，北方为747立方米，南方为3481立方米（刘昌明、陈志恺，2001）；而世界平均值为6981立方米（Guan和Hubacek，2007）。由此可以得出，我国人均水资源量仅为世界平均量的31.8%；而在北方地区，这一数字仅为10.7%，不到11%，我国北方地区水资源的匮乏程度已经十分严峻。

如何衡量人类社会对水资源的需求和消耗程度？地球上不同地区人均水资源的占有情况到底怎样？仿照20世纪90年代"生态足迹"[①]的概念，有学者于2002年提出了"水足迹"（Hoekstra和Hung，2002；Hoekstra和Chapagain，2007）。水足迹（Water Footprint）是指个人或社区在生产产品和服务过程中使用和消耗的水资源量。已经有学者计算了棉花（Chapagain等，2006）、咖啡和茶叶（Chapagain和Hoekstra，2007）的水足迹；还有学者计算了年度我国全国和各省市人均水足迹（王新华等，2005）。实际上，水足迹与20世纪90年代Allan提出的"虚拟水"（Virtual Water）概念都是要揭示隐含在产品和服务中的水资源量。英国学者Allan（1993、1994、1998）提出的虚拟水是指内含在某种产品中所使用和消耗的水。Allan（1996、2002、2003）还因其具有多年研究中东地区水问题和水资源冲突的背景，而提出了出口虚拟水或虚拟水贸易，以此作为解决区域性水资源匮乏和水资源争端的途径之一。

水足迹和虚拟水的概念以及虚拟水贸易的贸易模式，对于进一步加深人类对于水资源功能的认识、深刻揭示水资源对于人类社会生产和生活的影响产生了深远的影响。

据估计，每年全球虚拟水贸易接近1万亿立方米（9867亿立方米），其中：2/3存于农作物中，1/4存于肉奶制品中，1/10存于工业制品中（皮尔斯，2009）。表2-4给出了世界虚拟水进出口居前5位的国家。数据显示，美国是最大的虚拟水出口国，日本是最大的虚拟水进口国。

在国际贸易中，"看不见的"水正以巨大的、令人震惊的数量进行着国家之间的转移。作为一种稀缺的、生命基本支撑资源和战略资源，面对水资源的这种流动，我们应该密切关注并加强监控。

在方法上，本文利用投入—产出模型，估计隐含在进出口商品与服务中的总虚拟水量，即不仅估计隐含在农产品中的虚拟水量，还估计了非农产品及服务产品的虚拟水含量。此外，还估计了通过中间使用（投入）转移隐含在产品及服务中的虚拟水含量。

---

① "生态足迹"（Ecological Footprint）是一个标识人类社会可持续发展的指标（Rees，1992、1996；Rees和Wackernagel，1994）。它是指个人或社区（可以是村庄、城市、国家）平均拥有的"生物生产性空间"，其衡量为面积单位"公顷"。总生态足迹由耕地面积、草原面积、林地面积、建设用地面积、生产性海洋面积、吸纳人类排放的二氧化碳的森林面积六部分组成（Hoekstra，2009）。

表2-2 中国水资源总量的变化（1999~2007年）

年份	水资源总量（亿立方米）	与多年平均值① 相比变化②	
		绝对量（亿立方米）	百分比（%）
1999	28196	+71.6	+0.25
2000	27701	-423.4	-1.51
2001	26868	-1256.4	-4.46
2002	28255	+130.6	+0.46
2003	27460	-664.4	-2.36
2004	24130	-3994.4	-14.2
2005	28053.1	-71.3	-0.25
2006	25255	-2869.4	-10.2
2007	25330	-2794.4	-9.9

注：① 水资源总量的多年平均值取为28124.4亿立方米（中国自然资源丛书编撰委员会，1995）。② 标识符号：增+，减-。

资料来源：《中国水资源公报》，1999~2007年，http://www.mwr.gov.cn。

表2-3 中国南北方水资源利用的结构变化

单位：%

年份	区域	农业	工业	生活
1980[a]	南方	80.1	12.1	7.8
	北方	86.7	8.5	4.8
1993[a]	南方	68.1	22.0	9.9
	北方	79.3	12.4	8.3
1997[a]	南方	63.1	25.6	11.3
	北方	78.7	13.9	7.4
2000	南方	62.4	25.5	12.0
	北方	76.3	15.1	8.6
2001	南方	61.3	26.2	12.6
	北方	77.4	13.9	8.7
2002	南方	59.4	27.5	13.2
	北方	78.0	13.0	9.0
2003	南方	56.5	28.8	13.2
	北方	74.7	13.7	10.1
2004	南方	55.8	29.5	13.3
	北方	75.8	12.9	9.8
2005	南方	54.8	30.3	13.7
	北方	74.6	13.4	9.9

注：a 数据来源于刘昌明、陈志恺（2001，第11页）。

资料来源：作者根据历年《中国水资源公报》计算。

表 2-4　世界虚拟水进出口前 5 位的国家（1995~1999 年）

名次	国家	净进口量 (10 亿立方米/年)	国家	净出口量 (10 亿立方米/年)
1	日本	59	美国	152
2	荷兰	30	加拿大	55
3	韩国	23	泰国	47
4	中国	20	阿根廷	45
5	印度尼西亚	20	印度	32

资料来源：Hoekstra and Hung, 2005。

第二节　分析模型和数据处理

一、模型方法

本文试图估计隐含在我国对外贸易额中的水资源量。实际上，之前已经有一些研究对此进行了基本估计。但是，在目前文献中所见的一些工作仅限于对实物型农产品的虚拟水估计和计算，如刘幸菡、吴国蔚（2005）；Hoekstra, A.Y. and P.Q. Hung（2005）；马涛、陈家宽（2006）；Velázquez（2007）；Novo 等（2009）；Chapagain 和 Orr（2009）等研究。事实上，非农产品，如工业产品和服务产品，在其生产过程中也使用或消耗大量的水资源。项学敏等人（2006）对石油产品虚拟水含量进行了计算，结果表明，我国每进口 1 吨石油制成品，至少可以相当于进口 5 吨以上水资源。

特别的，在生产产品和服务过程中，除了"直接"使用和消耗水资源外，还有"间接"用水，即通过国民经济各部门之间的中间材料和设备的投入，也形成了水资源的转移。Kondo（2005）提出了"总用水"的概念，它是指直接用水与间接用水之和。

本文不仅要估计隐含在农产品中的虚拟水量，还要估计非农产品及服务产品的虚拟水含量，另外，还要估计通过中间使用（投入）转移隐含在产品及服务中的虚拟水含量。投入—产出模型为此类研究提供了较为合适的分析框架和方法。

对于标准的投入—产出模型，如公式（2-1），我们进一步定义了各部门的直接用水向量 ω（n×1），表示单位价值产出（x）的用水量。这一思路源于 Miller and Blair（1985）。

$$x = (I - A)^{-1} f \tag{2-1}$$

然后，我们定义各部门用水乘数 [w(n×1)] 如公式（2-2），表示各部门总用水（直接+间接）强度。

$$w' = \omega'(I - A)^{-1} \tag{2-2}$$

公式（2-2）中，令列昂惕夫逆矩阵为 L = (I - A) - 1(n×n)，向量 w 不仅包括了各部门自身的直接用水量，也包括因其他部门的中间投入而间接使用的用水量。向量 ω 以实物单位表示，为 m³ 或亿 m³。ω′为 ω 的转置向量（1×n）。

我们定义公式（2-3）和公式（2-4），用来计算各部门虚拟水的直接出口量（DVWE）和进口量（DVWI）。

$$DVWE' = \omega' \hat{\varepsilon} \tag{2-3}$$

$$DVWI' = \omega' \hat{\lambda} \tag{2-4}$$

公式（2-3）和公式（2-4）中，$\hat{\varepsilon}$ 和 $\hat{\lambda}$ 分别表示各部门出口价值量和进口价值量的对角矩阵（n×n）。

假定各部门用水量与产出量的比例保持不变，由公式（2-1）和公式（2-2），我们可以进一步定义各部门总用水量（W），如公式（2-5）（Miller 和 Blair，1985）。

$$W' = \omega' Lf = \omega' L(f^{do} + f^{ex}) \tag{2-5}$$

公式（2-5）中，f^{do} 和 f^{ex} 分别表示国内最终需求和出口向量。

则隐含在各部门出口额中的总虚拟水量（TVWE）及各部门进口额中的总虚拟水量（TVWI）定义如公式（2-6）和公式（2-7）。

$$TVWE' = \omega' L \hat{\varepsilon} \tag{2-6}$$

$$TVWI' = \omega' L \hat{\lambda} \tag{2-7}$$

最后，进出口全部净直接虚拟水量（NDVW）和全部净总虚拟水量（NTVW）定义如公式（2-8）和公式（2-9）。

$$NDVW = \sum DVWE - \sum DVWI \tag{2-8}$$

$$NTVM = \sum TVWE - \sum TVWI \tag{2-9}$$

二、数据

（一）中国 17 个部门投入—产出表

本文在实证分析中关注 3 个时间点（1995 年、2002 年和 2005 年），使用了 3 年的中国投入—产出表，部门数是 17，部门名称见表 2-5。表 2-5 还列出了 2002 年各部门单位增加值的直接用水量（部门用水定额）。使用 17 个部门的投入—产出表，因其部门划分过粗、将一部分部门合并为一个较大的部门，而无法深入分析一些影响进出口贸易和用水量的特殊部门的情况，如"造纸"部门被合并至"其他制造业"，发电（特别是用水大户火力发电）部门被合并至"电力及蒸汽、热水生产和供应业"等。此类问题可以通过今后使用部门划分更细的投入—产出表来解决。

（二）部门用水定额估计

我们仅有 2002 年各部门实际用水数据（中国投入—产出学会，2005），以此为基

表 2-5　投入—产出部门清单

部门	2002年直接用水量[a]（m³/10^4 元增加值）
农业	2246.588
采掘业	45.943
食品制造业	53.343
纺织、缝纫及皮革产品制造业	35.133
其他制造业	61.514
电力及蒸汽、热水生产和供应业	1470.990
炼焦、煤气、煤制品及石油加工业	545.378
化学工业	308.840
建筑材料及其他非金属矿物制品业	47.528
金属产品制造业	292.319
机械设备制造业	14.895
建筑业	8.643
运输邮电业	112.820
商业饮食业	297.694
公用事业及居民服务业	188.550
金融保险业	16.691
其他服务业	44.768

注：a 部门直接用水量也被称为"部门用水定额"（Intensity Quota）。
资料来源：国家统计局，http://www.stats.gov.cn。

础，计算了各部门总产出用水定额。其余年份的工业部门用水数据用污水排放数据估计，表 2-6 列出了 2005 年工业部门的污水排放状况。农业部门用水量来源于各年度《中国水资源公报》，服务部门用水定额根据 2002 年的数据调整估算。

表 2-6　部门工业污水排放[a]（2005 年）

部门	污水排放量（10^4 吨）
农业	—[b]
采掘业	116741
食品制造业	86234
纺织、缝纫及皮革产品制造业	199755
其他制造业	501436
电力及蒸汽、热水生产和供应业	274063
炼焦、煤气、煤制品及石油加工业	68122
化学工业	436024
建筑材料及其他非金属矿物制品业	48248
金属产品制造业	224725
机械设备制造业	85723
建筑业	118708
运输邮电业	—
商业饮食业	—

续表

部门	污水排放量 (10^4 吨)
公用事业及居民服务业	—
金融保险业	—
其他服务业	—

注：a 作者根据40个部门数据整合处理为17个部门数据。b 缺乏数据，下同。
资料来源：《中国统计年鉴》（1996）、（2003）、（2006），http://www.stats.gov.cn。

（三）中国进出口贸易数据

中国进出口贸易数据来源于《中国对外统计年鉴》和《中国贸易外经统计年鉴》。原数据按进出口商品分为22类，作者经整理、合并后得到17个部门分部门进出口贸易数据如表2-7所示。

表2-7 中国进出口贸易额

单位：亿元

部门	1995年 a		2002年		2005年	
	出口	进口	出口	进口	出口	进口
农业	2509225.56	93119.04	2390397.60	102634.80	2818763.97	175302.38
采掘业	2147557.86	222820.56	1796936.70	392329.80	2872829.19	1209094.92
食品制造业	1544778.36	74827.8	2289418.20	74493.00	3592879.62	100757.91
纺织、缝纫及皮革产品制造业	9405854.46	2807705.34	12470955.90	2718994.50	16372750.79	3162815.37
其他制造业	821442.96	313445.34	1113256.50	547109.70	1671925.97	1033792.54
电力及蒸汽、热水生产和供应业	—	—	—	—	—	—
炼焦、煤气、煤制品及石油加工业	—	—	—	—	—	—
化学工业	1346900.4	2964843.72	2056834.50	6110909.10	4569330.26	12301475.89
建筑材料及其他非金属矿物制品业	540423	240280.38	705200.40	538832.70	1034611.71	873235.22
金属产品制造业	1197244.8	2946552.48	1619808.90	4955439.90	4502158.32	9562990.58
机械设备制造业	5275359.9	14394374.46	14023721.10	28637592.30	28340824.49	53175601.38
建筑业	—	—	—	—	—	—
运输邮电业	—	—	—	—	—	—
商业饮食业	880473.78	206192.16	1624775.10	179610.90	3024375.64	656155.17
公用事业及居民服务业	—	—	—	—	—	—
金融保险业	—	—	—	—	—	—
其他服务业	—	—	—	—	—	—
总额	12576.43	11557.43	26947.87	24430.27	62648.09	54273.68

注：a 为1996年的数据。
资料来源：《中国对外统计年鉴》（1998）、（2004）和《中国贸易外经统计年鉴》（2006）。

第三节　估计结果讨论

我们利用模型估计的1995年、2002和2005年中国通过对外贸易转移的水资源量如表2-8所示。估计结果表明，中国作为一个"贫水"国家，水资源严重匮乏，然而，通过对外贸易，中国向世界输出了大量的虚拟水，其直接净流量每年达几十亿立方米，其总净流量每年达几百亿立方米（详见表2-8）。这样的贸易进出口模式，显然在水资源方面并不具有比较优势。

表2-8　中国对外贸易虚拟水含量估计

单位：亿立方米

年份	1995	2002	2005
DVWE（中国→世界）	193.89	188.75	282.14
DVWI（世界→中国）	130.90	137.52	201.76
贸易隐含净直接虚拟水量（中国→世界）	62.98	51.22	80.38
TVWE（中国→世界）	780.26	987.35	1847.60
TVWI（世界→中国）	666.72	761.86	1413.93
贸易隐含净总虚拟水量（中国→世界）	113.55	225.49	433.67

资料来源：作者估计。

据Hoekstra和Hung（2005）报告，在仅包括粮食贸易虚拟水，不包括工业和总虚拟水的前提下，美国和日本同样作为"富水"国家，美国是全球最大的虚拟水输出国，日本是最大的虚拟水输入国（表2-4）。这表明，日本在有效地利用国际水资源方面取得了长期的战略性收益。这一点值得中国借鉴。

中国对外贸易（直接和总）虚拟水含量变动趋势如图2-2所示。结果显示，1995~2005年，不论净直接量（不含部门间的间接转移量），还是净总量（包括部门间间接转移量），都呈现逐渐增加趋势。特别是总虚拟水净出口量，10年增长了74%，超过了净进出口额占当年GDP份额的同期增长（49%），呈现较大的增长态势（参见表2-1和表2-8数据）。这一强劲增加趋势表明，我国近年来的贸易出口是建立在大量内含水资源的基础之上的，并且这一内含水资源量由于对外贸易的结构、规模等因素，还在不断地增长。

如本文第二部分所述，我国人均水资源量不到世界平均值的32%，北方地区甚至不到11%。以这样的水资源禀赋，中国应该考虑更有效地充分地利用世界水资源，而不是有形地或无形地出口水资源。在自由贸易框架下，无论以看得见的形式还是以看不见的形式，中国开发、消费和出口水资源的成本都较高。因而，除了在国内坚决实行节约水资源的政策之外，中国的对外贸易政策也需要充分考虑水资源的约束。在中国对外贸易模式改革方面，应该本着充分利用双边、多边资源（包括水资源）优势互

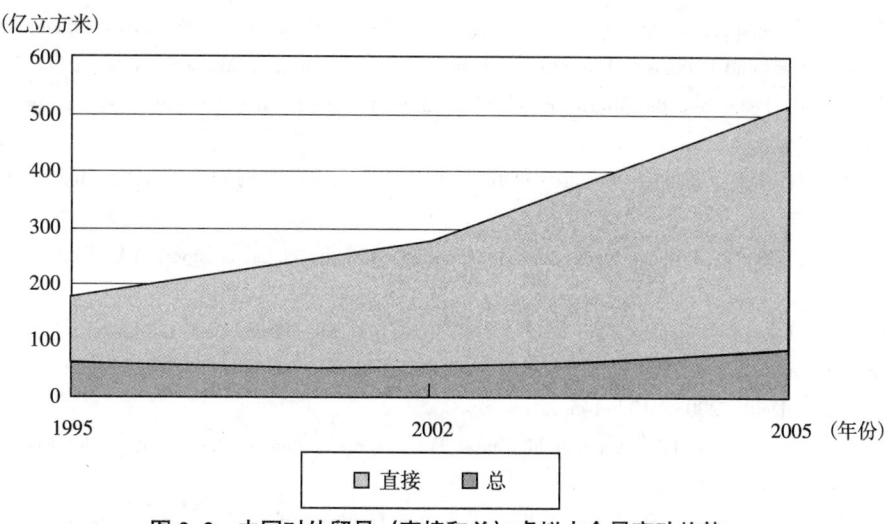

图 2-2　中国对外贸易（直接和总）虚拟水含量变动趋势

补的国际贸易基本原则，调整既往的贸易结构和规模，以有利于中国和世界的可持续发展。

（本章作者：张　晓）

参考文献

［1］刘昌明、陈志恺主编：《中国水资源现状评价和供需发展趋势分析》，中国水利水电出版社2001年版。

［2］马涛、陈家宽：《虚拟水贸易在解决中国和全球水危机中的作用》，《生态经济》，2006年第11期。

［3］［英］弗雷德·皮尔斯著：《当江河枯竭的时候：21世纪全球水危机》，张新明译，郑刚、刘世平校译，知识产权出版社2009年版。

［4］刘幸菡、吴国蔚：《虚拟水贸易在我国农产品贸易中的实证研究》，《国际贸易问题》，2005年第9期。

［5］齐晔、李惠民、徐明：《中国进出口贸易中的隐含碳估算》，《中国人口·资源与环境》，2008年第3期。

［6］王新华、徐中民、龙爱华：《中国2000年水足迹的初步计算分析》，《冰川冻土》，2005年第10期。

［7］项学敏、周笑白、周集体：《工业产品虚拟水含量计算方法研究》，《大连理工大学学报》，2006年第2期。

［8］张友国：《中国对外贸易中的环境成本——评估与对策研究》，中国社会科学院重点课题研究报告，2009年3月。

［9］中国投入—产出学会：《2002年中国水资源投入—产出表》，2005年（内部交流）。

［10］中国自然资源丛书编撰委员会：《中国自然资源丛书（水资源卷）》，中国环境科学出版社1995年版。

［11］Allan, J.A. 1993. Fortunately there are substitutes for water otherwise our hydro-political futures would be impossible. ODA, Priorities for Water Resource Allocation and Management. ODA, London, 1993, 13-26.

[12] Overall perspectives on countries and regions. In Rogers P. and Lydon P. (eds.). Water in the Arab World: Perspectives and Prognoses. Harvard University Press, Cambridge, Massachusetts, 1994, 65-100.

[13] Water, Peace and the Middle East: Negotiating Resources in the Jordan Basin. Tauris Academic Publication, 1996.

[14] Virtual water: strategic resource global solutions to regional deficits. Groundwater, 1998 (36): 545-546.

[15] The Middle East Water Question: Hydropolitics and the global economy. I.B. Tauris Publication, 2002.

[16] Virtual water eliminates water was? A case study from the Middle East. In Hoekstra, A. Y. (eds.). Virtual Water Trade-Proceedings of the international expert meeting on virtual water trade. Research Report Series 12, IHE, Delft, 2003, 137-145.

[17] Ackerman F. M. Ishikawa and M. Suga. The carbon content of Japan-US trade. Energy Policy, 2007, 35: 4455-4462.

[18] Chapagain A.K., Hoekstra A.Y. The water footprint of coffee and tea consumption in the Netherlands. Ecological Economics, 2007, 64 (1): 109-118.

[19] Chapagain A.K., Hoekstra A.Y., Savenije H.H.G., Gautam R.. The water footprint of cotton consumption: an assessment of the impact worldwide consumption of cotton products on the water resource in the cotton producing countries. Ecological Economics, 2006, 60 (1): 186-203.

[20] Chapagain A.K., Orr. S. An improved water footprint methodology linking global consumption to local water resources: A case of Spanish tomatoes. Journal of Environmental Management, 2009, 90: 1219-1228.

[21] Guan D., Klaus Hubacek. A new and integrated hydro-economic accounting and analytical framework for water resource: A case study for North China. Journal of Environmental Management, 2008, 88 (4): 1300-1313.

[22] Hayami, Hitoshi. and M. Nakamura. CO_2 emission of an alternative technology and bilateral trade between Japan and Canada: relocating production and an implication for joint implementation. KEO Discussion Paper No. 075. Keio Economic Observatory (KEO). Keio University, 2002.

[23] Hoekstra, A.Y. Humam appropriation of natural capital: A comparison of ecological footprint and water footprint analysis. Ecological economics, 2009 (68): 1963-1974.

[24] Hoekstra A.Y. and Chapagain A.K. Water footprints of nations: water use by people as a function of their consumption pattern. Water Resource Management, 2007, 21 (1): 35-48.

[25] Hoekstra A.Y. and Hung P.Q. Virtual water trade: a quantification of virtual water flow between nations in relation to international crop trade. Research Report Series 11, UNESCO-IHE, Delft, 2002.

[26] Hoekstra A.Y. and Hung P.Q. Globalisation of water resource: international virtual water flows in relation to crop trade. Global Environmental Change, 2005, 15: 45-56.

[27] Kondo Y., Moriguchia Y., Shimizu H. CO_2 emission in Japan: influences of imports and exports. Applied Energy 1998, 59 (2-3): 163-174.

[28] Kondo, Kumiko. Economic analysis of water resources in Japan: using factor decomposition analysis based on input-output table. Environmental Economics and Policy Studies, 2005, 7: 109-129.

[29] Machado, G., R. Schaeffer and E. Worrell. Energy and carbon embodied in the international trade of Brazil: an input-output approach. Ecological economics, 2001, 39: 409-424.

[30] Miller R. and Blair P. 1985. Input-Output Analysis: Foundations and Extension. Prentice Hall, Englewood Cliffs, USA, 1985.

[31] Muradian R., O'Conner M., and J. Martinez-Alier. Embodied pollution in trade: estimating the 'environment load displacement' of industrialized countries. Ecological Economics, 2002, 41 (1): 51-67.

[32] Novo P., Garrido A. and Valera-Ortega C. Are virtual water "flow" in Spanish grain trade consistent with relative water scarcity? Ecological Economics, 2009, 68: 1454-1464.

[33] Peters G.P., Hertwich E.G. Pollution embodied in trade: the Norgwegian case. Global Environmental Change, 2006, 16: 379-387.

[34] Rees W.E. Ecological footprint and appropriated carry capacity: what urban economics leaves out. Environment and Urbanization, 1992, 4 (2): 121-130.

[35] Rees W.E.. Revisiting carry capacity: area-based indicators of sustainability. Population and Environment, 1996, 17 (3): 195-215.

[36] Rees W.E.. Wackernagel M. Ecological footprint and appropriated carry capacity: measuring the natural capital requirements of the human economy. In Jansson A.M., Hammer M., Folke C., and Costanza R. (eds.) Investing in Natural Capital: The Ecological Economics Approach to Sustainability. ISEE/Island Press, Washington, D.C., 1994, 362-390.

[37] Sánchez-Chóliz J., Duarte R. CO_2 emissions embodied in international trade: evidence for Spain. Energy Policy, 2004, 32 (18): 1999-2005.

[38] Shui B. and Harriss R.C. The role of CO_2 embodiment in US-China trade. Energy Policy, 2006 (34): 4063-4068.

[39] Velázquez, Esther. Water trade in Andalusia. Virtual water: An alternative way to manage water use. Ecological Economics, 2007 (63): 201-208.

第三章 大型建设项目区域经济影响评价实证分析
——基于区域投入—产出模型分析

第一节 引 言

中国经济社会正处于工业化、城镇化加速发展阶段,大型基础设施建设作用凸显、任务艰巨,对区域发展的影响举足轻重,评价理论与方法的科学性和规范性成为大型项目决策的关键。随着经济社会的发展,项目评价体系从最初的财务评价发展为由财务评价、经济评价、社会影响评价、环境影响评价和后评价组成的综合评价体系。由于大型建设项目具有投资额高、实施周期长、跨区域空间大、技术复杂、不确定性高等特点,对区域内经济和社会发展、生态环境以及资源利用都将产生巨大影响,再加上由于相关利益者众多所形成的错综复杂的利益格局,以及非经济因素的存在,造成大型建设项目决策困难。2006年原国家计委和建设部颁发的《建设项目经济评价方法与参数》(第三版)中增加了项目区域经济影响部分,这正是在新的形势下,规范和完善大型建设项目评价的具体体现。大型建设项目对区域经济影响的分析是指从区域经济角度出发,对大型建设项目布点区域乃至较大区域的经济活动带来的各方面影响的综合分析,包括对区域现存发展条件、经济结构、城镇建设、劳动就业、土地利用、生态环境等方面现实影响和长远影响的分析。目前有关大型建设项目对区域经济影响的理论和实证研究方面还存在较多的空白。本文以白鹤滩水电站建设为例,应用区域投入—产出模型对大型建设项目对区域经济影响的效果进行。

国外关于大型建设项目区域经济影响的文献还比较少,相关的理论分析分散于区域经济研究中,一类分散在关于区域投入—产出模型的分析之中,如 Randall W. Jackson, Jonathan C. Comer (1993),[1] Brucker S.M., Hastings S.E., Latham WR Ⅲ (1990)[2] 等对区

---

[1] Randall W. Jackson, Jonathan C. Comer, An Alternative to Aggregated Base Tables in Input-Output Table Regionalization. Growth and Change, Vol. 24, 1993, 191–205.

[2] Brucker SM, Hastings SE, Latham WR Ⅲ. The Variation of Estimated Impacts from Five Regional Input-output Models. Int Reg Sci Rev. 1990, 13: 119–139.

域投入—产出理论和方法的研究;一类分散在区域效应乘数的估计方面,如 D.S. Rickman 和 R.K. Schwer. (1995) 对 IMPLAN、REMI 和 RIMS Ⅱ 区域发展乘数的比较分析,[1]及 Philip J. Bourque (1990)[2]对地区发展乘数 WAIO 和 RIMS 的比较分析。也有少部分学者对项目的区域经济影响进行分析,如 Bergstrom JC, Cordell HK, Watson AE, Ashley GA (1990) 应用 IMPLAN 方法对游览国家公园的经济效应进行分析,[3] Brown JH, Carroll TM, Schwer RK, Rickman DS (1995) 测算了美国西部航空公司对旅游胜地拉斯维加斯的经济影响,[4] John E. Connaughton 和 Ronald A. Madsen (2001) 从产业链的角度,运用投入—产出表中的就业乘数,分析了加州的宝马公司和阿拉巴马州奔驰分公司对增加就业的直接影响和间接影响。[5]

国内最早从事大型建设项目区域经济影响分析的研究文献,是郑友敬、明安书、钟学义 (1994) 对大型建设项目区域经济影响进行了初步的理论研究,并提出可采用指标体系法、投入—产出分析法等方法,对区域内超大型工程项目所面临的社会经济自然等诸多因素进行全面的可行性分析。[6] 李京文等 (1997) 从地区供水、地区经济总量增长、地区产业发展等角度论证了南水北调工程实施的地区经济效益。[7]

进入 21 世纪,国内从事大型建设项目区域影响的研究文献逐渐丰富和深入。李京文、李平、张国初、杨敏英 (2000) 从定性和定量的角度分析了京沪高速铁路对沿线经济社会发展的影响,建立了京沪高速铁路沿线——北京、天津、上海、山东、安徽、江苏六地区经济发展模型,通过生产函数对不同的方案进行了模拟和测算,研究表明,京沪高速铁路的建设对沿线地区发展具有重大贡献。[8][9] 李平、李文军、郭树声 (2003) 对特大型投资项目区域经济和宏观经济影响分析的基本概念进行了描述,分析了区域和宏观经济影响分析与国民经济评价的异同,并提出了区域经济和宏观经济影响分析的评价指标体系及分析方法。从指标体系上看,李平等人提出了增加值等总量指标,影响力系数和感应度系数等结构指标,以及就业效果等多项附加指标;从分析方法上看,提出了宏观经济计量模型、投入—产出模型、系统动力学模型等模型分析方法,以及指标法、专家评价法等方法。[10] 李善同、许新宜 (2004) 从区域发展、人口、就业、反贫困、经济

---

[1] D.S. Rickman and R.K. Schwer, A Comparison of the Multipliers of IMPLAN, REMI, and RIMS Ⅱ: Benchmarking Ready-made Models for Comparison. The Annals of Regional Science, 1995, Vol. 29, No. 4, 363-374.

[2] Philip J. Bourque, Regional Multipliers: WAIO vs. RIMS. Innternational Regional Science Reviews, Vol. 13, No. I & 2, 1990, 87-88.

[3] Bergstrom JC, Cordell HK, Watson AE, Ashley GA, Economic Impacts of Recreational Visits to State Parks in Four Southern States are Estimated Using IMPLAN. South Agricultural Econ, 1990, 22: 69-77.

[4] Brown JH, Carroll TM, Schwer RK, Rickman DS. Estimating the Economic Impacts of a Hub Airline Serving a Tourist Destination: The Case of America West Airlines and Las Vegas, Nevada. International Journal of Public Administration, 1995, 18.

[5] John E. Connaughton and Ronald A. Madsen, Assessment of Economic Impact Studies: The Cases of BMW and Mercedes-Benz. The Review of Regional Studies 2001, 31 (3), 293-303.

[6] 郑友敬主编:《超大型工程建设项目评价——理论方法研究》,社会科学出版社 1994 年版。

[7] 李京文等编著:《跨世纪重大工程技术经济论证》,社会科学文献出版社 1997 年版。

[8] 李京文:《京沪高速铁路建设对沿线地区经济发展的影响》,《中国铁路》,1998 年第 10 期。

[9] 李京文主编:《铁道与发展》,社会科学文献出版社 2000 年版。

[10] 李平、李文军、郭树声:《特大型投资项目的区域和宏观经济影响分析》,《数量经济技术经济研究》,2003 年第 2 期。

发展、财政收入、地区发展差距等多个方面分析了南水北调工程北方受水区的区域和宏观经济影响，使用区位商、CGE模型等方法对北方受水区的区域经济影响进行了计算，并建立了南水北调工程对区域和宏观经济发展影响的评价指标体系。[1]孟巍（2006）研究了高速公路大型建设项目对区域经济发展促进作用的内在机理，采用多属性综合评价方法从区域经济发展基础、区域产业发展、区域经济发展三个方面研究了高速公路大型建设项目的推动作用。[2]明立波、甄峰、郑俊（2007）对国内外交通大型建设项目评价方法的发展和研究进行了简要论述，并以建设无锡—南通过江通道的构想为基础进行了案例研究，采用交通量和地区经济总量对案例进行了区域经济诱导型实证研究。[3]劳承玉（2007）指出，我国目前关于区域经济影响分析的理论与方法研究较少，导致在实践中评价原则、评价内容具有随意性。针对这一不足，他提出了区域经济评价的基本原则和主要内容，并论述了与之相应的评价方法及评价指标。[4]董新亮、马光文、张秋菊（2008）使用统计数据进行区域影响的定量分析，结果表明枕头坝、沙坪水电站对区域经济将产生拉动作用，有助于区域扩大就业，并且能够节约矿产资源、减少温室气体排放。[5]吴改选、宋树艳、付卫刚（2009）对公路项目区域经济影响的重要性及表现形式进行了研究，提出了公路项目区域经济影响的评价指标。他们还应用线性回归的方法从促进经济增长、促进就业增长两个方面进行了定量分析，并从促进财政收入、优化产业结构两个方面进行了定性分析。[6]赵娟、林晓言（2010）使用对数线性模型和灰色预测模型从缓解运输状况、节约旅行时间、经济一体化、高新产业发展等角度，对京津城际铁路区域经济影响进行定量分析。[7]

在大型建设项目区域经济影响研究领域，虽然我国学者已经积累了一定的研究成果，但总体来看，理论研究和应用研究还处于比较初级的阶段。目前对大型建设项目区域经济影响的理论研究文献较少，大型建设项目区域经济影响研究基本还处于空白状态。项目区域经济影响的规范研究构架和主要研究内容，还未形成系统的分析脉络。大型建设项目区域经济影响的研究方法有待进一步规范和创新。在方法的使用上，目前的大部分研究仍停留在定性分析或直观的定量分析上，分析结果具有一定的主观性，缺乏科学方法的支撑。目前实证研究的方法还不能完全满足实践的需要，因此必须在不断总结以往应用方法的基础上实现新的突破和发展。

---

[1] 李善同、许新宜主编：《南水北调与中国发展》，经济科学出版社2004年版。
[2] 孟巍：《高速公路对区域经济影响分析与评价方法研究》，长沙理工大学博士论文，2006年。
[3] 明立波、甄峰、郑俊：《无锡—南通过江通道建设构想及其区域经济影响评价》，《人文地理》，2007年第4期。
[4] 劳承玉：《重大建设投资项目区域经济评价方法剖析》，《西南金融》，2007年第10期。
[5] 董新亮、马光文、张秋菊：《枕头坝—沙坪水电站建设的区域经济影响分析》，《中国农村水利水电》，2008年第10期。
[6] 吴改选、宋树艳、付卫刚：《公路项目区域经济影响分析》，《科技信息》，2009年第19期。
[7] 赵娟、林晓言：《京津城际铁路区域经济影响评价》，《铁道运输与经济》，2010年第1期。

第二节　项目区域经济影响评价的内容和评价方法

一、项目区域经济影响评价的主要内容

大型基础设施建设项目对区域经济的影响是多方面的，既有有利影响，也有不利影响。从微观上说，大型建设项目将影响经济活动的区位选择、区域经济增长和产业结构的变化；从区域整体上说，它能够促进区域空间结构的形成，影响区域自我发展能力；从宏观上说，它决定区域的区位条件和开放程度。项目区域经济影响评价的主要内容应包括以下方面：一是大型建设项目对地区经济增长总量的影响。大型建设项目建成后通过项目自身发挥效益，促进地区经济总量增长。二是对产业结构的影响。通过带动布点区域经济结构调整和经济总量增长，导致地区经济结构优化和总量增长。三是对劳动就业的影响。通过吸纳有一定专长的劳动力和其他类型劳动力，增加劳动就业，改变就业结构。四是对技术创新的促进作用。通过提供地区经济发展急需的基础设施、能源或技术等，减轻乃至消除经济发展中的"瓶颈"制约因素的作用，也有利于加快技术进步。五是对推进城市化的作用。推进城市化进程，促进地区之间产业合理布局、协调发展，帮助贫困落后地区脱贫致富。六是对减少地区差距的影响。促进落后地区的跨越式发展，并对落后地区周边区域产生扩散效应，缩短地区间的发展差距。七是促进资源的合理开发和利用以及对节能减排的贡献。大型基础设施建设项目还由于在规划建设的过程中越来越强调以人为本，追求人与环境的和谐统一，因而会有利于环境保护，生态改善。

二、大型建设项目区域经济影响评价的方法体系

大型建设项目对区域经济的影响是多方面的，目前学者们在实证研究中针对不同的对象，选择了多种不同的方法，包括指标法、投入—产出分析法、系统动力学分析法、综合分析评价方法、统计与计量分析法、运筹学工具分析法等。

总体上讲，由于大型建设项目具有跨区域空间、技术复杂、不确定性高、影响、评价方法的应用和创新应体现综合性和系统性强的特点，加上我国仍处于发展中国家的具体国情，我们认为，除了传统的可行性分析方法、费用效益分析法、指标分析法之外，还应加强系统分析方法、优化分析方法、投入—产出方法、模拟法等在大型项目对区域经济影响分析评价中的应用和创新，特别是区域投入—产出分析法、CGE方法和经济模拟方法的应用。

（一）区域投入—产出模型

区域投入—产出模型产生的乘数可以用于计算特定区域的资金投入所产生的就业、

产出和收入的直接、间接效应。区域投入—产出模型也可以直接用于估计全部收入和工作效应，在大型建设项目对区域影响的分析中具有很强的适用性。但它也有一定的限制，在单独应用时，往往假设工资水平、资产价值、其他投入和产出的价格和成本没有明显的变化，劳动和资本的生产率（每单位投入带来的产出的比例）、人口、移入/移出的商业模式没有变化等。

（二）CGE（可计算一般均衡模型）

CGE 模型可以追踪到由于大型项目建设引起的地区改变经济条件时的全部变化，并可以结合其他函数模型可以预测未来大型项目建设带来的成本、价格、工资、税收、生产率以及竞争力方面的变化，以及人口迁移、就业和住房价值等方面的变化。

（三）动态经济模拟模型

模型应是结构性预测模型和投资分析模型的结合，将投入—产出、CGE 模型、计量经济模型和经济地理方法结合在一起的动态模型，能够进行预测和模拟。模拟模型可以估计大型建设项目对区域的全部收入、就业、产业变化、支出变化等方面的效应。经济模拟模型比区域投入—产出和 CGE 模型更为复杂。

第三节 区域投入—产出模型和数据说明

一、区域投入—产出模型

投入—产出模型是指依据美国著名经济学家列昂惕夫（W. Leontief）创立的投入—产出经济学的原理，利用大量实际经济数据，构造反映国民经济各部门之间生产联系的投入—产出表，根据该表可计算出各部门的投入系数（直接消耗系数）和完全消耗系数，并进一步可计算各部门的影响力系数和感应度系数，分析判断各部门对国民经济其他部门的影响或其他部门发展对某一部门的影响。简言之，投入—产出分析可以从数量上系统地研究一个复杂经济实体的各不同部门之间的相互关系。这个经济实体可以大到一个国家，甚至整个世界，小到一个省、市或企业部门的经济。

区域投入—产出模型已经被广泛应用于评估政策、产业结构、投资、外资企业、贸易、环境污染、人口迁移等的区域经济影响（Greytak, 1970; Rose, 1983; Hewings, 1985; McGregor, 1992; Harris 和 Liu, 1998; McKay, 1998; Brand 等, 2000）。与此同时，区域投入—产出模型也在不断扩展和完善，如米亚扎瓦（Miyazawa, 1976）将收入分配与支出引入区域投入—产出模型；贝蒂和马登（Batey 和 Madden, 1982）考察了就业和失业工人的不同消费效应。朗德（Round）将区域投入—产出发展成为一般社会计量框架（General social Accounting Framework）；伦德奎斯特（Lundqvist，1981）发展了一个动态区域投入—产出模型，并将其与线性规划联系在一起研究经济影响问题。刘（Liu，2000）引入时间变量进一步发展了动态区域投入—产出模型。另一个重要的发展就是将区域投入—产出模型与经济计量模型结合起来研究区域经济问题（Convey，1979；Rey 和 Dev，1997；Rey，2000）。

制定区域投入—产出表的方式可以分为四种：基于商品流资料、基于企业普查资料、基于全国投入—产出表、企业调查与全国投入—产出表结合（Hewings，1985；Hewings 和 Jensen，1986；Armstrong 和 Taylor，2000）。假设区域与全国的产业投入系数相同，可以从全国投入—产出表中导出区域投入—产出表；或者以企业调查资料为补充，从全国投入—产出表中导出区域产出表。在区域投入—产出中，一个产业的总投入应该等于其总产出。关于制定区域投入—产出表的具体方法，可以参考赫温斯和詹森（Hewings 和 Jensen，1986）的研究。

本文采用可比价投入—产出局部闭模型考察白鹤滩水电站建设投资对四川、云南两省经济发展的影响。本文采用的局部闭模型是将居民看做一个部门加入中间消耗，将2008年价格水平的可比价投入—产出表第Ⅰ象限增加劳动者报酬行向量和居民消费列向量。考虑到在对建设期项目的区域经济影响进行评估，投资应视为外生变量，而由于白鹤滩建设投资的增加而增加了劳动者报酬，从而扩大了消费，因此应视为内生变量。[①] 所以原始投入—产出表经上述调整后能够更全面地反映工程建设投资对国民经济各部门的影响，经济意义更为合理。假设在居民部门内部不存在转移支付，因此居民对居民的支付为0；假设在建设期不发生显著的技术进步，因此投入—产出分析中的技术系数为常数。综上，所使用的地区的价值型投入—产出表的基本表式如下：

表3-1 地区 d 的价值型投入—产出表表式

单位：亿元

投入	产出	中间使用				最终使用	净流出	总产出
		1	2	…	n	居民消费		
中间投入	1	x_{11}^d	x_{12}^d	…	x_{1n}^d	$x_{1,n+1}^d$	y_1^d	f_1^d	X_1^d
	2	x_{21}^d	x_{22}^d	…	x_{2n}^d	$x_{2,n+1}^d$	y_2^d	f_2^d	X_2^d
	⋮	⋮	⋮		⋮	⋮	⋮	⋮	⋮
	n	x_{n1}^d	x_{n2}^d	…	x_{nn}^d	$x_{n,n+1}^d$	y_n^d	f_n^d	X_n^d
	劳动者报酬	$x_{n+1,1}^d$	$x_{n+1,2}^d$	…	$x_{n+1,n}^d$	0	0	0	X_{n+1}^d
增加值	生产税净额	t_1^d	t_2^d	…	t_n^d	0	—	—	—
	固定资产折旧	d_1^d	d_2^d	…	d_n^d	0	—	—	—
	营业盈余	m_1^d	m_2^d	…	m_n^d	0	—	—	—
总投入		$X_1^{d\prime}$	$X_2^{d\prime}$	…	$X_n^{d\prime}$	$X_{n+1}^{d\prime}$	—	—	—

---

① 刘起运、夏明、张红霞主编：《宏观经济系统的投入—产出分析》，中国人民大学出版社2006年版。

在表 3-1 中，x_{ij}^d 表示地区 d 本期的生产过程中部门 j 所使用的地区 d 部门 i 所生产的产品的价值量（i, j = 1, 2, …, n）；$x_{n+1,j}^d$ 表示地区 d 本期部门 j 的劳动者报酬（i = 1, 2, …, n）；y_i^d 表示地区 d 部门 i 所生产的供本地区使用的最终产品的价值量（i = 1, 2, …, n）；f_i^d 表示部门 i 产品地区 d 调出和出口与地区 d 外调进和进口之间的差额；X_i^d 表示地区 d 本期部门 i 的总产出（i = 1, 2, …, n）；t_j^d、d_j^d、m_j^d 为地区 d 本期生产产品 j 所消耗的各类初始投入的价值量（j = 1, 2, …, n）分别对应生产税净额、固定资产折旧和营业盈余等；x_j^d 表示地区本期部门的总投入（j = 1, 2, …, n）。

价值型地区投入—产出表存在行、列和总量平衡关系。

行向平衡关系为：

$$\sum_{j=1}^{n} x_{ij}^d + y_i^d + f_i^d = X_i^d \quad (i = 1, 2, \cdots, n) \tag{3-1}$$

列向平衡关系为：

$$\sum_{i=1}^{n} x_{ij}^d + N_j^d = X_j^d \quad (i = 1, 2, \cdots, n) \tag{3-2}$$

其中，$N_j^d = t_j^d + d_j^d + m_j^d$ 为本地区本期 j 部门的增加值合计。

总量平衡关系为：总投入 = 总产出，用公式表示为：

$$\sum_{i=1}^{n} X_i^d = \sum_{j=1}^{n} X_j^d \quad (i, j = 1, 2, \cdots, n) \tag{3-3}$$

根据上面的矩阵形式行模型进一步推导，可以得到局部闭模型的基本关系式为：

$$X^* = (I - A^*)^{-1}(Y^* + F^*) \tag{3-4}$$

在公式（3-4）中：

$$A^* = \begin{pmatrix} a_{11}^d & \cdots & a_{1n}^d & | & a_{1,n+1}^d \\ \cdots & \cdots & \cdots & | & \cdots \\ a_{n1}^d & \cdots & a_{nn}^d & | & a_{n,n+1}^d \\ — & — & — & & — \\ a_{n+1,1}^d & \cdots & a_{n+1,n}^d & | & 0 \end{pmatrix} = \begin{pmatrix} A^d & H_c^d \\ H_r^d & 0 \end{pmatrix}$$

$$Y^* = \begin{pmatrix} Y^d \\ 0 \end{pmatrix}; \quad F^* = \begin{pmatrix} F^d \\ 0 \end{pmatrix}; \quad X^* = \begin{pmatrix} X^d \\ X_H^d \end{pmatrix}$$

H_c^d 为各部门劳动报酬系数行向量，H_r^d 为居民收入对各部门产品和劳务的直接消耗系数列向量；X_H^d 为居民总收入。

白鹤滩水电站建设投资可以看做最终使用的增加，因此，建设投资对区域 d 的总产出的影响可以通过公式（3-5）计算得到：

$$\Delta X^d = (I - A^*)^{-1}(Y^d + F^d + \Delta Y^d) \tag{3-5}$$

其中，ΔY^d 是白鹤滩水电站在区域 d 的建设投资，ΔX^d 是区域 d 受到白鹤滩水电站建设投资影响的总产出增量。

通过 ΔX^d 可以进一步分析白鹤滩水电站建设投资对区域 d 各部门产品产出及区域 d 产业结构的影响。

在获得 ΔX^d 的基础上，还可以进一步计算白鹤滩水电站建设投资影响的就业增量。定义劳动力占用系数为：

$$e_i^d = \frac{E_i^d}{X_i^d} \tag{3-6}$$

其中，E_i^d 是区域 d 部门所占用的劳动力数量，X_i^d 是区域 d 部门 i 的总产出。

假设白鹤滩水电站建设期劳动力占用系数为固定常数，则存在如下比例关系：

$$\frac{E_i^d + \Delta E_i^d}{X_i^d + \Delta X_i^d} = \frac{E_i^d}{X_i^d} = e_i^d \tag{3-7}$$

其中，ΔE_i^d 是区域 d 受到白鹤滩水电站建设投资影响所增加的就业人数。

因此可以计算得到，区域 d 受到白鹤滩水电站建设投资影响所增加的就业人数为：

$$\Delta E_i^d = E_i^d \frac{\Delta X_i^d}{X_i^d} \tag{3-8}$$

二、数据来源及部门分类

本文使用《中国区域投入—产出表——2002》中的《四川 2002 年投入产出表》（当年，生产者价格）和《云南 2002 年投入—产出表》（当年，生产者价格）的数据作为基础数据。[1] 两省投—入产出表的部门划分与《中国区域投入—产出表——2002》保持一致，共划分为 42 个部门，各部门对应的产业划分以《国民经济行业分类》（GB/T4754-2002）为依据。

三、价格指数和四川、云南可比价投入—产出表的编制

根据投资规划与工程投资进度，选择 2008 年作为计算的基期，因此，首先需要用价格指数将 2002 年当年价格的四川、云南两省的投入—产出表调整为 2008 年价格水平的四川、云南两省可比价投入—产出表。[2]

对四川 2002 年投入—产出表和云南 2002 年投入—产出表进行调整时所使用的价格指数均来源于《中国物价年鉴（2003~2008）》、《四川统计年鉴 2009》、《云南统计年鉴 2009》。调整后的四川、云南两省 2002 年各部门价格指数详见表 3-2。

在此基础上，编制了四川、云南两省 2008 年不变价的局部闭型投入—产出表，并据此对建设项目的区域经济影响进行了测算和分析。

---

[1] 国家统计局国民经济核算司编：《中国地区投入—产出表—2002》，中国统计出版社 2008 年版。
[2] 潘文卿：《可比价投入—产出表编制中价格指数求解的理论模型》，载《中国投入—产出学会第五届年会论文集》，2001 年，http://www.iochina.org.cn/yanjiuchengguo.htm。

表 3-2　2002 年四川、云南两省各部门价格指数（2008 年 = 100）

部门	代码	四川省各部门价格指数	云南省各部门价格指数
农林牧渔业	01	56.16	65.43
煤炭开采和洗选业	02	45.13	46.63
石油和天然气开采业	03	74.20	46.63
金属矿采选业	04	49.80	45.40
非金属矿采选业	05	73.39	45.40
食品制造及烟草加工业	06	89.37	96.22
纺织业	07	84.84	91.43
服装皮革羽绒及其制品业	08	84.52	91.43
木材加工及家具制造业	09	87.60	86.61
造纸印刷及文教用品制造业	10	87.91	107.46
石油加工、炼焦及核燃料加工业	11	47.44	57.61
化学工业	12	70.96	57.61
非金属矿物制品业	13	77.25	68.24
金属冶炼及压延加工业	14	63.15	68.24
金属制品业	15	79.48	68.24
通用、专用设备制造业	16	83.33	68.24
交通运输设备制造业	17	93.60	68.24
电气、机械及器材制造业	18	78.55	68.24
通信设备、计算机及其他电子设备制造业	19	135.56	68.24
仪器仪表及文化办公用机械制造业	20	104.58	68.24
其他制造业	21	77.81	68.24
废品废料	22	78.44	73.28
电力、热力的生产和供应业	23	84.76	58.62
燃气生产和供应业	24	78.21	58.62
水的生产和供应业	25	85.01	58.62
建筑业	26	86.77	74.39
交通运输及仓储业	27	136.71	139.75
邮政业	28	115.25	123.08
信息传输、计算机服务和软件业	29	136.71	153.61
批发和零售贸易业	30	84.92	85.54
住宿和餐饮业	31	74.70	68.97
金融保险业	32	58.72	58.72
房地产业	33	69.66	66.89
租赁和商务服务业	34	82.93	70.89
旅游业	35	89.77	86.69
科学研究事业	36	92.24	92.00
综合技术服务业	37	92.24	92.00
其他社会服务业	38	74.90	73.22
教育事业	39	88.26	70.37
卫生、社会保障和社会福利业	40	87.14	83.38

续表

部门	代码	四川省各部门价格指数	云南省各部门价格指数
文化、体育和娱乐业	41	95.05	98.75
公共管理和社会组织	42	92.24	92.00

数据来源：在以下年鉴的相关数据基础上进行调整：①国家发展和改革委员会、中国价格协会、国家发展和改革委员会价格认证中心编：《中国物价年鉴》（2003~2008年），《中国物价年鉴》编辑部编辑出版。②四川省统计局、国家统计局四川调查总队编：《四川统计年鉴》（2009），中国统计年鉴出版社。③云南省统计局、国家统计局云南调查总队编：《云南统计年鉴》（2009），中国统计年鉴出版社。

四、白鹤滩水电站重要技术经济数据

本文以《国民经济行业分类》（GB/T4754-2002）标准和《白鹤滩可研装机容量比选全投资估算》（华东勘测设计研究院，2008）所提供的技术经济数据为依据，根据调研资料暂定白鹤滩水电站枢纽及移民投资在云南省和四川省两省间平均分摊，由此可以得到按部门划分的两省各部门白鹤滩水电站建设投资如表3-3所示（2008年价格水平）。

表3-3 两省各部门建设投资表（2008年价格水平）

单位：亿元

部门	总投资	四川省分摊投资	云南省分摊投资
建筑业	403.67	201.84	201.84
电气、机械及器材制造业	101.92	50.96	50.96
其他社会服务业	9.91	4.96	4.96
金属制品业	7.67	3.83	3.83
综合技术服务业	1.7	0.85	0.85
文化、体育和娱乐业	0.23	0.11	0.11
合计	525.10	262.55	262.55

数据来源：《金沙江白鹤滩水电站预可行性研究报告》，国家电力公司华东勘测设计研究院，2005年4月。

第四节 对项目所在区域经济增长的影响的实证分析

根据前面的分析可以知道，建设项目对区域经济的影响主要包括：一是对区域经济增长的影响；二是对区域产业结构演进的影响；三是对区域城市化水平的影响。

一、白鹤滩水电站建设项目背景及分析范围界定

白鹤滩水电站位于四川省宁南县和云南省巧家县交界的金沙江下游河段，为金沙江

下游四个梯级水电站中的第二个梯级，上接乌东德梯级水电站，下临溪洛渡梯级水电站，是继长江三峡和金沙江溪洛渡之后第三个千万千瓦级的巨型水电工程。白鹤滩水电站正常蓄水位为825米，调节库容达104.36亿立方米，水库具有调节功能。电站拟装机14000兆瓦，年发电量可达602.4亿千瓦小时。白鹤滩水电站是金沙江开发水能资源的关键性工程，白鹤滩水电站的开发建设不仅能满足四川、云南两省经济、社会发展对电力的需要，还将成为"西电东送"中部通道的骨干电站。①

本文以白鹤滩水电站为例，使用投入—产出技术测算白鹤滩水电站建设对区域经济的影响。

水电站建设项目对区域经济发展的带动作用，可以分为两个阶段进行分析：一是建设投资对区域经济的拉动；二是项目投产运行后对区域经济的推动。在水电站的建设期，需要投入大量的资金和劳动力，即通过扩大需求而带动水电站所在区域的经济发展。水电站机组投入运行后，通过增加水电站所在区域的发电能力来推动该区域的经济发展。此外，因为该水电站的受电区域并非仅限于工程所在地，所以也会不同程度地推动工程所在地之外的受电区域的经济发展。由于该建设项目的受电区尚未最终确定，因此分析区域仅限定于工程所在的四川、云南两省，分析内容仅限于白鹤滩水电站建设投资的区域经济影响。

二、对项目所在区域经济增长的影响

白鹤滩水电站投资在水电站建设期投资使四川、云南两省的国民经济各部门的总产出共增加1533亿元，其中，四川省总产出增加708亿元，云南省增加的产出为825亿元。具体来说，两省各部门的总产出增加值详见表3-4。

表3-4 白鹤滩水电站建设期投资对四川、云南两省各部门总产出的影响（2008年价格水平）

部门名称	代码	四川省		云南省	
		增加值（亿元）	增加百分比（%）	增加值（亿元）	增加百分比（%）
农林牧渔业	01	6.05	0.65	8.42	1.66
煤炭开采和洗选业	02	6.58	10.28	19.98	126.12
石油和天然气开采业	03	4.43	8.04	0.02	44.94
金属矿采选业	04	3.85	27.17	14.11	60.28
非金属矿采选业	05	17.60	14.60	8.38	51.70
食品制造及烟草加工业	06	4.37	0.57	4.23	0.59
纺织业	07	1.79	2.11	5.66	52.83
服装皮革羽绒及其制品业	08	2.93	5.11	2.62	41.88
木材加工及家具制造业	09	7.11	7.01	4.21	21.28

---

① 国家电力公司华东勘测设计研究院：《金沙江白鹤滩水电站预可行性研究报告》，2005年4月。

续表

部门名称	代码	四川省 增加值（亿元）	四川省 增加百分比（%）	云南省 增加值（亿元）	云南省 增加百分比（%）
造纸印刷及文教用品制造业	10	7.21	4.26	13.27	18.48
石油加工、炼焦及核燃料加工业	11	9.70	109.18	23.67	649.36
化学工业	12	24.41	6.61	24.51	17.16
非金属矿物制品业	13	51.36	13.17	43.84	53.88
金属冶炼及压延加工业	14	51.58	15.79	78.80	44.64
金属制品业	15	19.85	17.02	25.41	85.71
通用、专用设备制造业	16	12.24	6.28	16.95	36.59
交通运输设备制造业	17	8.88	4.68	14.25	48.97
电气、机械及器材制造业	18	64.72	65.44	67.24	327.94
通信设备、计算机及其他电子设备制造业	19	6.99	1.75	4.63	65.09
仪器仪表及文化办公用机械制造业	20	3.72	22.16	2.74	43.32
其他制造业	21	1.29	5.44	1.79	55.82
废品废料	22	2.15	10.87	4.25	31.24
电力、热力的生产和供应业	23	22.42	7.42	26.53	23.59
燃气生产和供应业	24	0.37	2.71	0.19	11.41
水的生产和供应业	25	0.80	4.95	1.50	19.35
建筑业	26	205.12	16.23	202.78	41.73
交通运输及仓储业	27	60.81	8.32	71.82	25.19
邮政业	28	0.63	3.37	1.76	18.17
信息传输、计算机服务和软件业	29	14.76	4.74	8.62	6.20
批发和零售贸易业	30	25.26	7.22	77.41	29.23
住宿和餐饮业	31	11.26	4.15	7.36	8.88
金融保险业	32	16.41	7.46	11.29	17.31
房地产业	33	3.52	2.41	10.22	14.29
租赁和商务服务业	34	3.69	5.92	1.51	24.06
旅游业	35	0.51	2.11	0.09	0.56
科学研究事业	36	2.94	8.26	1.37	17.65
综合技术服务业	37	3.77	5.08	2.91	9.65
其他社会服务业	38	12.44	5.34	7.64	32.01
教育事业	39	2.45	0.88	1.21	1.23
卫生、社会保障和社会福利业	40	0.16	0.11	0.64	0.70
文化、体育和娱乐业	41	2.06	2.21	0.83	6.59
公共管理和社会组织	42	0.16	0.05	0.06	0.03
合计		708.35	7.51	824.73	20.88

三、对项目所在区域产业发展的影响

从总产出增加值的角度来看，四川、云南两省受白鹤滩水电站建设影响较大的十个产业部门详见表3-5。

第三章 大型建设项目区域经济影响评价实证分析

表 3-5 按部门总产出增加值排序受影响前十个产业部门

单位：亿元

排名	四川省		云南省	
	部门名称	总产出增加值	部门名称	总产出增加值
1	建筑业	205.12	建筑业	202.78
2	电气、机械及器材制造业	64.72	金属冶炼及压延加工业	78.80
3	交通运输及仓储业	60.81	批发和零售贸易业	77.41
4	金属冶炼及压延加工业	51.58	交通运输及仓储业	71.82
5	非金属矿物制品业	51.36	电气、机械及器材制造业	67.24
6	批发和零售贸易业	25.26	非金属矿物制品业	43.84
7	化学工业	24.41	电力、热力的生产和供应业	26.53
8	电力、热力的生产和供应业	22.42	金属制品业	25.41
9	金属制品业	19.85	化学工业	24.51
10	非金属矿采选业	17.60	石油加工、炼焦及核燃料加工业	23.67

表 3-5 是从增加值绝对值的角度进行考察。从表 3-5 中可以看出，四川省受白鹤滩水电站建设影响较大的十个产业部门总产出增加值共计 543 亿元，占四川省总产出增加值的 76.68%；云南省受白鹤滩水电站建设影响较大的十个产业部门总产出增加值共计 642 亿元，占云南省总产出增加值的 77.85%。由此可见，白鹤滩水电站建设期对四川、云南两省产业部门的影响较为集中。从受影响的产业部门上看，四川、云南两省的建筑业、电气、机械及器材制造业、交通运输及仓储业、金属冶炼及压延加工业、批发和零售贸易业、化学工业、电力、热力的生产和供应业、金属制品业受部门总产出的绝对量均有较为明显的增加。

从总产出增加比例的角度来看，四川、云南两省受白鹤滩水电站建设影响较大的十个产业部门详见表 3-6。

表 3-6 按部门总产出增加比例排序受影响前十个产业部门

排名	四川省		云南省	
	部门名称	总产出增加百分比(%)	部门名称	总产出增加百分比(%)
1	石油加工、炼焦及核燃料加工业	109.18	石油加工、炼焦及核燃料加工业	649.36
2	电气、机械及器材制造业	65.44	电气、机械及器材制造业	327.94
3	金属矿采选业	27.17	煤炭开采和洗选业	126.12
4	仪器仪表及文化办公用机械制造业	22.16	金属制品业	85.71
5	金属制品业	17.02	通信设备、计算机及其他电子设备制造业	65.09
6	建筑业	16.23	金属矿采选业	60.28
7	金属冶炼及压延加工业	15.79	其他制造业	55.82
8	非金属矿采选业	14.60	非金属矿物制品业	53.88
9	非金属矿物制品业	13.17	纺织业	52.83
10	废品废料	10.87	非金属矿采选业	51.70

表 3-6 是从各部门总产出增加百分比的角度进行考察。其中，四川、云南两省的石油加工、炼焦及核燃料加工业，电气、机械及器材制造业，金属矿采选业，金属制品业，非金属矿采选业，非金属矿物制品业受白鹤滩水电站建设期的影响，部门总产出的增加百分比均较为明显。比较两省，可以看出云南省部门产出增加百分比较为显著，电气、机械及器材制造业部门的总产出增加百分比高达130%。对比表 3-5 和表 3-6 可以发现，从总产出增加百分比的角度来看，受影响最大的前十个产业部门与表 3-6 中所列并不完全一致。白鹤滩水电站的建设给四川、云南两省的上述产业带来了十分重要的发展契机。

四、对项目所在区域产业结构优化的影响

将 2008 年价格水平的四川、云南两省投入—产出表中各部门的总产出按照三次产业进行合并和加总，可以通过有无对比的方法分析四川、云南两省三次产业受白鹤滩水电站建设的影响。本文所采用的三次产业分类以《国家统计局关于印发〈三次产业划分规定〉的通知》（国统〔2003〕14 号）为依据，第一产业为农林牧渔业（对应部门代码为 01），第二产业包括采矿业（对应部门代码包括 02~05）、制造业（对应部门代码包括 06~22）、电力、燃气及水的生产和供应业（对应部门代码包括 23~25）和建筑业（对应部门代码为 26），第三产业为除第一产业和第二产业以外的其他产业（对应部门代码包括 27~42）。

从三次产业增加值的角度来看，四川、云南两省受白鹤滩水电站建设影响如表 3-7 所示。

表 3-7　受白鹤滩水电站建设影响四川、云南两省三次产业增加值

产业	四川省		云南省	
	增加值（亿元）	增加百分比（%）	增加值（亿元）	增加百分比（%）
第一产业	6.05	0.65	8.42	1.66
第二产业	541.47	10.45	611.58	29.83
第三产业	160.83	4.85	204.74	14.69

从表 3-7 可以看出，四川、云南两省第二产业受白鹤滩水电站建设影响较大，其次是第三产业。两省第一产业受白鹤滩水电站建设影响较小。

从三次产业结构来看，四川、云南两省受白鹤滩水电站建设影响如表 3-8 所示。

从表 3-8 可以看出，白鹤滩水电站的建设带来了四川、云南两省第二产业的迅速发展；云南省第一产业的地位逐渐削弱；两省第三产业的产值虽然增加较为显著，但是由于白鹤滩水电站对第二产业的带动作用十分显著，所以第三产业的比重反而有所下降。

表 3-8 四川、云南两省三次产业比重有无项目对比

单位：%

产业	四川省三次产业比重			云南省三次产业比重		
	无项目	有项目	变化幅度	无项目	有项目	变化幅度
第一产业	9.85	9.22	-6.38	12.80	10.77	-15.90
第二产业	54.96	56.46	2.73	51.91	55.75	7.40
第三产业	35.19	34.32	-2.48	35.29	33.48	-5.12

五、对项目所在区域城镇化的影响

根据《金沙江白鹤滩水电站预可行性研究报告》的规划，根据水库正常蓄水位 825m 的方案，白鹤滩水库淹没涉及云南、四川两省 6 个县（区）38 个乡镇 110 个行政村的沿江地区，其中 8 个集镇受淹（其中四川省淹没宁南县白鹤滩镇、葫芦口镇、华弹镇 3 个建制镇和会东县的大崇乡、鲁吉乡、溜姑乡、野牛坪乡 4 个集镇；云南省淹没巧家县金塘乡集镇），这 8 个集镇全部采取异地迁建处理。白鹤滩水电站移民迁移人口共计 11 万人，其中农业人口为 10.5 万人。具体的 8 个集镇迁建规划详见表 3-9。

表 3-9 白鹤滩水库淹没集镇迁建规划情况

序号	省份	县（区）	乡镇名称	新址位置	主要分布区间（米）	规模人口（人）	规划用地（平方千米）
1	四川省	宁南县	白鹤滩镇	上新村	850~880	1725	0.1725
2			葫芦口镇	宁会公路上葫芦段	870~900	1978	0.2005
3			华弹镇	灯塔村	870~895	7777	0.7985
4		会东县	大崇乡	崇兴村雀依坪子	900~950	5909	0.6069
5			鲁吉乡	中村村中村坝子	1110~1150	2681	0.276
6			溜姑乡	西多村上坝坪子	900~950	2612	0.2712
7			野牛坪乡	水管站附近	850~900	1947	0.2046
8	云南省	巧家县	金塘乡	梨树坪村	1200~1220	2363	0.2362

新建集镇的用地规模约为 2.77 平方千米，面积为原有占地规模 1.29 平方千米的 2.15 倍。其中，居住建筑、公共建筑、生产建筑、仓储、道路广场、公用工程设施、绿化、对外交通用地均比原集镇中的各项用地规模有所扩大。由于白鹤滩水库淹没的影响，集镇迁建使得新城镇比原有城镇规模扩大，能容纳的人口数量增加 15%~20%，各项城市设施建设也将比集镇有所改善。

根据投入—产出模型的计算，没有白鹤滩水电站建设的情况下，2008 年四川省农业人口所占比例为 75.26%，白鹤滩水电站的建设使 2008 年四川省农业人口所占比例降为 74.64%，下降了 0.83%。没有白鹤滩水电站建设的情况下，2008 年云南省农业人口所占比例为 83.41%，白鹤滩水电站的建设使 2008 年云南省农业人口所占比例降为 82.07%，

下降了1.86%。从农业人口占总人口百分比这一指标上来看,白鹤滩水电站的建设促进了四川、云南两省的城市化进程。①

六、主要结论

大型建设项目具有影响范围大、作用深远、技术复杂、不确定性高以及利益相关者众多的特点,对大型建设项目进行区域经济影响分析具有重要意义。目前有关大型建设项目对区域经济影响的理论和实证研究还很薄弱,大型建设项目区域经济影响的理论基础还没有形成共识,项目区域经济影响的研究构架、主要研究内容和研究方法,还未形成系统的分析脉络,大型建设项目区域经济影响的研究方法有待进一步规范和创新。

除了传统的可行性分析方法、费用效益分析法、指标分析法之外,应加强系统分析方法、优化分析方法、投入—产出方法、模拟法等在大型建设项目区域经济影响分析评价中的应用和创新,特别是区域投入—产出分析法、CGE方法和模拟方法的应用。另外,通过白鹤滩水电站建设项目的实例,使用2008年价格水平的四川、云南两省局部闭型投入—产出模型对白鹤滩水电站建设期的区域经济影响进行了分析。

分析结果表明,在白鹤滩水电站建设期,通过白鹤滩水电站的建设投资,将促进四川、云南两省的国民经济各部门的总产出增长明显。

白鹤滩水电站的建设投资对两省的产业结构优化、工业化进程具有促进作用。从具体的产业部门上看,电气、机械及器材制造业、石油加工、炼焦及核燃料加工业等行业所受影响最为显著。

白鹤滩水电站的建设还将降低四川、云南两省农业人口所占比重,对两省的城市化进程具有促进作用。

总体来看,白鹤滩水电站在建设期将对四川、云南两省的区域经济产生较为显著的影响。

(本章作者:谭运嘉 王宏伟 李 平)

参考文献

[1] Randall W. Jackson, Jonathan C. Comer, An Alternative to Aggregated Base Tables in Input-Output Table Regionalization. Growth and Change, Vol. 24, Spring 1993: 191-205.

[2] Brucker S.M., Hastings S.E., Latham WR Ⅲ, The variation of estimated impacts from five regional input-output models. Int Reg Sci Rev 1990, 13: 119-139.

[3] Rickman D.S. and Schwer R.K., A Comparison of the Multipliers of IMPLAN, REMI, and RIMS II: Benchmarking Ready-made Models for Comparison. The Annals of Regional Science, 1995, 29 (4): 363-374.

[4] Philip J. Bourque, Regional Multipliers, WAIO vs. RIMS. International Regional Science Reviews, No. 1&2, 1990 (13): 87-88.

---

① 上述数据均按年末户籍人口数计算。

[5] Bergstrom JC, Cordell HK, Watson AE, Ashley GA, Economic Impacts of Recreational Visits to State Parks in Four Southern States are Estimated Using IMPLAN. South Agricultural Econ, 22: 69-77.

[6] Brown JH, Carroll TM, Schwer RK, Rickman DS. Estimating the Economic Impacts of a Hub Airline Serving a Tourist Destination: the case of America West Airlines and Las Vegas, Nevada. International Journal of Public Administration 1995, 18.

[7] John E. Connaughton and Ronald A. Madsen, Assessment of Economic Impact Studies: The Cases of BMW and Mercedes-Benz, The Review of Regional Studies 2001, 31 (3), 293-303.

[8] Gunnar Myrdal. Asian Drama. New York: Pantheon. 1968.

[9] Francois Perroux, Note on the Notion of Growth Pole. Economie Appliquee. 1955, 17: 307-320.

[10] Raymond Vernon, International Investment and International Trade in the Product Cycle. The Quarterly Journal of Economics. 1966, 80 (2): 190-207.

[11] 郑友敬主编. 超大型工程建设项目评价——理论方法研究. 北京: 社会科学出版社, 1994.

[12] 李京文等编著. 跨世纪重大工程技术经济论证. 北京: 社会科学文献出版社, 1997.

[13] 李京文. 京沪高速铁路建设对沿线地区经济发展的影响. 中国铁路, 1998 (10).

[14] 李京文主编. 铁道与发展. 北京: 社会科学文献出版社, 2000.

[15] 李平, 李文军, 郭树声. 特大型投资项目的区域和宏观经济影响分析. 数量经济技术经济研究, 2003 (2).

[16] 骆绯, 林晓言. 项目评价体系发展的现实背景及理论基础. 铁道经济研究, 2004 (3).

[17] 李善同, 许新宜主编. 南水北调与中国发展. 北京: 经济科学出版社, 2004.

[18] 孟巍. 高速公路对区域经济影响分析与评价方法研究. 长江: 长沙理工大学博士论文, 2006.

[19] 明立波, 甄峰, 郑俊. 无锡—南通过江通道建设构想及其区域经济影响评价. 人文地理.

[20] 劳承玉. 重大建设投资项目区域经济评价方法剖析. 西南金融, 2007 (10).

[21] 董新亮, 马光文, 张秋菊. 枕头坝—沙坪水电站建设的区域经济影响分析. 中国农村水利水电, 2008 (10).

[22] 吴改选, 宋树艳, 付卫刚. 公路项目区域经济影响分析. 科技信息, 2009 (19).

[23] 赵娟, 林晓言. 京津城际铁路区域经济影响评价. 铁道运输与经济, 2010 (1).

第四章 中国低碳经济情景模型的构建与初步分析

在全球气候变暖的大背景下,发展低碳经济已日益受到世界各国学者及政府部门的关注。自1997年《京都议定书》签订,特别是2007年"巴厘行动路线图"提出以来,实施碳排放减排已经成为各国的共识。使减排与国家的社会经济发展相协调,发展低碳经济,正在成为世界的新潮流。

一般认为,"低碳经济"是英国政府在其2003年发布的能源白皮书《我们能源的未来:构建一个低碳经济》(Our Energy Future: Creating A Low Carbon Economy)中首先提出。目前,英国、日本等国纷纷提出了迈向低碳经济转型的政策方案。发展低碳经济,是温室气体减排、控制全球气候变暖的现实需要,同时也是转变发展方式、实现人类可持续发展的要求。这势必要涉及社会制度、经济体制、生产方式、能源结构以及人们观念意识的改变。可以说,发展低碳经济意味着一场深刻的变革。

作为发展中国家,中国在2009年主动做出降低二氧化碳强度的承诺,即"到2020年,中国单位GDP的CO_2排放量比2005年下降40%~45%"。该目标一方面凸显中国作为负责任大国在温室气体减排上的诚意,另一方面也表明了发展低碳经济是中国实现二氧化碳减排目标的客观要求。为了顺利实现向低碳经济转型,我们有必要对未来中国温室气体减排可能性有一个正确的判断。情景分析作为一个重要的政策分析工具被广为采用,因此,将其应用于碳排放政策分析也是合适的。本文拟通过构建相应的低碳经济模型以及由此得到的我国经济在2020年实现我国碳排放强度降低目标时的可能情景,对减排路径、各行的减排目标以及减排潜力进行多方面的分析讨论。

本章分为两节:第一节为中国低碳经济情景模型构造;第二节为中国2020年碳排放基准情景及分析。

第一节 中国低碳经济情景模型构造

为探索2020年碳排放减排目标实现途径,需构造2020年社会基准情景及相应的减排政策情景。本节将对社会基准情景设计中的模型选择、核心参数选择、核心参数值的确定以及构建2020年基准情景模型工具及方法等方面进行论述,为下一步的政策情景分析做准备。

一、情景设计模型框架

（一）情景模型构建工具——CGE 模型

情景设计的框架指为描述未来社会经济信息数据之间的模型结构（宗蓓华，1992）。社会情景因其涉及的信息量大、数据关系复杂，因此，很难用一般的语言及简单的计量模型来说明（张学才等，2005）。而 CGE 模型是描绘一个理想的经济社会的最佳工具，有关社会情景的核算数据均可在模型中得到表现（郑玉歆等，1999）。因此，本文将以 CGE 模型为基础，采用中国能源投入—产出表中的行业分类方支，即共分成 44 个相应行业部门，并以 2007 年投入—产出表为基础，建立可用来描述 2007 年社会情景中的核心参数的 SAM 以及用于政策模拟分析的 CGE 模型。

1. CGE 模型的结构

CGE 模型现在已成为政策分析标准模型，已具备成熟的逻辑体系，是现阶段气候问题研究的重要政策分析工具（王灿，2003）。CGE 模型在构建时一般均采用多层生产函数嵌套的方式，其层次结构与国内外商品处理方式可通过图 4-1 表现出来。

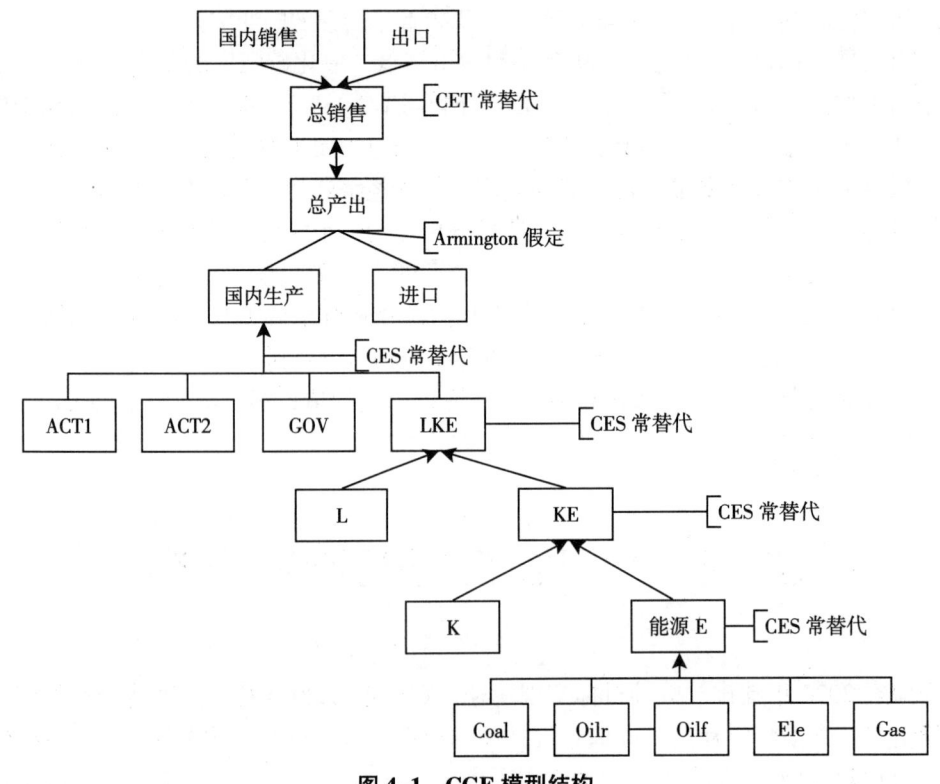

图 4-1　CGE 模型结构

由于本文的重点在于能源需求与碳排放减排的分析，为此，本文建立了中国能源 CGE 模型。正如图 4-1 所示，所谓的能源模型主要通过将能源作为一种如劳动、资本类似的资源加入 CES 函数中，构造成含有能源因素的 CGE 模型结构，而该模型的其他部分同一般的 CGE 模型并没有本质上的区别。例如，国内生产与进口的处理方法是假设 Armington 替代，而出口与国内销售是采用 CET 函数，国内生产的生产函数全部由 CES 嵌套而得，其中，最底部是五种能源产品的合成模块，且当替代弹性为 0 时，即演变成列昂惕夫函数。构造时，先是能源产品与资本 K 合成为 KE，KE 再与劳力 L 合成为 LKE，最后是 LKE 与税收的合成、其他中间商品投入合成为国内生产，该层实际上也是列昂惕夫函数。

2. 碳排放量计算对象选择与框架

本情景分析的核心目的是估算未来年份的碳排放量，所以，在模型构建时，应充分考虑估算碳排放量的可行性与方法的简化。中国（2004）曾对 1994 年的温室气体排放作过估算，其中，二氧化碳净排放量为 26.66 亿吨（折合约 7.28 亿吨碳），其中能源活动排放 27.95 亿吨，占总碳排放量的 91%。可知，能源活动的估算是整个碳排放估算的核心。因此，模型在行业选择时应重点关注高能耗部门与能源生产转换部门的细分。

考虑到煤炭开采等活动数据可获性，本文将仅对工业行业的终端能源消费过程及居民的碳排放进行估算，其中，我们通过对未来中国人口、经济增长率、城市化率、产业结构变化、节能政策的变化等重要参数进行估算，模拟出经济社会中的重要行业的能源需求量，根据一定的能源需要模型，将能源需求量转化为相应的实物型能源终端消费量，并根据各类能源的碳排放系数估算出相应的碳排量。模型中的数据主要是通过 SAM 矩阵来表现的。在对宏观参数设计后，根据 CGE 模型外推，实现对各工业行业的生产活动量（产出量）及相应的能耗量进行模拟计算，然后利用各种能源的碳排放系数，估算总的碳排放量。具体的分析思路如图 4-2 所示。

3. 情景的行业分类

本情景的数据结构是以基准年的投入—产出表为基础，在情景设计时，需对相应的行业进行拆分或合并。考虑数据可获取性与分析问题的细节需要，本文参考能源统计年鉴中的 44 个部门分类方法对投入—产出表中的相应行业进行了合并与拆分工作。具体行业分类结果见表 4-1。

（二）构建能源 SAM

1. 构建能源 SAM 表的优势

SAM 表一般以某基年的价值型投入—产出表为数据基础，因此，SAM 表中的数据全为价值型，其中的能源部门数据也是价值型数据。另一方面，从《能源统计年鉴》上获取的能源部门的数据却是实物型，即以吨或者立方米等为计量单位，由于价格、统计口径、误差等多种原因，常常使得《能源统计年鉴》上的数据与投入—产出表中的数据存在较大的不一致。一般来说，《能源统计年鉴》上的数据要比价值型投入—产出表中数据更准确。因此，如果用实物型能源数据替换价值型投入—产出表中能源部门的价值数

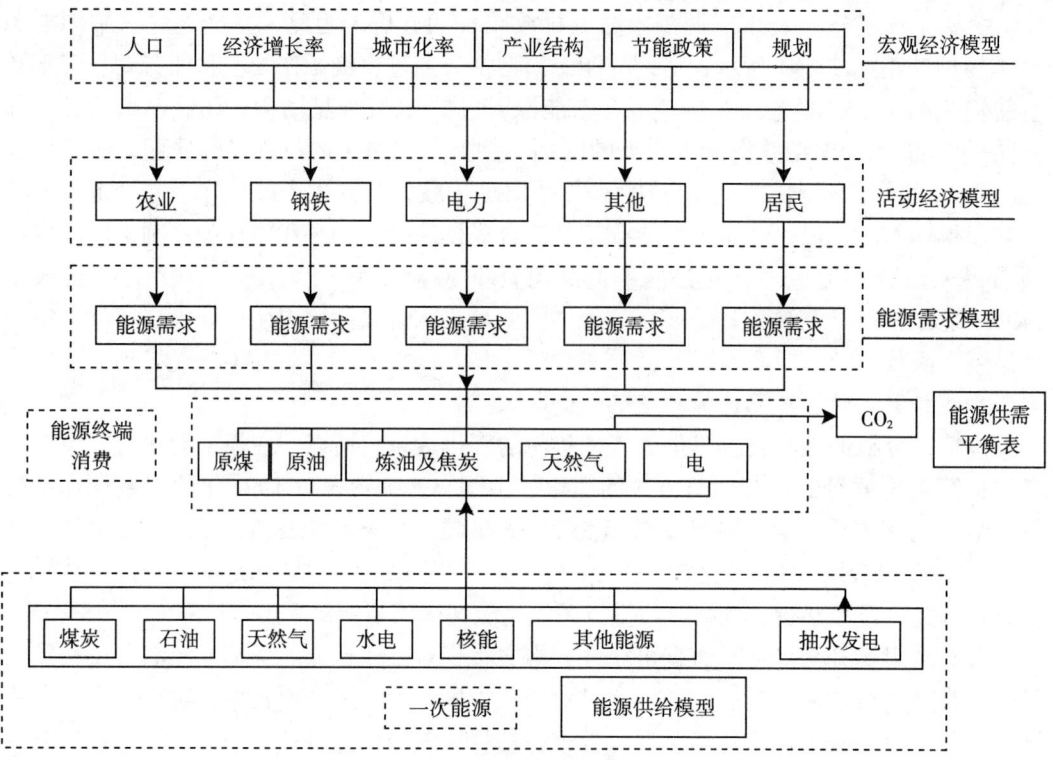

图 4-2 SAM 模型结构

表 4-1 行业部门划分表

1	农林牧渔、水利业	19	石油加工、炼焦及核燃料加工业
2	煤炭开采和洗选业	20	化学原料及化学制品制造业
3	石油和天然气开采业	21	医药制造业
4	黑色金属矿采选业	22	化学纤维制造业
5	有色金属矿采选业	23	橡胶制品业
6	非金属矿采选业	24	塑料制品业
7	农副食品加工业	25	非金属矿物制品业
8	食品制造业	26	黑色金属冶炼及压延加工业
9	饮料制造业	27	有色金属冶炼及压延加工业
10	烟草制品业	28	金属制品业
11	纺织业	29	通用设备制造业
12	纺织服装、鞋、帽制造业	30	专用设备制造业
13	皮革及其制品业	31	交通运输设备制造业
14	木材加工业	32	电气机械及器材制造业
15	家具制造业	33	通信设备、计算机及其他电子设备制造业
16	造纸及纸制品业	34	仪器仪表及文化、办公用机械制造业
17	印刷业和记录媒介的复制	35	工艺品及其他制造业
18	文教体育用品制造业	36	废弃资源和废旧材料回收加工业

37	电力、热力的生产和供应业	41	交通运输、仓储和邮政业
38	燃气生产和供应业	42	批发、零售业和住宿、餐饮业
39	水的生产和供应业	43	其他服务行业
40	建筑业	44	公共服务业

据，便可构造混合型的能源 SAM，它将会提高对能源数据处理的准确性。

2. 构造能源 SAM 的方法

能源 SAM 表的构建步骤有：①根据基年的能源数据，构建如表 4-2 形式的能源平衡表；②求解平衡表中能源商品与非能源商品的价格；③将能源平衡表中的数据替换原来非能源 SAM 表中对应的行；④以新的平衡表价格重算价值量，形成新的价值 SAM（含能源信息）。

表 4-2 2007 年中国能源平衡表

行业	原煤	原油	炼油	电力	天然气	汇总
Coal	5938.15	0	205.56	2099.43	26.74	8269.88
Oilr	127.58	1018.43	465.97	1188.15	851.12	3651.26
Oilf	994.36	249.78	9238.51	2713.41	249.24	13445.3
Ele	2463.16	1.67	185.17	16236.74	5.54	18892.27
Gas	73.11	0.36	233.07	267.05	77.19	650.79
非能源部门	34349.49	337.84	67680.23	69622.82	5057.63	177048.02
乡村居民	4845.84	0	1200.99	5739.44	6.03	11792.29
城镇居民	2004.71	0	4322.76	10793.13	1901.0	19021.61
总消费	58485.82	1610.79	86773.82	125399.7	8237.81	280507.95
库存	−2401.38	−21.66	−1288.30	0	0	−3711.34
总年度消费	56084.44	1589.13	85485.52	125399.7	8237.81	276796.6
进口	3905.83	673.98	28931.10	146.02	534.66	34191.60
政府消费	52178.61	915.15	56554.42	125253.7	7703.15	242605
出口	−3722.25	−554.83	−4194.26	−500.35	−345.8	−9317.48
总需求	55900.86	1469.98	60748.68	125754	8048.95	251922.48

在表 4-2 中，有原煤、原油、炼油（含焦炭，炼气）、电力、天然气五个部门，表中一列的数据，如原煤列，表示该种能源的消费情况平衡，对应于 SAM 表中一行。根据表中的总消费平衡关系，可以建立包含产品价格与数量的方程组，如下：

$$\begin{cases} p_{coal} \cdot X_{coal} = \sum_i X_i \cdot P_i + \sum_j X_j \cdot P_j + X_h \cdot P_h + X_{stc} \cdot P_{st} + X_{inc} \cdot P_{in} + X_{out} \cdot P_o + X_g \cdot P_g \\ p_{oilr} \cdot X_{oilr} = \sum_i X_i \cdot P_i + \sum_j X_j \cdot P_j + X_h \cdot P_h + X_{stc} \cdot P_{st} + X_{inc} \cdot P_{in} + X_{out} \cdot P_o + X_g \cdot P_g \\ p_{ele} \cdot X_{ele} = \sum_i X_i \cdot P_i + \sum_j X_j \cdot P_j + X_h \cdot P_h + X_{stc} \cdot P_{st} + X_{inc} \cdot P_{in} + X_{out} \cdot P_o + X_g \cdot P_g \end{cases}$$

其中，P_i、P_j 为 i、j 类商品的价格，i 为能源商品，j 为非能源商品，X_i、X_j —第 i、j 类产品的总产出，X_h 为居民消费，X_{stc} 为库存，X_{in} 为进口商品，X_{out} 为出口商品，X_g 为政府消费。

方程组的求解可在 GAMS 中编写相应的程序完成，并可得到这五种能源商品的价格。当然，所求得各行业的价格并不代表实际的产品价格，它只是使投入—产出表平衡的"等效价格"。如果将表 4-2 转置，对应置换 SAM 表中对应行的数据，可得到混合能源 SAM。然后再以同样的方法编写相应的程序，可求新的 SAM 中所有行业的实际价格，该价格表达了混合能源 SAM 的平衡关系。

本文中，我们构建了 2007 年能源 SAM 表，从能源 SAM 表的求解结果来看，所有的价格具有这样的特点：非能源行业的价格指数不再为原假设的 1，而是在 0.9~1.1，如黑色金属矿采选业和有色金属矿采选业的价格指数分别为 1.07、0.98，能源产品价格指数变化较大，如煤为 0.0953，原油为 5.4392，炼油为 0.1328，电力为 0.1022，天然气为 0.0728。

能源行业的价格指数比较小的原因是由于数量单位级别不同造成的，非能源行业是以亿为单位，而能源行业是以万吨标煤为单位。非能源行业产品价格指数不再为 1，可能是原始数据之间有误差，不能真正保持中间投入数据一定的正比例。

建立能源 SAM 不但有助于提高 SAM 表中数据的准确性，而且能比较容易估算 SAM 表中的各类能源消费（投入）的物理量，该特点使得将来的情景政策分析中有关能源中间投入量（消费量）的计算更为方便、直接。

二、情景模型核心参数

前文我们总结了情景模型的选择与确定，本小节将讨论情景设计的核心参数选择与核心参数值的确定。核心参数的选择一般由分析问题的着重点确定，核心参数值的确定则是通过综述的方式而来。

（一）核心参数的选择

本文构建情景的目的在于分析未来碳排放减排目标的实现潜力，所以，本情景应强调同能源需求与能源结构相关的参数的准确描述，重点分析对能源消费有重要影响的宏观经济参数，如人口、城市化率、GDP、产业结构和部门产出或消费水平，以及能影响能源消费的行业的工艺结构和设备效率等（魏一鸣等，2008）。本文总结的核心参数如下：

（1）GDP 增长率。GDP 增长是描述一个社会经济发展状况的最重要的指标，影响整个经济发展状况。GDP 增长率的不同，将会导致其他的参数预测发生根本性的改变。

（2）人口因素。人口总量、人口增长速度影响未来人口总量，进而影响社会总的能源产品与服务的需求。

（3）城市化进程。城市进程加快意味着巨大的城市基础设施和住宅投资需求，势必将对中国能源总需求产生影响，也将导致民用商品能源需求快速增加，民用能源消费结构逐步优化。

（4）经济增长方式的转变与结构调整。结构性调整有利于提高能源效率，各产业能耗不同，产业结构的转变将导致能耗的变化。

（5）能源结构。能源结构的优化可以提高未来中国能源效率水平，降低单位能源消耗的碳排放量，是在碳排放强度目标下，影响碳排放总量的关键参数。碳排放系数的变化将决定能源消费的空间大小。

以上的参数对于模型的影响可分为两种：一种是直接影响，如 GDP 值、产业结构、能源结构等，均在情景中直接量化出现；另一种是间接影响，如人口总量、城市化率等，在模型中并无量化方式，但实际深刻影响模型的设计，如人口总量的设计与城市化率，将会是未来 10 年中国产业结构转变方式的政策设计重要来源与基础。

（二）核心参数值的预估

本小节将通过综述的方式确定核心参数的值。已有大量的研究人员从不同的角度对以下的核心参数进行分析，本文在综述各种研究结果的基础上，并根据最新的实际数据，选择更为贴近实际的预测。

1. GDP 增长值的预测

GDP 增长值的预测是情景设计中最重的参数，GDP 取值不同将导致情景内容的完全不同。中国在 21 世纪初的经济增长预测主要有两类观点：一种观点是从工业化的角度，认为工业化还未结束，仍将处于高速增长阶段；另一种观点认为中国量入为出的消费习惯与庞大的人口与就业压力将限制中国经济在一定的速度上运行。本文将综述现有文献的主要观点，并根据时代变化，提出自己的 GDP 增长的预测值。

李善同（2000）认为，中国的经济高速增长主要源于资本的迅速积累和经济效率的提高，由于中国经济社会的快速发展、居民生活水平提高以及城市化等因素，仍需大规模基础设施建设，并将保持较高的投资率，而且在中长期内，中国经济仍然具有快速增长的潜力。何林（2002）等预测，在 2023 年以前，每年的 GDP 增长幅度不低于 6%。潘文卿（2002）采用了两种方法进行分析，即基于供给导向模型与需求导向模型的对比分析，预测结果表明，GDP 增速从 2000~2005 年的 8.58%降至 2016~2020 年的 5.51%。国务院发展研究中心课题组（2000）运用动态的可计算的一般均衡模型（CGE），模拟了未来 20 年中国经济发展的可能情景，并给出多种情景：一种情景中假定，2010~2015 年以及 2015~2020 年的经济增长速度分别为 7.5%和 6.8%；另一种情景假定，2010~2015 年以及 2015~2020 年的经济增长速度分别为 8.2%和 7.7%。李京文（2000）采取定性分析和定量计算相结合的办法，对 2000~2050 年中国经济的发展进行了超长期预测。在一定的假定条件下使用了系统动力学、投入—产出、经济计量三者相结合的模型，预测中国在 2000~2050 年人口、经济增长以及结构变化情况。主要结论是基本趋势是逐渐缓慢下降的，50 年间的平均增长率为 5.8%。产业结构的变化是，第二产业占据主导地位要持续到 2020 年前后。现将以上的研究汇总于表 4-3 中。

表 4-3　GDP 预测结果汇总

单位：%

预测者/比例	2005~2010年	2011~2020年	2021~2030年	2031~2040年	2040~2050年
林凡等	7.2	6	6	>4	>4
潘文卿	8.58	6.29	5.51	—	—
国务院发展研究中心	8.1	7.5~6.8	—	—	—
王小鲁等	6.58	6.21	—	—	—
李京文	8.1	6.4	5.4	4.9	4.3

从表 4-3 中可以看出，2005~2010 年前的平均 GDP 增长率为 6.58%~8.7%，2011~2020 年为 6%~8%。"十一五"期间实际 GDP 增速平均约为 10%，比上述预测数据的上限也要高近 1.3%，比较接近国务院发展研究中心的高速情景。上述研究中还有另一个特点，就是 2011~2020 年的平均增长速度要比 2005~2010 年低近 20%，仅为其平均值的 80%。因此，本文估算 2011~2020 年的平均增长速度为 7.95%。总结的主要数据见表 4-4。

表 4-4　GDP 增长率表

单位：%

年份	2008	2009	2010	2011~2020
年均增长率	9.60	9.02	10.30	7.95

2. 人口的预测

人口问题是关系到中国未来社会经济发展的另一个核心问题。中国人口多，基数大，是未来经济发展的主要影响因素。国家人口发展战略研究课题组（2007）预测，总人口将于 2010 年、2020 年分别达到 13.6 亿人和 14.5 亿人。陈卫（2006）预测，我国总人口在 2020 年将达到 14.25 亿人。贺菊煌（2004）采用内生函数法，预测 2020 年为 1448.1 百万人。我们根据以上的研究，综合提出自己的预测，其主要结论是，自然增长率的高峰将在 2015 年到达，然后人口生育率开始下降，到 2020 年，人口总数将达 14.25 亿。

3. 城镇化比例研究

目前世界发达国家城市化水平普遍在 80% 左右，并已进入城市化后期，而我国城镇化起步晚、水平低，现仍处于快速的城镇化阶段。世界银行 2005 年的发展报告指出：在工业化准备前的阶段，城市化率在 30% 以下，工业化实现时期城市化率是 30%~60%（任保平，2005）。中国在 2010 年，城镇化率约为 46.6%，到 2015 年将达 52%，到 2020 年约 60%，2030 年达到 65% 左右①（"十二五"规划）。因此，可以假定，在未来 10 年中，中国的城镇化过程仍将保持较高的速率。主要结果见表 4-5。

---

① 中国社会科学院城市发展与环境研究所发布的《2010 年城市蓝皮书》。

表 4-5 城镇化比例

单位：%

年份	2007	2008	2009	2010	2015	2020
比例	44.94	43.99	45.00	46.64	52	60

4. 产业结构

产业结构是影响中国未来经济发展的关键因素之一，产业结构升级关系到中国经济的长远发展，也是解决中国发展过程中诸多制约因素，如能源瓶颈等问题的重要一步，而且产业结构的变化同工业化阶段密切相关（郭克莎，2008）。对于中国目前处于工业化的阶段的讨论比较多，目前学术界并没有一致的认识，但大多数学者认为中国已经进入工业化的中期阶段或至少是从初期向中期过渡的阶段，如李姚矿（2006）分析到西方国家第二产业拐点出现时刻，其城市化率一般都在60%以上。

参考中国的城镇化率预测，我们折中取年均增长为2.3%，2007年城市化率为43%推算，中国第二产业至少要到2022年才有可能出现拐点。而且"十二五"规划中已提出2015年的服务业比重为45%。

综合以上的分析，根据我们中国的实际国情，推断中国第二产业将在2020年后附近出现拐点。具体的三产业结构比例见表4-6。

表 4-6 中国产业结构预测表

单位：%

产业/年份	历史数据			基准情景		产业结构升级情景	
	2008	2009	2010	2015	2020	2015	2020
第一产业	10.73	10.52	10.30	9.85	9.40	9	7
第二产业	47.45	46.18	46.34	45.97	45.60	46	43
第三产业	41.82	43.30	43.36	44.18	45.00	45	50

5. 核心参数预测汇总

在以上文献综述的基础上，根据本文研究与现实数据的修正比较，对情景中的核心参数进行标定，主要结果如表4-7所示。

表 4-7 核心参数汇总

主要参数	
项目	基准情景
GDP 增长率	2010~2020年增长8%
人口	2020年达14.5亿
三次产业结构（%）	9：46：45
城市化率（%）	2020年为60%

(三）碳排放系数分析

1. 碳排放系数分析

碳排放量计算时，应注意能源品种与单位的区别。本文的能源计量单位均转换为标准煤，但在计算时，不可简单地用标准煤的碳排放系数来计算各种能源的碳排放量，因此，现将均用标准煤计量的不同品质能源的排放系数整理如表 4–8 所示。

表 4–8　主要能源碳排放系数

初级能源	折算成标准煤的折算系数	折算成碳排放系数	折算成二氧化碳碳排放系数
1 标准的原煤　(kg-C/kce)	0.7143	0.7552	2.7690
1 标准的原油　(kg-C/kce)	1.4286	0.5854	2.1465
1 标准的天然气　(kg-C/kce)	1.3300	0.4479	1.6421
1 标准的焦炭　(kg-C/kce)	0.9714	0.8547	3.1341
1 标准的炼油　(kg-C/kce)	1.4714	0.5708	2.0929

数据来源：IPCC。

当然，在估算能源的碳排放量时，一般仅考虑化石能源，而清洁能源如核能、水能、太阳能、风能等，其生产过程并不产生二氧化碳的排放，尽管也有研究人员认为该类能源实际上并非零排放，该问题并非本文研究范围，暂且不究。同时，应注意清洁能源在最终消费上以电力的方式出现，在分析电力排放系数时，将要考虑电力的发电构成对碳排放系数的影响。

2. 电力的碳排放系数

电力碳排放系数应充分考虑电力生产结构，电力生产构成有火电、水电、核电和其他新能源等，不同的电力构成具有不同的碳排放系数。

近年中国能源结构不断优化提升，高品位的能源如水电、核电、天然气等占的比例将逐步增大。以 2005 年电力结构为例，2005 年火电约占总电量的 81.9%，火电折成标准煤后的碳排放系数为 0.67（kgC/kg），[①] 故火电总排放量应为 1.153 E+06 万吨，比直接以总电量换算的标准煤计算的总排放量 1.261 E+05 万吨，少了约 9%。类似二氧化碳的排放也相应少 9%。

根据情景中对电力结构的假设，可估算相应的电力综合碳排放系数，如 2005 年为 0.704kgc/kg，2010 年为 0.687kgc/kg，2020 年为 0.516kgc/kg，如表 4–9 所示。

表 4–9　2020 年电力结构与碳排放系数

年份	2005	2010	2020
电力基准排放系数（kg-C/kce)	0.859	0.859	0.859
火电占总电力比（%）	81.9	80.0	60.1
综合电力排放系数（kg-C/kce)	0.704	0.687	0.516

---

① 参考 http://xmecc.xmsme.gov.cn/2009-11/2009112125041.htm 中国家发改委能源研究所推荐值。

三、2020年碳强度目标情景分析

（一）碳强度目标的定义

中国"十一五"规划的节能指标是能源强度，而2020年的节能减排指标是碳排放强度，该指标是中国首次作为国家节能的考核指标。能源强度与碳排放强度既有区别，也有联系，它们的考核对象不一样，计算公式也有差别。能源强度是能源利用与经济或物力产出之比，而碳强度是指单位GDP的碳排放量。[①] 下面，我们将对能源强度与碳排放强度的计算公式做出说明，并以"十一五"的实际数据为例，比较分析两个指标在考核之间的差别。

1. 能源强度计算公式与碳排放强度计算公式比较

（1）从国家层面上，能源强度计算公式：

EI（Energy Intensity）= TES（Tec）/GDP（万元）

能源强度 = 国内一次能源使用总量或最终能源使用/国内生产总值（GDP）

（2）碳排放强度计算公式：

CI（Carbon Intensity）= TC（T）/GDP（万元）

碳强度 = 国内经济活动中所排出碳排放总量/国内生产总值GDP

碳排放量的计算受多种因素影响，主要因素是碳排放来源，它可以是生产消费活动过程中对能源的消耗排出，也可能是生产加工过程中的非能源消耗的排出。另一方面，碳排放量还受碳排放的反向作用影响，如工业领域的碳捕捉技术、森林碳汇作用等。由于中国2020年碳强度目标是没有考虑到森林碳汇等反向降碳的影响，所以，本文的研究只限定于终端能源消费时的碳排放量。因此，我们估算的碳排放强度方法将同能源强度的估算非常接近。

2. "十一五"期间的能源强度与碳排放强度的对比分析

根据"十一五"期间的能源消耗与相应的碳排放系数，可估算出碳排放强度变化值。其中碳排放量的系数处理见前文，它考虑过能源结构变化，特别是电力结构变化。两个指标的计算结果见表4-10。

表4-10 "十一五"期间能源强度与碳排放强度变化

年份	GDP（万元）	能源消费量（万tce）	能源强度（万tce/万元）	碳排放量（万t-C）	碳排放强度（万t-C/万元）
2005	182176.59	235996.65	1.30	166191.15	0.91
2006	204556.10	258676.30	1.26	182056.00	0.89

---

① 碳排放强度的计算一般是指二氧化碳排放量/GDP值，但也有指碳排放量/GDP值。本文为处理简便，统一将碳排放强度定义为碳排放量/GDP，根据分子结构，二氧化碳排放量=碳排放量×44/12，所以，只要标准统一，分析结果是一样的。

续表

年份	GDP（万元）	能源消费量（万 tce）	能源强度（万 tce/万元）	碳排放量（万 t-C）	碳排放强度（万 t-C/万元）
2007	231228.40	280507.95	1.21	197085.02	0.85
2008	253426.36	292333.53	1.15	205218.33	0.81
2009	276761.61	305229.53	1.10	211762.29	0.77
2010	305268.05	321494.89	1.05	222694.16	0.73

数据来源：相应年份的《中国统计年鉴》及《中国能源统计年鉴》。[①]

由表 4-10 的数据可知，碳排放强度由 2005 年的 0.91 下降到 2010 年的 0.73，总下降率为 20.3%，能源强度由 1.30 下降为 2010 年的 1.05，下降比为 18.01%[②]，两者相差近 2.02%。

根据前述能源强度与碳强度计算公式的比较可知，"十一五"期间碳排放强度与能源强度下降比率不同的原因应该是来自相应年份的能源结构的变化。2005 年以来，我国的能源结构逐步得到优化，但是过程较为艰难。煤炭消费从 2005 年的 70.8% 下降到 2009 年 70.4%，在 2006 年和 2007 年均为 71.1%，提升最大的是水电等清洁能源，由 2005 年的 6.8% 上升到 7.8%。

（二）行业碳排放量的减排计算

1. 碳排放减排计算

由上文的碳排放量的分析，可假定行业碳排放计算公式为：

$$TC = \sum_i \sum_j TE_{i,j} \cdot RC_j$$

其中，TC 为总碳排放量；$TE_{i,j}$ 为行业 i 的能源品 j 的消费量；RC_j 为能源品 j 的碳排放系数。

由碳排放强度计算公式可知，可将碳排放强度的下降分解成能源强度下降与碳排放系数下降。进一步说，要实现 2020 年碳排放强度目标下降，其实现途径可分成两部分：①能源强度的下降，也可换算成在同样 GDP 的条件下能源总量 $\Delta TE_{i,j}$ 的下降；②由能源结构优化带动碳排放系数下降，也可换算成在同样 GDP 的条件下能源总量 $\Delta TE_{i,j}$ 的下降。

因此，可得到碳排放量的变化公式：

$$\Delta TC = TC - TC' = \sum_i \sum_j TE_{i,j} \cdot RC_j - \sum_i \sum_j TE_{i,j}' \cdot RC_j'$$

$$TE_{i,j}' = TE_{i,j} + \Delta TE_{i,j}$$

$$RC_j' = RC_j + \Delta RC_j$$

[①] 本文中所有数据计价年份均是 2005 年，能源消费数据中，以发电煤耗为标准。以后均相同，不再赘述。

[②] 国家公布的能源强度下降值为 19.1%，差别是因为本文仅估算终端能源消费量，能源损失与居民能源消耗等均未参与计算。

其中，$\Delta TE_{i,j}$ 为各行业能源节约量；ΔRC_j 为能源 j 的排放系数下降量。可推算出：

$$\Delta TC = TC - TC' = \sum_i \sum_j \Delta TE_{i,j} \cdot RC_j + \sum_i \sum_j \Delta TE_{i,j} \cdot RC_j'$$

上述表达式意味着，总的碳排放减排量 = 各类能源节约量 × 能源的碳排放系数 + 各类能源的节约量 × 碳排放系数节约量。

通过对中国实际历史数据的分析可知，能源强度下降的可能幅度远比能源结构优化空间要大得多。换句话说，碳排放强度下降的主要途径还是能源强度。因此，要分析 2020 年碳排放强度目标的实现途径，除能源结构优化外，重点还是在于能源强度的有效降低。本文将从总结分析"十一五"期间能源强度下降原因与节能政策，为设计 2020 年碳排放强度目标做政策准备。

2. **碳排放强度下降**

$$\Delta CI = CI_n - CI_0 = \frac{TC_n}{GDP_n} - \frac{TC_0}{GDP_0} = \frac{\sum_{ij} EI_{ijn} \cdot RC_{jn} \cdot GDP_{in}}{GDP_n} - \frac{\sum_{ij} EI_{ij0} \cdot RC_{j0} \cdot GDP_{i0}}{GDP_0}$$

其中，CI_n 为 h 期碳排施强度；TC_n 为 n 期总碳排放量；GDP_n 为 n 期总增加值；EI_{ijn} 为行业 i 对能源 j 的能源强度；RC_{jn} 为能源 j 的碳排放系数；下标为 0 表示基期，其他类似 n 期。

将上式进一步转化，令 $G_{in} = \dfrac{GDP_{in}}{GDP}$ 表示 i 产业的占总 GDP 的比例，即产业结构。

则：

$$\Delta CI = \sum_{ij} EI_{ijn} \cdot RC_{jn} \cdot G_{in} - \sum_{ij} EI_{ij0} \cdot RC_{j0} \cdot G_{i0} = \sum_{ij} EI_{ijn} \cdot RC_{jn} \cdot G_{in} - \sum_{ij} EI_{ijn} \cdot RC_{jn} \cdot G_{i0}$$

$$+ \sum_{ij} EI_{ijn} \cdot RC_{jn} \cdot G_{i0} - \sum_{ij} EI_{ij0} \cdot RC_{j0} \cdot G_{i0}$$

$$= \sum_{ij} EI_{ijn} \cdot RC_{jn} \cdot (G_{in} - G_{i0}) + \sum_{ij} (EI_{ijn} \cdot RC_{jn} - EI_{ij0} \cdot RC_{j0}) \cdot G_{i0}$$

$$= \sum_{ij} EI_{ijn} \cdot RC_{jn} \cdot \Delta G_{in} + \sum_{ij} \Delta EI_i \cdot G_{i0}$$

因此，碳排放强度的变化可分解为两部分：第一部分为产业结构变化，第二部分为各行业的能源强度与碳排放系数乘积变化。如果各能源的碳排放系数保持不变，该式可表示为能源强度的变化。所以，分析碳排放强度的变化，其核心还是在能源强度与产业结构的变化。

（三）"十一五"期间能源强度下降成因分析

"十一五"期间，节能减排的核心指标是能源强度的下降，对"十一五"期间的节能减排成因分析有助于 2020 年碳排放目标的实现。

能源强度下降的构成分析

社会总的能源强度下降主要来源有产业结构变化的贡献和技术进步贡献两种。

能源强度计算公式分解：

$$EI = \frac{E}{Y} = \frac{\sum E_i}{Y} = \frac{\sum e_i \cdot Y_i}{Y} = \sum e_i \cdot y_i$$

其中，EI 为能源强度；E 为能源消费总量；Y 为 GDP 值；I 为各行业。

能源强度变化公式如下：

$$\Delta EI = \sum e_{in} \cdot y_{in} - \sum e_{i0} \cdot y_{i0}$$
$$= \sum e_{in} \cdot y_{in} - \sum e_{i0} \cdot y_{in} + \sum e_{i0} \cdot y_{in} - \sum e_{i0} \cdot y_{i0}$$
$$= \sum (e_{in} - e_{i0}) \cdot y_{in} + \sum e_{i0} \cdot (y_{in} - y_{i0})$$

其中，i0 为各行业基年；in 为报告期年。

由上式可知，总的能源强度下降，可分解为各行业的能源强度下降的贡献和各行业的结构变化贡献，也即是各产业的技术因素与产业的结构变动因素的共同作用。如果将能源强度再乘上当年 GDP 值，便可估算出总能耗的节约量。

表 4-11 "十一五"期间能源强度下降成因分析

单位：万 tce

项目	总节能量	产业结构因素	能源效率提升因素
汇总	-65271.56	11356.47	-76628.04
节能成因比例（%）		-0.17	1.17
剔除冶炼业后	-57819.30	-12154.84	-45664.46
比例（%）		0.21	0.79

从表 4-11 可得，"十一五"期间总的节能量是-65271.56 万 tce，其中因为能源强度下降节能-76628.04 万 tce，占总节能量的 1.17 倍，产业结构变化导致的节能量为 11356.47 万 tce，实际上是多耗能的，占总节能的-0.17 倍。

根据前面的论述，可得出如下结论：总体上，"十一五"节能成就的主要成因是能源效率的提升，而产业结构的优化总体上来说并没有带来正效应，而是多耗能了，直接原因是高能耗产业的产值占社会总产值的比重在增大。这从另一方面也佐证中国仍处于工业化期的重工业化阶段。韩智勇（2004）对 1998~2000 年中国能源消费的数据分析表明，我国能源强度下降的主要动力来自各产业能源利用效率的提高，其中工业能源强度下降是总体能源强度下降的主要原因。而王火根、沈利生（2008）也曾得出类似的结论，他们利用 1997 年和 2002 年投入—产出表数据，采用结构分解技术研究发现，技术进步对能源效率的提高贡献率达到 94.2%。

如果剔除冶炼业（黑色金属冶炼业与有色金属冶炼业）两部门后，发现总节能量为-57819.30 万 tce，而且产业结构与能源效率部分均为负，都实现了节能，其中，产业结构节能-12154.84 万 tce、能源效率节能-45664.46 万 tce，分别占 21%、79%。这说明除了这两个部门外，产业结构得到了进一步优化。我国工业化过程并未结束，基础设施建设与城镇化过程仍在加速进行中，对钢铁等的需求是我国工业能源利用率难以下降的主要原因之一。当中国走过此阶段后，产业结构上升与能源强度下降也将会得到显著改善。

（四）目标设定与实现困难前期分析

1. 2020年碳强度目标值的设定

根据2005年统计数据，可估算出2005年的碳强度值是0.91，那么在40%的减排目标下，2020年的碳强度应该是0.55，在45%的目标下应该是0.5。

从时间跨度来说，2005~2010年为中国的"十一五"期间，2011~2015年为"十二五"期间，2016~2020年为中国的"十三五"期间。从本文的数据分析结果可知，中国"十一五"期间已实现碳排放强度下降19.2%。根据国家"十二五"规划，将实现17%的下降，那么，在"十三五"期间分别要实现10.5%和17.98%的下降率。具体数据见表4-12。

表4-12　2020年碳排放强度阶段任务

年份	2005	2010	2015	2020/(40%)	2020/(45%)
碳排放强度（万t-C/万元）	0.91	0.74	0.61	0.55	0.50
下降比例（%）	—	−19.2	−17.0	−10.5	−17.98
累计下降率（%）	—	−19.21	−32.94	−40	−45

2. 对2020年碳排放强度目标困难前瞻

中国长期以来对于节能减排指标的常识性理解是，节能指标一般指能源强度值的下降，减排指标一般指的是各种污染气体如SO_2和固体、废水COD等的减少。但由于发达国家已经经过环境治理的阶段，大气与环境污染等不再是社会关心的主要问题。目前，关键是二氧化碳等温室气体影响较大，故习惯性将减排指为二氧化碳等温室气体的减排。本文着重分析碳排放的问题，故将减排单指二氧化碳的减排行为。

另一方面，碳排放强度的变化分析要比能源强度分析复杂，因为它必须考虑能源结构的变化影响。中国经历过为实现"十一五"的能源强度下降目标的各种努力后，人们对于能源强度指标相比碳排放强度指标要更熟悉，因此，如果在考虑到既定能源结构的基础上，将碳排放强度目标转化能源强度，将有助于我们对碳强度目标的实现潜力的预估。为此，本文假定未来清洁能源达到国家规划的15%的总量目标，将2020年碳排放强度目标转化为对应的能源强度目标，具体结果见表4-13。

表4-13　碳排放强度目标转换为能源强度目标

	能源强度（万tce/万元）	2020年均下降率（%）	同2010年相比，需下降的比率（%）
2005年	1.30	—	—
2010年	1.06	—	—
2020年40%目标	0.90	1.6	15
2020年45%目标	0.83	2.4	22

从表 4-13 可知，到 2020 年，在 40%的碳排放强度目标下，对应的能源强度为 0.90，在 45%的碳排放强度目标下，对应的能源强度为 0.83。2020 年同 2010 年相比，要实现相应的目标是：能源强度需分别年下降 1.6 和 2.4%，总的能源强度水平，要比 2020 年下降 15%和 22%。这个下降速率同"十一五"时期的 20%能源强度下降与年均下降 4.37%的目标相比，难度似乎并不大。但是考虑到在过去 5 年中，中国为节能减排所投入的人力、物力，并且中国在各个行业的能源水平已经在 2005 年的基础上得到了较大的提升，这些均说明中国未来的节能目标也并非易事。而且，由于过去节能减排力度较大，很有可能在未来 3 年内，出现能源强度变化反复的情况。诸多因素将是未来节能减排的不稳定之源。

四、小结

本部分给出了基准情景设计的模型框架，提出情景设计的核心参数，并综述总结各参数的预测值。在对碳排放系数与碳排放计算方法分析的基础上，对比能源强度与碳排放强度的概念，总结"十一五"能源强度下降率，并换算成碳排放强度的下降率，比较两者之间的区别与联系。最后，分析 2020 年碳排放强度目标及实现困难，并得出以下的几点结论：

（1）通过对"十一五"能源强度下降成因进行分解，发现"十一五"节能的主要来源是能源强度的下降，而产业结构的优化总体上来说并没有带来正效应，而是多耗能了，直接原因是高能耗产业的产值占社会总产值的比重在增大。这从另一方面也佐证中国仍处于工业化阶段的重工业化阶段。

（2）在剔除冶炼业（黑色金属冶炼业与有色金属冶炼业）两部门后，发现总节能量为 -57819.30 万 tce，而且，产业结构与能源效率部分均为负，都实现了节能。这说明，这两个部门的快速发展掩盖了其他行业的结构升级成就。剔除两部门后的产业结构节能贡献达到 21%，产业结构升级成效明显。

（3）从"十一五"期间的城镇化快速推进，高速公路、高速铁路等基础设施的大量投资及房地产业的迅猛发展，使得钢铁行业的粗钢产量由 2005 年的 3.52 亿吨上升到 2010 年的 6.27 亿吨，钢铁行业对产业结构节能的负贡献也不难理解了。

（4）将 2020 年碳强度目标换算成能源强度目标，可知在能源结构不变的条件下，要实现 2020 年碳强度目标，从 2010 年开始，年下降率分别应为 1.6%和 2.4%，总的能源强度水平下降 15%和 22%。这个下降速率同"十一五"期间的 20%能源强度下降与年均下降 4.37%的目标相比，难度似乎并不大，但考虑到"十一五"后，各行业的能源效率已经得到了较大的提升，故实现难度并不小。

第二节　中国 2020 年碳排放基准情景及分析

一、引言

本文第一节就构建的 2020 年碳排放强度目标的情景模型与模型中的核心参数做了分析。本节将在前文的基础上，构造 2020 年碳排放基准情景，并以 2020 年碳排放强度目标为约束，从技术提升与产业结构升级两个角度分别设计相应的碳排放政策情景，并对该政策情景的实现潜力做简要的分析。

具体的研究步骤如下：

（1）理清情景设计的思路，给出情景设计的步骤与技术路线。讨论在情景设计时，如何根据需求对情景中的 SAM 进行必要的更新。

（2）确定基准情景的生成方法，介绍基准年选择的理由，以及如何在一、二、三次产业结构情景设计下，由基准年份外推生成未来情景年份中的明细产业结构。然后利用 CGE 模型生成相应的基准情景 SAM。

（3）从产业结构升级与技术提升的角度分别设计实现 2020 年碳排放强度目标的路径。

路径 1　根据历史的碳排放强度变化趋势，在目标碳排放强度约束下，设计碳排放强度变化过程，构造相应的技术减排情景。

路径 2　以优化的产业结构为目标，根据历史产业结构变动规律，设计目标产业的变化过程。由于产业结构升级的空间是有限的，故估算产业结构优化后的碳排放总量，仍需辅以碳排放强度下降来完成剩余的碳排放强度任务，最终构造相应的产业结构减排情景。

（4）选取"八大"重点高能源强度行业，分析在政策情景中，从能源效率的角度，"八大"行业的实现潜力或者可能性。

二、情景分析

（一）情景设计的思路

本情景设计包括两个部分：第一部分是基准情景设计，主要是在前文假定的模型框架与模型中的核心参数的基础上，实现对 2020 年社会情景的定量描述，即以 SAM 矩阵的方式实现。第二部分是路径设计，即分别从技术提升方式与产业结构优化方式来构造实现 2020 年碳强度目标的政策情景设计。然后分别在政策情景的基础上，对重点能源行业，如钢铁行业、电力行业作深入的分析。主要设计过程如图 4-3 所示。

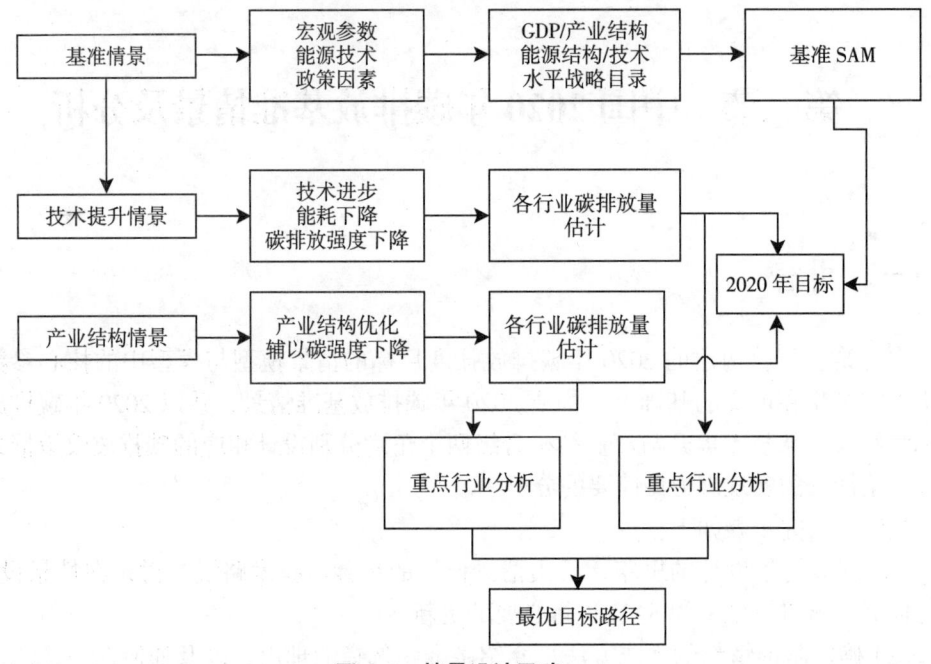

图 4-3　情景设计思路

(二) 情景设计的技术路线

构造情景时，对于情景的核心参数与情景的定量描述，将根据其对象不同而采用不同的方法。如情景中的核心宏观参数，主要是通过文献综述总结而来。能源效率是采用重点企业的数据及国际比较而来。战略政策与节能措施手段来源于国家相关的行业战略规划。情景的定量描述是通过构造相应的 SAM 来实现的，其中，基准年份的 SAM 是由统计数据设计而成，其他年份的 SAM 表则利用相应的 CGE 模型外推而成。其过程见图 4-4。

在图 4-4 中，技术路线的核心步骤是基准情景的确定，以及具体的生成过程，也可以分为以下四个阶段：

第一阶段，基准情景参数选择与情景构造。第一步，关键计量参数的确定—基准年份的选择；第二步，历史产业结构数据总结—总结趋势并外推到 2020 年；第三步，根据情景中的基本假定，修订基本趋势直到主要产业结构数据符合基准要求。

第二阶段，政策情景设计。第四步，以碳排放强度下降为途径，设计实现 2020 年目标的技术情景；第五步，以产业结构优化为主，并辅以碳排放强度下降的产业结构优化情景。

第三阶段，情景潜力分析。第六步，以"八大"部门为例，分析政策情景的潜力估算；第七步，分析各政策情景中钢铁行业的目标实现潜力；第八步，分析各政策情景中电力行业的目标实现潜力。

第四阶段，最优情景总结。第九步，比较不同情景之间的差距，提出最优的情景路径。

第四章 中国低碳经济情景模型的构建与初步分析

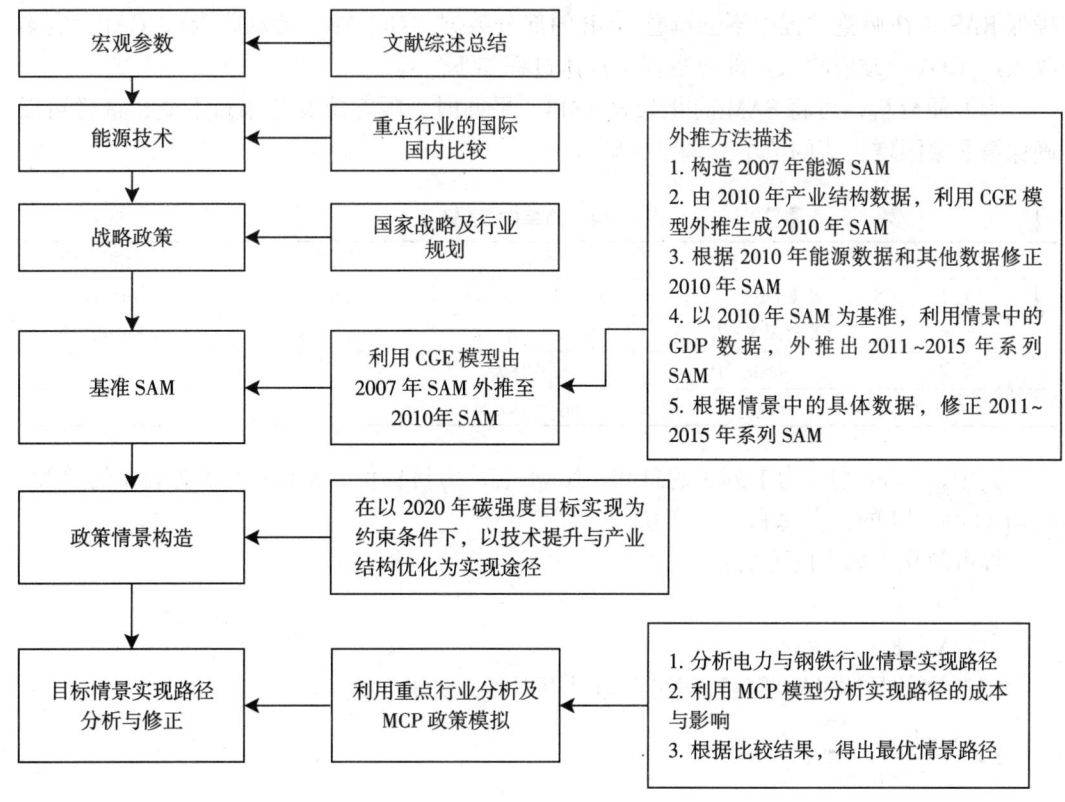

图 4-4 技术路线

(三) 情景 SAM 的技术更新方法

由 CGE 外推生成目标年份 SAM 时,一般需要对其技术数据基础、直接消耗系数做相应的更新,以反映未来社会中的各部门技术变化。更新方法同投入—产出表近似。

投入—产出的行模型:

$$X = (I - A)^{-1}Y$$

其中,X 为总产出,Y 为最终产出,A 为直接消耗系数矩阵,I 为单位矩阵,一般将 $(I - A)^{-1}$ 称为完全消耗系数矩阵,表示第 i 部门生产一单位产品需消费第 j 部门产品的直接与间接总和。所以关键是对 A 的更新。

本文在比较各种方法的基础上 (范金等,2007),将采用修订 RAS 平衡法来修正中间投入消费系数和 SAM 表是基于两方面的考虑:一是本文研究重点在于能源需求分析,而未来的能源需求在情景中得到一定约束,主要是能源结构,故可通过直接修正的方式来修订中间消耗系数中的能源部门部分系数;二是本设计中非能源部门的数据的影响相比能源部门而言,是有限的,故可以在假定特殊产业的系数基础上,结合情景中的产业 GDP 目标,利用 RAS 自动调整。该方法不但可以实现特定的目的,而且可以高效完成。

由于本文在情景设计时,预先设定了 GDP 的值,因此,需要设定一定的限制条件,确保 RAS 法在调整过程中不会调整 GDP 的部分数据，如 LAB（劳动收入）、CAP（资本收入）、GOV（政府收入）部分数据。具体过程如下。

为方便分析，可将 SAM 简化为表 4–14。平衡时，限定第Ⅱ象限值不变，这样可以确保第Ⅱ象限增长值的值不受调整的影响。

表 4–14 简单的 SAM 表

	列 J	列 K	汇总	目标汇总值
行 I	Ⅰ象限 A (I, J)	Ⅲ象限 C (I, K)	totalc (I)	newt (I)
行 K	Ⅱ象限 V (K, J)	Ⅳ象限 E (K, K)	totalc (k)	newt (k)
汇总	totalr (J)	totalr (K)		
目标汇总值	newt (J)	newt (K)		

其中，totalr (J) 为求列 J 的总和；Newt (J) 为目标值；Totalc (I) 为行 I 的总和；Newt (I) 为列 I 的目标总和。

即可简化为如下的形式：

$$T = \begin{bmatrix} A & C \\ V & E \end{bmatrix}$$

SAM 表的具体平衡调整过程可以通过以下的方法来完成：

$$r_j = \frac{total(j) - \sum_k v(k, j)}{newt(j)}$$

$$s_i = \frac{totalc(i)}{newt(i)}$$

$$r_k = \frac{total(k)}{new(k)}$$

$$s_k = \frac{total(j) - \sum_j v(k, j)}{newt(j)}$$

得到：

$$R \begin{bmatrix} i \\ k \end{bmatrix} = \begin{bmatrix} r(i) & \\ & r(k) \end{bmatrix}$$

$$S \begin{bmatrix} i \\ k \end{bmatrix} = \begin{bmatrix} r(i) & \\ & r(k) \end{bmatrix}$$

$$T^t = R \begin{bmatrix} i \\ k \end{bmatrix} \cdot T \begin{bmatrix} A & C \\ V & K \end{bmatrix} \cdot S \begin{bmatrix} i \\ k \end{bmatrix}$$

然后将 T′ 中的值反复用上式计算。直到：

$$\text{Minimize } Z = abs\left(\sum_j T^t(i, j) - newt(j)\right) + abs\left(\sum_k T^t(i, k) - newt(k)\right)$$

$$+ abs\left(\sum_i T^t(i, j) - newt(j)\right) + abs\left(\sum_k T^t(j, k) - newt(k)\right)$$

达到一个较小的数，如设为 1E-5。

上述的求解过程可通过相应的规划求解软件来实现。

三、基准情景设计

（一）数据基准年份的选择

基准年份的数据是情景设计及政策分析的基础。恰当的年份选择会使得研究分析更为简单，一般尽可能选择最近公布的投入—产出表。另外，基准年份应尽可能同我国重大产业政策规划年相一致，如同我国的五年国家计划。我国的五年计划的首年度分别为2001年与2006年，2011年是中国"十二五"规划的元年，所以，应选择2010年为基准年。但是，中国公布投入—产出表的最近年份是2007年，故需要将2007年的投入—产出表更新为2010年的投入—产出表，作为2010年SAM矩阵构造的基础。本文先建立一个完整的2007年的SAM，然后以2010年GDP的增长率为外推参数，利用CGE模型推到2010年，生成2010年的SAM，并以最新的技术更新2010年SAM中的直接消耗系数，主要是2010年的能源数据。此时生成的SAM是不平衡的，需利用修正的RAS平衡法来平衡新的SAM，这样便可得到能充分体现2007年来的中间消耗技术变化的新的2010年SAM。

（二）产业结构的细化与外推

1. 基准情景中产业结构的生成

根据前文的总结，产业结构可理解为各行业的产值占总产值的比例关系。宏观上，一国的产业划分为三次产业。如果要比较准确分析产业结构变化对能源消费的影响，需要对特定的产业作进一步细分。

基准情景三产业假设中对2020年关键年的数据做了假设，如表4-15。

表 4-15　基准情景中的一、二、三次产业结构

单位：%

年份	2008	2010	2020
第一产业	10.7	10.3	9.4
第二产业	47.4	46.3	45.6
第三产业	43.4	43.4	45

表4-15中缺失产业结构的年份均采用平均填充法补足。

比如，2011~2019年变动方法：

201N 年 = 2010 年值 × (1 + 2010~2020 年均变动率)n

在公布的产业结构中，一般单独列出建筑业，本文效法，得出如表4-16序列的产业结构数据。

表4-16 2007~2020年三次产业结构数据

单位：%

年份	2007	2008	2009	2010	2011	2012	2013
第一产业	10.8	10.7	10.3	10.3	10.2	10.1	10.0
第二产业	47.3	47.4	46.3	46.3	46.3	46.2	46.1
工业	41.6	41.5	39.7	39.7	39.7	39.6	39.5
建筑业	5.8	6.0	6.6	6.6	6.6	6.6	6.6
第三产业	41.9	41.8	43.4	43.4	43.5	43.7	43.8
年份	2014	2015	2016	2017	2018	2019	2020
第一产业	9.9	9.8	9.8	9.7	9.6	9.5	9.4
第二产业	46.1	46.0	45.9	45.8	45.8	45.7	45.6
工业	39.5	39.4	39.3	39.3	39.2	39.1	39.1
建筑业	6.6	6.6	6.6	6.6	6.6	6.5	6.5
第三产业	44.0	44.2	44.3	44.5	44.7	44.8	45.0

2.情景产业结构的细化

以一、二、三次产业方式来描述产业结构过于粗糙。为更准确描述未来产业结构，需要对产业结构作更详细的说明。然而，如何才能准确实现产业结构变化描述将是影响情景设计的关键。

（1）产业结构调整的方法。在实际情景分析时，有两种产业结构描述的方法：一种是利用投入—产出模型或者CGE模型，在一定政策变动影响下，可形成新的产业结构；另一种在三次产业结构目标确定下，根据历史数据外推生成各产业的明细构成。两种方法各有区别，第一种方法基于成熟的模型，其新的产业结构由模型直接生成，从理论上来说，更具有说服力。第二种方法基于历史数据外推，一方面受历史数据影响，另一方面受外推方式的影响，人为因素明显，更容易受主观因素影响。

第一种方法更适于分析特定政策对产业结构的影响，如沈利生（2008）以投入—产出为分析工具，从最终需求的角度，设置不同的最终需求结构，利用 $X = (I - A)^{-1} Y$ 估算出总产出变动及产业结构变动，形成不同出能源需求结果，进而估算出各情景下实现2010年能源强度目标实现的潜力。该方法是一种很好的目标实现潜力分析思路。然而，如果面对诸如跨度近10年以上的目标分析时，将会遇到以下两个问题：①由假设的情景中最终消费比例来计算产业结构变动时，很可能得不到目标的产业结构比例。因为该政策的核心思路在于调整最终需求中三产业结构来实现产出的产业结构变动。②当最终需求中净出口的比值设得过大时，很可能求得总产出为负值。因为在最终需求的净出口项目中，一些部门为负值，过大比例的调整将必然导出所求的总产出为负值。基于以上的分析，该方法在短期的目标分析时比较有效，对于长期目标分析，特别是产业结构有明确假定的分析将会遇到许多新问题。

第二种方法在分析假定某种目标产业结构情景下的产业结构变化过程似乎更为现实，而且还可以避免产生一些极端的情况，如某些行业的比重过低或者过高的情景。

本文选择直接外推的方法，基于以下几点考虑：①在本文的情景中，对于三次产业结构有一定的明确规划或假定，例如，国家"十二五"规划中提到 2015 年的服务业比重为 45%；②在情景设定时，充分考虑到中国的国情与战略规划，明确确定产业结构的战略目标，将会使我们的情景分析具有更加可靠的依据，而不是随意发散；③基于对未来中国 10 年经济发展的定性分析及相关研究人员的预测，特别是在中国的工业化与城镇化过程并没有完成等这些基本判断的基础上，以大量的基础建设投资带动经济高速增长的方式短期内难以发生根本性转变。据估计，中国的工业化的转折点应是在 2020 年以后。所以，假定 2020 年以前，中国的经济增长与根本性的产业结构变化趋势并不会发生大的改变是可以接受的，因此，本文将通过产业结构的序列数据外推到 2010 年，来设计基准情景。

（2）具体的外推过程。在三产业目标确定下，对各产业的明细规定可采用历史数据外推的方法。中国公布的产业结构明细数据一般是从投入—产出表获取。据中国可查的历史明细数据，目前可得到的有 1995 年、1997 年、2002 年、2005 年、2007 年五年，而且各年的明细也不尽相同，其中 2002 年分为 122 个部门，2007 年为 135 个部门。经比较分析，从可操作性上考虑，选择 16 个部门为最小的交集，其他的依大类合并法则，合并为最终的相同的 16 个部门。根据 1995~2007 年产业结构数据，可得到表 4-17。

图 4-17 各产业结构变动率

单位：%

年份	1995	1997	2002	2005	2007	各年到 2007 年的变动率		
						1997	2002	2005
农业	0.205	0.195	0.136	0.124	0.108	−0.052	−0.057	−0.046
采掘业	0.046	0.047	0.049	0.049	0.052	0.010	0.010	0.012
食品制造业	0.062	0.051	0.037	0.040	0.038	−0.039	−0.027	0.007
纺织、缝纫	0.046	0.060	0.032	0.035	0.034	−0.026	−0.056	0.012
其他制造业	0.027	0.046	0.028	0.034	0.023	−0.012	−0.066	−0.039
电力及蒸汽	0.024	0.022	0.035	0.036	0.036	0.035	0.049	0.003
炼焦、煤气	0.012	0.010	0.009	0.014	0.014	0.017	0.040	0.104
化学工业	0.052	0.054	0.048	0.048	0.047	−0.008	−0.013	−0.001
建筑材料	0.034	0.037	0.016	0.023	0.024	−0.031	−0.044	0.085
金属产品	0.050	0.036	0.042	0.048	0.059	0.013	0.049	0.067
机械设备	0.090	0.095	0.102	0.101	0.124	0.027	0.027	0.040
建筑业	0.065	0.066	0.054	0.058	0.055	−0.015	−0.019	0.002
运输邮电业	0.052	0.052	0.083	0.084	0.079	0.036	0.043	−0.010
商业饮食业	0.100	0.085	0.100	0.090	0.086	−0.012	0.001	−0.029
公共	0.068	0.077	0.133	0.094	0.142	0.062	0.062	0.012
其他服务业	0.067	0.068	0.095	0.122	0.080	0.015	0.017	−0.034

通过分析 1995~2007 年产业结构变动率的规律可以发现，各部门的变化率不一样。因此，为确保一致性，本文采用以下的原则实现 16 部门的外推：

（1）表 4-17 各年的变动率中，符号不变的，保持不变，下降率取平均值的 1/1.3 倍。该倍数选择是基于未来 10 年的 GDP 增长率为"十一五"的 1/1.3 倍。

(2) 变动率符号不一致的，视具体情况对待，对重能源工业采取用能降低增长率原则，其他工业保持2005年来的1/1.3倍。

(3) 以政策年份的目标产业结构比值修正以上的设计。

3. 由16部门估算44部门的产业结构的变动趋势

由于16部门的产业分类与44部门的产业分类存在着包含关系，如在16部门中，只有采掘业一大类，但在44部门划分中，却细分为煤炭开采和洗选业、石油和天然气开采业、黑色金属矿采选业、有色金属矿采选业、非金属矿采选业共五个更细的部门。故本文采用由16部门的比例直接同比率放大或缩小对应44部门中的子部门的比例方法，估算出相应年份的44部门产业结构。

（三）情景 SAM 的生成

本文在2007年实际统计数据的基础上，构建了2007年的SAM，然后以GDP的增长率为关键发展索引，编写相应的外推CGE模型，由该外推CGE模型生成了2008~2010年未来系列年份的SAM，如2010的SAM。2010年以后的SAM将在2010年SAM的基础上，采用同样的方法外推而来。现在总结本情景中的几个核心数据如表4-18~表4-20中所示。

1. 基准情景 SAM 中的重要参数

表 4-18　情景中的 GDP 增长率

单位：%

年份	2008	2009	2010	2011	2012	2013	2014
历年 GDP 增长率	0.096	0.092	0.103	0.090	0.085	0.083	0.081
年份	2015	2016	2017	2018	2019	2020	
历年 GDP 增长率	0.079	0.077	0.075	0.073	0.071	0.069	

2. 重要年份的 GDP 产值

由表4-18中所设的GDP增长率，可求出2011~2020年各年的GDP值。本文的基年是2005年，故所求得的数据均是以2005年为价基。

表 4-19　重要年份的 GDP 值

单位：万元

行业/GDP（万元）	2005 年	2010 年	2020 年
行业汇总	182176.6	305268.1	648640.8

具体的各行业 GDP 值及结构因篇幅原因，在此略过。

3. 碳排放总量的预估

同样，在以前假定的碳排放系数基础上，可估算出2020年各行业的碳排放量及全行业的碳排放量。经估算，2020年碳排放总量为440507.52万t.碳强度为0.68，仅比2005年下降26%，所以，相比40%~45%的减排目标，碳排放减排任务还是比较重的。具体数据见表4-20。

表 4-20　碳排放量及碳排放强度

消费总量	2005 年	2010 年	2020 年
汇总（万 t-C）	166191.15	224986.16	440507.52
碳排放强度（万 t-C/万元）	0.91	0.74	0.68

4. 能源消费总量的预估

根据情景中的碳排放系数的假定，可估算目标年份中对应的能源消耗总量。经估算，2020 年总的能源消耗为 63.6 亿 tce，与 2010 年的 32.0 亿 tce 相比，这样的能源需求量是相当大，就目前的能源供应能力，这几乎是不可能完成的任务，所以必须进行能源强度与产业结构的调整。

四、2020 年碳强度目标分析

前面介绍了在基准参数约束下，构造 2020 基准情景的方法，并对主要结果进行简要的分析。本部分将从两个角度来分析实现 2020 年碳强度目标的途径，关键是设计目标年份中碳排放强度值。首先将对 2020 年碳强度目标的政策方式进行介绍，其次分别从产业结构提升的方式与技术提升的方式设计实现碳强度目标的情景，最后就八大产业做简要的比较分析。本节分析的主要目的是分别从两个角度探索实现目标情景的途径，并为第五章的重点行业分析提供基础。

（一）碳强度目标政策分析

分析实现强度目标的两种方式

为实现 2020 年 40%~45%的碳强度目标，综合中国的实际情况，本文以两种实现碳排放强度目标的方式作分析：①技术提升方式，即主要以各产业与部门的能源强度下降来实现目标；②产业结构优化方式，突出强调产业结构的优化作用，降低高能耗产业在国民经济中的比重来实现目标。

（1）产业结构优化的政策意义。产业结构的提升是长期以来的中国节能减排的重要战略。2005 年 11 月 9 日国务院发布实施《促进产业结构调整暂行规定》的决定，明确提出了产业结构调整的目标与产业结构调整的原则。从目前来看，未来 10 年，中国经济发展的核心方向还是产业结构的升级。"十一五"期间明确制定相应的产业结构政策，引导产业向合理的方向升级，实现资源最优配置。

（2）技术提升的政策意义。提高能源使用效率，降低各产业能源强度，是实现全行业节能的重要措施。在实施"十一五"战略目标中，能源效率的提升是重要的一部分，主要方式有鼓励技术创新，加大技改资金投入，促进技术装备革新与生产工艺，通过财政补贴和适当的投资政策，采用"上大压小"等直接淘汰落后产能政策，实行产能更新。"上大压小"本质是一种通过企业内部规模结构的改变，实现产业总体的技术水平的提升，故该政策也可以说是一种技术水平提升的手段。

(二）技术提升情景构造

1. 情景设置目的

由前文对"十一五"节能成因分析可知，除出冶炼业（黑色金属冶炼业与有色金属冶炼业）外，技术节能占总节能的79%，说明"十一五"期间技术进步发挥着主要的贡献。

我国现阶段的技术水平同国外相比还是有一定的差距，特别是在一些传统的重点高能耗行业，存在相当大的技术提升空间。因此，本情景通过将技术进步转化行业的能源强度下降的方式来实现碳强度减少目标，分析未来碳强度下降的空间与潜力。

2. 情景设置思路与过程

本情景实现的主要途径是碳排放强度的下降，即以2005年碳排放强度为基础，以2020年碳排放强度目标的实现为约束，优化设置各行业的2020年的碳排放强度目标值。

情景设计的路线是：①估算2005~2010年碳排放强度的下降率；②根据2005年到2010年碳排放强度下降率，外推到2020年的碳排放强度，并计算总的碳排放量；③同目标值进行比较，按比例同比例修正各产业的碳排放强度，使总碳排强度符合2020年目标；④假设2020年不同的能源结构，估算2020年能源强度，由此得到2020年各产业的能源强度的目标值。主要步骤如图4-5所示。

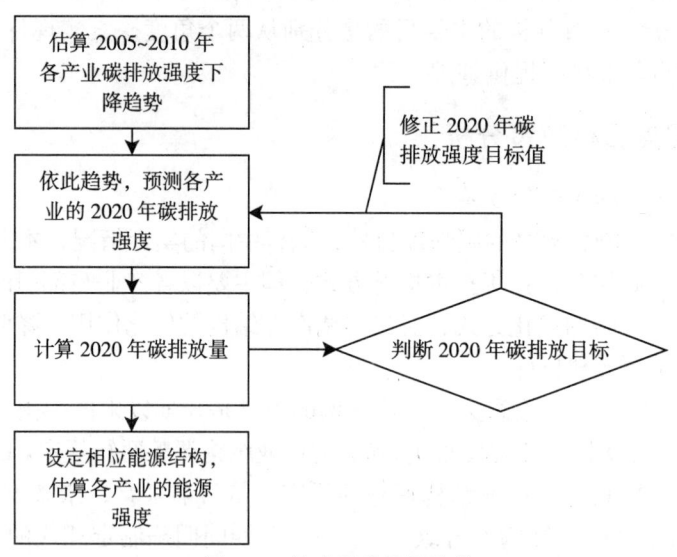

图4-5 技术提升情景路线

根据以上的情景提升思路，首先估算出2005~2010年的碳排放强度变化趋势，并在GDP增长率的约束下，借助于2005~2010年的碳排放强度变化趋势，估算出2010~2020年的碳排放强度的变化趋势，根据估算，该步骤实现22%~25%的碳强度减排目标。因此，要最终实现40%~45%的目标，仍需实现余下的18%~20%的强度减排任务，具体可通过对碳排放强度较高的行业做进一步的优化。由调整结果可知，所有行业的碳排强度均有所下降，碳排放强度目标均达到 2020 年碳排放强度目标，总的碳排放量分别是：40%目标下为 32.8 亿万吨碳，45%目标下为 29.8 亿万吨碳。

3. 2020 年碳强度减排目标的实现路径

设计出 2020 年的目标碳强度后，需要对该目标实现的路径做出安排。到目前为止，2005~2010 年的碳排放已成事实，"十二五"国家规划中已对碳排放强度减排做出明确安排，即到 2015 年碳强度目标比 2010 年下降 17%，为此，可设计相应的"十二五"碳排放减排目标以及"十三五"的减排计划。根据这样的思路，本文做出如下的路径设计。

总体规划的安排。按规划，到 2015 年，碳排放强度比 2010 年下降 17%，可做出如下的估算，即 2015 年的碳排放强度为 0.612，相比 2005 年，2015 年计划实现碳排放强度目标下降 32.9%。如果 2015 年目标达成，2020 年仅需在 2015 年的基础上下降 10.52%或 17.98%。如以最大的 45%目标量来分析，国家"十二五"目标中碳排放下降的幅度总体上是均衡安排的。主要指标与阶段的规划值见表 4-21，各行业的碳排放强度约束值见表 4-22。

表 4-21 碳排放阶段规划

年份	2005	2010	2015	2020	2020
碳排放强度（万吨碳/亿元）	0.912	0.737	0.612	0.547	0.502
GDP 值（亿元）	182176.6	305268.1	456050.8	648640.8	648640.8
碳排放量（万吨碳）	166191.1	224986.2	278975.3	355034.7	325448.5
居民碳排放量（万吨碳）	17351.1	24429.6	28487.3	33219.0	33219.0
各行业的碳排放量（万吨碳）	148840.0	200556.6	250488.0	321815.8	292229.5
相对下降率（%）	—	—	67.05	-10.52	-17.98

表 4-22 各阶段碳排放强度目标

行业	碳排放强度（万 t-C/万元）			
	2005 年	2010 年	2015 年	2020 年
农林业	0.179	0.132	0.104	0.090
煤炭开采和洗选业	1.453	1.801	1.599	1.489
石油和天然气开采业	0.589	0.575	0.505	0.468
黑色金属矿采选业	1.260	0.769	0.564	0.462
有色金属矿采选业	0.970	0.581	0.424	0.346
非金属矿采选业	0.683	0.609	0.517	0.467
农副食品加工业	0.789	0.376	0.252	0.194
食品制造业	0.660	0.761	0.676	0.629
饮料制造业	0.654	0.521	0.423	0.371
烟草制品业	0.100	0.065	0.049	0.041
纺织业	1.029	1.044	0.927	0.863
纺织服装业	0.223	0.221	0.196	0.182
皮革及其制品业	0.265	0.182	0.140	0.118
木材加工	0.414	0.594	0.528	0.491
家具制造业	0.143	0.123	0.103	0.093
造纸及纸制品业	1.391	1.986	1.764	1.642

续表

行业	碳排放强度（万 t–C/万元）			
	2005年	2010年	2015年	2020年
印刷业和复制业	0.115	0.275	0.244	0.227
文教体育用品制造业	0.177	0.305	0.271	0.252
石油加工、炼焦业	2.911	2.129	1.672	1.435
化学原料及制造业	4.106	3.057	2.418	2.084
医药制造业	0.526	0.536	0.476	0.443
化学纤维制造业	2.478	1.220	0.827	0.643
橡胶制品业	1.220	1.225	1.088	1.013
塑料制品业	0.507	0.665	0.591	0.550
非金属矿物制品业	3.673	2.856	2.297	2.002
黑色金属冶炼加工业	6.319	4.990	4.038	3.533
有色金属冶炼加工业	3.883	1.540	0.966	0.713
金属制品业	0.665	0.577	0.485	0.435
通用设备制造业	0.466	0.309	0.234	0.196
专用设备制造业	0.461	0.357	0.287	0.250
交通运输设备制造业	0.383	0.284	0.224	0.193
电气机械及制造业	0.330	0.266	0.218	0.191
通信设备制造业	0.251	0.233	0.201	0.183
仪器仪表及制造业	0.213	0.203	0.177	0.163
工艺品及其他制造业	1.106	0.517	0.344	0.264
废弃资源回收加工业	0.120	0.003	0.001	0.000
电力、热力供应业	1.893	1.595	1.323	1.177
燃气生产和供应业	3.743	1.496	0.941	0.696
水的生产和供应业	1.122	1.216	1.080	1.005
建筑业	0.200	0.188	0.163	0.149
交通运输和邮政业	0.702	0.571	0.467	0.412
批发、零售业	0.205	0.153	0.122	0.105
其他行业	0.113	0.066	0.048	0.039
公共服务业	0.226	0.221	0.194	0.179

（三）产业结构升级情景构造

1. 情景设置的目的

本情景着重强调未来产业结构提升对碳强度目标实现的贡献。产业结构仍将是实现中国2020年碳强度目标最有效的一种手段和方法。政府将在未来继续加强产业结构升级的政策引导力度。随着未来世界经济环境与国内经济发展阶段的变化，未来产业结构的提升有可能得到明显的提高。为此，本情景从产业结构提升的角度，探索产业结构的优化，特别是对重工业的优化实现碳排放强度目标。

2. 情景设置思路与方法

（1）产业结构调整的基本思路。中国近十年来的产业结构中，经历过2003~2005年的明显重工化特征，经过"十一五"期间的不懈努力，2010年服务业达到43%的比重，产业结构得到优化。

根据中国"十二五"发展纲要,到 2015 年中国的服务业将达到 45%以上,依此趋势,可设 2020 年的服务业比重达到 50%。具体的产业结构调整政策中,对高能耗产业的调整将一直是重中之重。所以,本文根据产业的能源强度,将各行业分为高能源强度行业与低能源强度行业,对高能源强度行业实施更加严格的减排政策以达到 2020 年的碳排放减排目标。

当 2020 年产业结构目标达到目标值后,可先假定当年碳排放强度同 2010 年保持不变,估算此时的碳排放总量,如不能达到碳强度目标的许可碳排放量要求,需实施进一步的各行业的碳排放强度下降措施,具体的调整过程同技术提升情景方式一样。经过碳排放强度调整后,2020 年的碳排放总量符合目标要求,政策情景设计完成。

(2) 产业结构情景中的目标设定。

①三次产业结构目标值。根据前文,可总结出 2020 年三次产业的比重如表 4-23 所示。

表 4-23 情景中产业结构设定表

产业(比例)	2015 年(%)	2020 年(%)
第一产业	9	7
第二产业	46	43
第三产业	45	50

②高能耗产业结构目标。在明晰各产业调整过程时,重工业等高能耗工业的产业结构变化是关键,也是产业结构优化调整的目的所在。具体的调整思路如下,假定未来的产业结构进一步得到提升时,高强度能源行业的增长进一步放缓,增长率设为原来的 1/1.3,而非高强度能源行业的增长率暂且保持不变,然后再根据基准假定的 GDP 值修正现产业结构调整后的值,确保总的 GDP 不变。这样调整的结果是降低了高能源强度的行业在总的 GDP 中的比重,实现产业结构的深度调整。其中调整的结果是高能源强度行业产出占总产出的比重由原来的 21%下降到 17%,低能源强度行业的比重则由原来的 24%上升为 26%。主要的调整目标值如表 4-24 所示。

表 4-24 高能耗产业的调整目标

单位:万元

行业	2005 年	2020 年基准	2020 年调整
农业	31442.61	60972.23	41196.41
高能源强度工业	63318.62	138948.43	110895.80
低能源强度工业	78144.11	156831.77	169840.28
第三产业	132362.72	291888.35	326708.30
农业	0.10	0.09	0.06
高能源强度工业	0.21	0.21	0.17
低能源强度工业	0.26	0.24	0.26
第三产业	0.43	0.45	0.50

3. 产业结构情景设计步骤

本情景中，由于产业结构调整是有明确的目标假定，故本产业结构调整情景也分两步：

第一步，根据历史产业结构变动率，以 2015 年、2020 年目标产业结构值为约束条件，实现对相应年份各产业结构的调定。

第二步，根据调整后的产业结构，在假定碳排放强度不变，估算产业结构调整后的碳排放总量，同总目标进行比较，将剩余的减排任务通过碳排放强度下降的方式完成。碳排放强度的调整过程同技术情景一样。

4. 2015~2020 年产业结构情景设计结果

（1）总目标。经过以上减排目标的调整，可得到各阶段总的减排目标。其中 2015 年与 2020 年碳排放强度均按规划设定。具体见表 4-25。各产业的情景调整明细过程见表 4-26，阶段性调整目标的行业产值见表 4-27。

表 4-25 阶段性减排目标

		内容	目标	居民	汇总
2010 年		碳排放强度（万 t-C/万元）	0.91		—
2015 年		GDP（万元）	456050.76		—
		碳排放总量（万 t-C）	250488.01	28487.27	278975.28
		碳排放强度（万 t-C/万元）	0.61		—
2020 年		GDP（万元）	648640.79		—
	40%目标	碳排放总量（万 t-C）	321815.76	33218.96	355034.72
		碳排放强度（万 t-C/万元）	0.55		—
	45%目标	碳排放总量（万 t-C）	292229.54	33218.96	325448.49
		碳排放强度（万 t-C/万元）	0.50		—

（2）基于目标约束下的各行业的碳排放强度调整结果。

表 4-26 各阶段目标的行业碳排放强度调整明细

产业结构调整	2010 年	2015 年			2020 年	40%目标下		45%目标下	
	碳排放强度	GDP	碳排放总量	碳排放强度	调整后的 GDP	碳排放总量	碳排放强度	碳排放总量	碳排放强度
农林业	0.13	36484.06	4082.04	0.11	41196.41	4544.32	0.11	4003.73	0.10
煤炭开采和洗选业	1.80	5659.34	8900.99	1.57	6237.26	9966.63	1.60	9811.73	1.57
石油和天然气开采	0.57	8203.63	4117.33	0.50	9978.55	5088.14	0.51	5009.06	0.50
黑色金属矿采选业	0.77	1735.61	1082.96	0.62	2111.12	1243.65	0.59	1030.72	0.49
有色金属矿采选业	0.58	1380.06	649.23	0.47	1678.65	743.44	0.44	613.65	0.37
非金属矿采选业	0.61	2175.47	1189.21	0.55	2646.14	1510.59	0.57	1441.52	0.54
农副食品加工业	0.38	5767.10	1651.12	0.29	6657.46	1689.96	0.25	1279.70	0.19
食品制造业	0.76	2053.70	1365.04	0.66	2268.53	1531.91	0.68	1508.10	0.66
饮料制造业	0.52	2185.79	991.54	0.45	2523.24	1159.21	0.46	1060.30	0.42

续表

产业结构调整	2010年 碳排放强度	2015年 GDP	2015年 碳排放总量	2015年 碳排放强度	2020年 调整后的GDP	40%目标下 碳排放总量	40%目标下 碳排放强度	45%目标下 碳排放总量	45%目标下 碳排放强度
烟草制品业	0.07	3168.82	171.21	0.05	3658.04	190.62	0.05	162.83	0.04
纺织业	1.04	6374.08	5811.74	0.91	7242.43	6708.95	0.93	6604.68	0.91
纺织服装业	0.22	3497.71	675.22	0.19	4115.12	807.09	0.20	794.55	0.19
皮革及其制品业	0.18	1956.29	298.65	0.15	2301.60	342.64	0.15	297.28	0.13
木材加工	0.59	1273.89	661.22	0.52	1246.83	657.52	0.53	647.30	0.52
家具制造业	0.12	995.21	110.32	0.11	974.07	112.85	0.12	107.82	0.11
造纸及纸制品业	1.99	1577.14	2735.64	1.73	1543.64	2720.31	1.76	2678.03	1.73
印刷业和复制业	0.28	972.47	233.63	0.24	951.82	232.32	0.24	228.71	0.24
文教体育用品业	0.30	539.37	143.64	0.27	527.91	142.84	0.27	140.62	0.27
石油加工、炼焦业	2.13	7791.73	14070.2	1.81	10816.16	19275.77	1.78	17006.74	1.57
化学原料及制造业	3.06	8329.96	21718.30	2.61	9385.68	24281.36	2.59	21586.08	2.30
医药制造业	0.54	2569.32	1203.35	0.47	2894.94	1377.52	0.48	1356.11	0.47
化学纤维制造业	1.22	898.22	844.93	0.94	1012.06	853.88	0.84	657.48	0.65
橡胶制品业	1.23	1099.41	1176.52	1.07	1238.75	1346.80	1.09	1325.87	1.07
塑料制品业	0.67	2812.26	1633.56	0.58	3168.68	1869.99	0.59	1840.93	0.58
非金属矿物制品业	2.86	11846.27	29173.68	2.46	15750.53	38911.72	2.47	35124.64	2.23
黑色金属冶炼加工	4.99	15476.22	66654.63	4.31	20676.51	89419.23	4.32	80823.35	3.91
有色金属冶炼加工	1.54	7319.18	8234.60	1.13	9778.56	9351.86	0.96	6657.94	0.68
金属制品业	0.58	7487.53	3849.01	0.51	10518.00	5602.31	0.53	5288.82	0.50
通用设备制造业	0.31	12665.56	3261.15	0.26	19556.92	4876.23	0.25	4189.12	0.21
专用设备制造业	0.36	6125.25	1891.03	0.31	8670.67	2691.82	0.31	2437.98	0.28
交通运输设备制造	0.28	13391.02	3262.41	0.24	20269.37	4926.70	0.24	4413.29	0.22
电造业	0.27	10148.63	2360.53	0.23	16016.26	3782.96	0.24	3473.13	0.22
通信设备制造业	0.23	13978.30	2943.23	0.21	20894.66	4627.85	0.22	4460.39	0.21
仪器仪表及制造业	0.20	2345.24	435.31	0.19	3809.49	751.30	0.20	734.15	0.19
工艺品及其他制造	0.52	3990.38	1566.94	0.39	7215.87	2503.14	0.35	1885.42	0.26
废弃资源回收加工	0.00	6838.85	17.01	0.00	9741.96	25.88	0.00	25.48	0.00
电力、热力供应业	1.59	10767.76	15167.97	1.41	11822.57	17116.72	1.45	15979.40	1.35
燃气生产和供应业	1.50	271.39	297.79	1.10	297.98	278.99	0.94	199.75	0.67
水的生产和供应业	1.22	669.86	711.33	1.06	735.48	793.48	1.08	781.15	1.06
建筑业	0.19	18005.86	2897.49	0.16	19802.57	3168.81	0.16	3119.57	0.16
交通运输和邮政业	0.57	39209.31	17249.55	0.44	59918.60	23630.53	0.39	23263.27	0.39
批发、零售业	0.15	45113.84	4865.28	0.11	74798.37	6600.57	0.09	6497.99	0.09
其他行业	0.07	94181.03	4985.75	0.05	158748.3	7852.85	0.05	3611.45	0.02
公共服务业	0.22	26718.67	5145.75	0.19	33243.07	6504.53	0.20	8069.74	0.24
小总	—	456050.76	250488.01	—	648640.79	321815.76	—	292229.54	—
居民	—	—	28487.27	—	—	33218.96	—	33218.96	—
汇总	—	—	278975.28	—	—	355034.72	—	325448.49	—

(3) 各阶段目标中各产业的产值。

表 4-27 产业结构优化目标

单位：万元

行业	2010 年	2015 年	2020 年
农业	31442.61	44921.00	41196.41
高能源强度工业	63318.62	95912.46	110895.80
低能源强度工业	78144.11	113735.20	169840.28
第三产业	132362.72	201482.10	326708.30
农业	0.10	0.10	0.06
高能源强度工业	0.21	0.21	0.17
低能源强度工业	0.26	0.25	0.26
第三产业	0.43	0.44	0.50

（四）八大重点能耗行业的减排潜力分析

1. 重点行业减排潜力分析的意义

在约束条件下得到的各类情景，只是理论上的推论，说明在该种设计下可达到既定的目标。但具体到各行业时，各情景所设的目标值能否实现，需要做进一步判断。理想的做法应对所有行业进行分析，但工作量太大。本文计划先在本节对八大重点能耗行业做粗略的比较分析，整体上把握情景设计的可行性。

本节分析的八大重点行业，要么是高能耗行业、高污染物排放行业，要么是在未来可能能源消费增长非常快的行业，如交通运输等。从 2005 年与 2010 年的数据分析来看，这八大行业能源消费总和占到总的社会能源消费的 55%和 60%，因此，对这八大行业的情景正确设计是整体行业的情景设计的基础。

2. 八大行业的节能潜力分析

在以上的情景设计时，2020 年减排的计量目标是碳排放强度，因此，需要按假定的能源结构将各行业的碳排放强度目标转换为能源强度目标。其中，根据康艳兵（2010）的研究报告中的数据，可知八大行业如达到 2005 年国际先进能源水平，其能源强度平均下降率在 30%~40%。现将各政策情景中 2020 年八大行业的能源强度目标以及根据国际经验估算的潜在行业下降率汇总在表 4-28 中。

表 4-28 能源强度预估

单位：万 tce/万元

行业	2005 年能源强度	相比国际水平下降率（%）	预估能源强度	产业结构优化		能源强度情景	
				40%目标	45%目标	40%目标	45%目标
造纸及纸制品业	1.93	30	1.35	2.47	2.45	2.30	2.09
石油加工、炼焦业	4.66	35	3.03	2.89	2.56	2.32	2.11

续表

行业	2005年能源强度	相比国际水平下降率（%）	预估能源强度	产业结构优化 40%目标	产业结构优化 45%目标	能源强度情景 40%目标	能源强度情景 45%目标
化学原料及制造业	5.93	35	3.85	1.23	0.95	0.93	0.85
非金属矿物制品业	5.04	40	3.02	3.44	3.12	2.79	2.53
黑色金属冶炼加工业	7.92	30	5.54	5.43	4.94	4.44	4.03
有色金属冶炼加工业	5.45	30	3.82	1.37	0.98	1.02	0.93
电力生产和供应业	2.66	30	1.86	2.09	1.97	1.70	1.55
交通运输业	1.19	30	0.83	0.69	0.68	0.72	0.66

该情景设定虽然没有直接给出各行业的各项工艺或产品的能效水平，但如将行业的能源强度与各行业工艺的能效做简单的对比，也可了解各行业的能源强度的提升空间。具体的比较方法：对比情景假设中的能源强度的值与预估的能源强度值（达到2005年国际先进水平），如比后者大，说明情景的假设还有节能余地，假设可行。如比后者要小很多，即意味着要达到期比2005年世界先进水平更高的节能标准。

从能源强度情景来看，在40%的目标约束下，同预估能源强度差别比较大的行业有有色金属冶炼加工业、黑色金属冶炼加工业以及化学原料及制造业，说明该行业的节能潜力相比情景中的假设要少，要实现整体目标，困难相当的大。比如化学原料及制造业，在两类情景中都是比较困难的。比较接近的行业有交通运输业、电力生产和供应业，而困难最小的是造纸及纸制品业。这进一步说，单纯试图通过能源强度的提高来实现节能减排的目标，困难是非常大的。

从产业结构情景的能源强度的值与预估值比较来看，总体上非常接近。除有色金属外，其他行业的40%~45%的平均能源强度同预估值差别不大，电力生产、交通、非金属行业的能源强度甚至比预估值还要高。这说明，产业结构情景中，这八大行业的能源强度值相对比较合理，只要达到2005年的国际先进水平，碳排放强度目标就可能实现。

总的来说，如果以2005年的国际先进水平作为中国2020年碳排放强度目标能否实现的能源强度水平参考依据的话，那么，我们所假设的依能源强度下降的方式来实现碳排放强度目标的途径难度太大。如果通过进一步的产业结构优化，从产业结构情景中所设定的能源强度值来说，产业结构情景应该是可行的。不可否认，我们仅选取八大行业，而且仅以国际2005年先进水平作为评价参考，评价似乎有点粗，但整体的结论应该是可行的，而且是易于理解的，即中国未来节能减排与能源强度目标下降的方向与出路还是产业结构升级，希望通过能源强度的大幅度的下降的方式来实现2020年的碳排放目标，这几乎是不可能的。当然，如果能实现从能源消费占总能源消费30%以上的钢铁与电力部门入手，分析中国2020年碳排放强度的情景假设是否可行，将更具意义。

五、本节小结

本节主要完成了 2020 年碳排放的基准情景设计，并以 2020 年碳排放强度目标为约束，从技术提升与产业结构优化的角度设计相应的政策情景，并对政策情景做了简要分析。

在构造的政策情景中，各行业的"十二五"规划目标与 2020 年目标均作了设计。从目标分摊的角度来说，就是将总的碳强度目标分行业做了细分。该政策设计是后文中钢铁行业与电力行业的分析基础，以后的分析均是在政策情景所设定的约束值下进行。

由于不可能对所有行业的实现潜力进行分析，仅对占总能耗水平的约 60%以上的八大行业做初步的评估，主要是分析政策目标中所设计的碳排放强度目标实现所要求的能源效率的潜力有多大。同时，对该八大部门在"十一五"期间的节能减排成绩做了简析。

主要结论：

（1）从八大部门的初步情景分析来看，技术提升政策情景中所设计的行业能源强度目标离现实差距比较大，故通过技术提升方式来实现碳强度目标的潜力不大。

（2）而在产业结构情景中，通过对情景中所设定的各行业的能源强度值的比较分析，发现，产业结构情景实现潜力较大。

（3）总体来说，单以技术提升实现未来的碳排放强度目标的可能性非常小，必须辅以一定的产业结构升级。本文所设计产业结构政策情景中规定 2020 年服务业达到 50%的目标，如顺利实现产业结构的升级目标，在既定的 GDP 增长率下，实现 2020 排放强度目标潜力非常大。

政策情景中对各行业的碳排放强度目标的设定，如单从数字上来分析意义不大，需从行业发展本身趋势，并结合未来发展的预测及国际比较等多方面的分析才更科学。但要对所有行业分析几乎不太可能，因此，如果能实现对重点行业，如钢铁行业及电力行业做深入的分析，将更具实践意义。

（本章作者：郑玉歆　刘小敏）

参考文献

[1] 宗蓓华. 战略预测中的情景分析法. 预测，1992（2）.

[2] 张学才，郭瑞雪. 情景分析方法综述. 探索与争鸣，2005（8）.

[3] 陈卫. 中国未来人口发展趋势：2005~2050 年. 人口研究，2006（4）.

[4] 何林，袁建华等. 未来我国人口、经济、资源、环境与可持续发展的情景分析. 系统工程理论与实践，2002（7）.

[5] 贺菊煌. 中国人口与经济长期预测模型. 数量经济技术经济研究，2004（3）.

[6] 胡长顺. 对中国工业化阶段的判断. 改革与发展论坛，2002（2）.

[7] 胡兆光，谭显东. 直接消耗系数的组合更新法研究. 统计研究，2008（3）.

[8] 郭克莎. 中国工业化的进程、问题与出路. 中国社会科学，2000（3）.

[9] 国家人口发展战略研究课题组. 国家人口发展战略研究报告. 人口研究，2007（1）.

[10] 韩智勇，魏一鸣，范英. 中国能源强度与经济结构变化特征研究. 数理统计与管理，2004（1）.

[11] 李京文. 21世纪中国经济长期预测——2000~2050年. 冶金经济与管理，2000（3）.

[12] 李善同，侯永志，翟凡. 中长期中国经济仍然具有快速增长的潜力. 中国工业经济，2000（6）.

[13] 李姚矿. 我国工业化进程中产业结构变动研究. 安徽：合肥工业大学博士后论文，2006.

[14] 康艳兵. 我国的节能形势、潜力及对策分析.

[15] 潘文卿，李子奈，张伟. 21世纪前20年中国经济增长前景展望——基于供给导向模型与需求导向模型的对比分析. 预测，2001（3）.

[16] 任保平著. 中国21世纪的新型工业化道路脚. 北京：中国经济出版社，2005.

[17] 沈利生. 我国"十一五"节能目标的实现途径、条件与政策建议. 中国能源，2007（2）.

[18] 史丹，张金隆. 产业结构变动对能源消费的影响. 经济理论与经济管理，2003（2）.

[19] 孙仁宏. 健全和完善促进节能减排的税收政策体系. 中国税务，2007（11）.

[20] 王灿. 基于动态CGE模型的中国气候政策模拟与分析. 北京：清华大学博士论文，2003.

[21] 王火根，沈利生. 能耗降低的主要影响因素分析——基于结构分解技术的投入—产出法实证检验[J]. 科技进步与对策，2008（2）.

[22] 魏一鸣等. 中国能源报告（2008）：碳排放研究，北京：科学出版社，2008.

[23] 郑玉歆，樊明太. 中国CGE模型及政策分析，北京：社会科学文献出版社，1999.

[24] 中华人民共和国气候变化初始国家信息通报. 2004.

[25] 范金，万兴. 投入—产出表和社会核算矩阵更新研究评述. 数量经济技术经济研究，2007（5）.

第五章 中国碳减排目标的选择
——基于 CGE 模型的随机模拟分析

第一节 应对气候变化的国际行动与中国的碳减排目标

鉴于气候变化已经成为可能影响人类未来生存和发展的全球性环境问题，世界大部分国家已就气候变化问题共同召开了多次国际会议，旨在推动各国采取行动以减缓气候变化。1992 年 5 月在联合国纽约总部通过，并于同年 6 月在巴西里约热内卢举行的联合国环境与发展大会期间正式开放签署的《联合国气候变化框架公约》(United Nations Framework Convention on Climate Change, UNFCCC；以下简称《公约》)是世界上第一个为全面控制二氧化碳等温室气体排放，应对全球气候变暖给人类经济和社会带来不利影响的国际公约，也是国际社会在应对全球气候变化问题上进行国际合作的一个基本框架。该《公约》提出了世界各国应对气候变化所应遵循的"共同但有区别的责任"原则。此项原则的合理性和权威性来源于如下基本事实："历史上和目前全球温室气体排放的最大部分源自发达国家；发展中国家的人均排放仍相对较低；发展中国家在全球排放中所占的份额将会增加，以满足其社会和发展需要"。[①] 根据这一原则，"发达国家缔约方应率先对付气候变化及其不利影响"，而"发展中国家缔约方能在多大程度上有效履行其在本公约下的承诺，将取决于发达国家缔约方对其在本公约下所承担的有关资金和技术转让的承诺的有效履行，并将充分考虑到经济和社会发展及消除贫困是发展中国家缔约方的首要和压倒一切的优先事项"。[②]

1994 年 3 月《联合国气候变化框架公约》正式生效，并规定每年召开一次缔约方大会。1997 年 12 月召开的第三次缔约方大会达成了该《公约》的一项著名的补充条款——《京都议定书》(Kyoto Protocol)，规定从 2008 年至 2012 年，主要工业发达国家的温室气体排放量要在 1990 年的基础上平均减少 5.2%，其中欧盟将 6 种温室气体的排放量削减 8%，美国削减 7%，日本削减 6%。10 年后的 2007 年 12 月，在印度尼西亚巴厘岛召开

[①] 见《联合国气候变化框架公约》(中文版) 第 1 页，http://unfccc.int/resource/docs/convkp/convchin.pdf。
[②] 见《联合国气候变化框架公约》(中文版) 第三条 (原则) 及第四条 (承诺)。

的第 13 次《公约》缔约方大会讨论了《京都议定书》第一承诺期在 2012 年到期后如何进一步降低温室气体的排放问题，即"后京都"问题。最后大会通过了"巴厘岛路线图"（Bali Roadmap），其所确认的议程包括：为适应气候变化所应采取的措施、减少温室气体的排放、推广有利于减少气候变暖的新科技以及为减缓和适应气候变化提供更多资金支持。① 不过，这份路线图未能包含欧盟一直坚持的发达国家在 2020 年前将温室气体减排在 1990 年的基础上减少 25%~40% 的目标。该路线图启动了为 2012 年《京都议定书》到期后温室气体新的减排方案的谈判，并明确规定了谈判应该在 2009 年底之前完成。2009 年 12 月 7 日，全球亿万人民瞩目的《公约》第 15 次缔约方大会，被喻为"拯救人类的最后一次机会"的哥本哈根会议召开。然而，在历经艰难曲折的谈判后，此次大会仅分别以《联合国气候变化框架公约》及《京都议定书》缔约方大会决定的形式发表了不具法律约束力的《哥本哈根协议》（Copenhagen Accord）。不过，《哥本哈根协议》还是维护了《联合国气候变化框架公约》及其补充条款《京都议定书》所确立的"共同但有区别的责任"原则，就发达国家实行强制减排和发展中国家采取自主减缓行动作出了安排，并就全球长期目标、资金和技术支持、透明度等焦点问题达成广泛共识。

中国是《联合国气候变化框架公约》缔约方中最大的发展中国家。2007 年 6 月中国国家发展和改革委员会组织编制的《中国应对气候变化国家方案》明确提出，中国应对气候变化除了遵循《联合国气候变化框架公约》规定的"共同但有区别的责任"原则外，还将坚持在可持续发展框架下应对气候变化、减缓与适应并重的、将应对气候变化的政策与其他相关政策有机结合、依靠科技进步和科技创新、积极参与、广泛合作等其他五项原则。在《中国应对气候变化国家方案》中，"控制温室气体排放取得明显成效"也被确定为中国应对气候变化的总体目标之一。这一目标又被分解为一系列具体目标，如"到 2010 年，实现单位国内生产总值能源消耗比 2005 年降低 20% 左右，相应减缓二氧化碳排放"。2008 年 10 月发布的《中国应对气候变化的政策与行动》将当前中国积极减缓气候变化的政策和行动归纳为如下几个方面：①调整经济结构，促进产业结构优化升级。具体包括促进服务业加快发展，做强做大高技术产业，加快淘汰落后产能，以及遏制高耗能、高排放行业过快增长等。②大力节约能源，提高能源利用效率。例如，中国第 11 个五年规划《纲要》（2006~2010 年）已经把 2010 年单位 GDP 能耗比 2005 年降低 20% 作为重要的约束性指标。此外，还包括建立节能减排目标责任制，积极实施重点节能工程，推动重点领域节能减排，提高能源开发转换效率，实施有利于节能的经济政策，以及加强相关的法制建设（如修订《节约能源法》）。③发展可再生能源，优化能源结构。如颁布了《可再生能源法》（2005 年），出台了《可再生能源中长期发展规划》和《核电中长期发展规划》，并推出了一系列促进可再生能源发展的行政和经济手段。④重视发展循环经济，积极推进资源利用减量化、再利用、资源化，从源头和生产过程减少温室气体排放。⑤积极减少农业、农村温室气体排放。⑥积极推动植树造林，增强碳汇能力。⑦加大了研发力度，科学应对气候变化。而继节能减排成为第 11 个五年规划的

---

① 《巴厘行动计划》, http://unfccc.int/documentation/decisions/items/3597.php?such=j&volltext=/CP#beg。

约束性指标后，2009年11月25日召开的国务院常务会议上，中国政府又进一步决定，加快转变发展方式，使2020年中国的单位国内生产总值二氧化碳排放（即GDP碳排放强度）比2005年下降40%~45%，并决定将其作为约束性指标纳入国民经济和社会发展中长期规划。

将降低碳排放强度纳入国家发展规划的决定可视为中国进行气候变化的又一重大举措和标志性事件。此前，在《中国应对气候变化国家方案》中，"控制温室气体排放取得明显成效"虽然已被确定为中国应对气候变化的总体目标之一，但并没有明确设定碳排放的减缓程度，而只明确提出了节能减排的具体目标。可以说，当时减缓碳排放还只是中国进行节能减排的一个衍生目标或软约束性指标。虽然节能减排在很大程度上会促进碳排放强度的下降，但降低碳排放强度显然不能完全由节能减排代替。首先，节能减排在很大程度上被认为主要是中国自身发展的需要出发，更多地关乎中国自身的利益，而减缓碳排放则更多的是承担国际环境责任。一方面，中国仍需要较长时期的发展才能迈入较高的经济和社会发展程度，而全球能源资源又极其有限且各国在国际能源市场上的争夺又极其激烈。因此，节能事关中国的长远发展和应对短期的能源供应紧张局势。而减排所涉及的二氧化硫和化学需要量也主要是影响中国的大气质量和水源质量，并直接影响国人的健康和生产生活等社会经济活动。所以减排也直接关乎国人自身的福利。另一方面，碳排放所可能导致的气候变化虽然也对中国有重要影响，但人们更关注由此对全球生态环境和人类生存所产生巨大风险。所以与能耗和二氧化硫和化学需氧量排放相比，碳排放所可能产生的负面影响更具有国际性，因而与节能减排相比，碳排放减缓更为国际社会所关注。其次，节能是减缓碳排放的重要途径但不是唯一途径。例如，如果在能源强度保持不变的情形下，通过增加能源消耗中清洁能源的比重、加强碳的捕捉和收集等途径也能降低碳排放强度。因此，尽管根据《联合国气候变化框架公约》，作为发展中国家的中国目前不需要承担任何碳减排任务，但中国仍将降低碳排放强度确定为发展的约束性指标。这一行动进一步表明了中国承担国际环境责任、为保护全球气候作出贡献的决心。

此外，自中国提出要使2020年单位GDP的碳排放量在2005年的水平上降低40%~45%后，不少西方国家的分析者认为这是很容易实现的目标，但也有研究者认为上述减排目标是一个有难度的、雄心勃勃的目标（Qiu, 2009; Zhang, 2010）。前一类分析者（如EIA, 2009; IEA, 2009）认为，上述强度减排目标只不过是中国按当前的态势发展（Business as Usual）根本不需要付出额外的努力就能实现的。而后一类分析者认为中国的上述减排目标并不像前者所说的那么容易。例如，Stern和Jotzo（2010）基于随机前沿模型的分析表明，中国如果不进一步采取措施而按当前的态势发展（Business as Usual），则2020年中国的碳排放强度只会比2005年的水平低24%而不是40%~45%。因此中国如果要完成既定的目标，就需要制定强有力的气候政策。而张忠祥（Zhang, 2010）则认为，上述目标既不像一些西方分析者所说的那么容易，但也没那么困难。Cohen-Tanugi（2010）的分析似乎也表明了这一点——如果中国不继续实施"十一五"期间的节能政策，则2020年中国的碳排放强度只会比2005年的水平低37%；如果中国继续执行上述政策,则上述碳强度下降幅度有望达到48%;而中国如果进行经济结构调整,则碳强度下降幅度将进一步达到58%。那么就中国的情形而言,强度约束是一个比总量限制更优的碳减排目标吗?

第二节 总量限制与强度约束
——有关温室气体减排目标的争论

如前所述,1997年达成的影响广泛的《京都议定书》所提出的碳减排要求就是发达国家2008~2012年的年碳排放总量相对于1990年有所下降,而中国提出的碳减排目标则是2020年GDP碳排放强度比2005年降低40%~45%。显然,《京都议定书》规定的碳减排目标是一个总量目标,而中国确定的碳减排目标则不是总量目标而是一个与经济增长相关联的强度目标。此前,中国在"十一五"规划中确定的节能目标也是一个强度目标。

事实上,除了中国外还有一些国家在制定自己的气候变化政策时也采用了强度目标。其中,作为《京都议定书》缔约方之一的阿根廷于1999年提出的温室气体减排目标就是一种强度目标。为了降低实际减排量的不确定性,阿根廷确定的减排目标E是某特定指数I与该国GDP(P)的平方根的乘积,即$E = I \cdot P^{1/2}$。这意味着阿根廷没有将其温室气体排放量目标固定在某一绝对水平上,而是通过确定指数I允许阿根廷的温室气体排放量随该国经济活动水平(GDP)的波动而波动(Argentine Republic,1999)。几年后,随着新经济泡沫的破灭,由于担心经济增长受影响,碳排放量最大的美国居然以气候变化存在科学上的不确定性而拒绝了《京都议定书》为美国所确定的总量减排目标,并于2002年2月由(布什)政府另行设定了一个强度目标——2012年单位GDP的碳排放量在2002年的基础上下降18%(Bush Administration,2002)。

那么,在诸多国家达成《京都议定书》并确定总量减排目标后,强度目标为什么会逐渐引起人们的关注乃至被包括中国和美国在内的重要碳排放国家所采纳呢?这两种碳减排目标有何差异?

从现有的文献来看,关于碳减排目标的选择问题——选择总量减排目标还是强度减排目标——学术界一直存在争论。制定环境规制时,既可以对某一污染物提出的总量限制,又可以提出相关的强度限制,从而实现对该污染物排放的规制。从现实情况来看,无论是国家层面还是国际层面的实际碳减排行动中,总量限制似乎都是主要的规制手段(Jotzo和Pezzey,2007),然而这并不意味着总量目标优于强度目标。由于现实中的许多因素(如未来经济增长的速度、减排的技术发展及与此相关的成本、能源技术的发展等)都是不确定的,人们尚未就未来温室气体的排放速度、在大气中累积的速度、与温室气体减排相关的成本和收益、气候变化的程度乃至气候变化是有害还是有益于人类达成一致意见(Lave,1991)。这些不确定性使科学家难以准确将其量化并以此为基础相互交流,政策制定者难以制定出有效的政策措施以平衡各方面的利益,从而给科学家、利益相关方尤其是决策者寻找有效的温室气体减排方案带来了巨大的困难（Pizer，2005b）。而许多研究者的研究表明，在充满不确定性的温室气体减排中，强度目标能比总量目标更好地兼顾人们在经济、环境和政治等多方面的诉求，因而强度目标仍然在不少地区、国家的气候政策中受到青睐。当然，也有不少研究者坚持总量目标的合理性，并对强度目标提出了批评。下面就将基于已有的文献，从成本有效性、环境效益以及政策可接受性三个方面对强度目标和总量目标进行简单的比较。

一、强度目标和总量目标的成本有效性比较

政策制定者偏好强度目标的原因是多种多样的，但最主要的原因恐怕还是消除成本的不确定性（Kolstadt，2002）。现实世界中，未来的经济总量通常是难以确定的，或者说不确定性是未来经济总量的基本属性。Ellerman 和 Sue Wing（2003）指出，在此不确定性情形下，如果选择总量减排目标，则经济总量的不确定性将导致强度减排目标的不确定性；而如果选择强度减排目标，则经济总量的不确定性将导致总量减排目标（实际减排量）的不确定性。正是由于存在这样的不确定性，选择不同的减排目标会产生不同的减排成本：如果未来的经济总量超过预期水平，则在其他条件不变情况下，选择总量减排目标需要进行更多的减排，而由此产生的减排成本也会更多；而如果未来的经济总量低于预期水平，则在其他条件不变的情况下，选择强度减排目标需要进行更多的减排，从而产生更高的减排成本。

强度目标与总量目标的区别类似于环境规制中价格手段与数量手段的区别（Ellerman 和 Sue Wing，2003）。一些学者（Weitzman，1974；Pizer，2002）已经从理论上证明在不确定情形下价格手段要优于数量手段，这意味着温室气体减排中强度目标也优于总量目标。其基本原理在于，减排的目标选择取决于与特定污染排放量相关的边际减排成本和边际损失（可以理解为边际减排收益）的增长速度（Weitzman，1974）。如果边际减排成本的增长速度更快，则强度减排目标更优；反之，当边际损失增长更快时，总量减排目标更优（Ellerman 和 Sue Wing，2003；Quirion，2005）。而温室气体正是一种减排成本具有不确定性且其边际损害曲线比较平坦的污染物（Pizer，2002；Newell 和 Pizer，2003）。此外，许多研究者（如 Kolstad，2005）的分析表明，强度目标还有助于降低减排成本的不确定性，尤其是长期内发展中国家减排的成本不确定性（Herzog 等，2006）。

二、强度目标和总量目标的环境效益比较

不少研究者（如 Dudek 和 Golub，2003）认为强度减排目标不是一个有诚意的减排目标，是拒绝减排的借口。在他们看来，只有总量减排目标会使实际的污染排放量减少，而强度减排目标不能达到上述减排效果，因为如果没有总量约束，随着经济总量的增加，污染排放也必然增加。而且一些较早的文献也似乎为这种观点提供了微观理论基

础。如 Spulber（1985）认为，基于强度指标的环境规制相当于赋予企业一种使用环境的特权，这在长期内会导致各个企业的污染总量超过整个社会所允许的最优水平。又如 Helfand（1991）也认为，用强度指标进行规制时，规模大而污染排放量也更多的企业可能达到标准，而规模小且污染排放少的企业不一定能达到标准，因而强度减排目标可能导致污染排放总量不断增加。

然而，上述观点是对强度减排目标的一种误解。因为只有当污染排放强度下降的速度小于经济增长速度时，才会导致污染排放仍然随着经济总量的增长而继续增加。当污染排放强度下降的速度与经济增长速度相等时，污染排放量会随着经济总量的增长而保持不变。当污染排放强度下降的速度大于经济增长速度时，污染排放量则会随着经济总量的增长而逐渐下降。对于以单位 GDP 污染排放量来衡量的强度目标，在能确定未来经济增长速度的情形下，可以根据确定的总量减排目标和经济总量来确定强度减排目标（Ellerman 和 Sue Wing，2003）。例如，Timilsina（2008）的研究表明，如果 2030 年全球、附件 I 国家和非附件 I 国家的碳排放强度分别比其 1990 年的水平低 68%、63% 和 72%，则这相当于使全球的碳排放在 2020 年发生逆转并使 2030 年的碳排放量维持在比 1990 年的排放量高 42% 的水平。还有些研究者有这样一种误解，他们认为总量减排目标是强制性指标而强度减排目标是自愿性指标。事实上，从表达环保的诚意和意愿来看，总量目标和强度目标都具有自愿性；而如果将有效的制裁手段与这两种目标相结合，则它们都将具有强制性（Ellerman 和 Sue Wing，2003）。因此，认为强度减排目标没有总量减排目标严格只是一种想当然的看法，两种目标都有可能相当严格或过于宽松，这取决于目标缺失的情况下污染排放将如何变化（Herzog 等，2006）。

不仅如此，在不确定情形下，由于污染排放总量难以被精确预测，因而事先设定的总量减排目标往往可能会过于严厉或过于宽松（Baumert 等，1999；Frankel，1999；Kim 和 Baumert，2002）。一些人（如环境主义者）则担心总量减排目标定得太低以至于不需要任何协议也能轻松完成。或者当一些国家（如俄罗斯）由于经济发展明显不如其预定的发展水平时，其实际温室气体排放量通常明显低于其分配的排放量时，与减排紧密相连的排污交易市场会突然多出许多可供交易的排放权，即文献中经常提到的"热空气"（hot air），从而影响排污交易市场的效率乃至弱化减排协议的效力（Böhringer，2007）。强度减排指标则可在一定程度上减小不确定性避免上述两种人们不希望看到的结果（Baumert 等，1999；Frankel，1999；Lutter，2000；Philibert 和 Pershing，2001；Barros 和 Grand，2002；Kim 和 Baumert，2002；Lisowski，2002）。

当然，从理论来说采用强度目标时也会出现不确定性从减排成本转移到实际减排量的问题（Dudek 和 Golub，2003）。不过，Philibert 和 Pershing（2001）认为强度目标虽然可能会带来实际减排量的不确定性，但由于强度目标考虑了诸如经济增长等关键目标，其总体的可靠性更高，从而能显著改善环境效果。虽然在细分强度目标的过程中也需要像制定总量目标一样考虑许多有关公平的问题，但强度目标似乎更稳定和公平，因为无论是始料不及的经济萧条或经济繁荣都不会改变这一目标实现的难度。而 Jotzo 和 Pezzey（2007）建立的理论模型和数值模拟则表明，强度减排目标既能实现更严格的减排承诺又能带来更高的福利;只要没有发生全球性的经济繁荣或衰退,各国之间经济总量的消长会使全球经济总量基本与预期水平相当,从而消除强度减排目标下实际减排量的不确定性。强度减排目标下实际减排量的波动相对于大气中的碳存量而言微乎其微,只要周期性地就减排目标重新谈判,上述波动就能被大大消除。因而他们认为 Dudek 和 Golub(2003)的上述观点值得商榷。

此外,Baumert 等(1999)认为强度指标比总量指标更适合衡量一个国家的"气候绩效",因为强度指标直接反映了一个国家的经济增长对温室气体排放的依赖程度。一些国家的碳排放可能持续增加,但因为其经济增长更快,因而其碳排放强度呈现持续下降的变化趋势。如近 30 年由于经济的迅猛发展,中国的碳排放量也逐年上升,但中国的碳排放强度却持续下降,这说明中国的气候绩效在不断提高。而另一些国家,如 20 世纪 90 年代前期的俄罗斯及中亚一些国家,由于经济衰退,这些国家的碳排放量也有所下降,但这些国家基于 GDP 的碳排放强度却不降反升。

三、强度目标和总量目标的可接受性比较

可接受性也是确定减排目标时需要着重考虑的原因,而这又与不同目标的经济和环境影响密切相关。对于环保主义者来说,总量减排目标显然更优,因为他们认为这种目标能确保污染的减排量及由此带来的环境效益。而对于关注经济效益的人们来说,总量减排目标无疑是对经济增长的限制,是反对发展经济,因为当经济增长超过预期水平时,选取总量减排目标意味着要付出更大的努力、更多的成本以保证目标的实现,因而关注经济发展的人们更倾向于选择强度减排目标(Ellerman 和 Sue Wing,2003;Pizer,2005b)。

不过,无论是环保主义者还是后者所普遍持有的观点都是想当然的,他们都是基于对经济增长的乐观预期而作出的判断。而实际上经济总量小于预期水平也是完全有可能的。此时,对于环保主义者来说,强度减排目标能带来更多的污染减排量及相关的环境效益,因而应该是强度减排目标而不是总量减排目标更符合他们的偏好;而对于关注经济发展者而言,强度减排目标的实现意味着要付出更多的努力和成本,因而应该是总量减排目标而非强度减排目标更能实现他们的愿望。

就生产者而言,他们似乎更青睐强度目标,因为强度目标不会限制或者说鼓励增长或扩张,而且采取强度目标时不需要因为协议有新加入者或退出者而重新分配任务。因而在某一国家或地区内,政策制定者似乎更易于就强度目标而不是总量目标与行业或企业达成协议(Fischer,2003)。

强度目标易于被接受的另一个重要原因在于强度减排指标更容易与现存的环境规制或政策体系相匹配(Gielen 等,2002)。在现实的环境规制体系中,存在许多企业、部门以及国家层面的强度目标(Herzog 等,2006),强度目标在许多领域都是比总量目标应用频率更高的规制工具(Ellerman 和 Sue Wing,2003;Quirion,2005),已有不少国家制定了以强度指标为基础的环境政策。例如,荷兰政府与该国的一些能源密集型部门就

提高能源效率签订了自愿性协议。而中国则更是将降低单位 GDP 能源强度作为发展的约束性指标纳入了第 11 个五年发展规划，并将这一目标详细分解到各个地方政府和经济部门。因此，只需将能源强度指标转换成碳排放强度指标，就可以利用现行的政策体系来实现强度减排目标。而如果采用总量减排指标则需要在耗费时间、财力和物力重新制定一套政策规则，并将减排目标分解到各级地方政府和经济部门。

可接受性不仅是单个国家或地区确定减排目标的重要依据，就国际层面尤其是全球性的污染减排目标来说，可接受性也是减排目标能否形成以及能否得到有效实施的关键。以全球温室气体减排为例，《京都议定书》签署后，美国及其他一些发达国家强调如果没有广大发展中国家的参与，仅凭发达国家是不能实现气候保护目标的，而对于发展中国家来说，持续的经济增长仍然是需要优先考虑的问题，他们仍然需要且"有权利"继续排放以满足发展的需要（Philibert 和 Pershing，2001），但《京都议定书》确定的总量减排方案又难以确保污染减排不会对发展中国家需要优先考虑的经济和社会发展产生冲击（Baumert 等，1999；Frankel，1999；Lutter，2000；Kolstad，2005）。这是因为承诺期内经济增长率存在不确定性，而且即使能确定经济增长率，污染排放控制的难度也存在不确定性，因而承诺期内污染控制的成本也不确定。正是这种潜在的成本不确定性导致一些国家迟迟不愿参与签订减排协议（Kolstad，2005；Jotzo 和 Pezzey，2007；Strachan，2007）。而且总量减排目标所引起的不确定性不仅有可能妨碍协议的达成，甚至有可能使达成的协议失效（Ellerman 和 Sue Wing，2003），如美国退出《京都议定书》就是如此。

如果达成的气候变化协议采用总量减排目标，那么那些经济增长超过预期水平的国家需要付出额外的成本以实现既定的减排目标，而那些经济增长低于预期水平的国家将更容易实现既定的减排目标（Ellerman 和 Sue Wing，2003）。这就相当于对增长超过预期水平的国家实施惩罚或征税（Kolstadt，2002；Kolstad，2005），而经济发展状态不佳的国家却因此得到奖励。反之，如果协议采用强度减排目标，则经济增长超过预期水平的国家更容易实现既定的目标，而对经济增长低于预期水平的国家来说，其既定目标的实现则变得更难。

从现实情况来看，哪些国家的经济增长有可能超过预期水平呢？显然，以中国和印度等为代表的发展中国家更有可能成为这样的国家，而工业化国家则更容易成为经济增长低于预期水平的国家。因此，如果气候变化国际协议要求各国统一采用总量减排目标（对于一份国际环境协议来说，选择总量减排目标似乎是必要的，因为它确定了环境目标的实现，否则国际协议有可能形同虚设），显然这很有可能不利于发展中国家而有利于发达国家。例如，Lutter（2000）的分析表明，如果某一发展中国家也承诺使其 2008~2012 年的碳排放量比其 1990 年的排放水平低 5.2%，则届时其经济损失可能会高达 40%。

尽管从国际层面来看总量目标似乎是一个非常合适的目标（Ellerman 和 Sue Wing，2003），因为总量目标会更直接地约束温室气体排放，但《京都议定书》所确定的及其他类似的总量减排目标无疑是妨碍经济增长的。尤其是对于广大发展中国家来说，由于发展经济、减少贫困仍是这些国家的主要任务,任何有损于经济增长的减排目标都可能给这些国家的发展带来巨大风险,因而这些目标尤其是总量目标难以被发展中国家所接受(Pizer, 2005a; Pizer, 2005b)。

而强度减排目标则能将经济增长和控制污染排放两个看似对立的目标统一起来了,在为经济增长留有余地的情况下灵活地调整温室气体排放量,允许排放量在政策期内随着经济总量的变化而变化,从而能降低经济增长带来的成本不确定性,使发展中国家的经济增长与污染排放逐渐脱钩 (decoupling)。换句话说,发展中国家所面临的气候变化挑战应是降低排放强度以实现可持续发展 (Baumert 等,1999)。Fischer 和 Springborn (2009) 的研究也表明,强度目标要比总量目标或是税收更有利于经济增长,而且强度目标既不会减弱也不会加剧经济周期。在稳定状态下,上述三种规制手段中,强度目标能以最小的福利损失实现既定的减排量而不影响就业。因而灵活性更大的强度减排目标更有利于发展中国家参与到气候变化的国际协议中来 (Baumert 等,1999; Frankel, 1999; Lutter, 2000; Philibert 和 Pershing, 2001; Kolstad, 2005; Pizer, 2005a; Strachan, 2007),并有利于促进清洁生产机制在发展中国家的形成 (Baumert 等,1999)。

另外,强度目标还有利于消除气候变化谈判中的棘轮效应 (Kolstadt, 2002)。所谓棘轮效应即在第一阶段表现良好的国家很有可能会被要求在第二阶段同样表现良好甚至完成更苛刻的任务,而表现差或不是太好的国家所要求完成的任务则有可能会相对宽松得多。这也就是俗话所说的"鞭打快牛"现象。于是一些国家为了在第二阶段赢得更多的回旋余地,可能不会尽力在第一阶段表现良好,而是有所保留。为了解决这一麻烦,可行的方案之一就是确定较长时间段的排放路径而避免反复谈判。在这方面,实现一致认可且比较严格的强度目标就具有简单并能持续激励的优势 (Kolstadt, 2002)。

四、制定强度目标时需要考虑的问题

当然,尽管强度目标拥有许多优点,但在具体设定强度目标时还需要考虑一系列与GDP增长相关的诸如价格指数、商品权重以及基期选择等统计和概念上的问题,包括是否采用购买力评价或汇率调整GDP、在温室气体强度指标难以确定时能否用能源强度指标来替代以及如何计算能源强度等。这些因素会对排放强度的计量产生十分显著的影响 (Philibert 和 Pershing, 2001; Müller 和 Müller-Fürstenberger, 2003),并使强度目标的核算更困难,实施强度减排的管理成本也会更高 (Gielen 等, 2002)。而且强度目标确实仍然难以完全消除不确定性,如无悔措施 (no-regret measures) 的潜在影响、自主的 (autonomous) 能源效率改善速度、能源生产和使用系统的减碳化 (decarbonisation) 速度等带来的不确定性甚至争议性 (Philibert 和 Pershing, 2001; Philibert, 2004)。Marschinski 和 Edenhofer (2010) 甚至认为,强度目标是否有利于降低成不不确定性及减少"热空气"取决于一系列参数的取值,尤其是未来的温室气体排放量与产出的相关系数。例如,他们认为只有当参数难以获取时,强度目标才有利于减小成本不确定性,即使如此，其作用也有限，更何况通过排污交易体系也能减小总量目标带来的成本不确定性，从而使成本不确定性问题不再那么重要。而且他们还认为强度目标对低碳技术的推广应用所产生的激励作用不如总量目标强烈。

还有不少学者认为，建立在强度减排目标上的排污交易（Emission Trading）机制[①]不如建立在总量减排目标上的排污交易机制有效。其原因有三个：一是由于强度目标带来了实际减排量的不确定性（Baumert 等，1999；Gielen 等，2002）；二是因为强度减排相当于为污染定价的同时对生产进行补贴，这会导致实际产出超过最优产出，导致整个社会资源配置的无效性（Gielen 等，2002；Sue Wing 等，2009）；三是当实施总量目标的国家和强度目标国家之间进行排污权交易时，强度目标会导致排污权价格超过边际减排成本，从而降低排污交易体系的有效性（Marschinski 和 Edenhofer，2010）。此外，Fischer（2003）还认为，如果某个或多个国家确定了减排总量，但他们采用的排放权交易体系却没有固定排放限额时，则为了完成减排总量，该交易体系外但在这些国家中的其他排放者可能会承受巨大的减排成本。

第三节 碳减排目标的比较方法
——基于 CGE 模型的实验方案

一、比较方法概述

从研究方法来看，除了文字表述外，研究者主要通过建立数理经济模型或数值模拟来比较这两种减排目标的经济和环境影响。建立数理经济模型来比较不同环境政策工具的研究由来已久，一般认为这类研究始于 Weitzman（1974）对环境规制中价格手段（如税收）和数量手段（总量减排）的经典分析。而近年来一些研究者（如 Quirion，2005；Newell 和 Pizer，2008；Webster 等，2010）将强度约束也纳入到这类比较研究中。他们的基本思路仍是沿用 Weitzman（1974）提出的局部均衡分析框架，而其分析的起点一般都是事先对关键变量之间的关系（如 GDP 与污染排放的相关关系）及相关的不确定性进行假定（Peterson，2008）。

采用数值模拟方法来评价不同政策工具的研究主要基于可计算一般均衡（Computable General Equilibrium，CGE）模型展开。Goulder 等（1999）用一个可计算一般均衡模型比较了基于产出的排放强度约束与总量限制、污染税及能源税的成本有效

[①] 排污交易机制与联合实施（joint implementation）、清洁生产（Clean Development Mechanism）一起构成了《京都议定书》的三项灵活机制，它有助于保证协议的实施。不少国家（如新西兰、澳大利亚、挪威、英国以及荷兰等）已经就其中的排污交易机制开展研究并开始将其引入本国的环境政策体系（Gielen 等，2002）。

性。Parry 和 Williams（1999）的工作与 Goulder 等（1999）类似，但他们考察了更多的政策工具，且比较了不同政策工具的福利效应。Dissou（2005）基于一个加拿大的可计算均衡模型专门比较了碳排放强度约束和总量限制的一系列经济和环境影响。考虑到参数取值的不确定性，这些研究者都通过合理改变参数的取值，对模拟的结果进行了灵敏度分析（sensitivity analysis）以检验结果的稳健性。而最近，Webster 等（2010）则将蒙特卡洛方法（Monte Carlo Approach）与一个美国的可计算一般均衡模型结合起来比较了碳排放强度约束、总量限制、碳税以及安全阀（Safety Valve）[①] 四种政策工具的成本与收益。

不过，以往无论是基于局部均衡框架还是一般均衡框架的研究主要专注于考察不同政策工具对减排成本方差（衡量不确定性大小的指标）的影响以及相应的成本收益，并将其作为判别不同政策工具优劣性的重要依据，却很少考察这些政策工具对经济增长及其他重要宏观经济指标的影响，而后者才是人们真正感兴趣的问题（Peterson，2008；Fischer 和 Springborn，2009）。虽然最近也有一些学者在这方面进行了探索，如 Fischer 和 Springborn（2009）采用动态随机一般均衡模型（Dynamic Stochastic General Equilibrium，DSGE）对税收、总量手段和强度手段的宏观经济影响进行了比较，但这方面的研究显然还十分缺乏。

由于具有良好的理论基础和强大的政策分析能力，近年来，CGE 模型在有关中国经济问题的研究中也得到了广泛应用。其中与中国的碳排放问题相关的研究主要是分析征收碳税对中国经济的影响，如 Zhang（1996）、马纲等（1998）、贺菊煌等（2002）以及姚昕和刘希颖（2010）。值得指出的是，王灿和陈吉宁（2006）分析了碳总量减排的经济影响，且他们的研究也是结合 CGE 模型与蒙特卡洛方法而展开的，但他们仅关注不确定情形下碳总量减排的影响。Wang 等（2009）分析了存在和不存在 R&D 补贴这两种情形下，实现既定的碳强度减排目标、人均碳排量减排目标和碳排放总量减排目标对中国经济的影响。不过，他们强调的是技术进步因素的重要性，而不是基于不确定性来比较这些减排目标。

二、中国经济—能源—环境 CGE 模型

本文为展开随机数值模拟分析而建立了一个关于中国的经济—能源—环境模型（CN3EM），其本质是一个 CGE 模型。所有 CGE 模型的基本理论框架都是一样的，但不同的模型在具体结构和一些前提假定上存在差异。建模者可以根据研究的需要和数据的可获得性而增加并细化某些模块，同时删除或简化与研究目的关联程度不大的模块。CN3EM 的特色在于它对不同用途的化石燃料作了不同的刻画。具体而言，在洗选煤、炼

[①] 所谓安全阀，是指一种可交易排污权与价格管制相结合的政策工具。当市场上的可交易排污权价格因为排污权需求的激增而超过政府设定的价格限制即触发价格（trigger price）时，相关市场主体可按上述触发价格向政府购买额外的排污权，从而保证市场上的排污权价格不超过触发价格。

焦、炼油及制气等能源转换过程①中作为原材料的化石能源与其他非化石能源产品一起以 Leontief 函数（相互不能替代）形式进入生产函数，而发电和发热用到的化石能源产品及作为终端能源使用的化石能源产品则与生产要素以固定替代弹性系数（Constant Elasticity of Substitution，CES）函数形式相结合进入生产函数。

假定国民经济系统有 n 个生产部门，其中提供化石能源产品的 m 个部门构成集合 F，其他 n-m 个部门提供非化石能源产品。表 5-1 描述了 CN3EM 静态形式的基本结构，包括国产品和要素供给、产品和要素需求、价格、市场均衡条件及相关的总量定义；表 5-2 描述了 CN3EM 的内生变量和外生变量。

表 5-1 CN3EM 的示意性描述

产品和要素供给	数量		数量	价格	数量
(1) $D_i = f_{Ds}(P_{D0i}, P_{X0i}, X_i)$	n	(18) $D_{aji} = f_{Dji}(Z_{aji}, P_{Zaji}, P_{Daj}, A_{Daji})$	n^2	(34) $P_{D0i} = P_{Ci}(1 + t_{D0i}) + \varphi_{0i}\tau$	$n^2 + n*m + 4n$
(2) $E_i = f_{Es}(P_{E0i}, P_{X0i}, X_i)$	n	(19) $M_{aji} = f_{Mji}(Z_{aji}, P_{Zaji}, P_{Maj}, A_{Maji})$	n^2	(35) $P_{M0i} = P_{Mi}^*\theta(1 + t_{Mi}) + \varphi_{0i}\tau$	$n^2 + n*m + 4n$
(3) $K_i^s = f_{KS}(K_{tot}^s, R, r_i)$	n	(20) $Q_i = A_{Qi}X_i$	n	(36) $P_{Ei} = P_{ei}(1 + t_{Ei})$	n
产品和要素需求	**数量**	(21) $L_i = f_{Li}(X_i, P_{Qi}, W, A_{Li})$	n	(37) $P_{X0i} = (P_{D0i}D_i + P_{E0i}E_i)/X_i$	n
		(22) $N_i = f_{Ni}(X_i, P_{Qi}, P_{Ni}, A_{Ni})$	n	(38) $P_{X0i} = P_{Qi}A_{Qi} + \sum_j(P_{Zji}A_{zji}) - u_{pGi}/X_i$	n
(4) $Z_{Hi} = f_{ZHi}(W_H, P_{ZHi}, A_{ZHi}, \Psi)$	n	(23) $K_i = f_{Ki}(N_i, P_{Ni}, r_i, A_{Ki})$	n	(39) $P_{ZHi} = (P_{DHi}D_{Hi} + P_{MHi}D_{Hi})/Z_{Hi}$	n
(5) $D_{Hi} = f_{DHi}(Z_{Hi}, P_{ZHi}, P_{DHi}, A_{DHi})$	n	(24) $F_i = f_{Fi}(N_i, P_{Ni}, P_{Fi}, A_{Fi})$	n	(40) $P_{ZGi} = (P_{DGi}D_{Gi} + P_{MGi}D_{Gi})/Z_{Gi}$	n
(6) $M_{Hi} = f_{MHi}(Z_{Hi}, P_{ZHi}, P_{MHi}, A_{MHi})$	n	(25) $Z_{bji} = f_{Zbji}(F_i, P_{Fi}, P_{Zbji}, A_{zbji})$ (j∈F)	n*m	(41) $P_{zvi} = \sum_j(\gamma_{vji}P_{zvji})$	n
(7) $Z_{Gi} = \gamma_{Gi}W_G/P_G$	n	(26) $D_{bji} = f_{Dbji}(Z_{bji}, P_{Zbji}, P_{Dbj}, A_{Dbji})$ (j∈F)	n*m	(42) $P_{Zvji} = (P_{Dvj}D_{vji} + P_{mvj}M_{vji})/Z_{vji}$	n^2
(8) $D_{Gi} = f_{DGi}(Z_{Gi}, P_{ZGi}, P_{DGi}, A_{DGi})$	n	(27) $M_{bji} = f_{Mbji}(Z_{bji}, P_{Zbji}, P_{Mbj}, A_{Mbji})$ (j∈F)	n*m	(43) $P_{ZSi} = (P_{Dsi}D_{si} + P_{Msi}D_{si})/Z_{si}$	n
(9) $M_{Gi} = f_{MGi}(Z_{Gi}, P_{ZGi}, P_{MGi}, A_{MGi})$	n	**产品和要素市场均衡条件**	**数量**	(44) $P_{Zaji} = (P_{Daj}D_{aji} + P_{Maj}M_{aji})/Z_{aji}$	n^2
(10) $Z_{vji} = \gamma_{vji}(K_i/K_i^s)W_v/P_{zvi}$	n^2	(28) $D_i = \sum_j D_{ij} + D_{Hi} + D_{Gi} + D_{vi} + D_{Si}$ (i∉F)	n-m	(45) $P_{Zbji} = (P_{Dbj}D_{bji} + P_{mbj}M_{bji})/Z_{bji}$ (j∈F)	n*m
(11) $D_{vji} = f_{Dvji}(Z_{vji}, P_{zvji}, P_{Dvj}, A_{Dvji})$	n^2	(29) $M_i = \sum_j M_{ij} + M_{Hi} + M_{Gi} + M_{vi} + M_{Si}$ (i∉F)	n-m	(46) $P_{Qi} = (P_{Li}L_i + P_{Ni}N_i)/Q_i$	n
(12) $M_{vji} = f_{Mvii}(Z_{vji}, P_{zvji}, P_{Mvj}, A_{Mvji})$	n^2	(30) $D_i = \sum_j(D_{ij} + D_{bji}) + D_{Hi} + D_{Gi} + D_{vi} + D_{Si}$ (i∈F)	m	(47) $P_{Ni} = (r_iK_i + P_{Fi}F_i)/N_i$	n
(13) $Z_{Si} = \gamma_{Si}X_i$	n	(31) $M_i = \sum_j(M_{ij} + M_{bji}) + M_{Hi} + M_{Gi} + M_{vi} + M_{Si}$ (i∈F)	m	(48) $P_{Fi} = \sum_j(P_{Zbji}Z_{bji})/F_i$ (j∈F)	n
(14) $D_{Si} = f_{DSi}(Z_{Si}, P_{ZSi}, P_{DSi}, A_{DSi})$	n	(32) $L_{tot}^s = \sum_i L_i$	1	(49) $P_H = \sum_i(P_{zHi}Z_{Hi})/\sum_i Z_{Hi}$	1
(15) $M_{Si} = f_{MSi}(Z_{Si}, P_{ZSi}, P_{MSi}, A_{MSi})$	n	(33) $K_i^s = K_i$	n	(50) $P_G = \sum_i \gamma_{Gi}P_{ZGi}$	1
(16) $E_t = f_{Edi}(P_{Ei}/P_{Ei}^*)$	n			(51) $P_{GDP} = GDP/Z_{GDP}$	1
(17) $Z_{aji} = A_{aji}X_i$	n^2			(52) $R = \sum_i(r_iK_i)/K_{tot}^s$	1

① 主要涉及除电力和热力的生产和供应业之外的能源转换部门，包括煤炭开采和洗选业，石油加工、炼焦及核燃料加工业以及燃气生产和供应业。

续表

收入	数量		数量	GDP、碳排放总量与碳排放强度	数量
(53) $Y_H = w\sum_i L_i + u_{HP}Y_P + U_{HG} + U_{HF}$	1	(61) $S_P = (1 - t_P)(Y_P - U_{HP})$	1		
(54) $Y_P = \sum_i (rK_i + U_{PGj})$	1	(62) $S_G = Y_G - U_{HG} - \sum_i U_{PGj} - W_G$	1	(68) $GDP = \sum_i (wL_i + r_i K_i - U_{PGi}) + T_O + T_M + T_C$	1
(55) $T_O = \sum_i [\sum_{\tilde{u}} P_{\tilde{u}i} t_{D\tilde{u}i} D_{\tilde{u}i} + P_{Ei} t_{Ei} E_i]$	n	(63) $S_F = \sum_i (P_{Mi}^* \theta M_i - P_{Ei} E_i) - U_{HF} - U_{GF}$	1	(69) $Z_{GDP} = \sum_i (Z_{Hi} + Z_{Gi} + \sum_j Z_{vji} + Z_{Si} + E_i - M_i)$	1
(56) $T_{INC} = t_H Y_H + t_P (Y_P - U_{HP})$	1	国内吸收（支出）	数量	(70) $C = \sum_j [\sum_i \varphi_{ij} (D_{bji} + M_{bji}) + \varphi_{Hj} (D_{Hj} + M_{Hj})]$ $(j \in F)$	1
(57) $T_M = \sum_i P_{Mi} \theta t_{Mi} M_i$	1	(64) $W_H = (1 - t_H) Y_H - S_H$	1		
(58) $T_C = \tau C$	1	(65) $W_G = \beta W_H$	1	(71) $I = C/Z_{GDP}$	1
(59) $Y_G = T_O + T_{INC} + T_M + T_C + U_{GF}$	1	(66) $W_S = \sum_i (P_{Zsi} Z_{Si})$	1	(72) $B = \sum_i (P_{Mi} \theta M_i - P_{Ei} E_i)$	1
储蓄	数量				
(60) $S_H = s_H (1 - t_H) Y_H$	1	(67) $W_v = S_H + S_P + S_G + S_F - W_S$	1	方程总数	$10n^2 + 6n^*m + 40n + 24$

注：表中的"数量"是指方程的数量；下标 i、j 分别表示第 i、j 类产品或部门；F= (n-m+1, …, n) 表示化石能源产品集合；$\tilde{u}$ = (a, b, H, G, V, S) 表示产品的不同用途，a、b、H、G、V 和 S 分别表示作为原材料的中间使用、作为燃料燃烧的中间使用、居民消费、政府消费、固定资本形成和存货；$\varphi_{\tilde{u}i}$ 为各种产品在不同使用中的碳排放系数。

国产品和要素供给模块由方程（1）~方程（3）构成。假定整个国民经济体系有 n 个生产部门，每个部门提供一种产品或服务，并根据产品的国内销售价格和出口价格决定其产品或服务的国内供给量和出口量以实现收入最大化。可以用固定转换弹性系数（Constant Elasticity of Transformation，CET）函数来刻画上述产品或服务的总供给量与其国内供给量和出口量的关系。[①] 根据收入最大化的一阶条件能够得到每种产品或服务的国内供给量和出口量。如方程（1）和方程（2）所示，它们是每个部门总产出、国内销售价格及出口价格的函数。假定资本总供给是各部门资本供给的 CET 函数。根据资本平均收益率最大化的一阶条件可得各部门的资本供给量。方程（3）表明它是资本总供给、各部门资本回报率和平均资本回报率的函数。[②] 同时，本文假定劳动可在各部门自由流动，且各部门以劳动投入衡量的工资率相等。

产品和要素需求模块中，假定居民在一定的支出预算约束下追求效用最大化，而其效用是各类合成商品或服务的克莱因—鲁宾（Klein-Rubin）函数；政府按比例消费各类合成商品；各部门按其资本存量在全社会总资本存量中的份额获得的新增的总投资品（实际固定资本形成总量），且各部门中新增固定资本又是各类投资品的 Leontief 函数（各类投资品的构成比例固定）；各部门存货与其总产出成比例变化；每个生产部门希望以最小的成本获得既定的总产出，而总产出既是劳动、资本和与它们相结合的化石能源

[①] 国产品 i 的销售总量 Xi 可表示为国内销售量 Di 与出口量 Ei 的 CET 函数：$X_i = [\alpha_{Di} D_i^{(\sigma_X+1)/\sigma_X} + \alpha_{Ei} E_i^{(\sigma_X+1)/\sigma_X}]^{\sigma_X/(\sigma_X+1)}$，其中，α 是相应的份额系数，$\sigma_X$ 为转换弹性系数。在上述产出约束下，由收入 $P_{Xi} X_i = P_{Di} D_i + P_{Ei} E_i$ 最大化的一阶条件可得，$D_i = \alpha_{Di}^{-\sigma} (P_{Di}/P_{Xi})^{-\sigma} X_i$ 及 $E_i = \alpha_{Ei}^{-\sigma} (P_{Ei}/P_{Xi})^{-\sigma} X_i$。同理可得各部门的资本供给函数。

[②] 由于本文拟采取比较静态长期模拟，故而假定资本总供给是各部门资本存量的 CET 函数。可以剔除资本供给方程及总资本供给量，并假定各部门资本存量外生不变以进行比较静态短期模拟；或假定当期的资本总供给等于前期的资本总供给减去资本折旧加上当期的资本形成总量，从而进行逐年的递归动态（Recursive Dynamic）模拟。

表 5-2 GN3EM 的内生变量和外生变量

内生变量	数量		数量
X_i: 部门 i 的总产出或国产品 i 的总供给	n	Y_H: 居民收入；Y_P: 企业收入；Y_G: 政府收入	3
D_i 和 E_i 分别为国产品 i 在国内市场和国际市场的总供给或总需求	2n	T_i: 为各部门不含碳税的生产税	n
M_i: 进口品 i 在国内市场的总供给或总需求	n	T_{INC}、T_M 和 T_C 分别为所得税、关税和碳税	3
K_i^s 和 K_i 分别为部门 i 的资本供给和资本需求，L_i: 部门 i 的劳动需求	3n	GDP 和 Z_{GDP} 分别为名义和实际国内生产总值	2
Z_{Hi}、D_{Hi} 和 M_{Hi} 分别为居民消费的第 i 类合成、国产和进口品	3n	C、I 和 τ 分别为碳排放总量、碳排放强度和碳税	任选 2 个
Z_{Gi}、D_{Gi} 和 M_{Gi} 分别为政府消费的第 i 类合成、国产和进口品	3n	内生变量总数：$10n^2 + 6n*m + 40n + 23$	
Z_{Vji}、D_{Vji} 和 M_{Vji} 分别为部门 i 投资所用的第 j 类合成、国产和进口品	$3n^2$	外生变量	数量
Z_{Si}、D_{Si} 和 M_{Si} 分别为第 i 类合成、国产和进口品的存货	3n	A: 各类技术进步或消费偏好	$5n^2+3n*m+13n$
Q_i、N_i 和 F_i 分别为部门 i 的劳动—资本—能源、资本—能源和能源合成投入	3n	γ: 与各类合成商品相关的比例	$n^2 + 2n$
Z_{aji}、D_{aji} 和 M_{aji} 分别为部门 i 中间使用的第 j 类合成、国产和进口品	$3n^2$	L_{tot}^s: 劳动总供给，K_{tot}^s: 资本总供给	2
Z_{bji}、D_{bji} 和 M_{bji} 分别为部门 i 燃烧的第 j 类合成、国产和进口的能源品	3n*m	I、C 和 τ 之中未被选为内生变量的	1
P_{Di} 和 P_{EXi} 分别为第 i 类国产品（不含税）的国内销售和出口成本价格	2n	Ψ: 总人口数；θ: 汇率；B: 贸易差额	3
P_{Dui} 和 P_{Mui} 分别为第 i 类国产品和进口品在国内市场的销售价格	$2n^2+2n*m+8n$	P_{Ei}^* 和 P_{Mi}^* 分别为出口和进口品的国际市场价格	2n
P_{Ei} 和 P_{X0i} 分别为第 i 类国产品的出口离岸价格和（不含税）平均成本价格	2n	t_{Dui}: 国产品在不同国内使用中的从价税率	$n^2+n*m+4n$
P_{Zji}、P_{Zbji}、P_{ZHi}、P_{ZGi}、P_{Zvi}、P_{ZSi}、P_{Qi}、P_{Ni}、P_{Fi} 分别为相应合成产品（或投入）的价格	$2n^2+7n+n*m$	t_M: 关税税率；t_E: 出口税（或补贴）率	2n
		t_H: 居民所得税率；t_P: 企业所得税率	2
		U_{HG} 和 U_{PGi} 分别为政府对居民和行业 j 的补贴	
P_H: 居民消费价格指数；P_G: 政府消费价格指数；P_{GDP}: GDP 平减指数	3	u_{HP}: 居民获得的企业分红比例；S_H: 居民储蓄率	n+1
w、r_i 和 R 分别为工资率、各部门的资本收益率和平均资本收益率	n + 2	U_{HF}: 净国外汇款；U_{GF}: 净国外借款	2
S_H: 居民储蓄；S_P: 企业储蓄；S_G: 政府储蓄；S_F: 净国外储蓄	4	β: 政府消费与居民消费的比例	3
W_H: 居民消费；W_G: 政府消费；W_V: 固定资本形成；W_S: 存货	4	外生变量总数：$7n^2 + 4n*m + 24n + 15$	1

注：可在碳排放强度 I、碳排放总量 C 和碳税 τ 中任选一个作为外生变量，而将其他两个设为内生变量。

合成商品的多层嵌套 CES 函数，又是中间投入（包括各种非化石能源商品和服务以及用于生产二次化石能源产品的化石能源）的 Leontief 生产函数；合成商品则是相应国产品和进口品的 CES 函数。

在这一系列假定下,根据成本最小化和效用最大化的一阶条件能够得到各种国产品和进口品的国内需求量以及各部门的劳动和资本需求量。如方程(4)所示,居民对各类合成商品的需求是居民总支出、居民消费价格指数、各类合成商品的价格、居民对各类合成商品的偏好以及人口总数的函数(线性支出系统)。方程(7)、方程(10)和方程(13)表明各类合成商品在政府消费、资本形成和存货中分别按上述假定的各种比例关系进行分配。本文部分放松小国开放假定,即允许国产品出口价格与国际市场价格不同。此时,如方程(16)所示,出口需求是出口价格与国际市场价格比值的减函数。

方程(17)和方程(20)意味着各生产部门使用的各种非化石能源合成品和用作原材料的化石能源合成品以及生产要素—化石能源合成品与其总产出成比例。方程(21)和方程(22)表明各部门劳动和资本—能源合成品的需求是生产要素—化石能源合成品需求、生产要素—化石能源合成品价格及其各自的价格和技术进步的函数。方程(23)和方程(24)表明各部门对资本和合成燃料的需求则是资本—能源合成品需求、资本-能源合成品价格及其各自的价格和技术进步的函数。方程(25)表明各生产部门燃烧的各类化石能源合成品是其总燃料需求、各类化石能源合成品的价格指数及其技术进步的函数。

而方程(5)、方程(6)、方程(8)、方程(9)、方程(11)、方程(12)、方程(14)、方程(15)、方程(18)、方程(19)、方程(26)以及方程(27)则表明各类国产品和进口品则是相应合成商品需求、合成品价格、国产品和进口品的价格及其技术进步的函数。

市场均衡条件由方程(28)~方程(33)构成。其中方程(28)~(31)分别意味着国内市场上非化石能源国产品、非化石能源进口品、化石能源国产品、化石能源进口品的供需平衡。方程(32)表示劳动的总供给与总需求平衡。而方程(33)则意味着各部门资本的供需相等即资本市场的均衡条件已经得到满足。

价格模块包含方程(34)~方程(52),它们描述了各种销售价格与成本价格及各种税率的关系以及合成投入品价格与其下层投入品价格的关系。方程(34)表明各类国产品的销售价格是其成本价格、从价税率、产品的碳排放系数和从量碳税税率的函数。[①] 方程(35)表明进口品的销售价格是其国际市场价格、汇率、关税税率及产品的碳排放系数和从量碳税税率的函数。不同国内使用(作为原材料的中间投入、作为燃料的中间投入、居民消费、政府消费、投资)中的同类国产品(或进口品)具有相同的成本价格(或离岸价格)和从量碳税税率,但它们具有不同的从价税率和碳排放系数,因而其销售价格也不同。而方程(36)表明国产品的出口价格则仅由相应的成本价格和出口税(或补贴)率构成而不包含碳税。

由于本文假定各部门的产出是其产品国内销售量和出口量的 CET 函数,因而各部门

---

① 这里所提到的"碳排放系数"和"从量碳税税率"仅对化石能源产品有意义,其他产品的碳排放系数被假定为 0。

的平均成本价格也可以表示为其国内销售产品的成本价格和出口产品成本价格的CET函数。不过，总的不含税的销售收入等于不含税的国内税后销售收入加上不含税的出口税后销售收入，因而不含税的平均成本价格也等于不含税的国内成本价格与不含税的出口成本价格的加权平均值［如方程（37）所示］。同时，在均衡状态下各部门的（不含税）的平均成本价格还应等于其单位产品包含的各种投入成本减去补贴［如方程（38）所示］。同样的，各种国内吸收以及生产中使用的合成投入品都是相应国产品和进口品的CES函数，因而其价格也可以表达为相应国产品和进口品销售价格的CES函数或加权平均值［如方程（39）~（45）所示］，而生产中各种合成投入的价格也是其下层投入价格的CES函数或加权平均值［如方程（46）~（48）所示］。此外方程（49）~方程（52）分别定义了消费者价格指数、政府消费价格指数、GDP平减指数和平均资本收益率。

在收入模块中，方程（53）将居民收入定义为总劳动报酬与政府对居民的转移支付、居民从企业获得的分红以及净国外汇款的合计；方程（54）表明企业收入是总资本报酬与政府补贴的合计；方程（55）~方程（58）依次定义了合计的生产税、所得税、关税以及按碳排放量征收的碳税。方程（59）则意味着政府收入是上述各项税收及净国外借款的合计。

方程（60）~方程（63）构成了储蓄模块，它们依次表明，居民储蓄是外生的居民储蓄率与居民可支配收入的乘积；企业储蓄是企业所有可支配收入，这意味着企业没有消费只有投资；政府储蓄则是政府总收入减去对居民和企业的补贴以及政府消费后的余额，后三者都被假定为外生变量；净国外储蓄等于总进口减去总出口、居民的国外净汇款以及政府的国外净借款。而全社会总储蓄则是上述各类储蓄的总计。

国内吸收模块中，方程（64）表明居民消费等于居民可支配收入减去居民储蓄即居民收支平衡。方程（65）意味着政府消费被假定与居民消费成比例，该比例为外生变量。当然，也可以剔除方程（65）及相应的比例变量而直接将政府消费作为外生变量处理。方程（66）表明总存货变动是各部门存货变动的加总，而各部门的存货变动被假定为与其总产出成比例变化。方程（67）则表明固定资本形成总额等于全社会总储蓄减去总存货变动即全社会投资与储蓄平衡。国内吸收模块反映了模型的宏观闭合（closure）特征——投资内生且由储蓄决定，这是新古典经济模型的基本特征。

最后，方程（68）~方程（72）对名义GDP（收入法）、实际GDP（支出法）、碳排放总量、碳排放强度以及贸易差额进行了定义。需要说明的是，本文暂时仅考虑与化石能源消耗相关的碳排放，且假定所有非化石能源投入及被当做原材料使用的化石能源的碳排放系数都为零。由于政府消费、固定资本形成中都没有用到化石能源消费，而存货以及出口不涉及化石能源的燃烧问题，因而方程（69）所刻画的与能源相关的碳排放主要来自生产部门和居民燃烧化石能源所产生的碳排放。

还要说明的是，模型中方程的总数为 $10n^2 + 6n \cdot m + 40n + 24$（见表5-1），比内生变量的总数（见表5-2）多1个，这意味着模型存在过度识别问题。根据瓦尔拉斯法则，其中必定存在一个多余的方程。可以证明，表示政府收支、国际收支和投资储蓄平衡的三个方程即方程（62）、方程（63）和方程（67）不是相互独立的，其中任何一个都是另外两个的线性组合。因此，可从这三个方程中选择一个剔除，以保证模型能够求解，这就是模型的闭合（closure）问题。本文选择将方程（67）剔除，这意味着在全社会总储蓄给定的情形下，固定资本形成总额将作为一个均衡变量自动调整到储蓄和投资平衡的水平，从而使本文的模型成为一个储蓄驱动（savings-driven）模型。

三、数据与随机模拟方案

（一）基本数据和蒙特卡洛方法实施步骤

应用 CGE 模型进行模拟需要先行选定研究的基期并编制相应的社会核算矩阵（Social Accounting Matrix，SAM）作为数值模拟的基础。本文以 2007 年为基期而选择 2020 年为报告期，并主要根据国家统计局发布的 2007 年 42 部门[①] 投入—产出表建立了 SAM 表。国内吸收和中间投入中国产品和进口品的数额及各种化石能源产品被不同部门使用时的碳排放系数是根据张友国（2010）的方法估计得到的。

选定模型的外生变量对其赋值并给定相关参数的取值后，可以计算出模型中所有内生变量的值。外生变量和参数的取值通常是通过计量方法估计、参考相关文献或合理假定而得到的，与它们的真实值有一定的偏差。外生变量和参数在合理范围内的不同取值会导致模拟结果（内生变量的取值）也相应变化，这便带来了模拟结果的不确定性。与大部分基于 CGE 模型的随机模拟一样，本文主要考虑弹性系数的随机扰动引起的不确定性，具体考虑劳动、资本和能源之间替代弹性引起的不确定性。

蒙特卡洛方法是分析不确定性问题的主要方法，本文也采用这种方法来分析参数取值的不确定性对 CGE 模型输出结果的影响。[②] 应用蒙特卡洛方法需要随机抽取具有一定规模的参数样本，这需要知道参数的分布形式，而通常人们无法获得有关参数分布形式的精确信息。在信息不充分的情况下，建模者可以事先对模型中参数的分布做出假定（Harrison 和 Vinod，1992；Abler 等，1999）。常用的参数分布形态主要有三种：均匀分布（Uniform Distribution）、t 分布和正态分布（Normal Distribution）。如果建模者知道或能估计出参数取值的大致范围，则假定参数的取值服从均匀分布是合适的，此时可以假定参数的取值对称地均匀分布于其点估计值两边。如果建模者能够通过计量方法得到的参数的估计值及其标准差或 t 值，则假定参数的取值服从正态分布或 t 分布是合适的。可以假定这些参数相互独立，也可以假定它们服从联合分布的形式（此时需要估计联合分布的协方差矩阵，故一般较少采用这一假定）。

[①] 其中提供化石能源产品的部门包括煤炭开采和洗选业，石油和天然气开采业，石油加工、炼焦及核燃料加工业以及燃气生产和供应业四个部门。

[②] 除蒙特卡洛方法以外，还有不少别的方法可用来分析参数的不确定性，如条件系统敏感性分析（Conditional Systematic Sensitivity Analysis）、无条件系统敏感性分析（Unconditional Systematic Sensitivity Analysis）、贝叶斯方法（Bayesian Approach）、高斯积分法（Gaussian Quadrature Approach）、有限灵敏性分析方法（Limited Sensitivity Analysis）、极值方法（External Approach）、置信区间方法（Confidence Intervals Approach）。可参阅 Abdelkhalek 和 Dufour（1998）以及 Abler 等（1999）所作的回顾。

基于嵌套的 CES 生产函数形式，本文采用不同的系统估计方法对中国的总量生产函数进行了初步估计，[①]得到了能源与能源之间、能源与资本之间以及能源—资本与劳动之间替代弹性的大致取值范围（如表 5-3 所示），并假定这些替代弹性服从均匀分布且相互独立。同时，为简化数据处理而又不影响本文的研究目的，假定其他参数是确定的。其中资本供给在不同部门间的转换弹性取自 Verikios 和 Zhang（2000），为 1.2；各部门产出的转换弹性、出口的价格弹性以及国产品和进口品的替代弹性取自马纲等（1998）。

表 5-3　要素和能源之间替代弹性的取值范围

弹性系数	能源间替代弹性	资本—能源替代弹性	劳动—（资本—能源）替代弹性
最大值	1.370	1.091	2.232
最小值	0.269	0.761	0.944
均值	0.820	0.926	1.588

注：电力和热力供应部门中使用的各种能源之间具有较高的替代弹性，本文假定其上限、下限都比表中所列的能源间替代弹性大 1。

在确定参数的分布形式后，接下来需要确定随机抽取的参数样本容量及与之对应的模拟次数以保证估计的结果满足一定的可靠性要求。为了确定合适的模拟次数，通常可以采用如下步骤。[②]①确定需要分析的一组（r 个）指标（感兴趣的模型输出结果）。②先进行 m 次模拟，并得到这些指标的 m 组估计值。③以这 m 组估计值为样本估计出这些指标的样本协方差矩阵 V，令其第 i 个对角元素为 σ_i^2。④假定第 i 个指标可以接受的估计误差及其发生的概率分别 ε_i 和 α_i。⑤根据中心极限定理，当模拟次数最够大（大于 30 次）时，这些指标的估计值的均值服从正态分布，据此可以计算出确保第 i 个指标估计值的可靠性满足既定标准的最低模拟次数 $m_i^* = (z_{\alpha i/2}/\varepsilon_i)^2 \sigma_i^2$，其中 $z_{\alpha i/2}$ 为单变量标准正态分布的分位数。⑥令 $m^* = \max(m_1^*, m_2^*, \cdots, m_r^*)$，如果 $m \geq m^*$ 则模拟的次数已然满足要求，否则需要重新随机抽取参数样本再次进行模拟或在原来模拟的基础上补充一定数量的模拟次数，直至 $m \geq m^*$。本文通过 EXCEL 软件随机地抽取了 1000 组要素和能源间替代弹性系数的取值并一一输入模型进行初始模拟。

（二）情景设计

假定整个经济体系将在要素和能源之间的替代弹性取均值的情形下演进，则不妨称此情形为确定情形。当上述替代弹性围绕其均值随机波动时，则可称经济体系处于不确定情形中。为了比较强度约束和总量限制的政策影响，本文设定了三种情景：基准情景、强度约束情景和总量限制情景。

在基准情景中，假定经济体系在确定性情形下演进，碳税是外生变量且取值为零，即不征收碳税，而碳排放强度和总量为内生变量。假定 2005~2015 年中国的人口年均增

---

① 限于篇幅，关于中国总量生产函数的估计将另辟文予以论述。
② 可参阅 Abler 等（1999）的论述。

长 0.6%，2015~2030 年的年均增长率为 0.3%（IEA，2007）；2007~2020 年中国的劳动总供给将增长 3.76%；总资本存量年均增长 9.0%；各种技术进步保持历史趋势，每年劳动增进型技术进步、资本—能源合成投入的技术进步、资本增进型技术进步和能源增进型技术进步分别为 2.5%、0.5%、0.1% 和 4.0%；政府对居民和企业的补贴随政府收入按比例变动，企业对居民的分红随企业收入按比例变动；而其余外生变量（各种税率、居民储蓄率及存货与产出的比例）的取值维持在基期水平。[①]

在强度约束情景中，碳排放强度是外生变量而碳税和碳排放总量为内生变量。中国宣布将使 2020 年单位 GDP 的碳排放量在 2005 年的基础上下降 40%~45%。取上述目标的下限，这相当于使 2020 年的碳排放强度比 2007 年低 30%，这就是此情景中碳排放强度的取值。其他外生变量的取值与基准情景相同。假定经济体系在确定性情形下演进，通过计算可以得到 2020 年中国经济总量、碳排放总量及其他内生变量的取值。将随机抽取的 1000 组要素和能源间替代弹性的取值依次输入模型，则可得到不确定情形下相应的经济—环境变化状况。

在总量限制情景中，碳排放总量外生而碳税和碳排放强度内生。为了使强度约束和总量限制在确定情形下等价，这里取确定情形下强度约束情景中得到的碳排放总量作为总量限制情景中碳排放总量的值。其他外生变量的取值也与基准情景相同。然后依次输入上述替代弹性的均值和随机取值，可以分别计算确定情形和不确定情形下总量限制的经济—环境影响。

第四节　数值模拟结果

本文采用 GEMPACK 软件编写 CN3EM 的计算程序，并通过了价格齐次性、初始数据的平衡性、实际变量齐次性等一系列模型有效性检验。在此基础上，本文模拟了确定情形和不确定情形下 2020 年中国在三种不同情景中的经济发展和碳排放状况。

一、确定性情形下强度约束的影响

表 5-4 总结了确定性情形下基准情景和强度约束情景的模拟结果（其中价值量数据按 2007 年价格计算）。在基准情景中由于未采取任何政策措施来限制碳排放，因而无论是经济总量、碳排放总量还是碳排放强度都是最高的，而相应的边际碳减排成本即碳排放的影子价格或碳税为零。在此情景下，2020 年中国的 GDP 约相当于 2007 年的 173%，年均增长约 8.0%。由于存在技术进步，基准情景中 2020 年中国的碳排放只相当于 2007 年

[①] 其中劳动总供给和资本总供给的变化根据李善同（2010）的分析推断，各类偏向的技术进步率根据本文对中国总量生产函数的初步估计设定。

的139%，低于GDP的增长幅度，因而相应的碳排放强度与2007年相比下降了13%左右。

在强度约束情景中，要求2020年的碳排放强度在2007年的基础上下降的幅度（30%）相当于基准情景中的2.5倍，因而此情景中实际GDP和碳排放总量也都低于基准情景中的结果。其中实际GDP比基准情景低了约1800亿元，而减少的碳排放总量约为3.5亿吨。由于给经济发展施加了碳排放强度约束，碳排放的影子价格也从零而增加至221元/吨。由于总量限制情景中的碳排放削减幅度直接取自强度约束情景中模拟得到的结果，因而在确定情形下这两种情景是等价的。

表5-4 确定性情形下2020年中国的经济—环境指标

情景	GDP（亿元）	碳排放总量（百万吨）	碳排放强度（千克/万元）	边际碳减排成本（元/吨）
基准	719834	3398	472	0.00
强度约束	717950	3048	424	221

注：按2007年价格计算。

二、不确定性情形下的蒙特卡洛模拟结果

在不确定性情形下，本文分别对三种情景进行了1000次模拟，并通过样本检验了模拟次数的有效性。基准情景下以99%的概率保证GDP、碳排放总量和碳排放强度估计值的均值和标准差的误差不超过1%所需要的模拟次数分别为38次、445次和229次。强度约束情景下以99%的概率保证GDP和碳排放量估计值的均值和标准差的误差不超过1%所需要的模拟次数仅为33次；而以95%的概率保证边际碳减排成本估计值的均值和标准差的误差不超过5%所需的模拟次数为610次。总量限制情景下以99%的概率保证GDP和碳排放强度估计值的均值和标准差的误差不超过1%所需要的模拟次数仅为31次；而以95%的概率保证边际碳减排成本估计值的均值和标准差的误差不超过5%所需的模拟次数为970次。因此，本文的模拟次数可以保证GDP、碳排放强度和碳排放总量的估计误差超过1%的概率低于1%，边际碳减排成本的估计误差超过5%的概率低于5%，从而可以保证模拟结果的可靠性。

（一）不确定情形下进行碳减排的政策影响

表5-5显示了不确定情形下对各个情景进行蒙特卡洛模拟所得的结果。在各个情景中，GDP、碳排放总量以及碳排放强度的标准差都远远小于它们的均值。这说明这些变量的估计均值非常稳健。在不确定情形下，强度减排和总量减排都使2020年中国的GDP、碳排放总量及碳排放强度的期望值相对基准情景有所下降。其中，GDP下降的幅度都在0.3%左右，碳排放总量和碳排放强度的下降幅度则都在10%左右。

同时，两种减排情景会分别导致边际碳减排成本的期望值从零增加至230元/吨和242元/吨。不过，在后两个政策情景中，边际碳减排成本的标准差却与它们的均值处于同一数量级。这意味着不同要素和能源之间替代弹性下，边际碳减排成本具有相当大的

表 5-5 不确定性情形下的蒙特卡洛模拟结果

	GDP（亿元）			碳排放总量（百万吨）			碳排放强度（千克碳/万元）			边际碳减排成本（元/吨）		
	基准	强度减排	总量减排	基准	强度减排	总量减排	基准	强度减排	总量减排	基准	强度减排	总量减排
均值	718514	716592	716493	3366	3042	3048	468	424	426	0	230	242
标准差	17149	15746	15377	275	67	0	27	0	9	0	145	192
最大值	751438	746689	745350	3886	3170	3048	517	424	444	0	495	633
最小值	685556	685671	685692	2807	2911	3048	409	424	409	0	-28	-36

注：按2007年价格计算。

不确定性。因而，要素和能源之间替代弹性的取值对边际碳减排成本有较大影响。而且边际碳减排成本甚至有可能为负值，这是因为某些要素和能源之间替代弹性的取值有可能使基准情景下的GDP及碳排放总量低于强度减排目标和总量减排目标约束下的GDP和碳排放总量。此时，如果要维持设定的减排目标就需要继续增加碳排放，因而相应的边际碳减排成本为负值，这相当于要对能源消耗进行补贴来鼓励碳排放。

（二）选择强度约束和总量限制作为碳减排目标的政策效果差异

在确定情形下等价的强度约束和总量限制在不确定情形下的影响出现了差异。表5-5的结果显示，与实现总量减排目标相比，实现强度减排目标时GDP的期望值会多出100亿元左右，不过其不确定性也要略大一些。强度约束下的碳排放量与总量限制下的碳排放量相比，前者的期望值低6百万吨左右，但前者的实际值存在不确定性，而后者的实际值是确定的。强度约束下边际碳减排成本的期望值以及不确定性则都要低一些。而且强度约束下碳排放强度的期望值也要低一些且不存在不确定性。

模拟结果的不确定性意味着选择强度约束作为减排目标时，实际的GDP有可能低于选择总量限制作为减排目标时的GDP，而碳排放量和边际碳减排成本则有可能更高。图5-1显示了1000次模拟中两种减排目标的政策效果差异（强度约束下各指标的估计值减去总量限制下各指标的估计值），表5-5对这些差异的统计特征进行了总结。直观来看，GDP、碳排放量和边际碳减排成本差异的分布都相当分散，估计的结果也表明它们的标准差相当于它们均值的4~10倍（如表5-6所示）。这说明它们的具体取值，也就是强度约束的实际政策效果优于（或不如）总量限制的实际政策效果这一事件，具有较大的不确定性。

表 5-6 强度约束和总量限制下主要指标估计值差异的统计特征

	D-GDP（亿元）	D-碳排放总量（百万吨）	D-碳排放强度（千克碳/万元）	D-边际碳减排成本（元/吨）
均值	99	-6	-1	-11
标准差	430	67	9	51
大于零的频数	435	487	486	506
小于零的频数	565	513	514	494

注：符号"D-"表示指标的差异，具体含义是强度减排对各指标的影响减去总量减排对各指标影响。

在1000次模拟中，GDP差异大于零（也就是强度约束下的GDP高于总量限制下的GDP）的频率为0.435。这在一定程度上意味着选择强度约束作为减排目标时获得更高GDP的概率要略低一些。不过，GDP差异在零以上的波动幅度要明显大一些。进一步的分析表明，当GDP差异大于零时，其均值为501亿元；而其小于零时的均值为-211亿元。因此，尽管GDP差异大于零的概率要略低一些，但最终其样本均值却达到100亿元左右（与表5-5结果一致），即选择强度约束作为减排目标时，GDP的期望值要略高一些。边际碳减排成本差异大于零的频率为0.506，但与GDP差异正好相反，它在零以下的波动幅度要更大一些。因而，边际碳减排成本差异的均值也最终小于零。

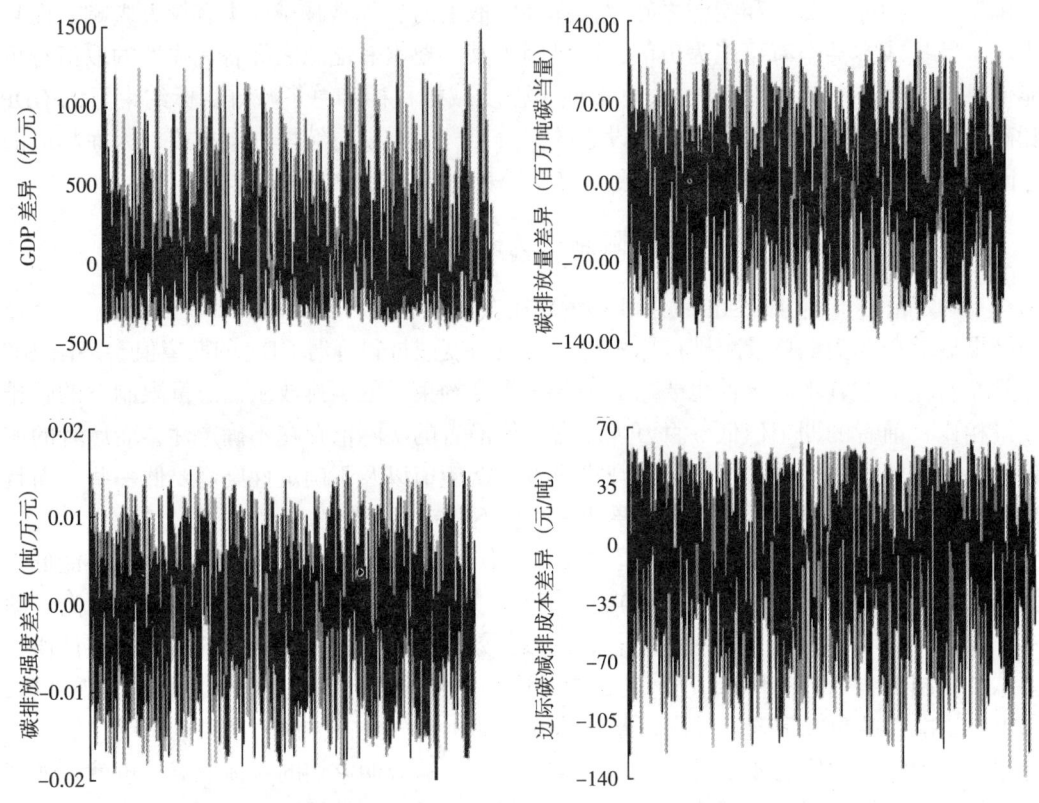

图5-1 1000次模拟中强度约束和总量限制下主要指标的估计值差异

碳排放总量差异大于零的频率为0.487，即选择强度约束作为减排目标时导致更大碳排放量的概率也略低一些，这一点与GDP差异的分布类似。同时，碳排放总量差异在零上下波动的幅度比较接近，因而其样本均值最终小于零。由于总量限制下的碳排放总量恒定，因而碳排放总量差异的不确定性来自强度约束下碳排放总量的波动。碳排放强度差异的分布与碳排放总量差异的分布十分相似。其大于零的频率为0.486，其均值也略小于零。而由于强度约束下的碳排放强度恒定，因而碳排放强度差异的不确定性来自总量限制下的碳排放强度波动。

表 5-7　强度约束和总量限制下主要指标估计值差异的正负值频数

	D-GDP		D-碳排放总量		D-碳排放强度		D-边际碳减排成本	
	正值	负值	正值	负值	正值	负值	正值	负值
潜在经济增长超过预期水平（共487次）	435	52	486	1	486	1	0	487
潜在经济增长低于预期水平（共513次）	0	513	0	513	0	513	506	7

注：符号"D-"表示指标的差异，具体含义是强度减排对各指标的影响减去总量减排对各指标影响。

既然强度约束和总量限制的政策效果差异具有如此大的不确定性，那么相对于总量限制而言，在什么情况下选择强度约束作为碳减排目标时 GDP 会更高而相应的碳排放总量、碳排放强度及边际碳减排成本会更低呢？

不少研究（如 Ellerman 和 Sue Wing，2003）指出，潜在的经济增长水平与制定政策时预期的经济增长水平的差异是决定两种减排目标差异的关键。潜在的经济增长水平可以理解为不确定情形下基准情景中可能出现的经济增长水平；而确定情形下基准情景中的经济增长水平则相当于制定政策时预期的经济增长水平。在 1000 次随机模拟中，潜在经济增长水平超过预期水平和低于预期水平的次数分别为 487 次和 513 次。表 5-7 显示了强度约束和总量限制下主要指标估计值差异在不同条件下的正负值频数，据此可简要回答上述问题。

当未来潜在的经济增长水平超过预期的增长水平时，强度约束下 GDP 大于总量限制下 GDP 的频率约为 435/487 = 0.893。换句话说，此时选择强度约束作为减排目标时，获得更高 GDP 的概率约为 89%。相应的，在此情形下强度约束导致更高的碳排放量和碳排放强度的概率都接近 100%，而强度约束下的边际碳减排成本则以 100% 的概率低于总量减排目标约束下的边际减排成本。反之，当未来潜在的经济增长水平低于预期的增长水平时，强度约束将以 100% 的概率导致更低的 GDP、碳排放总量及碳排放强度，同时以 99% 的概率导致更高的边际碳减排成本。

第五节　关于结果的进一步讨论

一、中国的碳排放强度约束是一个适度的温室气体减排目标

自中国提出要使 2020 年单位 GDP 的碳排放量在 2005 年的水平上降低 40%~45% 后，国际上不少学者或研究机构对这一目标进行了分析和评论（Qiu，2009）。一些分析者（EIA，2009；IEA，2009）认为，上述强度减排目标只不过是中国按当前的态势发展（Business as Usual）根本不需要付出额外的努力就能实现的。但也有分析者认为中国的

上述减排目标并不像前者所说的那么容易。例如，Stern 和 Jotzo（2010）基于随机前沿模型的分析表明，中国如果不进一步采取措施而按当前的态势发展（Business as Usual），则 2020 年中国的碳排放强度只会比 2005 年的水平低 24%，而不是 40%~45%。

本文模拟的结果表明，如果中国不采取任何措施而按当前态势发展，则 2020 年的碳排放强度只比 2005 年低 16% 左右。既定碳强度减排目标的实现有赖于中国整体生产技术水平的提高以及相关政策措施的制定与落实，包括继续实施"十一五"期间形成的一系列节能减排措施、鼓励研发和推广低碳技术和管理手段等。这存在很大的不确定性，并会对中国的经济增长造成一定的负面影响。因此，中国并不是轻而易举而是要付出一定代价才能实现上述碳强度减排目标。

二、强度约束是一个有诚意的减排目标

一些研究者（如 Dudek 和 Golub，2003）认为，强度约束不是一个有诚意的减排目标，是拒绝减排的借口。在他们看来，只有总量限制会使实际的污染排放量减少，而选择强度约束作为减排目标不能达到上述减排效果，因为如果没有总量限制，随着经济总量的增加，污染排放也必然增加。而且一些较早的文献也似乎为这种观点提供了微观理论基础。如 Spulber（1985）认为，基于强度指标的环境规制相当于赋予企业一种使用环境的特权，长期内这会导致各个企业的污染总量超过整个社会所允许的最优水平。又如 Helfand（1991）也认为用强度指标进行规制时，规模大而污染排放量也更多的企业可能达到标准，而规模小且污染排放少的企业不一定能达到标准，因而选择强度约束作为减排目标可能导致污染排放总量不断增加。

然而，上述观点是对强度约束的一种误解。因为只有当污染排放强度下降的速度小于经济增长速度时，才会导致污染排放仍然随着经济总量的增长而继续增加。当污染排放强度下降的速度与经济增长速度相等时，污染排放量会随着经济总量的增长而保持不变。当污染排放强度下降的速度大于经济增长速度时，污染排放量则会随着经济总量的增长而逐渐下降。对于以单位 GDP 污染排放量来衡量的强度约束目标，在能确定未来经济增长速度的情形下，可以根据确定的总量限制目标和经济总量来确定其目标值（Ellerman 和 Sue Wing，2003）。

而本文的结果则进一步表明，在不确定的情形下，当未来的经济增长水平低于预期的水平时，选择强度约束作为减排目标会比总量限制更有效地控制碳排放。同时，选择强度约束也会产生更大的边际减排成本和 GDP 损失。而各种不确定性的因素乃至突发事件（例如，类似 2008 年的全球金融危机）很有可能使中国未来的经济增长速度低于预期的水平。因此，中国选择强度约束作为碳减排目标实际也面临着重大风险。

当然，未来的经济增长水平也很有可能超过预期，从而使强度约束下的碳排放更高。然而，在不确定情形下，强度约束下碳排放总量的期望值仍略低于总量限制下碳排放总量的期望值。因此，不管是确定情形下还是不确定情形下，选择强度约束作为碳减排目标都是一个有诚意的温室气体减排目标。

三、选择强度约束作为碳减排目标适合中国国情

中国是世界上最大的发展中国家,发展经济、提高人民的生活水平仍是当前的重大战略任务。《联合国气候变化框架公约》提出的"共同但有区别的责任"原则也表明,"发达国家缔约方应率先对付气候变化及其不利影响",而"发展中国家缔约方能在多大程度上有效履行其承诺,将取决于发达国家缔约方对其在本公约下所承担的有关资金和技术转让的承诺的有效履行,并将充分考虑到经济和社会发展及消除贫困是发展中国家缔约方的首要和压倒一切的优先事项。"[①]

如果达成的气候变化协议采用总量限制作为减排目标,那么那些经济增长超过预期水平的国家需要付出额外的成本以实现既定的减排目标,而那些经济增长低于预期水平的国家将更容易实现既定的减排目标(Ellerman 和 Sue Wing, 2003)。这就相当于对经济增长超过预期水平的国家实施惩罚或征税(Kolstad, 2005),而经济发展状态不佳的国家却因此得到奖励。反之,如果协议采用强度约束作为减排目标,则经济增长超过预期水平的国家更容易实现既定的目标,而对经济增长低于预期水平的国家来说,其既定目标的实现则变得更难。

从现实情况来看,哪些国家的经济增长有可能超过预期水平呢?显然,以中国和印度等为代表的发展中国家更可能成为这样的国家,而工业化国家的经济增长则更容易低于预期水平。因此,尽管总量目标会更直接地约束温室气体排放,但《京都议定书》所确定的及其他类似的总量减排目标很有可能不利于发展中国家而有利于发达国家。

本文的模拟结果表明,与总量限制相比,在不确定情形下强度约束不仅会使经济增长水平的期望值更高,还会使碳排放总量的期望值更低。与此同时,强度约束下边际碳减排成本的期望值会更低、不确定性也会更小。而减小或消除减排成本也是政策制定者需要考虑的主要决策因素之一。此外,碳排放强度约束与中国业已实施的节能目标更为匹配。因此,强度约束是适合中国国情的温室气体减排目标。

第六节 结 论

现实世界中普遍存在的不确定性是选择温室气体减排目标及制定其他气候变化应对政策时需要考虑的重要因素。由于不确定性的存在,基于预期的经济和技术发展水平而制定的等价的碳排放强度约束和总量限制最终会产生不同的经济—环境影响。本文基于CGE 模型和蒙特卡洛方法比较了不确定性情形下强度约束和总量限制对中国经济增长和碳排放的影响。

---

① 见《联合国气候变化框架公约》(中文版) 第三条 (原则) 及第四条 (承诺)。

当潜在经济增长水平有可能超过预期水平时,强度约束能够为实际经济提供更多增长余地,同时会带来更高的碳排放量和碳排放强度,但产生的边际碳减排成本相对较低,而总量限制则会妨碍经济增长。当潜在经济增长水平低于预期水平时,强度约束变成一个更紧的约束条件,此时选择总量限制作为减排目标会更有利于经济增长并产生更低的边际碳减排成本,但相应的碳排放总量和碳排放强度会更高。

中国仍然是一个发展中国家,与发达国家相比,在积极应对气候变化的过程中需要更多地考虑经济发展及消除贫困。而就本文数值模拟的结果来看,无论是碳排放强度约束还是总量限制都会不可避免地对中国的经济发展造成负面影响,但综合来看,在不确定情形下选择强度约束作为减排目标会产生较高的经济增长期望值和较低的碳排放量、碳排放强度以及边际碳减排成本。因而如果一定要确定一个温室气体减排目标,那么两害相权取其轻,中国选择碳排放强度约束作为减排目标更适合自己的国情。

要指出的是,为了简化分析,本文仅考虑了要素和能源之间替代弹性的不确定性,虽然这能在很大程度上满足本文的研究目的,但如果能将其他诸多重要参数及变量的不确定性纳入数值模拟,这会有利于对强度约束和总量限制的相对优劣性做出更为精确的评价。

(本章作者:张友国)

参考文献

[1] 贺菊煌,沈可挺,徐嵩龄. 碳税与二氧化碳减排的 CGE 模型. 数量经济技术经济研究,2002 (10).

[2] 李善同. "十二五"时期至 2030 年我国经济增长前景展望. 经济研究参考,2010 (43).

[3] 马纲,郑玉歆,樊明太. 征收碳税、实行 CO_2 减排对中国经济影响的分析——中国 CGE 模型应用之二. 载于郑玉歆,樊明太等. 中国 CGE 模型及政策分析,1998.

[4] 王灿,陈吉宁. 用 Monte Carlo 方法分析 CGE 模型的不确定性. 清华大学学报(自然科学版),2006 (9).

[5] 姚昕,刘希颖. 基于增长视角的中国最优碳税研究. 经济研究,2010 (11).

[6] 张友国. 经济发展方式变化对中国碳排放强度的影响. 经济研究,2010 (4).

[7] Abler D., Rodrigues A., Shortle, J.. 1999. Parameter uncertainty in CGE modeling of the environmental impacts of economic policies. Environmental and Resource Economics, 1999, 14 (2): 75 - 94.

[8] Abdelkhalek T., Dufour M. J .. 1998. Statistical inference for computable general equilibrium models with application to a model of the Moroccan economy. The Review of Economics and Statistics, 1998, 80 (4): 520- 534.

[9] Argentine Republic. Revision of the First National Communication to the U.N. Framework Convention on Climate Change. Bonn, Germany: UNFCCC, http: //unfccc.int/resource/docs/natc/argrevnc1e.pdf, 1999.

[10] Barros Vincente, Grand Mariana Conte. Implications of a dynamic target of greenhouse gases emission reduction- the case of Argentina. Environment and Development Economics, 2002 (7), 547-569.

[11] Baumert K., R. Bhandari and N. Kete. What Might a Developing Country Commitment Look Like? Climate Notes, Washington DC: World Resources Institute, 1999.

[12] Böhringer Christoph, Moslener Ulf, Sturm Bodo. Hot air for sale: a quantitative assessment of

Russia's near-term climate policy options, Environmental and Resource Economics, 2007, 38: 545-572.

[13] Bush Administration. Global Climate Change Policy Book. Available at http://www.usgcrp.gov/usgcrp/Library/gcinitiative2002/gccstorybook.htm, 2002.

[14] Cohen-Tanugi David. Putting it in Perspective- China's New Carbon Intensity Target, Natural Resources Defense Council (NRDC) White paper, October, 2010.

[15] Dudek D. and Golub A. Intensity targets: pathway or roadblock to preventing climate change while enhancing economic growth? Climate Policy 3 (Supplement 2), 2003, S21- S28.

[16] Dissou Y.. Cost-effectiveness of the Performance Standard System to Reduce CO2 Emissions in Canada: A General Equilibrium Analysis. Resource and Energy Economics, 2003, 27 (3): 187-207.

[17] Energy Information Agency (EIA). International Energy Outlook 2009. http://www.eia.doe.gov/oiaf/ieo/index.html, 2009.

[18] Ellerman A.D. and I. Sue Wing. Absolute vs. Intensity-Based Emission Caps, Climate Policy, 2003, 3 (Supplement 2): S7-S20.

[19] Fischer Carolyn. Combining Rate-Based and Cap-and Trade Emissions Policies. RFF Discussion, 2003, 3-32.

[20] Fischer C., Springborn M. R. Emissions Targets and the Real Business Cycle: Intensity Targets versus Caps or Taxes. RFF Discussion Paper, 2009, 9-47.

[21] Frankel J.. Greenhouse Gas Emissions, Bookings Institution Policy Brief, No. 52, Washington D.C, 1999.

[22] Gielen A.M., Koutstaal P.R. and Vollebergh H.R.J. Comparing Emission Trading with Absolute and Relative Targets, paper prepared for the 2nd CATEP Workshop on the Design and Integration of National Tradable Permit Schemes for Environmental Protection, London, 2002, 25-26.

[23] Goulder L.H., Parry I., Williams III R., and Burtraw D. The Cost-Effectiveness of Alternative Instruments for Environmental Protection in a Second-Best Setting, Journal of Public Economics, 1999, 72 (3): 329-360.

[24] Harrison, G. W. and H. D. Vinod. The Sensitivity Analysis of Applied General Equilibrium Models: Completely Randomized Factorial Sampling Designs, Review of Economics and Statistics, 1992, 74 (2): 357-362.

[25] Helfand G.E.. Standards Versus Standards: The Effects of Different Pollution Restrictions, American Economic Review, 1991, 81: 622-634.

[26] Herzog Timothy, Baumert Kevin A., Pershing Jonathan. Target: Intensity—An Analysis of Greenhouse Gas Intensity Targets, World Resources Institute Report, 2006.

[27] International Energy Agency (IEA). World Energy Outlook 2007: China and India Insights, http://www.iea.org/textbase/nppdf/free/2007/weo_2007.pdf, 2007.

[28] International Energy Agency (IEA). World Energy Outlook 2009, http://www.worldenergyoutlook.org, 2007.

[29] Jensen J. and Rasmussen T.N. Allocation of CO_2 Emission Permits: A General Equilibrium Analysis of Policy Instruments. Journal of Environmental Economics and Management, 2000, 40: 111-136.

[30] Jotzo F. and Pezzey J.C.V. Optimal intensity targets for greenhouse gas emissions trading under uncertainty. Environmental and Resource Economics, 2007, 38: 259-284.

[31] Kim Y.-G. and K.A. Baumert. Reducing Uncertainty through Dual-Intensity Targets, in K.A.

Baumert et al. (eds.), Building on the Kyoto Protocol: Options for Protecting the Climate, Washington DC: World Resources Institute, 2002, 109–134.

[32] Kolstadt C.D.. Climate Change Policy: A View from the U.S. Paper prepared for the 10th Symposium of the Egon-Sohmen Foundation "Climate Protection and Emissions Trading – U.S. and European Views". Dresden, Germany, 2002.

[33] Kolstad C.D.. The simple analytics of greenhouse gas emission intensity reduction targets, Energy Policy, 2005, 33: 2231–2236.

[34] Lave Lester B.. Formulating greenhouse policies in a sea of uncertainty. Energy Journal, 1991, 12(1): 9–22.

[35] Lisowski M.. The emperor's new clothes: redressing the Kyoto Protocol, Climate Policy, 2002, 2(2/3): 161–177.

[36] Lutter R.. Developing countries'greenhouse emissions: Uncertainty and implications for participation in the Kyoto Protocol, Energy Journal, 2000, 21: 93–120.

[37] Marschinski Robert, Edenhofer Ottmar. Revisiting the case for intensity targets– Better incentives and less uncertainty for developing countries, Energy Policy, 2010, 38: 5048–5058.

[38] Müller B. and G. Müller-Fürstenberger. Price-related sensitivities of greenhouse gas intensity targets, Climate Policy 3 (Supplement 2), 2003, S59–S74.

[39] Newell R.G., and W.A. Pizer. Regulating stock externalities under uncertainty, Journal of Environmental Economics and Management, 2003, 45: 416–432.

[40] Newell R.G., and Pizer W.A. Indexed Regulation. Journal of Environmental Economics and Management, 2008, 56: 221–233.

[41] Parry I.W.H. and Williams R.C. Second-Best Evaluation of Eight Policy Instruments to Reduce Carbon Emissions. Resource and Energy Economics, 1999, 21: 347–73.

[42] Peterson S.. Intensity targets– implications for the economic uncertainties of emissions trading. In B. Hansjürgens and R. Antes (eds.), Economics and Management of Climate Change: Risks, Mitigation and Adaptation. New York: Springer, 2008, 97–110.

[43] Philibert C. Lessons from the Kyoto Protocol–Implications for the Future, International Review for Environmental Strategies, 2004, 5 (1): 1–12.

[44] Philibert C, Pershing J. Considering the options: climate targets for all countries. Climate Policy, 2001, 1 (2): 211–227.

[45] Pizer WA. Combining price and quantity controls to mitigate global climate change. Journal of Public Econonims, 2002, 85: 409–434.

[46] Pizer W.. The Case for Intensity Targets. RFF Discussion Paper 2005, 02–05. Washington, D.C.

[47] Pizer W.. Climate Policy Design under Uncertainty. RFF Discussion Paper, 2005, 05–044. Washington, D.C.

[48] Qiu J.. China's climate target: is it achievable?. Nature, 2009, 462 (3): 550–551.

[49] Quirion P.. Does uncertainty justify intensity emission caps?. Resource and Energy Economics, 2005, 27 (4): 343–353.

[50] Spulber D.F.. Effluent regulation and long-run optimality, Journal of Environmental Economics and Management, 1985, 12: 103–116.

[51] Stern David I.. Jotzo Frank. How ambitious are China and India's emissions intensity targets?,

Energy Policy, 2010, 38: 6776-6783.

[52] Strachan N.. Setting Greenhouse Gas Emission Targets Under Baseline Uncertainty: The Bush Climate Change Initiative, Mitigation and Adaptation Strategies for Global Change, 2007, 12 (4): 445-470.

[53] Sue Wing I., Ellerman A.D. and J. Song. Absolute vs. Intensity Based Limits for CO_2 Emission Control: Performance Under Uncertainty, in H. Tulkens and R. Guesnerie (eds.), The Design of Climate Policy, MIT Press, 2009, 221-252.

[54] Timilsina G. R.. Atmospheric stabilization of CO_2 emissions- Near-term reductions and absolute versus intensity-based targets, Energy Policy, 2008, 36: 1927-1936.

[55] Wang Can, Chen Jining. Parameter Uncertainty in CGE Modeling of the Macroeconomic Impact of Carbon Reduction in China, Tsinghua Scienec and Technology, 2006, 11 (5): 617-624.

[56] Wang Ke, Wang Can, Chen Jining. Analysis of the economic impact of different Chinese climate policy options based on a CGE model incorporating endogenous technological change, Energy Policy, 2009, 37: 2930-2940.

[57] Webster M., Sue Wing Ian, Jakobovits L.. Second-best instruments for near-term climate policy-Intensity targets vs. The Safety valve. Journal of Environmental Economics and Management, 2010, 59: 250-259.

[58] Weitzman, Martin L.. Prices vs. Quantities. Review of Economic Studies, Vol. 1974, 41 (4), 477-491.

[59] Zhang Zhongxiang. Integrated Economy-Energy-Environment Policy. Analysis: A Case Study for the People's Republic of China. Ph.D Dissertation, Department of General Economics, University of Wageningen, The Netherlands, 1996.

[60] Zhang Zhongxiang. Macroeconomic Effects of CO_2 Emission Limits: A Computable General Equilibrium Analysis for China. Journal of Policy Modeling, 1998, 20 (2): 213-250.

[61] Zhang Z.X.. Copenhagen and Beyond-Reflections on China's Stance and Responses, Climate Change Policies: Global Challenges and Future Prospects (edited by Emilio Cerdá and Xavier Labandeira), Edward Elgar, 2010.

第六章 中国储蓄率与增长路径的代际交叠动态一般均衡分析
——人口结构影响的数理分析及GAMS/MPSGE情景模拟

第一节 基本思路

在古典及新古典经济学的传统中,资本从来都是最为重要的要素,储蓄(或资本积累)则被看做是经济增长的发动机。根据索洛增长模型,均衡状态下的储蓄率取决于劳动力(人口)增长和知识积累(技术进步)的速度。包括Solow-Swan模型、Ramsey-Cass-Koopmans模型、Diamond模型在内的新古典增长模型基本都假定劳动力(或人口)以一个外生的速度增长。然而,现实中人口及劳动力的变化并不会一直增长。生养后代是一项非常耗费财力、精力的活动。随着经济社会的不断发展,妇女的教育程度、工作比例不断提高,这使得生养后代的机会成本愈发增加。对于家庭来说,要实现家庭效用最大化,少生养成为一种理性选择。Barro等(1989,1995)构造的生育选择(Fertility Choice)模型从代表性家庭效用最大化的角度刻画了生育率内生化的机制。

对于中国来说,后代的生养既不是一个人口自然增长的过程,也不是家庭效用最大化选择的结果,而是计划生育政策强制实施后的外生结果。这种现实是上述模型所未能涉及的。要研究中国人口结构对未来储蓄、投资、消费及整个经济增长的影响,有必要将计划生育政策所引致的人口结构变化特征予以考虑。由于计划生育政策从本质上讲是一种外生给定的约束条件,其对投资、消费及经济增长的影响主要是通过影响人口增长速度及人口结构实现的。要分析政策影响就必须摈弃新古典模型忽略人口增长速度的传统,而专门分析人口速度发生不同变化所可能产生的后果。另外,在考虑人口增长速度变化的同时,还应考虑人口结构(主要是老龄人口比重)的变化。在已有模型中,Diamond代际交叠模型生命两阶段的划分及假说暗含了人口结构的变化情况。为此,我们拟以Diamond模型为基础,分析讨论计划生育政策及人口增长速度变化所带来的各种后果。

基于代际交叠模型基础上进行的理论分析只能是大体判断出储蓄率、增长率等宏观指标的变动方向。为了进一步考察人口结构变动情景下中国经济增长及储蓄率可能产生的动态变化路径和轨迹,我们将利用GAMS/MPSGE,通过动态一般均衡模型体系构建、相关参数的设定和校准,对未来中国经济增长及储蓄率变化的轨迹进行模拟,并将模拟结果与理论分析进行对比。

第二节 Diamond 代际交叠的模型分析框架

一、模型基本假设

假定每个个体的生命分为两个阶段,在第一阶段工作并为第二阶段的生活进行储蓄,而第二阶段则消费第一阶段所积累的储蓄。每个时期 t 都有数量为 L_t 的个体出生并加入到工作(劳动)队伍中,每一期劳动人口的变化率为 n,这样就有 $L_{t-1} = L_t /(1+n)$。或者说,在 t 期会有 L_t 的劳动人口和 $L_t /(1+n)$ 的退休人口。假定每期劳动人口和退休人口的消费分别为 C_t^1 和 C_t^2,那么 t 期出生人口的效用 U_t 取决于其在劳动期和退休期两阶段的效用,即 C_t^1 和 C_t^2。假定效用函数为不变相对风险厌恶(Constant-relative-risk-aversion),则有:

$$U_t \frac{(C_t^1)^{1-\theta}}{1-\theta} + \frac{1}{1+\rho}\frac{(C_{t+1}^2)^{1-\theta}}{1-\theta}, \quad \theta > 0, \rho > -1 \tag{6-1}$$

公式(6-1)中 ρ 代表消费折现率,即当期 1 单位消费,相当于下期 1+ρ 单位的消费;θ 则表示相对风险厌恶系数。①

在生产方面,假定每个时期 t 的生产函数为 $Y_t = F(K_t, A_t L_t)$,函数满足规模报酬不变,其中 A 代表技术进步,技术进步率 g 为外生给定 $[A_t = (1+g)A_{t-1}]$。假定市场为自由竞争市场,这样劳动和资本要素都将按其边际产出获取回报,企业获取的利润也将趋于 0。为简化起见,不妨假定折旧率 δ 也为 0,这样单位资本回报(或实际利率)和单位有效劳动(Effective Labor)工资分别为 $r_t = f'(k_t)$ 和 $w_t = f(k_t) - k_t f'(k_t)$。另外,假定初期资本存量为 K_0,由每个退休个体所平均持有。这样,在第 0 期退休人口所持有的资本与年轻人口提供的劳动力相结合进行生产活动。资本与劳动要素都按照边际规则获取报酬。退休人口消费掉其资本收益及存量财富后死去并退出模型;年轻人口则将其劳动收入 $w_t A_t$ 用于消费和储蓄,其中储蓄就转化为 t+1 期的资本存量,即 $w_t A_t - C_t^1$,并与新一期年轻人口提供的劳动要素相结合进行生产。

二、消费者行为

每期新出生的个体在其生命第二阶段的消费由其在第一阶段的储蓄所决定,于是有:

---

① 根据 Varian(1992)第 189 页 Arrow-Pratt measure of relative risk aversion 的计算公式,θ 恰好等于 $-U''(C)C/U'(C)$。

$$C_{t+1}^2 = (1 + r_{t+1})(w_t A_t - C_t^1) \qquad (6-2)$$

整理公式 (6-2) 可得：

$$C_t^1 + \frac{1}{1 + r_{t+1}} C_{t+1}^2 = A_t w_t \qquad (6-3)$$

公式 (6-3) 表明，每期新出生个体在整个生命过程中的消费现值等于其初始财富 (为0) 和劳动收入的现值之和。该公式构成个体消费行为的预算约束条件，每个个体都是在该预算约束下追求效用最大化，即以公式 (6-1) 为目标函数，公式 (6-3) 为约束条件，构成一个最优化问题。通过构造拉格朗日函数，可以将上述最优化问题转换为：

$$F = \frac{(C_t^1)^{1-\theta}}{1-\theta} + \frac{1}{1+\rho} \frac{(C_{t+1}^2)^{1-\theta}}{1-\theta} + \lambda \left[A_t w_t - \left(C_t^1 + \frac{1}{1+r_{t+1}} C_{t+1}^2 \right) \right] \qquad (6-4)$$

公式 (6-4) 可以看做是关于 C_t^1 和 C_t^2 的目标泛函，即：

$$V[C_t^1, C_t^2] = \int_0^{T \to \infty} F(C_t^1, C_t^2) dt \qquad (6-5)$$

根据变分法和欧拉方程的一般形式，可以得出公式 (6-5) 的两个联立欧拉方程组：

$$\begin{cases} F_{C_t^1}(C_t^1, C_t^2) = (C_t^1)^{-\theta} - \lambda = 0 \\ F_{C_t^2}(C_t^1, C_t^2) = \frac{1}{1+\rho} (C_{t+1}^2)^{-\theta} - \frac{\lambda}{1+r_{t+1}} = 0 \end{cases} \qquad (6-6)$$

将方程组 (6-6) 进行变换可得：

$$\frac{1}{1+\rho} (C_{t+1}^2)^{-\theta} = \frac{\lambda}{1+r_{t+1}} (C_t^1)^{-\theta} \qquad (6-7)$$

将公式 (6-7) 代入公式 (6-3) 可得：

$$C_t^1 + \frac{(1+r_{t+1})^{(1-\theta)/\theta}}{(1+\rho)^{1/\theta}} C_t^1 = A_t w_t \qquad (6-8)$$

将公式 (6-8) 变换可得：

$$C_t^1 = \frac{(1+\rho)^{1/\theta}}{(1+\rho)^{1/\theta} + (1+r_{t+1})^{(1-\theta)/\theta}} A_t w_t \qquad (6-9)$$

公式 (6-9) 表明，第一阶段消费占收入份额取决于利率大小。另外，设 s(r) 为储蓄所占份额，则有：

$$s(r) = \frac{(1+r_{t+1})^{(1-\theta)/\theta}}{(1+\rho)^{1/\theta} + (1+r_{t+1})^{(1-\theta)/\theta}} A_t w_t \qquad (6-10)$$

三、系统均衡状态

t+1 期的资本存量由 t 期的储蓄率 s 和劳动收入 $L_t A_t w_t$ 所决定，而储蓄率 s 又取决于 t+1 期的利率 r_{t+1}，于是有：

$$K_{t+1} = s(r_{t+1}) L_t A_t w_t \qquad (6-11)$$

将公式 (6-11) 左右两边同除以 $L_{t+1} A_{t+1}$ 可以得到 t+1 期单位有效劳动的资本占有量 k_{t+1}：

$$k_{t+1} = \frac{1}{(1+n)(1+g)} s(r_{t+1}) w_t \qquad (6-12)$$

公式（6-12）可以进一步转换为：

$$k_{t+1} = \frac{1}{(1+n)(1+g)} s(f'(k_{t+1}))[f(k_t) - k_t f'(k_t)]$$

进一步假定风险系数 θ 为 1，生产函数为柯布-道格拉斯函数，根据公式（6-10）储蓄率为 $1/(2+\rho)$，$f(k)$ 为 k^α，而 w 则为 $(1-\alpha)k^\alpha$，于是公式（6-12）就转换为：

$$k_{t+1} = \frac{1}{(1+n)(1+g)} \frac{1}{2+\rho}(1-\alpha)k_t^\alpha \qquad (6-13)$$

当整个系统处于均衡状态时，应该有 $k_{t+1} = k_t$，假定均衡状态下单位有效劳动的资本占有量为 k^*，则有：

$$k^* = \frac{1}{(1+n)(1+g)} \frac{1}{2+\rho}(1-\alpha)k^{*\alpha} \qquad (6-14)$$

于是有：

$$k^* = \left[\frac{1-\alpha}{(1+n)(1+g)(2+\rho)}\right]^{1/(1-\alpha)} \qquad (6-15)$$

$$y^* = \left[\frac{1-\alpha}{(1+n)(1+g)(2+\rho)}\right]^{\alpha/(1-\alpha)} \qquad (6-16)$$

事实上，根据公式（6-13），当单位有效劳动的资本占有量 k_t 偏离均衡值 k^* 时，k_t 值在动态中将向均衡值逼近收敛，具体如图 6-1 所示。

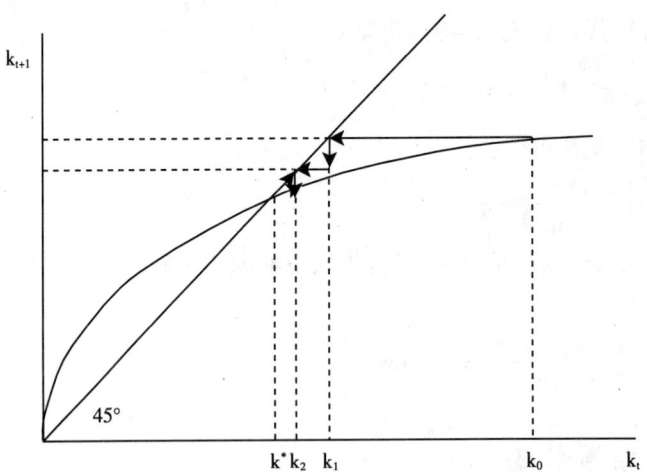

图 6-1 单位有效劳动资本占有量的动态演进

第三节　基于 Diamond 模型框架的人口变化影响分析

一、人口增长率变化对单位有效劳动资本存量的影响

根据公式（6-15），当人口变化率 n 逐步降低，甚至由正转负时，单位有效劳动资本存量的均衡值 k^* 将有所提高，这一过程可以由图 6-2 来进行示意。根据公式（6-13），当 n 减小时，曲线 $k_{t+1} = k_{t+1}(k_t)$ 整体将向上移动（初始点依然为原点），即由图中实曲线移动到虚曲线。根据前面的分析，均衡值 k^* 出现在 $k_{t+1} = k_t$ 的位置，在几何上即表现为曲线 $k_{t+1} = k_{t+1}(k_t)$ 与直线 $k_{t+1} = k_t$ 的交点。$k_{t+1} = k_{t+1}(k_t)$ 变动前与直线 $k_{t+1} = k_t$ 的交点为旧的均衡点 k^*_{old}；当曲线 $k_{t+1} = k_{t+1}(k_t)$ 由于人口变化率 n 的降低而由实线移动到虚线位置后，原先的均衡点 k^*_{old} 不再能满足 $k_{t+1} = k_t$ 的条件；经过动态调整，k 值不断向新的均衡点 k^*_{new} 逼近，直到达成新的均衡，从图 6-2 中可以看出 $k^*_{new} > k^*_{old}$。

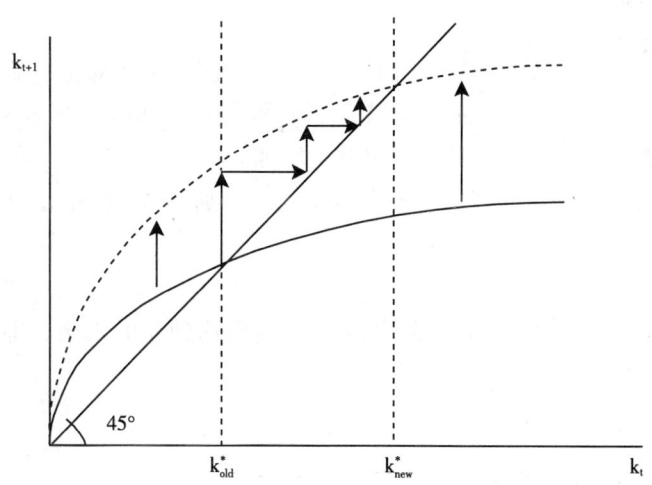

图 6-2　人口变化率下降对均衡单位有效劳动资本占有量 k^* 的影响

上述结论也可以通过公式（6-15）推导出来。不妨假定人口增长率下降前后分别为 n_{old} 和 n_{new}，据此可以将变化前后的均衡单位有效劳动资本存量分别表示如下：

$$k^*_{old} = \left[\frac{1-\alpha}{(1+n_{old})(1+g)(2+\rho)} \right]^{1/(1-\alpha)} \tag{6-17}$$

$$k^*_{new} = \left[\frac{1-\alpha}{(1+n_{new})(1+g)(2+\rho)} \right]^{1/(1-\alpha)} \tag{6-18}$$

假定人口增长率变化的同时，技术进步率 g 和消费折现率 ρ 均保持不变。于是，根据公

式（6-17）和公式（6-18）可得：

$$\frac{k^*_{new}}{k^*_{old}} = \left(\frac{1+n_{old}}{1+n_{new}}\right)^{1/(1-\alpha)} > 1 \tag{6-19}$$

根据上述图示分析和公式推导可知，在柯布—道格拉斯生产函数下，假定技术进步及消费折现率等其他条件不变，人口增长率下降会导致均衡状态下的单位有效劳动资本存量有所增加。

二、人口增长率变化对单位有效劳动产出及总产出的影响

接下来，就人口增长率变化对单位有效劳动产出的影响进行类似分析，在此基础上进一步分析对总产出的变化情况。根据公式（6-16）有：

$$y^*_{old} = \left[\frac{1-\alpha}{(1+n_{old})(1+g)(2+\rho)}\right]^{\alpha/(1-\alpha)} \tag{6-20}$$

$$y^*_{new} = \left[\frac{1-\alpha}{(1+n_{new})(1+g)(2+\rho)}\right]^{\alpha/(1-\alpha)} \tag{6-21}$$

同样假定人口增长率变化的同时，技术进步率 g 和消费折现率 ρ 均保持不变。于是有：

$$\frac{y^*_{new}}{y^*_{old}} = \left(\frac{1+n_{old}}{1+n_{new}}\right)^{\alpha/(1-\alpha)} > 1 \tag{6-22}$$

根据公式（6-18）可以得到与前面单位有效劳动资本存量类似的结论，即：在柯布—道格拉斯生产函数下，假定技术进步及消费折现率等其他条件不变，人口增长率下降会导致均衡状态下的单位有效劳动产出有所增加。

假定人口增长率变动前的技术水平和劳动人口分别为 A_{old} 和 L_{old}，则此时的全社会总产出可以表示为：

$$Y_{old} = A_{old}L_{old}y^*_{old} \tag{6-23}$$

人口增长率由 n_{old} 变为 n_{new} 后，假定经过 m 期后达到新的均衡，即单位有效劳动产出变为 y^*_{new}，于是有：

$$Y_{new} = A_{old}L_{old}[(1+g)(1+n_{new})]^m y^*_{new}$$

$$= A_{old}L_{old}[(1+g)(1+n_{new})]^m \left(\frac{1+n_{old}}{1+n_{new}}\right)^{\alpha/(1-\alpha)} y^*_{old} \tag{6-24}$$

$$\frac{Y_{new}}{Y_{old}} = [(1+g)(1+n_{new})]^m \left(\frac{1+n_{old}}{1+n_{new}}\right)^{\alpha/(1-\alpha)} \tag{6-25}$$

设从人口增长率变化开始至达到新的均衡为止，即 m 期内，每年总产出或经济总量的平均增长率为 τ，根据平均增长率的定义有：

$$(1+\tau)^m = \frac{Y_{new}}{Y_{old}} \tag{6-26}$$

将公式（6-21）代入公式（6-22）进行代数变换可得如下结果：

$$\ln(1+\tau)^m = \ln\frac{Y_{new}}{Y_{old}} = \ln\left[(1+g)(1+n_{new})\right]^m \left(\frac{1+n_{old}}{1+n_{new}}\right)^{\alpha/(1-\alpha)} \Rightarrow$$

$$m\ln(1+\tau) = m\ln(1+g)(1+n_{new}) + [\alpha/(1-\alpha)]\ln\frac{1+n_{old}}{1+n_{new}} \Rightarrow$$

$$\ln(1+\tau) = \ln(1+g) + \ln(1+n_{new}) + [\alpha/m(1-\alpha)][\ln(1+n_{old}) - \ln(1+n_{new})] \quad (6-27)$$

考虑到各增长率的取值都较小，根据微积分中的近似计算原则，公式（6-23）可以进一步近似变换如下：

$$\tau \approx g + n_{new} + [\alpha/m(1-\alpha)](n_{old} - n_{new}) \quad (6-28)$$

与此同时，假定人口增长率变化前后两种稳定状态下的总产出增长率分别为 τ_0 和 τ_m，则两个增长率分别可以近似表示为：

$$\tau_0 \approx g + n_{old}, \quad \tau_m \approx g + n_{new} \quad (6-29)$$

根据公式（6-28）和公式（6-29）可以考察人口增长率变化后经济增长的变化情况。

人口增长率下降之前，稳态下的经济增长率由技术进步率 g 和变化前的人口增长率 n_{old} 所共同决定。达到新的稳态后，经济增长率则有技术进步率 g 和变化后的人口增长率 n_{new} 所共同决定。由于假定人口增长率是下降的，在技术进步率保持不变的情况下，经济增长率出现下降，特别的，当技术进步为 0，人口为负增长，则整个经济将出现负增长。

在旧的稳态被打破、新的稳态尚未形成这段时间，经济增长率的决定因素相对来说要稍微复杂一些。从公式（6-28）可以看出，这段时间的增长率除受到技术进步率 g 和变化后的人口增长率 n_{new} 的影响，还要受到人口增长率变化幅度 $n_{old} - n_{new}$、资本要素在初次分配中所占份额 α 以及从旧的稳定状态调整到新的稳定状态所经历的时期 m。结合我国当前国情进一步分析可以发现：①未来人口增长率的变化幅度 $n_{old} - n_{new}$ 与计划生育政策的调整有着密切关系；②资本要素在初次分配中所占份额与未来收入分配政策调整有紧密相关，毕竟当前收入分配领域的不公，尤其是初次分配环节向资本要素过于倾斜的现实已经备受诟病；③从旧的稳态调整能否迅速调整到新的稳态，在某种程度上取决于政府宏观调控能力；④另外，技术进步率随着国家的强力介入和科技政策的大幅调整也会发生较大变化。

当然，如果仅从数学表达式来判断的话，对比公式（6-28）和公式（6-29）便可发现：①当公式（6-28）中 $\alpha/m(1-\alpha)$ 等于 1 时，调整期的经济增长率与调整前的稳态增长率基本相等；②如果该项取值接近于 0，即调整期 $m \to \infty$ 时或 $\alpha \to \infty$ 时，则调整期的经济增长率与调整后的稳态增长率基本相等；③如果该项大于 1，即调整期特别短，同时资本在分配中所占份额 α 比较大，比如说 $m \leq 2$ 且 $\alpha \geq 2/3$，则调整期 m 的增长率可能还要大于调整前的稳态增长率。当然，这 3 种情况出现的可能性相对来说都比较小，比较正常的情形是介于第 1 种和第 2 种情形之间，即调整期的平均增长率低于调整前的问题增长率而高于调整后的稳态增长率。

三、人口增长率变化对全社会资本存量、储蓄率及投资消费的影响

接下来分析人口增长率变化对全社会社会资本存量、储蓄率以及投资消费结构的影响。在均衡状态下,全社会资本存量等于全社会有效劳动总量与单位有效劳动资本占有量之积。假定 t 期和 t + 1 期的社会资本存量分别为 $K_t = A_t L_t k^*$ 和 $K_{t+1} = A_{t+1} L_{t+1} k^*$。于是有:

$$\frac{K_{t+1}}{K_t} = \frac{A_{t+1} L_{t+1}}{A_t L_t} = (1+g)(1+n) \tag{6-30}$$

每个时期当期的资本存量变动应该等于全社会总储蓄减去当期折旧,而下期资本存量则等于上期资本存量与资本存量变化之和。

$$\dot{K}_t = sY_t - \delta K_t \tag{6-31}$$

$$K_{t+1} = K_t + \dot{K}_t = K_t + sY_t + \delta K_t \tag{6-32}$$

将公式 (6-30) 代入公式 (6-31) 得:

$$(1+g)(1+n)K_t = K_t + sY_t - \delta K_t \Rightarrow$$
$$(n + g + ng + \delta)K_t = sY_t \Rightarrow s = (n + g + ng + \delta)K_t/Y_t \tag{6-33}$$

根据定义,$K_t/Y_t = k_t/y_t$,于是结合前面公式 (6-15) 和公式 (6-16) 可知:

$$K_t/Y_t = \frac{1-\alpha}{(1+n)(1+g)(2+\rho)} \Rightarrow$$

$$s = \frac{(1-\alpha)(n+g+ng+\delta)}{(1+n)(1+g)(2+\rho)} = \frac{1-\alpha}{2+\rho} - \frac{(1-\alpha)(1-\delta)}{(1+n)(1+g)(2+\rho)} \tag{6-34}$$

从公式 (6-34) 可以看出,均衡状态下全社会储蓄率取决于人口增长率、技术进步增长率、资本在初次分配中所占份额、全社会折旧率以及消费折现率等多种因素的共同影响。在其他因素保持不变的情况下,人口增长率如果出现下降,则均衡储蓄率 s^* 将有所下降。需要指出的是,在我们的模型中,人口增长率 n 其实是劳动力增长率的同义词。在现实中,特别是对中国这样的二元经济体来说,由于大量农村剩余劳动的存在,人口增长率与劳动力增长率并不相同。这样一来,n 不仅取决于新增人口,更取决于农村剩余劳动力的转移速度,只有当二元结构基本消失,农村剩余劳动基本转移完毕时,劳动力增长率才会开始趋同于人口增长率。

均衡状态下的储蓄率确定后,便可基本确定消费率以及投资消费结构。在前面计算储蓄率时没有考虑到进出口的问题,即隐含假定经济体实现了外部均衡(或者是一个封闭经济体),储蓄全部转化为投资,储蓄以外部分即全部为消费,消费率 c = 1 − s,投资率也为 s,通过代数变换可以得到投资消费比的代数表达式:

$$s/c = \left[\frac{(1-\alpha)(n+g+ng+\delta)}{(1+n)(1+g)(2+\rho)}\right] \Big/ \left[1 - \frac{(1-\alpha)(n+g+ng+\delta)}{(1+n)(1+g)(2+\rho)}\right]$$

$$= (1-\alpha)(n+g+ng+\delta) \Big/ [(1+n)(1+g)(2+\rho) - (1-\alpha)(n+g+ng+\delta)]$$

$$= \left[(2+\rho) \Big/ \left(1+\alpha+\rho+\frac{(1-\alpha)(1+\delta)}{(1+n)(1+g)}\right)\right] - 1 \tag{6-35}$$

从公式 (6-35) 可以看出,投资消费比同样受到人口增长率、技术进步增长率、资本在初次分配中所占份额、全社会折旧率以及消费折现率等多种因素的共同影响。在其他因素不变的情况下,人口增长率的下降会导致均衡状态下的投资消费比出现下降。

四、小结

根据前面的模型分析我们可以发现,假定技术进步增长率、资本在初次分配中所占份额、全社会折旧率以及消费折现率等其他因素保持不变,人口增长率(或劳动力增长率)的下降将对相关经济变量产生如下影响:①均衡状态下的单位有效劳动资本存量有所增加。②均衡状态下的单位有效劳动产出将有所增加,但经济总量的增长率却会出现下降,特别的,当技术进步为0,人口为负增长,则整个经济将出现负增长。③在人口(劳动力)增长率发生变化后,在新的均衡状态形成的过程中,经济增长率通常介于变化前后的两种均衡状态增长率之间。④均衡状态下的储蓄率及投资消费比都将有所下降。

第四节 基于 GAMS/MPSGE 模拟的基本原理

可计算一般均衡(CGE)模型是在阿罗—德布鲁(Arrow-Debreu)一般均衡理论的基础上,以一定数据集(通常为社会核算矩阵)为基础,以经济主体效用最大化为目标函数,经过参数设定校准后形成的一种政策(情景)模拟平台。传统的 CGE 模拟从某种意义上可以看做是一组联立非线性规划的求解。Mathiesen(1985)发现,一般均衡模型还可以通过转化为互补问题(Complementarity Problem)进行更为有效的求解。MPSGE(Mathematical Programming System for General Equilibrium analysis)正是基于以混合互补问题(Mixed Complementarity Problem,MCP)形式进行一般均衡分析而开发的编程软件。MPSGE 最初由 Rutherford(1987)开发,现在已成为 GAMS(General Algebraic Modeling System)的一个子系统。在开始模拟之前,我们不妨以 Ramsey 动态增长模型为对象简要介绍 MCP 问题的求解原理。

一、非线性规划形式(NLP)

假定经济体中只有一个具有无限生命期界的代表性主体 h,在每一个时点(或时期)t,代表性主体的消费为 c_t,相应的效用函数为 $U(c_t)$,消费折现率为 ρ。代表性主体在预算约束条件下追求总消费最大化,即:

$$\text{Max} \sum_{t=0}^{\infty} \left(\frac{1}{1+\rho}\right)^t U(C_t) \tag{6-36}$$

$$\text{s.t. } c_t = F(K_t, L_t) - I_t \tag{6-37}$$

$$K_{t+1} = K_t(1-\delta) + I_t \tag{6-38}$$

$$K_0 = \bar{K}_0 \tag{6-39}$$

求解上述非线性规划问题（Non-linear Programming，NLP），通常采用拉格朗日乘子法（Lagrange Multiplier Method）。从公式（6-36）至公式（6-39）可知，代表性主体进行决策时不仅要考虑当期消费，还要考虑当期投资。而当期投资又与当期及下期的资本存量有关，这意味着构造拉格朗日函数时要考虑 c_t、K_t 和 I_t 三个决策变量，于是有：

$$\Im(c_t, K_t, I_t) = (\frac{1}{1+\rho})^t UC_t$$
$$+ \lambda_1[F(k_t, L_t) - I_t - c_t] + \lambda_2[K_{t-1}(1-\delta) + I_{t-1} - K_t] + \lambda_3[K_t(1-\delta) + I_t - K_{t+1}] \tag{6-40}$$

求解上述最大化问题可以得出公式（6-40）的以下几个一阶条件：

$$\frac{\partial \Im}{\partial c_t} = (\frac{1}{1+\rho})^t \frac{\partial U(c_t)}{\partial c_t} - \lambda_1 = 0 \tag{6-41}$$

$$\frac{\partial \Im}{\partial K_t} = \lambda_1(\frac{\partial F}{\partial K_t}) - \lambda_2 + \lambda_3(1-\delta) = 0 \tag{6-42}$$

$$\frac{\partial \Im}{\partial I_t} = -\lambda_1 + \lambda_3 = 0 \tag{6-43}$$

根据 Sydsæter 和 Hammond（1995），拉格朗日乘子的经济含义代表相应资源的影子价格（或边际成本），即 λ_1、λ_2 和 λ_3 分别对应于 c_t、K_t 和 K_{t+1} 的影子价格。在完全竞争条件下，市场价格与影子价格相等。根据公式（6-41）至公式（6-43）有：

$$\lambda_1 = P_t = (\frac{1}{1+\rho})^t \frac{\partial U(c_t)}{\partial c_t} \tag{6-44}$$

$$\lambda_2 = PK_t = \lambda_1(\frac{\partial F}{\partial K_t}) + \lambda_3(1-\delta) = P_t \frac{\partial F(k_t, L_t)}{\partial k_t} + (1-\delta)Pk_{t+1} \tag{6-45}$$

$$P_t = PK_{t+1} \tag{6-46}$$

二、混合互补形式（MCP）

我们拟采用 MPSGE 来解决动态均衡问题。为此，需要将上述以非线性规划（NLP）形式出现的拉姆齐模型转换为混合互补（Mixed Complementarity Problem，MCP）形式。为此，先假定 PK_t 和 PL_t 分别代表 t 时期的资本租金回报率和工资率，并假定单位产品的生产成本 $C(PK_t, PL_t)$ 为租金回报率和工资率的函数。根据成本最小化原则有：

$$C(RK_t, PL_t) = \min \quad PL_t a_L + RK_t a_K \tag{6-47}$$

$$\text{s.t.} \quad F(a_L, a_K) = 1 \tag{6-48}$$

根据谢泼德引理（Shephard's lemma），生产单位产品对资本和劳动所产生的需求可以用下面的公式表示：

$$a_K(RK_t, PL_t) = \frac{\partial C(RK_t, PL_t)}{\partial RK_t} \tag{6-49}$$

$$a_L(RK_t, PL_t) = \frac{\partial C(RK_t, PL_t)}{\partial RL_t} \tag{6-50}$$

根据 Mathiesen（1985）和 Rutherford（1997）可知，混合互补问题通常由三类方程组成，即零利润（Zero-profit）、市场出清（Market Clearance）和收支平衡（Income Balance）。

利润由总产出和单位利润所共同决定，零利润意味着总产出和单位利润至少有一项为零。在总产出大于零的情况下，只能是单位利润为零，即单位价格等于单位成本。在我们的拉姆齐模型中，t期的产出包括当期的投资 I_t、资本存量 K_t 和最终产品 Y_t，于是有：

$$I_t(P_t - PK_{t+1}) = 0, \quad I_t \geq 0, \quad P_t \geq PK_{t+1} \Rightarrow P_t = PK_{t+1} \quad (6-51)$$

$$K_t[PK_t - Rk_t + (1-\delta)PK_{t+1}] = 0, \quad K_t \geq 0, \quad PK_t \geq RK_t + (1-\delta)PK_{t+1} \Rightarrow$$

$$PK_t = RK_t + (1-\delta)PK_{t+1} \quad (6-52)$$

$$Y_t[C(RK_t, PL_t) - P_t] = 0, \quad Y_t \geq 0, \quad C(RK_t, PL_t) \geq P_t \Rightarrow C(RK_t, PL_t) = P_t \quad (6-53)$$

在上述公式（6-51）至公式（6-53）中，等式的左边代表成本（单位投入），右边代表价格（单位产出）。

市场出清也分为两种情况，当价格为正时，供需平衡；供过于求时，价格为零。这里的市场既包括最终产品市场，也包括要素市场，分别为 Y_t、L_t、K_t，其市场出清条件可以表示为：

$$P_t[Y_t - C_t(P_t, M) + I_t)] = 0, \quad P_t \geq 0, \quad Y_t \geq c_t(P_t, M) + I_t \Rightarrow Y_t = c_t(P_t, M) + I_t \quad (6-54)$$

$$PL_t[L_t - Y_t a_L(RK_t, PL_t)] = 0, \quad PL_t \geq 0, \quad L_t \geq Y_t a_L(RK_t, PL_t) \Rightarrow L_t = Y_t a_L(RK_t, PL_t) \quad (6-55)$$

$$PK_t[K_t - Y_t a_k(RK_t, PL_t)] = 0, \quad RK_t \geq 0, \quad K_t \geq Y_t a_K(RK_t, PL_t) \Rightarrow K_t = Y_t a_K(RK_t, PL_t) \quad (6-56)$$

$$PK_t[(1-\delta)K_t + I_t - K_{t+1}] = 0, \quad PK_t \geq 0, \quad [(1-\delta)K_t + I_t] \geq K_{t+1} \Rightarrow (1-\delta)K_t + I_t = K_{t+1} \quad (6-57)$$

资本要素比较特别，一方面作为生产要素，其租金价格由当前的资本存量（要素供给）和生产所需资本量（要素需求）所共同决定，于是有公式（6-56）；另一方面，资本积累本身也存在供需问题，资本积累的供给就是扣除折旧后的当前资本净存量加上当期投资，资本积累的需求则可以看做是下期的资本存量，于是便有公式（6-57）。

收支平衡相对来说要简单一些，就是代表性主体的收入等于其自身的禀赋价值。对于单个代表性主体来说，即：

$$M = PK_0 \bar{K}_0 + \sum_{t=0}^{\infty} PL_t L_t \quad (6-58)$$

第五节 使用 GAMS/MPSGE 动态建模的技术细节

一、效用函数的选择

在可计算一般均衡模型中，通常效用函数和生产函数都会采用不变替代弹性（CES）函数形式。在动态一般均衡中，代表性主体的效用涉及不同时期效用的替代问题。为了与比较静态一般均衡模型下的 CES 相一致，我们将采用不变跨期替代弹性（Constant-Elasticity-of-Intertemporal-Substitution，CEIS）函数，具体函数形式如下：

$$U(c) = \sum_{t=0}^{\infty} (\frac{1}{1+\rho})^t \frac{c_t^{1-\theta} - 1}{1-\theta} \tag{6-59}$$

由公式（6-59）可以推出 t 期消费 c_t 与 t+1 期消费 c_{t+1} 之间的边际替代率。

$$\frac{\partial U}{\partial c_{t+1}} = (\frac{1}{1+\rho})^{t+1} c_{t+1}^{-\theta}, \quad \frac{\partial U}{\partial c_t} = (\frac{1}{1+\rho})^t c_t^{-\theta} \Rightarrow$$

$$\frac{\partial U/\partial c_{t+1}}{\partial U/\partial c_t} = \frac{1}{1+\rho}(\frac{c_t}{c_{t+1}})^\theta = \frac{c_t}{c_{t+1}} = (1+\rho)(\frac{\partial U/\partial c_{t+1}}{\partial U/\partial c_t})^{\frac{1}{\theta}} \tag{6-60}$$

从公式（6-60）可知，效用函数（6-24）的跨期替代弹性为 $\frac{1}{\theta}$。

公式（6-28）被称作是"加性可分效用"（Additively Separable Utility），其每一期的即期效用 $\frac{c_t^{1-\theta} - 1}{1-\theta}$ 可以称作"不变相对风险厌恶效用函数"（Constant Relative Risk Aversion，CRRA）。公式（6-28）还可以通过单调变化（Monotonic Transformation）转化为另一种"线性齐次效用"（Linearly Homogeneous Utility）。

$$\hat{U}(c) = [(1-\theta)U(c) + \sum_{t=0}^{\infty}(\frac{1}{1+\rho})^t]^{1/1-\theta} = [\sum_{t=0}^{\infty}(\frac{1}{1+\rho})^t c_t^{1-\theta}]^{1/1-\theta} \tag{6-61}$$

公式（6-61）的替代弹性同公式（6-60）一样为 $\frac{1}{\theta}$，且与一般的 CES 函数形式完全一致，适合在 MPSGE 环境下使用。此外，用希克斯等价变换分析福利变化时，公式（6-61）中 1% 的效用变化对应 1% 的收入变化。

二、有限期界问题的处理

在前面的理论模型中，代表性主体（家庭）是无限期界的（Infinite-horizon）。在实际模拟过程中，不可能将动态循环永远持续下去，因此，必然涉及如何将无限期界问题转换为有限期界（Finite-horizon）问题。为解决上述问题，首先设定有限期界的终点为 T，并假定 T 期末转入以后的资本存量为 Tk。原先最初的非线性规划问题可以写成如下形式：

$$\text{Max} \sum_{t=0}^{T} \left(\frac{1}{1+\rho}\right)^t U(c_t) + \sum_{t=T+1}^{\infty} \left(\frac{1}{1+\rho}\right)^t U(c_t) \tag{6-62}$$

$$\text{s.t.} \quad \sum_{t=0}^{T} P_t c_t = PK_0 \bar{K}_0 + \sum_{t=0}^{T} PL_t L_t - TK \tag{6-63}$$

$$\sum_{t=T+1}^{\infty} P_t c_t = TK + \sum_{t=T+1}^{\infty} PL_t L_t \tag{6-64}$$

如果上述公式中的 TK 能够被确定下来，那么上述非线性规划问题就可以转化为两个独立的非线性规划问题。如果 TK 的赋值恰好与无限期界情况下的资本相对应，那么有限期界最优化问题的解将等同于无限期界情形。

根据 Lau, Pahlke 和 Rutherford（2002），作为一个重要的控制变量，可以由以下三个条件之一来确定。

$$I_T/I_{T-1} = 1 + g, \quad I_T/I_{T-1} = Y_T/Y_{T-1}, \quad I_T/I_{T-1} = c_T/c_{T-1} \tag{6-65}$$

三、动态模型的参数校准问题

在静态一般均衡模拟中，以某一时点的社会核算矩阵（SAM）作为基准数据集（Benchmark Dataset）。该基准数据集既被看做是一个均衡解用来校准（Calibrate）确定相关的参数，又是进行政策情形模拟的参照。在动态一般均衡模拟中，也需要确定一个稳态增长路径（Steady-state Growth Path）作为基准和参照。

如果基准期正好处于稳态增长路径，那么资本、劳动、产出、消费等都将以固定的增长率 g 增长。于是有：

$$L_t = (1+g) L_{t-1} \tag{6-66}$$

$$K_{t+1} = (1+g) K_t \tag{6-67}$$

与此同时，假定利率为 r，所有（产品、要素）价格都遵循如下规则：

$$P_{t+1} = \frac{P_t}{1+r} \tag{6-68}$$

根据公式（6-66）至公式（6-68）所刻画的动态演化规则，对照前面"零利润"、"市场出清"，可以得出基准期的资本价格、租金价格、投资及资本价值：

$$PK_{t+1} = \frac{PK_t}{1+r} = P_t \Rightarrow PK_t = (1+r)P_t \Rightarrow PK_0 = (1+r)P_0 \tag{6-69}$$

$$PK_t = RK_t + (1-\delta)PK_{t+1} \Rightarrow (1+r)P_t = RK_t + (1-\delta)P_t \Rightarrow$$
$$RK_t = (r+\delta)P_t \Rightarrow PK_0 = (r+\delta)P_0 \tag{6-70}$$

$$K_1 = K_0(1-\delta) + I_0 = (1+g)K_0 \Rightarrow I_0 = (\delta+g)K_0 \tag{6-71}$$

$$VK_0 = K_0 RK_0 \Rightarrow K_0 = VK_0/RK_0 \Rightarrow I_0 = (\delta+g)VK_0/RK_0 \Rightarrow I_0 = VK_0 \frac{\delta+g}{r+\delta} \tag{6-72}$$

根据上述公式（6-66）至公式（6-72），通过对价格进行标准化（Normalization），结合 SAM 表中的相关数据,就可以对基准期进行赋值。

四、基准数据集及相关参数设定

我们的数据集将是一个最为简化的 SAM 表,表中将只包含一个产品部门、一个代表性主体和一个投资(储蓄部门),并假定经济体为封闭经济体。这样 SAM 表各列从左到右将分别为产品部门、投资部门和代表性主体;SAM 表的各行则分别表示(最终)产品、劳动要素、资金要素、资本积累四个市场。对 2007 年中国投入—产出表中的相关数据进行加总,可以得到初步的数据集。

表 6-1 以 2007 年 I/O 表为基础的加总基准数据集(未调整)

单位:亿元

		生产部门	投资	代表性主体
		Y	I/S	RA
产品市场/增加值	P	266044	−110919	−131744
劳动市场	PL	−110047		110047
资金市场	RK	−155997		155997
储蓄市场	PS(saving)		110919	−110919

注:SAM 表中,正的数据代表产出或收入;负的数据则代表投入或消费(购买)。

表 6-1 中的数据是由 I/O 表相关项简单加总而得,并未将各行、各列调整平衡。在代表性主体一列,加总的数据为 23381 亿元,这主要是因为实际的 I/O 表中还包含有进出口项及误差项。根据国民收入核算恒等式,封闭经济条件下 S = I,开放经济条件下 S = I + X − M,考虑到我们编制的是最简单的封闭经济条件下的 SAM 表,因此,应该将净出口部分全部归到投资和储蓄项下。于是有:

表 6-2 以 2007 年 I/O 表为基础的加总基准数据集(已调整)

单位:亿元

		生产部门	投资	代表性主体
		Y	I	RA
产品市场/增加值	P	266044	−134300	−131744
劳动市场	PL	−110047		110047
资金市场	RK	−155997		155997
储蓄市场	PS(saving)		134300	−134300

为了在编程中更为简洁,可以进一步将表 6-2 的数据进行标准化,具体来说,就是将总产出(增加值)标准化为 100,其余数据进行相应比例的缩减,于是得到表 6-3。

接下来要确定的就是稳定增长路径下的增长率、利率和折旧率这三个参数。

从已有的相关研究来看,折旧率的选择存在较大差异,其波动范围为 4%~12%。为了计算简便,不妨取 7% 作为全社会整体的折旧率。

表 6-3　以 2007 年 I/O 表为基础的标准化数据集

		生产部门	投资	代表性主体
		Y	I	RA
产品市场	P	100.000	−50.481	−49.519
劳动市场	PL	−41.364		41.364
资金市场	RK	−58.636		58.636
储蓄市场	PS（saving）		50.481	−50.481

表 6-4　相关文献中的折旧率选择

相关研究	使用折旧率（%）	相关研究	使用折旧率（%）
Perkins（1988）	5	张军等（2004）	9.6
王春华（2001）	11.86	邹至庄（2005）	4
Wang 和 Yao（2003）	5	宋国青（2007）	10
郭励弘（2003）	4	万东华（2009）	7.3

表 6-5　2004 年以来一年期存贷款基准利率调整情况一览

调整时间	贷款利率		存款利率		利率差
	调整幅度	调整后水平	调整幅度	调整后水平	
2004 年 10 月 29 日	0.27	5.58	0.27	2.25	3.33
2006 年 4 月 28 日	0.27	5.85	—	2.25	3.6
2006 年 8 月 19 日	0.27	6.12	0.27	2.52	3.6
2007 年 3 月 18 日	0.27	6.39	0.27	2.79	3.6
2007 年 5 月 19 日	0.18	6.57	0.27	3.06	3.51
2007 年 7 月 20 日	0.27	6.84	0.27	3.33	3.51
2007 年 8 月 22 日	0.18	7.02	0.27	3.6	3.42
2007 年 9 月 15 日	0.27	7.29	0.27	3.87	3.42
2007 年 12 月 20 日	0.18	7.47	0.27	4.14	3.33
2008 年 9 月 16 日	−0.27	7.2	−0.27	3.87	3.33
2008 年 10 月 9 日	−0.27	6.93	−0.27	3.6	3.33
2008 年 10 月 30 日	−0.27	6.66	−0.27	3.33	3.33
2008 年 11 月 26 日	−1.08	5.58	−1.08	2.25	3.33
2008 年 12 月 22 日	−0.27	5.31	−0.27	1.98	3.33

根据表 6-5 可以看出，我国近年来的基准利率（一年期存款利率）基本在 2%～4% 之间浮动，因此，不妨将利率定为 3%。

从表 6-6 可以看出，1999～2004 年，就业人员增长率维持在 1% 左右；2005～2007 年，就业增长率则维持在 0.8% 的水平。根据其他课题组的预测，2015 年以后，我国劳动人口将逐步变为负增长。2015～2100 年，劳动人口的平均增长率为-0.5%。为计算方便，不妨取 0.01 和-0.005 作为当前和未来的取值。

表 6-6 改革开放以来中国就业人员数及其指数

单位：亿人

年份	就业人员	就业指数	年份	就业人员	就业指数	年份	就业人员	就业指数
1977	39377		1988	54334	1.029	1999	71394	1.011
1978	40152	1.020	1989	55329	1.018	2000	72085	1.010
1979	41024	1.022	1990	64749	1.170	2001	73025	1.013
1980	42361	1.033	1991	65491	1.011	2002	73740	1.010
1981	43725	1.032	1992	66152	1.010	2003	74432	1.009
1982	45295	1.036	1993	66808	1.010	2004	75200	1.010
1983	46436	1.025	1994	67455	1.010	2005	75825	1.008
1984	48197	1.038	1995	68065	1.009	2006	76400	1.008
1985	49873	1.035	1996	68950	1.013	2007	76990	1.008
1986	51282	1.028	1997	69820	1.013	2008	77480	1.006
1987	52783	1.029	1998	70637	1.012			

注：就业指数以上年就业人员数为1。

表 6-7 不同劳动要素增长率的参数组合

参数组合	δ	r	g
组合 1	0.07	0.03	0.01
组合 2	0.07	0.03	−0.005
组合 3	0.07	0.03	0.016

第六节 人口老龄化影响的情景模拟

本节的目标是考察人口老龄化，或者说劳动力要素下降后对经济增长及储蓄率等宏观变量的影响。因此，首先必须确定不出现人口老龄化，或者说以现有的劳动要素增长速度推断未来经济增长、储蓄率等宏观变量的变化轨迹。在此基础上，再模拟劳动要素增长率变为−0.5%后相关宏观变量的变化轨迹。对比两种劳动要素增长率情形下的变化轨迹便可以看出劳动要素增长变化（或者说人口老龄化）可能带来的大致影响。

当选 δ = 0.07，r = 0.03，g = 0.01 取作为参数组合时，由 2007 年 I/O 表直接得出的 SAM 表不在均衡路径上。根据公式 (6-72)，均衡增长路径下的投资应该为 46.9104，相应的 SAM 表变为表 6-8。

表 6-8 以 2007 年 I/O 表为基础的均衡增长路径标准化数据集（劳动要素正增长 1%）

		生产部门	投资	代表性主体
		Y	I	RA
产品市场	P	100.000	−46.9104	−53.0896
劳动市场	PL	−41.364		41.364
资金市场	RK	−58.636		58.636
储蓄市场	PS (saving)		46.9104	−46.9104

以上述经调整处于均衡增长路径的 SAM 表及前面未经调整的非均衡路径 SAM 表作为数据基础，依据混合互补问题（MCP）的相关原理和公式，利用 GAMS/MPSGE 语言进行跨期动态一般均衡的编程，可以模拟出相关宏观变量（产出、储蓄/投资、消费及其增长率等）如何由当前状态逐步向均衡增长路径演进。

类似地，当选取 δ = 0.07，r = 0.03，g = −0.005 作为参数组合时，均衡增长路径下的投资应该为−38.1134，相应的均衡增长路径 SAM 表变为表 6−9。

表 6−9 以 2007 年 I/O 表为基础的均衡增长路径标准化数据集（劳动要素负增长−0.5%）

		生产部门 Y	投资 I	代表性主体 RA
产品市场	P	100.000	−38.1134	−61.8866
劳动市场	PL	−41.364		41.364
资金市场	RK	−58.636		58.636
储蓄市场	PS（saving）		38.1134	−38.1134

同劳动要素正增长情况一样，我们也可以利用 GAMS/MPSGE 编程，对相关变量如何由当前非均衡增长路径逐步向均衡增长路径演进进行模拟。

另外，需要特别指出的是，表 6−3 对应的均衡增长路径为 g = 0.061，即前面的参数组合 3。

两种不同劳动要素增长率情形下的各变量演进情况分别由图 6−3 至图 6−6 所列示。

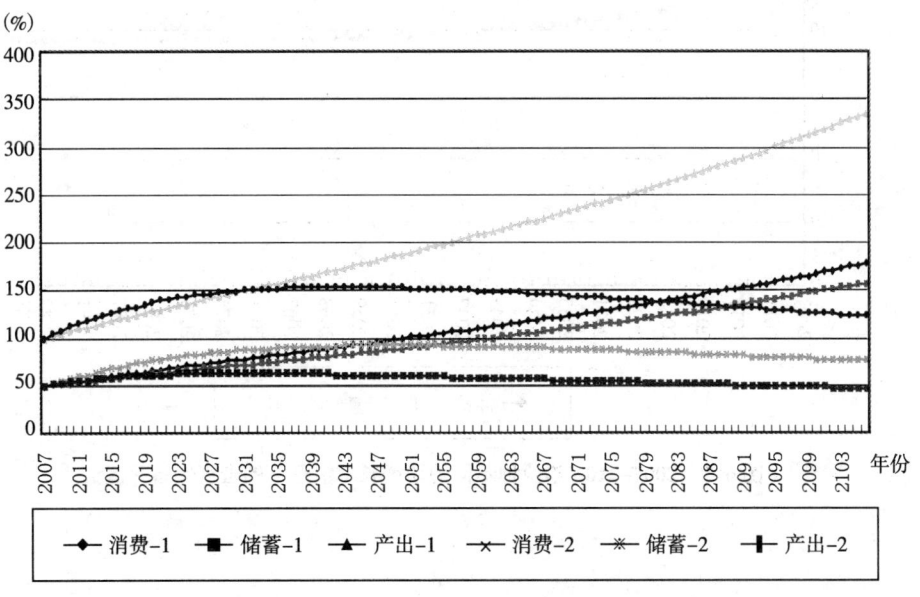

图 6−3 2007~2103 年两种不同劳动增长率情形下的消费、储蓄、产出演进

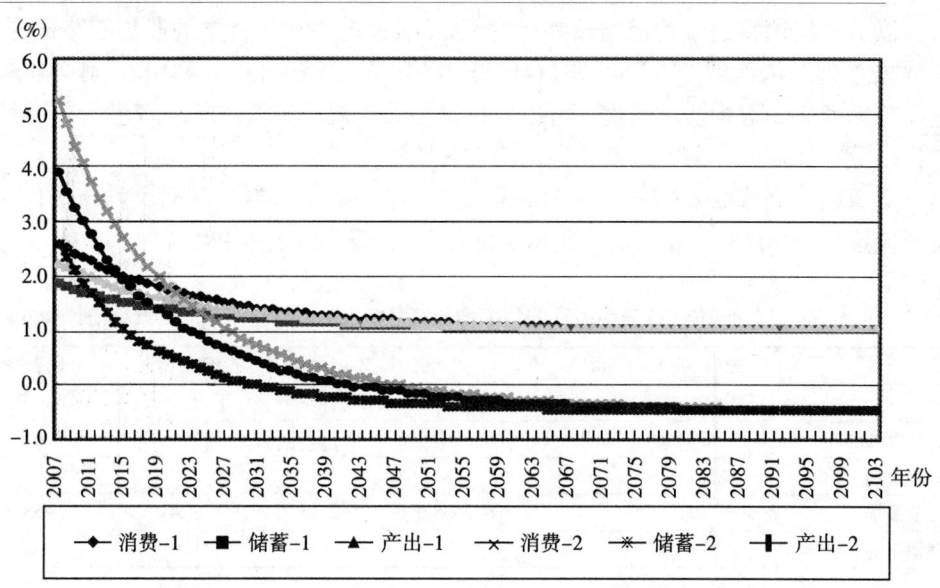

图 6-4　2007~2103 年两种不同劳动增长率情形下的消费、储蓄、产出增长率演进

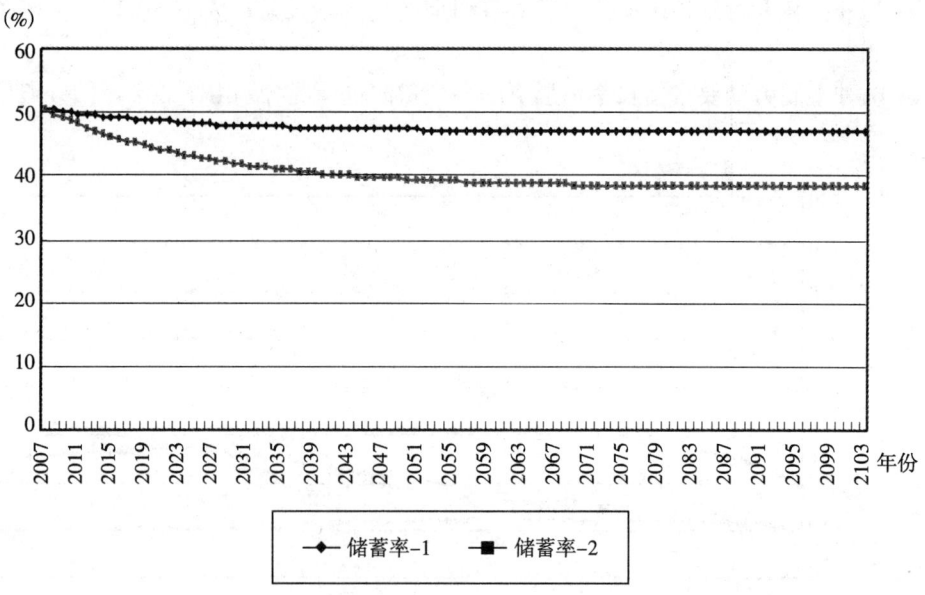

图 6-5　2007~2103 年两种不同劳动增长率情形下的宏观储蓄率演进

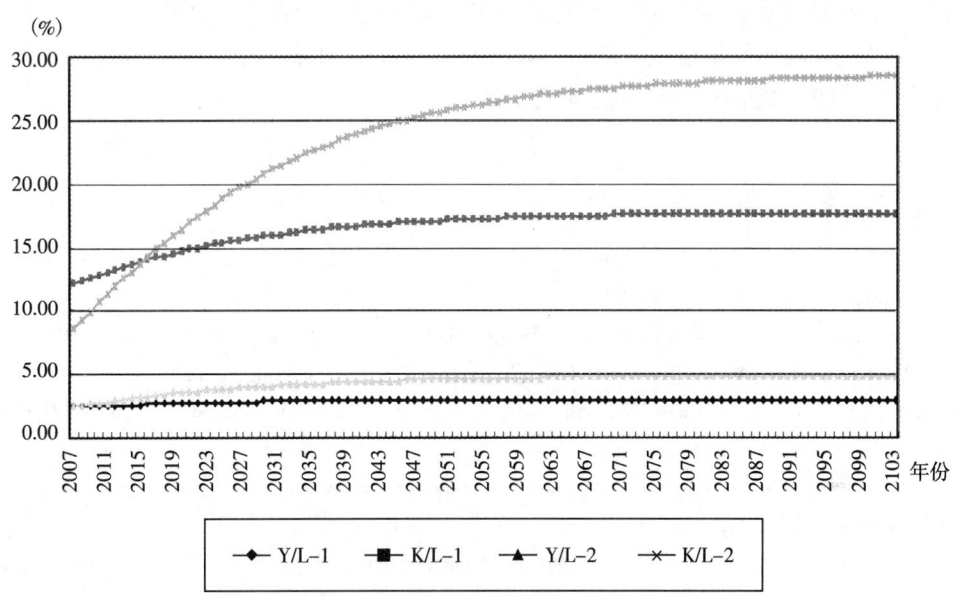

图 6-6 2007~2103 年两种劳动增长率情形下单位劳动产出、单位资本存量演进对比

第七节 相关结论

对比图 6-3~图 6-6 中各变量在两种不同劳动增长率情形下的动态演进模拟路径，可以得出与前面的理论分析高度一致的结论。

第一，当劳动要素的增长率下降后，均衡状态下的经济增长率也会随之下降。在图 6-4 中，1%劳动增长率对应均衡增长路径（或均衡状态）下的产出增长率（经济总量增长率）最终趋于 1%（大约为 1.03%）；相应的，-0.5%劳动增长率对应的均衡产出增长率则趋于-0.5%（大约为-0.49%），即负劳动增长导致负的经济增长。

第二，从单位劳动平均来看，劳动增长率下降后，均衡状态下的单位劳动产出、单位劳动资本存量都有所上升。在图 6-6 中，1%劳动增长率对应的均衡单位劳动产出、单位劳动资本存量分别趋于 3 和 17.7；而-0.5%劳动增长率对应的均衡单位劳动产出、单位劳动资本存量则分别趋于 4.9 和 28.5。

第三，劳动增长率下降后，均衡状态下的宏观储蓄率也将显著下降。在图 6-5 中，1%劳动增长率对应的均衡储蓄率大约为 47%；-0.5%劳动增长率对应的均衡储蓄率大约为 38%，相差约 9 个百分点。

第四，劳动增长率变动后，要达到新的均衡增长路径需要很长的调整期。从图 6-3 至图 6-6 各变量的演进情况来看，各变量到 90 期（年）以后基本都趋向稳定（均衡）。

第五，劳动增长率变化后，最初 30 年的调整幅度很大。从图中各变量的演变可知，当劳动增长放缓,甚至出现负增长后,经济增长率、储蓄率等都将出现较大幅度的下降。如果没有其他冲抵措施,随着人口老龄化程度的加深及劳动增长率的下降,未来30年我国经济势必经历一个增速放缓的过程。

(本章作者:蔡跃洲)

参考文献

[1] Barro, Robert J. and Gary S.: Becker. Fertility Choice in a Model of Economic Growth. Econometrica, 1989, 57, 2: 481-501.

[2] Barro, Robert J. and Xavier Sala-I-Martin. Economic Growth. McGraw-Hill, Inc, 1995.

[3] Lau M.I., A. Pahlke and T.F. Rutherford. Approximating infinite –horizon models in a complementarity format: a primer in dynamic general equilibrium analysis. Journal of Economic Dynamics and Control, 2002, 26: 577-609.

[4] Mathiesen L.. Computation of Economic Equilibrium by a Sequence of Linear Complementarity Problems. Mathematical Programming Study, 1985, 23: 144-162.

[5] Paltsev, Sergey. Moving from Static to Dynamic General Equilibrium Economic Models. MIT Joint Program on the Science and Policy of Global Change, Technical Note No.4, 2004.

[6] Perkins D.H.. Reforming China's Economic System. Journal of Economic Literature, 1988, 2: 601-645.

[7] Rutherford, Thomas F.. Applied General Equilibrium Modeling with MPSGE as a GAMS Subsystem: an Overview of the Modeling Framework and Syntax, Mimeo, 1997.

[8] Sydsæter, Knut and Peter J. Hammond. Mathematics for Economic Analysis, Prentice Hall, 1995.

[9] Wang Y. and Yao Y.. Sources of China's Economic Growth 1952–1999: Incorporating Human Capital Accumulation. China Economic Review, 2003, 14: 32-52.

[10] 郭励弘. 中国投融资体制改革的回顾与前瞻. 管理世界, 2003 (11).

[11] 宋国青, 卢峰等. 我国资本回报率的估测, CCER Working Paper, 2007.

[12] 万东华. 一种新的经济折旧率测算方法及其应用. 统计研究, 2009 (10).

[13] 王春华. 我国工业部门固定资产的折旧、存量及其回报率的测算. CCER 工作论文, 2001.

[14] 张军, 吴桂英, 张吉鹏. 中国省际物质资本存量估算: 1952~2000. 经济研究, 2004 (10).

[15] 邹至庄. 中国经济转型 (中译本). 北京: 中国人民大学出版社, 2005.

第七章 中国金融可计算一般均衡（FCGE）模型的理论构建

在经济运行过程中，由于金融市场和金融部门与实体经济之间相互影响的复杂性和多样性，传统的可计算一般均衡（CGE）模型往往不考虑金融市场和金融部门，而使用相对价格来描述生产者和消费者行为及其方程。现在金融市场日益强大，金融部门的作用日益突出，金融工具日益多元化，金融行业在国民经济中的地位越来越重要和突出，这种忽视金融部门的做法使得传统 CGE 模型的实证结果受到越来越多的质疑。另外，随着我国金融市场的快速发展和金融体制的日臻完善，在传统 CGE 模型的基础上，加入金融部门和金融变量，真实地反映金融市场和金融部门在国民经济中对实体经济的作用和相互反馈机理，即建立金融可计算一般均衡模型（FCGE）进行政策模拟分析，成为一个现实而迫切的要求。

第一节 可计算一般均衡模型的理论综述

一、可计算一般均衡（CGE）模型的基本理论

一般均衡理论始于瓦尔拉斯 1874 年的专著《纯粹经济学要义》，该理论将经济系统看做一个整体，研究其中各要素之间复杂的相互作用和相互依存关系。一般均衡理论考察在经济系统中的市场均衡和总量均衡，以及在一定条件下因供求关系的变动所导致的价格变动，进而又使供求关系趋向均衡的经济变量的运动过程。一般均衡理论所要说明的核心问题是：面对这样的经济系统，是否存在一组商品价格，能够实现供给等于需求的均衡状态。如果存在这样一组价格，则称其为一般均衡条件下的均衡价格。

由于一般均衡理论从最初建立就具有高度的抽象性，因此，在较长的一段时间内都没有能够在应用经济学领域得到发展。自 20 世纪 50 年代开始，当模型的可计算性、方程形式以及参数选定等几个给计量可操作性方面造成困难的难题逐步加以解决之后，一般均衡模型才逐步发展到可计算的一般均衡（Computable General Equilibrium，CGE）模型阶段，从而为一般均衡理论在各个应用领域的发展提供了可能。

CGE 模型有以下特点：

（1）它们明确地设定了各个经济主体行为，如家庭是效用最大化的，厂商是利润最大化或成本最小化的。通过这些最优化假设，强调商品和要素价格在影响家庭与厂商消费和生产决定中的作用。此外还可加入描述政府、工会、进出口商行为的最优化设定。

（2）它们描述了不同经济主体的需求和供给决策可以决定至少某些商品和要素的价格，即采用了市场均衡假设。

（3）它们是可计算的，即可得出数值解。方程中的系数和参数基于某个数据库，这个数据库通常是某年的一组反映产业、家庭、政府，进出口商之间商品和要素流动的投入—产出记录。此外还需要有各个弹性参数的估计值，包括不同投入的替代弹性，家庭对不同商品需求的价格和收入弹性以及国外对出口产品的需求弹性。

CGE 模型适合于经济系统分析，因为它可以提供灵活的价格和外生变量变化的模拟，能捕捉到引起经济系统中各部门发生变化的本质因素。CGE 分析与之前其他模型的不同之处在于，它考虑经济主体对价格变动的反应，比如因为价格上升，消费者可能寻找替代品或改变偏好、厂商可能会改变生产计划等。而且，CGE 模型具有坚实的微观经济理论基础，它可以定量描述经济复杂系统中各行为主体以及各部门之间的直接或间接联系，为研究者提供了一种有效的方法针对复杂经济系统进行科学试验（Dixon，P.B.，2006），因此，在社会经济、环境等领域中有着广泛的应用。

从模型框架上讲，CGE 模型描述现实的经济结构、经济运行和市场经济中各行为主体的行为，刻画生产者、消费者、政府等行为主体在各自的预算约束下追求利润或效用最大化的行为，并最终在市场机制的作用下，达到各个市场的均衡。通常，CGE 模型主要包括三组方程，分别表示供给、需求和均衡的关系，根据研究问题的不同，可以引入更多的主体和研究对象，这也正体现了 CGE 模型处理问题的灵活性。而三组方程又可分为五类来构建，分别为价格方程、生产方程、收入方程、支付方程和宏观闭合方程。前四类方程是 CGE 模型对所描述的经济系统某一方面特征的定义，而宏观闭合方程则是 CGE 模型对其理论基础——瓦尔拉斯一般均衡理论的反映。一般而言，应用 CGE 模型进行相关政策分析时会依照实际情况构建具体的方程，但综合来看，大多数 CGE 模型都可以分为以下几个模块：

（一）生产模块

在生产部分，模型主要对商品和要素的生产者行为及其优化条件进行描述，包括生产者的生产方程、约束方程、生产要素的供给方程以及优化条件方程等。刻画生产行为的方程主要描述生产者的产品供给，方程一般有两类：

第一类是描述性方程，主要描述生产要素投入和产出之间的关系，以及中间投入和产出的关系。生产者行为可采用 Cobb-Douglas 生产函数、常替代弹性（Constant Elasticity Substitution, CES）生产函数、两层或多层嵌套的 CES 生产函数等描述。生产函数可采用传统的两种生产要素——劳动力和资本，也可以采用多种生产要素——再加上土地或能源等。

此外，劳动力还可根据技术水平、收入、教育水平等分为不同组别。这样，针对不同的研究问题，就可以选用不同的生产函数，以突出所要研究的问题。中间投入关系一般用列昂惕夫投入—产出矩阵来描述。

第二类是生产者的优化方程或利润最大化方程，描述生产者在生产函数的约束下，如何能达到成本最小或利润最大，即劳动要素的报酬与其边际生产率相等，这同时也决定了生产者对生产要素的需求量。

（二）消费模块

在 CGE 模型中，消费者将力求实现在预算约束条件下的效用最大化。消费者最优化问题实际是在预算约束条件下选择商品（包括服务、投资、休闲）的最佳组合以实现尽可能高的效用。它也包括两类方程：描述性方程和优化方程。

描述性方程描述消费者的预算约束条件，即消费者的收入来源及其可支配收入。优化方程描述其效用最大化行为，也有多种效用函数可供选择，如 Cobb-Douglas 效用函数、CES 效用函数和 Stone-Geary 效用函数等，在预算约束下对效用函数求导，得到相应的表示消费者支出的线性支出系统（Line Expenditure System，LES）方程或扩展的线性支出系统（ELES）方程。

（三）政府行为模块

CGE 模型中用许多不同的方法来描述政府的行为，一般而言，政府的作用首先是制定有关政策，如税收、利率、汇率、关税以及财政补贴政策等。在模型中将这些政策作为控制变量，纳入方程体系，然后来研究当政府改变其政策时，对整个经济系统产生的影响。此外政府也作为消费者出现在 CGE 模型中，政府的收入来源于各种税收和国民资产的入息，政府的开支包括各种公共事业开支和转移支付及财政补贴。

（四）对外贸易模块

世界经济是一个开放的经济，对外贸易在一国的经济发展中起着重要的作用，因此在 CGE 模型中对外贸易占有重要的地位。如果一国的进出口数量较小，不会造成世界市场价格的变化，往往对其采用小国假设，将商品的世界价格设定为固定不变的。此外要区分进口商品与国内产品。当前较为普遍的做法是假设国内产品和国外产品是不完全替代的，采用阿明顿（Armington）假设，并用 CES 方程来描述进口行为，用常弹性转换（Constant Elasticity Transformation，CET）方程来描述出口行为。对有些部门也可处理为无进出口，进出口与国内商品是不能替代的或部分替代的等。如果不采用小国假设，则世界价格将随着进出口数量的变化而变化，市场均衡的概念也要考虑世界市场的均衡，在对外贸易的多国模型中会出现此类情形（Whalley，1985）。

（五）市场均衡模块

描述市场均衡是 CGE 模型的重点，一般来讲，CGE 模型中的市场均衡以及相应的

预算约束包括以下几个方面:

(1) 产品市场的均衡:产品市场的均衡要求各部门的总供给等于总需求,这不仅要求在数量上达到均衡,同时在价值上也要求达到均衡。如果在某一部门出现不均衡,则供求之差可以处理为库存,包括库存变量在内的 CGE 模型所描述的是广义均衡。

(2) 要素市场均衡:主要是指劳动力市场的均衡,即劳动力的总供给等于总需求。劳动力可以在各部门之间流动以达到生产者和消费者的优化目标,其流动的原因是各部门之间的边际利润率不同,如果在某一时期,劳动力的供给大于需求,那么在劳动力市场上必然会出现失业。CGE 模型中劳动力市场的均衡是指包括失业在内的广义的均衡。

(3) 资本市场的均衡:资本市场的均衡主要是指总投资等于总储蓄,如果投资规模与储蓄水平不相符,则通过出售债券、引入外资或增减政府财政储备来弥补以达到平衡。同时,根据宏观经济学的原理,投资和储蓄的相等同产品市场的均衡是等价的。这是由于商品市场中库存被处理为总投资的一部分,另一部分为固定资产投资。总储蓄的一部分将用来购买库存,因而商品市场的均衡同资本市场的均衡是一致的。

(4) 政府预算均衡:如果政府支出不等于政府收入,那么把财政赤字当作一个变量加入政府收入一边,就可以用一组均衡方程来表示政府预算的不均衡状态。因而政府的收支也是广义均衡的。

(5) 居民收支均衡:居民的收入来自劳动报酬、企业的利润分配、国外挣取汇款等,在缴纳了个人所得税之后,余下的收入进行消费或储蓄,以满足居民的收支平衡。

(6) 国际收支均衡:外贸出超在 CGE 模型中表现为外国资本流入,外贸入超表现为本国资本流出。如果把国外净资本流入当作变量来处理,那么国际收支也应该达到平衡。

总之,从以上对均衡的处理可以看出,各个均衡状态下的差额变量(如库存、失业、节余、赤字)的变化趋势,为实际不均衡状态的研究提供了重要的分析依据。虽然一般均衡理论要求各项都同时达到均衡,但在一般情况下这被证明是做不到的,只能达到有条件的均衡。CGE 模型的宏观封闭理论将对此作出解释。

(六) 模型的宏观闭合模块

建立 CGE 模型首先要保证求出均衡解,如何保证模型解的存在性和唯一性是一个很重要的问题,模型宏观闭合理论的出现就是为了解决这个问题。宏观闭合理论首先要保证 CGE 模型中的方程总数与变量总数相等,同时必须符合经济学的原理。因而不同的宏观闭合理论也就显示出模型具有不同的经济学理论基础,并对应不同的研究问题。

Sen 早在 1963 年就已证明,在一个封闭的经济系统中,如果投资水平和政府支出水平是固定的,那么要达到利润优化的目的就不可能保持充分就业;如果要达到充分就业,就不可能达到系统的优化状态。

在 Sen 的基础上,迪卡鲁维(Decaluwe)在 1987 年进一步证明,在按照一般均衡理论建立起来的经济模型中必然存在着过度识别的问题,即在实际消费(Real Consumption)和公共消费水平给定的情况下,CGE 模型中的充分就业和收入分配的优化是不能同时兼得的，模型中必然出现方程数多于变量数的矛盾。为了保证解的唯一性，必须对模型做出相应的假设，去掉一组约束条件，即要在失业率（劳动力市场的均衡）、公共开支（政府预算均衡）、投资水平（投资与储蓄均衡）以及要素收入水平（生产优化条件）这四项中做出取舍，取舍的不同形成不同的 CGE 流派。

第一种方案：放弃劳动力市场和商品市场同时达到均衡的要求，使 CGE 闭合。这样，就业率被当作内生变量，这意味着社会上存在着巨大的劳动力后备军，随时可以补充进生产部门。这实际上反映了凯恩斯需求不足、供给过剩的假设，所以如果 CGE 模型把各部门劳动力需求量处理为内生变量，这类模型通常被称为凯恩斯式模型。

第二种方案：在保持生产者利润优化的条件下，如果政府开支水平是外生给定的，那么必须把投资水平当作内生变量，总投资水平将被自动调节到储蓄水平上。在这种情况下，储蓄决定了总投资，符合新古典学派的假设，被称为新古典模型。

第三种方案：在保持生产者利润优化的条件下，如果总投资水平是外生给定的，为了闭合模型，求得唯一解，就必然要把政府开支当作内生变量，或者以政府预算结余或赤字来添平补齐投资储蓄差额。这种 CGE 通常被称为乔根森（Johanson）模型。

第四种方案：如果投资水平是外生给定的，政府开支水平也是外生给定的，为了达到一般均衡的目的，只能牺牲生产要素的优化条件。假定不同组的劳动者有不同的储蓄率。在 CGE 求解过程中调整各组劳动力的收入分配以使真实储蓄与投资规模相适应，在这种情况下，工资率不一定等于劳动生产率的边际值。通常人们称这种 CGE 模型为科多润（Kaldorian）模型。由此可以看出，宏观经济模型封闭理论是非常重要的，它从数学的角度证明了各个主流经济学派能够同时并存的原因。

二、CGE 模型研究现状

（一）CGE 模型在国外的应用

在国外，CGE 模型广泛应用于贸易政策、财政政策和收入分配、环境政策、经济改革、技术、国际商品价格、汇率和利率、工资调整和工会行为、区域发展、粮食政策等领域。

贸易政策是 CGE 模型的一个重要应用领域。运用 CGE 模型进行对外贸易分析可以分为两类：一类是单国 CGE 贸易模型；另一类是多国 CGE 贸易模型。单国 CGE 贸易模型主要用于分析各种贸易政策对国内各个产业、部门经济组织的具体影响，例如各种关税和非关税贸易保护措施、汇率政策、各种贸易发展战略、出口税收、出口补贴以及吸引外资的政策等。在单个国家 CGE 贸易模型中，具有代表性的是澳大利亚 MONASH 大学开发的 ORANI 模型（Dixon，1982、1977、1992、2002；Horridge，2001、2003），ORANI 模型是一个大规模静态 CGE 模型，该模型的标准版本包含 112 个行业、114 种商品和 9 类劳动力，该模型闭合可以灵活地选择外生变量，这也是 ORANI 模型的特色，从而使该模型有广泛的用途，目前世界许多国家的 CGE 贸易模型都直接或间接地采用了该模型的框架。

而世界上规模最大的多国 CGE 贸易模型当属 GTAP (Global Trade Analysis Project) 模型，它是一个由美国 Purdue 大学的 GTAP 小组开发 (Hertel, 1996) 的主要用于全球贸易政策分析的多国 CGE 模型。后来 GTAP 项目组雇请了全球 400 多名经济学家建立了近 87 个国家和地区的多国 CGE 贸易模型，每个模型均通过贸易与要素流动相互联结，目前 GTAP 模型仍保持着世界上最大规模的世界贸易数据库，以 GTAP 模型为框架以及与其相链接的各国子模型已被广泛地应用于世界各国的贸易政策分析之中 (Hertel, 1997)。此外，较有代表性的多国模型还有 Whalley (1990) 所建的四区域模型；Deardorf 和 Stern (1996) 建立的 34 国模型以及 Wang (1998) 开发了一个多区域的 CGE 模型，研究中国与台湾地区恢复直接贸易的经济后果。这些贸易的 CGE 模型主要涉及世界贸易的两个问题：一是全球的贸易自由化，包括多边的贸易谈判如关税及贸易协定 (GATT) 和特殊部门如多边纺织品协定；二是区域一体化进程如欧洲共同体的扩大。

财政政策和收入分配是 CGE 模型的一个重要研究内容。由于财政税收制度及税率的变化不仅影响国家财政收支平衡，而且税收变化还会影响价格，并且通过价格体系把冲击传递到经济系统的各个部分，这使得计量经济模型和局部均衡模型很难描述这种错综复杂的关系。因此，许多经济学家纷纷建立 CGE 模型来模拟税收改革方案。例如，Harberger (1994) 利用两部门一般均衡模型分析税收问题；Meagher (1990) 在 1991 年建立了一个 CGE 模型，详细地分析了澳大利亚的税收改革对经济各部门的深远影响；Heafler (1991) 所建立的税收 CGE 模型则研究了欧共体整合过程的税制改革；Kehoe (1991) 用 CGE 研究了西班牙的税收改革，分析了各种方案的可行性以及对各阶层的影响；Kamil Yilmaz (1999) 建立了一个全球可可市场的 CGE 模型来分析在多国框架下的最优的出口税率问题，分析了纳什最适税 (Nashoptimum Taxes) 和纳什收入最大化税 (Nash Revenue Maximizingtaxes)；Heafler (1991) 所建立的税收 CGE 模型研究了欧共体整合过程的税制改革，并说明了采用不同征税原则将会对不同国家产生不同的影响。早期的财政税收政策研究主要涉及各种生产税负和个人所得税的变动。近年来，随着对环境能源问题的重视，如何通过经济手段，尤其是通过税收手段改变能源使用结构，从而改进环境状况成为近年 CGE 分析的热点。

20 世纪 60 年代以来，许多发展中国家经历了显著的快速经济增长阶段，但是许多低收入居民并没有从经济增长中获得相应的好处，贫穷和收入差距成为日益严重的社会问题。许多 CGE 模型被开发用于研究不同的发展战略、工业化以及扶贫政策措施对收入分配和贫困的影响。Adelman 和 Robinson (1978) 建立的韩国 CGE 模型可以看做是研究收入分配的先驱者，后来 Ahluwalia 和 Lysy (1981) 建立了马来西亚模型，Gupta 和 Togan (1984) 的模型讨论了土耳其、肯尼亚和印度的收入分配问题。Kehoe (1991) 研究了在西班牙 12 个生产部门、27 种商品、8 类家庭、2 个国外部门的模型中引入增值税后对消费者福利的影响。Ballard Fullerton (1992) 用 CGE 模型对税收进行系统的分析，研究了公司税和个人所得税的合并、用累进的消费税代替个人所得税、税率与收入分配的关系等问题。Harberger (1994) 研究了美国公司所得税和个人所得税的合并对居民收入影响效果。

20世纪80年代以来，原来实行计划经济的国家都不同程度地在进行经济改革。如何进行经济改革是经济学的一个新的研究领域。这些国家的经济改革既缺乏完善的理论指导，又缺乏成功的案例。而CGE模型在这方面发挥了关键性的优势，用来模拟改革方案可能带来的冲击程度，为选取较好的方案提供了分析比较的基础。早在1984年，Robinson等人就为南斯拉夫建立了外汇改革的CGE模型。Hare（1990）用CGE讨论了在捷克和匈牙利的市场化改革。Pogodzinski（1991）按照当时苏联计划部门运行的特点进一步完善了CGE模型。Portes和Winter（1980）用经济非均衡方法对几个东欧国家的经济的过度需求进行了估计。Podkamine（1988）通过把从市场经济得到的需求系统移植到有数量限制的波兰经济，来估计1965~1986年波兰的消费品市场在没有定额限制下的自由市场需求和价格。Chow（1985）通过比较平均工资率和劳动力的边际产品的价值来研究中国国有工业的劳动力分配的效率。Xu（1996）建立了中国的价格双轨CGE模型，假定经济被分割为市场和计划两部分，反映了中国改革的特点。Irma（2000）建立了一个多边的CGE模型来研究亚洲金融危机的主要原因。Theodore Levantis（2001）建立了CGE模型来研究巴布亚新几内亚的劳动力市场管制与非管制时的情况。

此外，CGE模型还广泛应用于诸如国际商品价格、汇率和利率（Hanson，1993）、工资调整和工会行为（Fisher，2000）、经济危机（Siriwardana，1998；Azis，2000）、区域发展（Giesecke，2002；Kim，2002）等领域中，同时还包括粮食政策和汇率变化的影响（Robinson，1998）以及人民币实际汇率的影响（Dai和Rod，2007）等领域。

（二）CGE模型在国内的应用

相对于国外研究，我国对CGE模型的研究起步较晚，直到20世纪80年代末，部分学者开始介绍、引入CGE模型，同时在世界银行等其他国际机构的帮助下，并逐步建立了研究中国问题的CGE模型。例如，1995年，中国国务院发展中心通过与DECD发展研究中心开展国际合作，开发了一个包含64个部门的中国经济CGE模型原型（翟凡、李善同、冯珊，1997）。从1998年开始，中国社会科学院数量经济与技术经济研究所多次与荷兰中央计划局、澳大利亚莫纳什大学合作，构建了一个中国经济动态CGE模型（李雪松，1999、2000），出版了中国第一本关于CGE模型的专著（郑玉歆、樊明太，1999）。

目前，我国学者对CGE模型的研究主要集中在经济增长和收入分配、贸易自由化、税收、环保与能源和农产品价格方面等方面。

（1）经济增长和收入分配方面：翟凡等（1997）构建了一个中国经济CGE，较早地反映了中国的城乡居民和劳动力等特色问题。进一步的，翟凡（1998）对生产部门、生产要素等进行细分，运用递推动态的多部门CGE模型，模拟了1995~2010年中国经济增长、产业、就业和贸易结构的变化趋势。王燕、徐滇庆（2001）利用CGE模型分析了中国养老金改革的影响，并比较了支付隐性养老债务和转制成本的各种选择方案。魏巍贤（2006）通过建立中国可计算一般均衡模型定量研究了人民币升值对中国经济的影响。

（2）贸易自由化方面：李雪松（2000）建立的中国多部门的静态和动态 CGE 模型，分析了中国加入世界贸易组织对中国经济的中长期影响和各部门分析。李善同（2000）运用递推动态 CGE 模型，基于中国关于加入世界贸易组织（WTO）在市场准入方面的承诺，定量分析了中国加入世界贸易组织对中国经济增长、结构调整和收入分配等方面的影响。李永、刘鹃（2004）对我国加入世界贸易组织后的产业政策有效性进行实证研究。Diao（2003）建立了一个中国区域的可计算一般均衡模型用来分析中国加入世界贸易组织后对农民收入的影响。王直、王慧炯（1997）等人则用动态逆推可计算一般均衡分析了中国加入世界贸易组织对世界劳动密集产品市场与美国农业出口的影响。

（3）税收方面：翟凡（1997）建立了静态 CGE 模型用来分析研究了关税减让和国内税收替代政策的社会经济影响。王韬、周建军（2004）利用 CGE 模型模拟中国加入世界贸易组织后，进口关税逐年减让、出口退税率调整和间接税向直接税转化等条件下中国的整体经济运行情况。

（4）环境保护和能源方面：张越扶（2001）研究了中国有关经济结构、经济增长和环境方面的政策问题，建立了一个 32 部门的比较静态环境 CGE 模型，分析了提高污染排放收费标准对中国经济的影响。贺菊煌（2002）利用 CGE 模型，即可计算一般均衡模型，针对中国征收资源税和排污费对经济的影响进行了预测。张友国、郑玉歆（2005）建立了一个中国排污收费标准改革的 CGE 模型，并设计了两种政策情景来模拟中国开始施行新的排污收费标准。

（5）经济改革以及经济发展政策研究方面：中国经济改革是从经济转型开始的，现在仍然处于转型经济状态。所以很多学者建立的中国 CGE 模型一开始即注重于刻画中国的经济特征。冯珊（1989）建立多部门 CGE 模型，刻画了当时中国计划与市场并存的转型经济。Xu（1996）基于中国在经济改革过程中所具有的计划经济和市场经济并存的特点，利用 1983 年的数据，构造了一个中国经济双轨制 CGE 模型，用以研究中国从计划经济向市场经济转型过程中的路径选择问题，并模拟了中国由计划体制向市场经济体制变动下的计划配额松动效应。翟凡、李善同（1997）开发了一个包含 64 部门的中国经济体制 CGE 模型，对中国经济中存在的城乡二元经济结构、城乡劳动要素流动壁垒、中国企事业单位的预算外和体制外资金特征进行刻画，并就中国中长期的经济增长和产业、就业、贸易结构变化的趋势进行了模拟。

（6）农产品价格方面：田维明、周章跃（2003）借助于 GTAP 模型，模拟了不同贸易政策方案下世界饲料、粮食市场的变化以及中国饲料、粮食需求的变化；周曙东等（2006）分析了中国东盟自贸区建设对中国农产品贸易的影响；李众敏、唐忠（2006）研究了东亚区域合作对中国农产品贸易的影响；王铮等（2000）建立了一个 CGE 模型，模拟了粮食价格变化、农产品价格变化对中国粮食生产、就业的影响，提出粮食顺价销售不会引起粮食生产波动的结论。朱立志等（2008）模拟分析了全球变暖、人口增加对世界农业贸易的影响。

此外，赵永（2007）将 CGE 模型与地理信息系统（Geographic Information System, GIS）结合，研究了耕地面积变化对中国经济系统带来的负面影响，在 CGE 模型应用于自然资源领域做了一次有益的尝试。段志刚等（2004）则根据我国地区经济的特点，构建了一个用于分析省级区域结构变化的可计算性一般均衡模型，通过与各省级的宏观经济数据相联结，分析我国各省市的产业结构变化及对未来宏观经济的影响。王飞（2004）在 Devarajan 等（1997）模型的基础上，构建了一个中国区域链接 CGE 模型，定量地考察劳动力的自由转移给各地区的生产、就业、人均收入及物价等带来的影响。孙林等（2004）在 1982 年美国加利福尼亚大学的 DMR 开放经济模型（Dervis 等，1982）的基础上，建立了一个研究上海支柱产业的 CGE 模型，用于分析设备制造业、汽车制造业、信息产业等支柱产业的发展与上海经济发展的关系。许召元（2007）建立了一个包含 30 个地区的递推动态 CGE，模拟了不同劳动力迁移情景下各地区的经济增长、全国地区差距变化情况。

三、CGE 模型的优点及局限性

与 CGE 模型相比，尽管计量经济模型有着严密的统计特征做支撑，但它局限于经济中的少数变量，其余很多变量被假设不起作用，或假设为白噪声这样的随机扰动。例如石油冲击使 20 世纪 70 年代西方许多国家都陷入了巨大的困境，由于计量经济模型依赖于过去稳定的石油价格的数据，所得出的回归系数非常小，以致产生误导的结论：石油冲击将不会对经济活动产生大的影响（Dixon, P.B, 2006）。虽然投入—产出模型强调的是产业的投入—产出联系或关联效应，但投入—产出模型中没有考虑追求最大效用和利益的行为，即模型没有包含需求和供应方程，也没有考虑生产能力的限制。而 CGE 模型则在整个经济约束范围内把各经济部门和产业联系起来，从而超越了投入—产出模型。这些约束包括：对于政府预算赤字规模的约束，对于贸易逆差的约束，对于劳动、资本和土地的约束以及出于环境考虑（如空气和水的质量）的约束等。

然而，如同所有运用于社会科学的数学分析工具一样，CGE 模型仍然有一些难以解决的缺陷：第一，一般均衡模型要求在生产者利润最大化和消费者效用最大化之间找到平衡点，这是不同于现实的理想状态。第二，在建模中，通常使用某一年的投入—产出表来校准模型，这意味着投入—产出表中的任何随机错误都将进入模型从而对模型的结构产生不良影响。第三，模型的许多参数不易获得，迫使研究者要根据经验来定义一些参数。研究表明，模型对初始条件非常敏感，为提高系统的稳定性，恰当的、系统的敏感性分析对参数筛选和模型评价非常重要。当然，如果数据本身质量不高，那么无论多么先进的分析技术也不能弥补其对分析结果的不良影响。第四，参数的可靠性还不是唯一的不确定性，生产函数和需求函数形式的选择也是模型结果不确定性的来源。第五，目前广泛应用的 CGE 模型主要分析经济政策对确定性经济的影响，但现实经济中的随机波动普遍存在，从而将影响 CGE 模型模拟政策的效果。

四、对 CGE 模型的进一步讨论

Dervis、De Melo 和 Robinson（1977，1980），Dixon, Parmenter, Vincent（1981），Whalley 和 Shoven（1984）详细地讨论了传统的 CGE 模型。传统的 CGE 模型受到货币中性假设的制约，大多数 CGE 模型没有把金融市场考虑在内，忽视了金融部门与其他实物部门之间的相互作用。然而，在经济结构调整及宏观经济稳定政策中，金融市场发挥了非常重要的作用，用传统的 CGE 模型模拟这些政策显然不恰当，应当克服 CGE 模型的这个缺陷，将金融部门纳入研究框架中。

另外，随着 CGE 模型的应用越来越广，人们发现静态的 CGE 模型已经不能满足研究的需要，因为被研究的问题往往具有动态特征，运用静态 CGE 模型无法合理解释。例如，根据传统 CGE 模型，采取贸易自由化政策或税制改革得到的福利相对于整个经济而言微不足道，因而这似乎说明了尽管贸易政策和税收是很重要的经济问题，但并不是经济的主要问题，从而不能有效地说服政策制定者们去追求更优的贸易或税收政策。而这种结论与现实经济不尽相符，于是，一些经济学家认为大部分的福利效果来自于较长期的跨期替代效应，因而他们建议考虑长期动态的影响，建立跨期 CGE 模型。

还有，经济学理论的发展也推动着 CGE 模型的发展，20 世纪七八十年代新国际经济学的兴起使人们认识到非完全竞争可能改变过去政策分析的结论。CGE 模型应该加入规模经济和非完全竞争。进入 80 年代以来，随着世界贸易经济一体化，外生冲击不仅仅是通过相对价格的改变，而且还通过宏观经济变量及金融变量来影响一国的经济，因此，一些更加细致的宏观经济结构被加在新古典的 CGE 模型上。所有这些问题推动着 CGE 向前发展：①建立跨期或动态模型；②加入金融因素；③加入非完全竞争；④区域 CGE 模型的应用与开发。

（一）动态 CGE 模型

对动态 CGE 模型，目前主要分为两类：递推序列均衡模型（van der Mensbrugghe, Roland–Holst, 2004; Dixon, 2003; Lofgren, Robinson, 1999）和跨期动态模型（Schmidt, 1997）。从严格意义上讲，虽然前者通过增加跨时的联结模型，运用外生变量的更新（如资本的增长）推动模型，可以求解多时期的均衡序列，从而形成递推动态 CGE 模型，但它仍只是"准动态"模型。Ruocco（1996）比较了递推序列均衡模型和跨期动态模型的优缺点：前者基于适应性预期，适合中短期预测；后者则适合长期预测，并且揭示了新均衡点实现的转移路径，但由于计算难度高，通常只能包含一个生产活动部门。

除了动态 CGE，为了研究政策冲击对地区层面的影响，并对地区间进行比较研究，多地区的 CGE 模型也受到了学者的青睐（Wang, 1994、2003; Choy, 2000; Somwaru, 2003）。尽管学者构建了许多动态或者多地区的 CGE 模型，但是二者结合的大规模的多地区动态 CGE 模型仍不多，较为著名的有莫纳什大学开发的大型 CGE 模型，以及世界银行开发的大型 CGE 模型（Giescke，Madden，2003；Roland-holst，2004）。

（二）加入金融模块的 CGE 模型

加入金融模块的 CGE 模型的发展却令人不满意。通常，人们认为金融变量会影响实际变量，如投入—产出、实际投资、就业等，但如何把金融变量引入到 Walras 框架中是一个较难的问题，较为满意的处理方法都不可避免地要涉及不确定性问题，这是我们在确定性的 CGE 模型中力图避免的。如果我们坚持传统的 CGE 模型，则我们就无法去处理诸如扩张的财政政策对私人投资挤出效应等问题。国际不少学者为此做了积极的探索，比较有代表性的有 Feltenstein（1984）为分析对金融资产税的影响而建立的美国 CGE 模型；Bourguignon、Branson 和 De Melo（1992）在其所建的 CGE 模型中描述了企业、居民对财产组合的选择，这是一个为发展中国家所建立的较为完善的 CGE 模型。

（三）加入非完全竞争

传统的 CGE 模型通过在需求方面采用 Armington 假设，即承认国内产品和进口品之间的差异和不完全替代；在供给方面采用 CET 函数来解释部门内部贸易，而且保持完全竞争及规模收益不变的假设。然而，新国际贸易理论则强调规模收益与非完全竞争。Harris（1984）根据这一理论进行了最初的尝试，他分析了美国与加拿大自由贸易协定对加拿大的影响，并发现规模经济的效果确实很重要。这似乎是意味着模型对不同的设定是非常敏感的。Norman（1990）做了有意义的工作，他比较了传统的 CGE 模型与有规模收益及非完全竞争 CGE 模型之间的区别。如果是垄断市场（如寡头垄断），就要考虑行为人之间的对策行为。

（四）区域 CGE 模型的应用及开发

CGE 模型最初是用于分析一个国家范围内的政策和经济变化的影响，但由于一国各区域内资源禀赋和经济发展状况的明显差异（如中国），把全国作为一个整体研究对象，分析一些问题的时候过于笼统，因此，为了促进各地区的社会经济协调发展，避免仅考虑全国平均发展水平可能导致的决策片面性，有必要对地区水平的社会经济主体间的联系进行分析，以便于因势利导地规划地区经济。

与国家水平上的 CGE 不同，区域 CGE 的政策建模与系统开发带来了许多新的问题。区域相对于国家而言是更加开放的经济体。一个国家内不同区域之间存在着商品和要素的流动，这时模拟系统必须考虑系统内部存在多个经济体，使得区域 CGE 问题更为复杂。在数据可得性方面，一般国家水平的数据总是比区域水平的数据要完备得多，很难直接找到需要的区域数据，只能从省市级或国家级的数据来合并或分割，而不同地区的数据统计口径往往存在着差异，从而导致了区域 CGE 模型数据处理上的复杂性。在区域层面上认识 CGE，最重要的是要考虑到区域 CGE 是一个具有开放性质的 CGE，这时的 CGE 是一个双重价格嵌套体系，即国际贸易影响国内价格体系，进一步的国家政策和国内贸易体系影响区域价格体系和区域经济运行，这就导致了区域 CGE 结构上的复杂性。

最近几年，针对发展的区域协调政策的定量研究，形成了以保持多区域政治经济一般均衡的研究框架。Giesecke（2002）利用多区域动态 CGE 模型，将澳大利亚分为 Tasmania 和国内其他区域这两个区域进行了研究。Kim（2002）发展了一个具有动态功能的多区域单部门多收入阶层的 CGE 模型，研究韩国不同模式区域投资政策的增长影响，确定了最优的国家投资策略。Learmonth, McGregor（2006）使用一个多时期的经济—环境 CGE 模型分析了英国泽西岛经济的可持续发展问题，其模型的地区结构为"泽西岛—英国其他地区—世界其他国家"。

五、金融 CGE 模型在国外的研究与应用

金融 CGE 模型指引入了金融变量（利率、汇率、通货膨胀率、银行准备金率、金融资产收益率等）、金融工具（流通货币、存贷款、外汇、债券、股票等）和金融部门（中央银行、商业银行、基金证券机构、保险机构等）的 CGE 模型，金融 CGE 模型中不仅描述了实体部门经济活动，而且反映了金融部门及其与实体部门和金融部门内部交易的经济活动。Sherman Robinson（1991）正式将这类研究金融部门或明确将金融部门纳入 CGE 模型框架中进行讨论的模型称为"金融 CGE 模型"。建立金融 CGE 模型的目的就是描述金融市场的相关变量，如利率、汇率、通货膨胀率、存款乃至整个金融部门在经济体系中发挥的重要作用。

从国际文献上看，关于金融 CGE 模型比较有代表性的文献有 Feltenstein（1980、1984、1986、1988、1996）为阿根廷、澳大利亚和墨西哥建立的金融 CGE 模型。1980年，他首先构建了阿根廷金融 CGE 模型，该模型对金融部门的描述主要立足于讨论因贸易自由化而导致的货币支付不平衡对经济系统带来的负面影响，以及政府为消除负面影响可能的政策选择。该模型虽然通过在金融部门中引入了"刚性"概念，使阿罗—德布鲁框架变得不再对金融资产是货币中性的，从而把不同的金融资产加入到模型之中。具体做法为：①假设经济主体按固定比例持有国内、国外债券等；②现金与存款持有量由经济主体根据其对通货膨胀率的预期来决定；③外汇需求由实际国民收入所决定；④模型中不讨论银行这样的金融机构的作用等。但由于该模型缺少利率、储蓄和投资行为，降低了该模型的应用分析和政策模拟能力，而且该模型中的实际部门和政府的基本结构与现实经济不符，因而其实用性大打折扣。随后，Feltenstein 在后来建立的澳大利亚金融 CGE 模型和墨西哥金融 CGE 模型中，做了较大改进：①减少了"刚性"假设，例如劳动和资本的替代是通过运用包含进口合成品的生产函数来实现。②这些模型从短期和长期利用跨期理论分别构建了消费者闲暇需求的两时期效用函数。③对不同的金融资产之间做了区分，区分了货币、政府债券和私人债券，尽管这些金融资产在政策模拟分析中没有起到实际作用。

André Fargeix 和 Elisabeth Sedulity（1990）构建了一个金融 CGE 模型用来研究国际外部冲击对厄瓜多尔宏观经济的影响。该模型在传统 CGE 模型的基础上加入银行部门，并把银行细分为央行和商业银行，进一步把存款细分为股票、债券、定期存款、活期存

款、国内贷款、国外贷款、外汇储备、银行准备金、货币现金九种金融工具,并假设它们之间存在不完全替代性。另外,还假设:①居民将其财富在三种金融资产中:货币、定期存款、国外债券中进行配置。②货币以固定比例在流通货币和活期存款之间分配。③在利率和汇率调节下,企业可以在国内国际市场上进行自由融资。④企业资本由资本存量和库存构成;政府资产由资本存量和在企业的股权构成。该金融 CGE 模型分别模拟分析在政府和国外借款减少 40%和世界石油的价格下降 30%这两种国外冲击下,对厄瓜多尔宏观经济的冲击和影响。

Erinc Yeldan, Ankara(1996)建立了一个金融 CGE 模型来研究土耳其金融自由化改革对实体经济的影响,该模型在实体 CGE 的四个生产部门、四类住户、一个政府部门、一个世界其他地区的基础上,增设了中央银行、商业银行两个金融部门,并进一步细分了五种金融工具:国内货币、国外货币、公共债券、私人债券、储蓄存款。该金融 CGE 模型模拟分析了三种财政政策和货币政策情景:①政府通过发行国内债券进行内部借债,或以增发货币的方式为其财政赤字进行融资,这两种方式对国内实体经济的影响。②解除公共借款工具发行规则的管制对国内金融市场和实体经济的影响。③延续的外部债务和外汇汇率贬值对国内市场的影响。模拟结果显示,增发货币会导致国内价格通货膨胀,并引起实体经济萎缩;发行国内债券进行内部借债会导致国内资金的双重挤出效应,挤出并使脆弱的信用市场不稳定。

Naastepad(1998、2000、2002、2003)建立了一个动态金融 CGE 模型用来模拟分析印度的财政政策和贸易政策的预期效果。该金融 CGE 模型在实体 CGE 模型的基础上,增设了央行、商业银行和非银行金融机构三个金融部门;并进一步细分了国内贷款、外汇储备、银行储备金、国内存款、货币现金、国外借款六种金融工具。该模型的特点包括:①与现实银行系统状况相符,在模型中加入信贷配额限制。②区别了信用贷款的双重作用——经营资本和投资资本。③信贷约束、生产能力约束和需求约束之间可以进行内生转换,从而解决了货币、总产出、价格、挤入和挤出等变量的外生问题。④贷款利率固定。金融 CGE 模型假设了以下模拟情景为:①通过直接增发货币对公共投资进行扩张性财政支出,前两年提高量为基准期 10%,同时保持其他政策不变。②通过增收直接税对公共投资进行扩张性财政支出,公共投资总资本在前两年提高基准期的 10%,同时使农业收入、工资收入、加价收入的税率内生化,其他政策不变。③通过增收间接税为公共投资进行扩张性财政支出,公共投资总资本在前两年提高基准期的 10%,同时使所有部门的平均间接税率内生化,其他政策不变。④通过发行国内外债务对公共投资进行扩张性财政支出,总资本在前两年提高基准期的 10%,其他政策不变。模拟结果显示,只有当金融和基础设施部门对相应的信贷需求和基础设施需求增加时,通过公共部门的扩张性财政支出才能对消费有扩张性的效应,才能转化成较高的经济增长。

Marc Lavoie 和 Wynne Godley(2000)建立了在一个存量—流量框架中增长的封闭式的金融 CGE 模型,该金融 CGE 模型的实体部门仅有居民、企业和银行,没有国外部门和政府部门。该模型细分了货币、银行存款、股票和银行贷款四种金融工具。模拟分析了一系列诸如居民消费倾向变化、货币流动性偏好变化、存贷款利率变化、发行证券率变化、留存比率变化、实际工资变化、企业利润率变化、托宾q比率变化以及公司债务比率变化等对宏观经济的影响。Claudio和Gennaro（2004）在Marc Lavoie和Wynne Godley（2000）论文基础上，建立了一个后凯恩斯主义的存量—流量框架下增长的金融CGE模型，该模型进一步增设了政府部门（包括中央银行），并假设了通货膨胀的存在及其对宏观经济变量的影响，该模型在原来四种金融工具基础上增加了银行准备金、央行预支付准备金和国库券三种金融工具。该模型假设：①住户对金融资产的需求是基于托宾q比率。②中央银行自由调借银行贴现利率和银行准备金利率。③政府可以通过各种税收率体调节来控制财政支出。该模型对财政政策和货币政策进行了模拟分析。结果显示，在控制经济增长路径方面，财政政策比货币政策更加有效；货币当局若同时放开贴现利率和准备金利率（同时使其内生化），可能会得出矛盾的结果，因为利率提高对投资的逆效应可以被收入效应抵消。

Luis C.和Manfred W.（2002、2004）建立了一个递推动态金融CGE模型，用来对模拟分析在外部冲击条件下，玻利维亚经济是否有可能应对的反冲击政策。该金融CGE模型把金融机构分为中央银行、商业银行、其他金融机构和养老基金机构四种金融部门，同时进一步细分出了居民存款、国内贷款、货币、国外存款、国外储备、外债六种金融工具。该模型模拟分析了四种冲击情景：①基期的第2年到第8年，玻利维亚主要出口品的世界价格每年下降10%。②基期的第2年外商直接投资（FDI）从8.74亿美元下降到8.19亿美元，并且以后每年维持在8.19亿美元不变；国外资产投资额从1.62亿美元下降到0.53亿美元，并且以后每年维持在0.53亿美元不变。③本币贬值率从基期年的6%，增加到每年贬值8%。④HIPC项目的顺利实施。模拟结果表明，在情景1和情景2下，由于商品和服务替代弹性的限制，以及资产组合选择的限制，玻利维亚的宏观经济在应对外部冲击时是十分脆弱的；在情景3下，适当提高本币贬值率，不仅可以提高经济增长和就业，而且还会改善财政平衡和外部平衡；在情景4下，HIPC项目可以有效改善玻利维亚宏观经济运行，它可以使得玻利维亚宏观经济拥有较高的经济增长率、较低的失业率、较低的财政和外部赤字。

另外，Iwan J. Azis、Erina E. Azis和Erik Thorbecke（2001）建立了金融CGE模型，来分析1997年金融危机对印度尼西亚社会经济的影响；Easterly（1990）为墨西哥建立了金融CGE模型，用来分析有价证券在美元化对墨西哥经济的影响；Rosensweig和Taylor（1990）建立了泰国金融CGE模型；Decaluwe和Nsengiyumva（1994）建立了卢旺达金融CGE模型；Souissi和Decaluwe（1997）建立了突尼斯金融CGE模型；Vos（1998年）建立了巴基斯坦金融CGE模型；Murat A.（2005）建立了土耳其金融CGE模型等。

六、金融CGE模型在中国的研究与应用

国内对金融CGE模型的研究较少，能搜集到的关于这方面的研究文献包括：①陈立（2006）构建了辽宁金融CGE模型，模拟分析了提高利率有可能给辽宁经济带来的影响。

该金融CGE模型的特点是在传统CGE模型的基础上，增加了一个"金融"部门，用来反映居民、企业和政府的储蓄行为，从严格意义上说，这种设置方法与传统CGE没有本质区别，算不上真正意义的金融CGE模型。②周赤非（1997）建立的金融CGE模型，该模型对金融机构做了简化，"银行"只是作为一个存贷款的机构引入了模型，银行不是实际经济中的银行，而只是金融领域中存款和贷款等综合数据的代表，他同时还利用建立的模型研究了货币政策，探讨了能源行业资本存量的变化对经济的影响。③霍丽骊（2006）在世界银行为巴西建立的用于贫困分析IMMPA（Integrated Macroeconomic Model for Poverty Analysis）模型的基础上，结合中国的情况，构建了CDF-CGE模型，该模型设立了"非金融机构"和"金融机构"，用这两个子账户的交叉项以及与其他机构账户的交叉项便可以反映金融资本的流动情况。④徐继峰（2008）构建了一个金融CGE模型来分析模拟农业信贷政策，该金融CGE模型的特点是增设了金融资产组合模块，其中包括住户金融资产、非金融机构的金融资产组合、央行的资产组合和商业银行及其他金融机构的资产组合，用来反映金融部门和实体经济之间的关系。⑤李猛（2009）构建了一个金融CGE模型，用来从三种不同的汇率机制（固定汇率、部分浮动汇率、完全浮动汇率）分别从宏观和产业层面定量分析石油价格波动对经济系统影响的综合效果，该模型的特点是在传统CGE账户设置的基础上，增加了用来反映金融市场的经常账户和资产账户。

以上五篇关于金融CGE模型的国内文献，在应用金融CGE模型在国内宏观经济政策分析方面做了有益的尝试和探索，提供了一些参考和借鉴。

第二节 中国2007年金融社会核算矩阵的编制

一、社会核算矩阵的概念和基本特点

20世纪60年代，英国经济学家R. Stone在国民经济核算的基础上创建了社会核算矩阵（Social Accounting Matrix，SAM）分析方法。它能够全面地衡量和阐述国民经济整体情况，因此逐渐成为一个应用比较广泛的研究工具。

SAM表是对一国（或地区）一定时期（通常为一年）经济结构的全面描述，是对各个经济主体间活动和联系的数量记录。SAM表在投入—产出表（Input-Output Table）的基础上增加了各种经济主体的信息（如家庭、企业、政府、世界其他地区的收支流），以平衡、封闭的矩阵形式表示生产部门、要素和经济主体之间的相互关系，全面反映了政策变动对整个经济体系及其组成部分的影响。而且，SAM具有很大的灵活性，其结构和规模可以根据研究目的的不同以及数据的可得性进行细分或合并，从而对SAM结构进行从宏观到微观、从一般到特殊的扩展。SAM表既可以在宏观层次上反映经济的整体概况，又能在细分层次上反映经济体的内部构成；SAM 表既能直观反映家庭、企业、政府收入来源、经济比例结构、贸易结构等基本信息，还能在已有数据基础上间接反映部门竞争优势、贸易依存度、居民收入差距等深层次的经济信息。总的来说，SAM 为构建 CGE 模型所要求的复杂经济数据集提供了一个逻辑清晰、内容详细、结构灵活的框架，体现了研究区域特定年份经济系统内不同机构间的交易和转移，并进而体现了它们之间相互依赖、相互影响和相互反馈的关系。它不仅是一个数据集，也是整个研究区域经济结构和社会结构的缩微体现，它的结构和 CGE 模型的结构有着密切的相互关系。

因此，SAM 不但可以为 CGE 模型提供必要而完备的数据基础，同时其本身也是用于投入—产出分析、收入分配、税收研究的有力工具，可以单独用于政策分析。近几十年来，在世界银行的大力推动下，已有 50 多个国家先后建立了它们的 SAM，并将其广泛应用于经济发展战略研究、收入分配和再分配研究、国家或地区的财政政策的设定、税收分析、经济结构分析、地区发展分析、灾害分析、国家福利水平比较研究等。Resosudarmo、Thorbecke（1996）利用社会核算矩阵分析致力于减少环境污染的政策对居民收入的影响。James、Khan（1997）利用 SAM 技术研究了制造业中的技术选择与收入分配的问题。Cohen（1999）利用社会核算矩阵分析了转型经济国家，特别是波兰和匈牙利，与西方国家相比在经济绩效上的差异。Thiele（2002）使用分解的社会核算矩阵分析了玻利维亚的收入分配变动情况。Tarp 等（2003）根据 SAM 表研究了越南政府的经济政策对农业、工业和服务业的影响，越南国内供给和需求的结构、私营经济的作用、FDI 的作用等。Sueng and Waters（2006）构建了美国阿拉斯加地区的 SAM，研究海产品加工业在地区发展中的作用。

在我国，国务院发展研究中心、国家统计局于 1996 年编制了国内第一个全国性的社会核算矩阵，并基于此进行了政策分析。近年来，中国社会科学院、中国科学院、北京大学、澳大利亚莫纳什大学、美国加州大学等均以社会核算矩阵为基础，建立了中国的 CGE 模型，在中国加入世界贸易组织、环境、税收、金融、养老保险、企业改革、贸易自由化等政策对中国宏观经济的影响问题上进行了很好的分析。例如，周赤非、邓述慧（1998）建立了 1992 年中国金融社会核算矩阵，并基于此建立了中国金融可计算一般均衡模型，对中国的货币政策进行了分析。柏杰等（1999）建立了包含社会保险部门的 1995 年全国社会核算矩阵，并在此基础上建立了可计算一般均衡模型，用以分析扩大社会保险范围、统一社会保险缴费率对经济系统的影响。范金等（2001）建立了包含生态环境和生态资源的绿色社会核算矩阵。侯瑜（2006）较全面地对国内外有关社会核算矩阵的理论及应用进行了梳理，着重介绍了如何将社会核算矩阵及其相关模型的认识运用到真实世界中去。

SAM 表在原理上属于复式平衡表，但采用的却是单一矩阵记录方式。在 SAM 表中，每种经济活动只被记录一次，由相应的行和列分别代表复式平衡表中相应的借方和贷方。SAM 表中的每一个非零元素均具有双重含义，行表示账户收入，列则表示相应的账户支出。矩阵中的任何一项非零元素 t_{ij} 表示从账户 j 支付到账户 i 的交易值。SAM 是以矩阵的形式表示各账户的交易，可表示为：

$$T = \{t_{ij}\} \quad i = 1, 2, \cdots, n$$

其中，n 为矩阵的维数，也即 SAM 中的账户数。通常，矩阵的行表示该账户的收入，列表示相应的支出，t_{ij} 即从账户到账户的交易值。根据会计平衡记账"有收必有支，收支必相等"的原则，SAM 表中任何账户的支出必须等于该账户的收入，因此矩阵中行之和与列之和是相等的，即：

$$\sum_{i=1}^{n} t_{ik} = \sum_{j=1}^{n} t_{jk} \quad \forall k \in (1, n)$$

SAM 表中的数据主要来源于投入—产出表，是在国民经济核算框架内对投入—产出表的扩展。SAM 表不仅能反映投入—产出表中生产部门之间与非生产部门之间的投入—产出、增加值形成以及最终支出的关系，还能描述投入—产出表外的非生产部门之间的经济相互关系。

二、SAM 表的基本结构

SAM 表的结构是一个方阵，它根据复式记账的原则将各账户的收支情况进行记录，其中行方向记录账户的收入，列方向记录账户支出，同一账户行和列的合计金额是相等的。通常开放经济体的 SAM 表账户包括以下几类：活动账户、商品账户、生产要素账户、机构账户、资本（投资储蓄）账户和世界其他地区账户。

SAM 表各账户的主要核算内容是：

（1）商品账户。商品账户描述的是国内市场上的商品供求。横行表示需求的各种构成，包括中间投入品和最终消费品，最终消费品又可以分为居民消费、政府消费和投资品。而纵列表示国内市场上商品的供给来源——分别来自国内部门的生产和进口。在商品账户中满足"总需求＝总供给"。

（2）活动账户。活动账户描述的是国内部门的活动。横行表示的是国内部门的产出，其去向分解为两个：一类在国内销售，另一类出口。而纵列表示的是每一种生产活动（每一个生产部门）的成本构成，可以分解为中间投入、要素增加值和生产间接税。也可以把活动账户的横行理解为生产部门的收入，而纵列为生产部门的各项支出。在活动账户中满足"总产出＝总支出"。

（3）机构账户。机构账户包括居民、企业和政府。其中横行表示的是各机构账户的各项收入来源，而纵列是机构账户的各项支出。在每一个机构账户中，应该满足"总收入＝总支出"。在居民账户中，居民的收入来源为劳动收入和资本收入，以及企业、政府和国外部门的转移支付。其支出为对商品的消费、对政府缴纳的税费。收入和支出的差额为居民的储蓄。在企业账户中，其收入来源为资本收入和政府对企业的补贴，而其支出为对居民的转移支付和向政府缴纳的各种税费。收入和支出之间的差额构成了企业的储蓄。在政府的账户中，其经常性收入来源于各种税费，包括进口关税、间接税、企业和居民的所得税费以及国外对其转移支付，出口退税是其负项收入。政府的支出包括对居民的转移支付、对企业的补贴以及对商品的消费。收入和支出的差额构成了政府的储蓄。

（4）资本账户。资本账户描述的是社会总投资的来源和去向，包括固定资产投资和存货增加。根据投资和储蓄闭合法则，"社会总投资 = 社会总储蓄"，社会总的储蓄分别来源于居民的储蓄、企业的储蓄、政府的储蓄以及国外的储蓄。资本账户的纵列表示了社会总投资的各种去向。

（5）世界其他地区账户。世界其他地区账户描述了国际收支平衡。其横行表示的是世界其他地区的各项收入的来源，其一是对我国的出口，即我国的进口；其二是要素回报。而纵列表示的是各项支出：其一是对我国商品的进口，即我国的出口；其二是对居民和政府的转移支付。收入和支出的差额构成了世界其他地区对我国的储蓄。

可以看出，SAM 表在细分的生产部门、要素、经济主体层次上为整个经济体的复杂联系提供了一个综合的核算体系。宏观经济账户的数据被划分到各个细分层次，而且与投入—产出表保持一致的核算基础。SAM 表的核心是各个账户的收支构成及彼此的平衡，在一个均衡的经济体中，各个账户的平衡意味着生产者成本和收益相等，每个经济主体的收入和支出相等，每种商品的需求和供给相等。

SAM 表中每一非零元素表示一项经济活动。这一系列经济活动可以划分为三类：第一类为市场交易。表 7-1 中商品和活动账户的交易即为此此类。第二类为金融交易，包括从行到列的资产流和从列到行的名义流，同表 7-1 中的资本账户相对应，并且所有金融市场的活动都被缩略到单个的资本账户。第三类为转移支付，包括自愿转移和非自愿转移，在 SAM 中仅有从列到行的名义流而无对应的实际流（如元素和机构之间以及各类机构之间的交易）。

三、SAM 的编制方法与平衡技术

编制 SAM 有两种不同的方法，即自上而下法和自下而上法（Thorbecke，2001）。自上而下法是一种从宏观到微观、从整体到局部的演绎方法，即先编制宏观 SAM，然后在宏观 SAM 的基础上编制根据研究目的进行详细分解的微观 SAM，宏观 SAM 为详细 SAM 中的子矩阵提供控制数字（Reinert，1997）。自下而上法则反其道而行之，是一种从微观到宏观、从局部到整体的归纳方法，即从各种各样的微观详细数据出发，通过汇总得到 SAM，但其对数据的要求更高。前者强调数据的一致性，后者强调数据的准确性。

一般来说，编制 SAM 应采取"自上而下"(Top-Down) 的方法，因为宏观 SAM 表中的总量数据较易获取且相对准确。在分解的微观 SAM 编制时，把宏观 SAM 中的总量数据作为控制数据，优先考虑可以直接从官方统计资料中获取的关于微观 SAM 的信息，结合 SAM 行列和相等的特点确定分解的微观 SAM 中账户信息缺乏来源的数据。根据我国现有统计资料的实际情况，本文采用自上而下法，从国民账户统计数据和当年投入—产出表出发，编制宏观 SAM，然后在此基础上编制研究所需要的分解的微观 SAM。

社会核算矩阵 SAM 所包含的数据来自多种数据源，比如，生产活动的数据来自投入—产出表，全国进口产品消费税、增值税总值来自财政年鉴。有的数据则来自统计年鉴和国际收支平衡表等；允许研究者根据需要对数据进行细分或合并，比如对居民户、厂商等的分类由于分类标准不同，数据也截然不同。如此众多的数据来源与处理，使得最后反映在 SAM 中的数据很有可能不平衡，即对应列的和与行的和不相等。因此，如何选择适当的方法，利用尽可能获得的准确信息去平衡可能不平衡的 SAM 是值得研究的一个问题，对 SAM 的平衡与更新的研究具有重要意义。

SAM 调整最简单和传统的方法是 RAS 法。RAS 方法可以追溯到 20 世纪 40 年代，其缺陷包括非常具体的约束和目标函数限制，以及在一些应用上的非收敛性（Nagurney，1992）。另外一种方法是 Robinson（1997a、1998a）在 RAS 方法基础上发展的交叉熵（Cross-Entropy，CE）方法，可用于确定型和随机型两种模式（Thorbecke，2001），得到越来越广泛的应用。关于 CE 方法，可参考 Golan 等（1996）的研究。由于 RAS 方法需要从一个早期或初始平衡的 SAM 开始，在加入所有行列和的新信息，而没有关于 SAM 表中账户之间的支付信息后，对需调整的 SAM 表进行更新（Robinson 1998a），但我们需要从一个初始并不平衡的 SAM 开始，因此，本文根据 Robison（1997a、1998a、2000a、2000b）提供的交叉熵方法对所编制的 FSAM 进行调整而使其平衡。

四、中国 2007 年宏观 FSAM 表

作为经济模型建模的数据基础和政策分析的事实依据，SAM 表的数据应当充分、准确地反映经济特征。一般情况下，SAM 表的编制需要采用较新的经济数据，尤其是行业结构数据，但我国权威的行业结构数据只能从投入—产出表中获得，因此，SAM 表的编制一般是建立在最新投入—产出表的基础上，并以此为基年。编制 FSAM 的主要数据来源有《中国投入—产出表》、《中国财政年鉴》、《中国金融年鉴》、《国际统计年鉴》、《中国经济统计年鉴》、《中国税收统计年鉴》等，另外，还有关于银行贷款、存款、外汇储备等一些金融数据来自亚洲经济数据库（CEIC）。由于目前可获得的全国最新投入—产出表是 2007 年，因此我们选取 2007 年作为编制中国金融 CGE 模型的 FSAM 基准年份。本模型构建的中国宏观 FSAM 包括三大部分：实体经济（包括活动、商品、劳动力、资本、农村居民、城镇居民、企业、政府和国外 9 个主体部门）、资本账户（包括农村居民家庭、城镇居民家庭、企业、政府、中央银行、商业银行和世界其他 7 个子账户）、资产变动（包括固定资产投资、国债、现金、准备金、国内存款、国内贷款、国外存款、国外贷款和其他资产变动 9 个金融工具），该金融 CGE 模型的 FSAM 具体结构如表 7-1 所示。

表 7-1 中国金融 CGE 模型的 FSAM 表

	活动	商品	劳动力	资本	农村居民	城镇居民	企业	政府	国外	农村居民家庭	城镇居民家庭	企业	政府
活动		72331.7971							9554.0991				
商品	55281.51509				2431.724404	7223.537439		3519.091862					
劳动力	11004.73												
资本	11747.77878												
农村居民			5130.840615					537.8418					
城镇居民			5873.889389					6057.531078	199.5043295				
企业				11747.77878				400					
政府	3851.872327	758.598			522.3129596	981.4774716	6747.258439		-104.8860139				
国外		7402.055468											
农村居民家庭					2714.645051								
城镇居民家庭						3925.909886							
企业							5400.520338						
政府								2242.168444					
中央银行													
商业银行												1308.4545	135
世界其他												100.05	12
固定资产投资									504.75			3190.911838	3652.938644
国债										355.7702	978.36805		
现金										660.052	99.078	165.13	
准备金													
国内存款										1583.1415	711.5485	2543.47	670.58
国内贷款											1002		
国外存款													
国外贷款												1200	150
其他资产变动									-2751.411948	180.6813515	1371.915336		

续表

	中央银行	商业银行	世界其他	固定资产投资	国债	现金	准备金	国内存款	国内贷款	国外存款	国外贷款	其他资产变动
活动												
商品				12036.58177								
劳动力												
资本												
农村居民												
城镇居民												
企业												
政府												
国外												
农村居民家庭									65			
城镇居民家庭		355.7702							237			
企业									2907.496		200	
政府					1778.851				581.4992		18	
中央银行		1120.64				924.26	1120.64					
商业银行								5508.74	600			
世界其他			218							1002		
固定资产投资												
国债	88.94255											
现金												
准备金												
国内存款		3790.9952										
国内贷款	600											
国外存款			896.05									3464.2875
国外贷款	3464.2875											
其他资产变动	431.69745	3209.0491		-4687.98129						3464.2875		0

第三节 中国金融可计算一般均衡模型的建立

该金融 CGE 模型主要是基于 Lewis (1994) 和 Stanford (1995) 论文中的金融 CGE 模型，并结合中国的实际情况做了一些修改。本模型有关变量的符号说明如下：小写希腊字母和"带帽"（over-bar）的大写希腊字母均代表外生变量；大写的希腊字母代表内生变量；下标 i 和 j(i, j = 1, 2, 3) 代表经济的行业部门；h(urb,rur) 分别代表城镇居民家庭（Urban Households）和农村居民家庭（Rural Households）；t 或 t − 1 代表时期。

一、生产模块

该金融 CGE 模型假设 3 个行业：第一产业、第二产业和第三产业；各产业的生产结构均选用 CES 函数，即国内产出 XD_i 是增加值 V_i 和中间投入 ND_i 的 CES 函数，即：

$$XD_i = \alpha_i^x \cdot \left[\beta_i^x \cdot V_i^{-\rho_i^x} + (1 - \beta_i^x) \cdot ND_i^{-\rho_i^x} \right]^{-\frac{1}{\rho_i^x}} \tag{7-1}$$

增加值是资本 K_i 和劳动力 LD_i 的 CES 函数，即：

$$V_i = \alpha_i^v \cdot \left[\beta_i^v \cdot LD_i^{-\rho_i^v} + (1 - \beta_i^v) \cdot K_i^{-\rho_i^v} \right]^{-\frac{1}{\rho_i^v}} \tag{7-2}$$

最后，部门的中间投入 N_i 通过列昂剔夫函数与中间复合投入品 ND_i 连接，即：

$$N_i = \sum_j a_{ij} \cdot ND_j \tag{7-3}$$

在生产成本最小化，或者生产利润最大化目标下，根据公式（7-1）可以推导出增加值 V_i 和中间投入必须满足的一阶关系式：

$$V_i = XD_i \cdot d\left(\frac{PX_i}{PV_i}\right) \tag{7-4}$$

和

$$ND_i = XD_i \cdot d\left(\frac{PX_i}{PN_i}\right) \tag{7-5}$$

在这里，PX_i、PV_i 和 PN_i 分别是国内产出 XD_i、增加值 V_i 和中间投入 ND_i 的价格。这样，中间复合投入品的价格可以表示为：

$$PN_i = \sum_j a_{ij} \cdot PQ_j \tag{7-6}$$

其中，参数 a_{ij} 为中间投入系数，PQ_j 是复合商品 j 的价格。

类似的，根据公式（7-2）的一阶条件，可以推导出劳动力 LD_i 必须满足的条件式：

第七章 中国金融可计算一般均衡(FCGE)模型的理论构建

$$LD_i = V_i \cdot \left(\frac{\beta_i^v \cdot PV_i}{(\alpha_i^v)^{\rho_i^v} \cdot W_i} \right)^{\frac{1}{1+\rho_i^v}} \tag{7-7}$$

二、国际贸易和收支模块

该模型假设对进口货物（M_i）的购买量受限于出口的价值（$pwe_i \cdot E_i$）和外汇的净流入额；在外汇市场上，外汇储备（ΔFR）等于经常账户（CA）和资本账户（KA）的总和，即：

$$\Delta FR = CA + KA \tag{7-8}$$

而经常账户的平衡由贸易顺差（TB），加上国内居民在国外储蓄的利息收入 $\left\{\left[\left(\frac{1}{ER}\right) \cdot iwd \cdot FTD_{urb}\right]\right\}$，减去对国外居民在国内银行储蓄的利息支出（FCDS 和 FCDL），再减去国内企业和政府的外债利息支出（FLP 和 PLG），即：

$$CA = TB + \left(\frac{1}{ER}\right) \cdot iwd \cdot FTD_{urb} - iwl \cdot (FLP + FLG)$$
$$-IDD \cdot [(1 - rrf) \cdot FCDS + FCDL] \tag{7-9}$$

其中，iwd 和 IDD 分别是国际储蓄利率和国内储蓄利率，贸易顺差由出口减去进口构成：

$$TB = \sum_i pwe_i \times E_i - \sum_i pwm_i \cdot M_i \tag{7-10}$$

把公式（10）代入公式（9），就可以得到经常账户的平衡式：

$$CA = \sum_i pwe_i \cdot E_i - \sum_i pwm_i \cdot M_i + \left(\frac{1}{ER}\right) \cdot iwd \cdot FTD_{urb} - iwl \cdot (FLP + FLG)$$
$$-IDD \cdot [(1 - rrf) \cdot FCDS + FCDL] \tag{7-11}$$

资本账户取决于金融资产的净流动。在该模型中，资本账户等于国外投资者在国内银行的短期和长期储蓄的净增加（$\Delta FCD = \Delta FCDS + \Delta FCDL$），加上国外资本对国内政府和企业贷款的净增加（$\Delta FLP$ 和 ΔFLG），再减去国内城镇居民在国外银行储蓄的净增加额（ΔFTD_{urb}），即：

$$KA = \Delta FLP + \Delta FLG + \Delta FCD - \Delta FTD_{urb} \tag{7-12}$$

把公式（7-11）和公式（7-12）代入公式（7-8），我们就可以得到外汇储备的完全表达式：

$$\Delta FR = \sum_i pwe_i \cdot E_i - \sum_i pwm_i \cdot M_i + \left(\frac{1}{ER}\right) \cdot iwd \cdot FTD_{urb} - iwl \cdot (FLP + FLG) -$$
$$IDD \cdot [(1 - rrf) \cdot FCDS + FCDL] + \Delta FLP + \Delta FLG + \Delta FCD - \Delta FTD_{urb} \tag{7-13}$$

公式（7-13）在模型设定固定汇率和浮动汇率情景时起着关键的作用。对于固定汇率情景，在目前外汇还不能自由兑换制度下，若汇率固定，则国内货币则完全取决于外汇储备，因此，央行必须在固定的汇率下买入和卖出外汇，那么，外汇储备（ΔFR）则是内生变化的；在浮动汇率情景下，外汇储备被设定为一常数（例如 ΔFR = 0），则汇率允许自由浮动以达到外汇市场均衡，则汇率（ER）内生变化。

如今，随着经济一体化的快速发展，世界各国经济联系日益密切，对外贸易是在国家经济发展中起着越来越重要的作用，因此，在 CGE 模型中对外贸易占有重要的地位，尤其是对中国这样的贸易大国。本文采用阿明顿（Armington）假设，用 CES 函数描述进口行为，用 CET 函数描述出口行为，具体说来，用 CES 函数描述进口行为，国内产出（XD_i）是出口（E_i）和国内市场供给（D_i）的 CET 函数，即：

$$XD_i = \alpha_i^t \cdot \left(\beta_i^t \cdot V_i^{-\rho_i^t} + (1 - \beta_i^t) \cdot ND_i^{-\rho_i^t} \right)^{-\frac{1}{\rho_i^t}} \tag{7-14}$$

出于简便考虑，依然采用"小国"假定，将商品的世界价格设定为外生变量，其不受商品国内价格的影响。因此，出口价格（PE_i）是国际价格（pwe_i）、汇率（ER_i）和出口补贴（te_i）函数，即：

$$PE_i = pwe_i \cdot (1 + te_i) \cdot ER_i \tag{7-15}$$

根据生产商在国内销售和国外销售的销售收入最大化目标，可以推导出以下必要条件：

$$\frac{E_i}{D_i} = \left(\frac{PE_i \cdot (1 - \beta_i^t)}{PD_i \cdot \beta_i^t} \right)^{\rho_i^t - 1} \tag{7-16}$$

这样，生产商的平均销售价格为：

$$PX_i = \frac{PE_i \cdot E_i + PD_i \cdot D_i}{XD_i} \tag{7-17}$$

假定国外进口商品和国内商品存在差异，这两种商品构成"复合"商品，并用 CES 函数描述进口行为，即：

$$Q_i = \alpha_i^q \times \left[\beta_i^q \cdot M_i^{-\rho_i^q} + (1 - \beta_i^q) \cdot D_i^{-\rho_i^q} \right]^{-\frac{1}{\rho_i^q}} \tag{7-18}$$

由于不同商品的替代弹性是不同的，替代弹性越小说明国内产品和国外商品的"区别"越大；在"小国"假设条件下，进口商品的价格为：

$$PM_i = pwm_i \cdot (1 + tm_i) \cdot ER_i \tag{7-19}$$

在进口商品和国内商品购买成本最小化目标条件下，根据公式（7-18）可以推导出以下必要条件：

$$\frac{M_i}{D_i} = \left[\frac{PD_i \cdot (1 - \beta_i^q)}{PM_i \cdot \beta_i^q} \right]^{\rho_i^q - 1} \tag{7-20}$$

于是，单位"复合"商品的价格可以表示为：

$$PQ_i = \frac{PM_i \cdot M_i + PD_i \cdot D_i}{Q_i} \tag{7-21}$$

三、收入和资本流动模块

该模型定义了四种不同的收入群体——企业、农村居民家庭、城镇居民家庭、政府,每一个收入群体有着不同的收入来源,并按照不同的行为规则进行储蓄和消费。企业在获得销售收入($PX_i \cdot XD_i$)的同时,支付间接税(间接税税率为tx_i),并购买中间投入品($PN_i \cdot ND_i$),即:

$$PV_i \cdot V_i = PX_i \cdot XD_i \cdot (1 - tx_i) - PN_i \cdot ND_i \tag{7-22}$$

由公式(7-22)可以推导出增加值价格,即:

$$PV_i = \frac{PX_i \cdot XD_i \cdot (1 - tx_i) - PN_i \cdot ND_i}{V_i} \tag{7-23}$$

假设在增加值($PV_i \cdot V_i$)中,除了用于支付劳动报酬($W_i \cdot LD_i$)外,剩下的一部分用于投资(按照一个外生比率re_i,$0 \leq re_i \leq 1$),另一部分作为资本者的分红或利润,即:

$$RETP_i = (PV_i \cdot V_i - W_i \cdot LD_i) \cdot re_i \tag{7-24}$$

企业还必须支付该企业用于固定资产投资的国内和国外贷款利息,并接受留存于银行系统的企业流动资金的利息收入。

同其他 CGE 模型一样,该金融 CGE 模型也强调农村居民家庭和城镇居民家庭的储蓄率不同。也就是说,农村居民家庭的储蓄率低于城镇居民家庭的储蓄率,因为农村居民家庭属于低收入阶层,而城镇居民家庭属于高收入阶层。因此,农村居民家庭的消费边际率会高于城镇居民家庭的边际消费率,从而使得农村居民家庭的储蓄率小于城镇居民家庭的储蓄率。具体地说,农村居民家庭收入由部分劳动者报酬、储蓄利息收入($IDD \times DTD_{rur}$)和政府转移支付(trns)构成,即:

$$Y_{rur} = \xi \cdot \sum_i (W_i \cdot LD_i) + IDD \cdot DTD_{rur} + trns \tag{7-25}$$

农村居民家庭收入除了需要支付收入税(tax_{rur})和国内贷款(DLPR)利息外,还会按一个固定比率($savl < SAV_{urb}$)存入银行进行储蓄,这样,农村居民家庭的消费为:

$$CON_{rur} = [Y_{rur} \cdot (1 - tax_{rur}) - IDL \cdot DLPR] \cdot (1 - savl) \tag{7-26}$$

城镇居民家庭收入来源于部分劳动者报酬、企业利润分红、国内银行储蓄的利息(DTD_{urb})和国外银行储蓄的利息(FTD)。类似的,城镇居民家庭需要支付国内贷款(DLPU)利息,即:

$$Y_{urb} = (1 - \xi) \cdot \sum_i [PV_i \cdot V_i - W_i \cdot LD_i] \cdot (1 - re_i)$$
$$+ IDD \cdot (DTD_{urb} + WCB) + iwd \cdot FTD + YBAN \tag{7-27}$$

城镇居民家庭需要首先向政府支付收入税,然后按固定比例进行储蓄,该储蓄率是内生的,它取决于公式(7-28):

$$SAV_{urb} = \kappa_0 + \kappa_1 \cdot [\varphi_{urb} \cdot IDD + (1 - \varphi_{urb}) \cdot iwd] \tag{7-28}$$

其中，φ_{urb} 是城镇居民家庭总储蓄在国内银行的比例，κ_0 和 κ_1 分别是城镇居民家庭储蓄函数的截距和斜率。

那么，城镇居民家庭的消费可表示为：

$$CON_{urb} = [Y_{urb} \cdot (1 - tax_{urb}) - IDL \cdot DLPU] \cdot (1 - SAV_{urb}) \tag{7-29}$$

这样，居民总收入为农村居民家庭收入和城镇居民家庭收入之和，即：

$$Y = \sum_h Y_h = Y_{rur} + Y_{urb} \tag{7-30}$$

政府收入（GREV）是进口关税、间接税（销售税）、政府储蓄利息，以及农村居民家庭和城镇居民家庭的收入税之和减去出口补贴，即：$IDD \times DTD_{rur}$

$$GREV = \sum_i PX_i \cdot XD_i \cdot tx_i + IDD \cdot DTD_{gov} + \sum_h Y_h \cdot tax_h$$

$$+ \sum_i pwm_i \cdot M_i \cdot ER \cdot tm_i - \sum_i pwe_i \cdot E_i \cdot ER \cdot te_i \tag{7-31}$$

其中，tm_i、tx_i 和 te_i 分别是进口关税税率、间接税税率和进口补贴率。

政府支出包括对农村居民家庭的转移支付（trns）、对外援助补贴（trnf）、政府消费（gexp）、固定资产投资（ginv）、政府债务利息（$iwl \cdot FLG + IDL \cdot DLG$），这些税率、政府转移以及政府消费都是政府管理的政策工具。于是，财政赤字（DEF）可以表示为：

$$DEF = gexp + ginv + trns + trnf + iwl \cdot FLG + IDL \cdot DLG - GREV \tag{7-32}$$

本文假定政府禁止通过直接印钞来填补财政赤字，因此，模型中政府的预算赤字是通过国外借债（FLG）、发行国债和国内银行借款（DLG）来弥补。

四、消费、中间需求和投资模块

部门产品的总消费（C_i）由农村居民家庭和城镇居民家庭的消费总额按照固定消费比率构成，即：

$$C_i = \frac{\sum_h cc_{ih} \cdot CON_h}{PQ_i} \tag{7-33}$$

政府消费（G_i）同样按照这一机理，即固定比例消费：

$$G_i = \frac{gg_i \cdot gexp}{PQ_i} \tag{7-34}$$

中间投入需求可表示为：

$$N_i = \sum_j a_{ij} \cdot ND_j$$

根据乔根森（1963）的新古典经济理论，厂商产出利润最大化的一阶条件，可以推导出如下条件式：

$$PV_i \cdot \frac{\partial V_i}{\partial K_i} = PK_i \cdot \left(r + \delta_i - \frac{\partial PK_i}{\partial t}\right) \tag{7-35}$$

其中，PV_i 和 PK_i 分别是产出和资本存量的价格，δ_i 是折旧率，r 代表投资的机会成本。乔根森求解公式（7-35），得到了最优的资本存量（K_i^*）；

但是正如 Lewis（1994）指出的，公式（7-35）存在一些问题，尤其不适用于发展中国家。因为：①在绝大多数发展中国家，由于不完全的金融市场以及债券市场的分割等，投资的机会成本是不可知的。②由于缺乏有效的证券市场，资本难以从一个行业流向另一个行业（或成本太高），因此，资本收入项相当有限。③在许多发展中国家，资本的产出存在长期部门差异，这暗含着部门的投资收益率也存在着不同。

因此，本文沿用 Lewis（1994）的做法，忽略资本收入项（$\frac{\partial PK_i}{\partial t_i}$），投资的机会成本（r）被替换为（$r_i$），这暗含着部门的投资机会成本是有差异的；最后，资本的价格因部门借贷支出而进一步扩大，即：

$$PV_i \cdot \frac{\partial V_i}{\partial K_i} = PK_i \cdot (1 + I_i) \cdot (r + \delta_i) \tag{7-36}$$

这样，根据公式（7-36），可以求解出部门的最优资本存量和企业投资需求：

$$K_i^* = V_i \cdot \left(\frac{PK_i \cdot (1 + I_i) \cdot (r_i - \delta_i)}{PV \cdot (1 - \beta_i^v) \cdot (\alpha_i^v)^{-\rho_i^v}}\right)^{-\frac{1}{1+\rho_i^v}} \tag{7-37}$$

$$ZDP_i = \left[\frac{K_i^*}{\overline{K}_i} - (1 - \delta_i)\right] \cdot \overline{K}_i - \theta_i \cdot RUN + \sigma_i \cdot RETP_i \tag{7-38}$$

其中，RUN 为失业率。

部门的政府投资定义为总投资额的外生固定系数，即：

$$ZDG_i = \frac{zg_i \cdot ginv}{PK_i} \tag{7-39}$$

这样，部门的总投资可表示为：

$$ZD_i = ZDP_i + ZDG_i \tag{7-40}$$

通过资本系数矩阵，可以把部门的投资需求转化为相对应的投资产品的需求，即：

$$Z_i = \sum_j b_{ij} \cdot ZD_j \tag{7-41}$$

合成单位资本价格表示为：

$$PK_i = \sum_j b_{ij} \cdot PQ_j \tag{7-42}$$

于是，部门复合商品 Q_i 的需求总和为：

$$Q_i = C_i + G_i + N_i + Z_i \tag{7-43}$$

国内产品供给 D_i 的最优比例是复合产品需求 Q_i 的相关函数：

$$SD_i = d_i \cdot \left(\frac{PM_i}{PD_i}\right) \tag{7-44}$$

$$D_i = SD_i \cdot Q_i \tag{7-45}$$

五、金融模块

一般来说,发展中国家的金融市场是不完善的,由于存在诸如分割的债券市场、不完善的证券市场等问题,因此即使发展中国家努力开发出了一些衍生金融工具,也不能完全满足教科书中金融市场的"完美"性假设。

由于没有包括金融资产的传统 CGE 不能够充分捕捉到金融中间投入的复杂过程及其对实体经济的影响。在本文的金融 CGE 模型中,金融和实体经济的相互传导机制是建立在 Bernanke 和 Gertler (1995) 提出的货币转移的"信用渠道"上,具体说来,即货币政策影响"外部金融溢价",也就是国内集资和国外集资费用的差别。因此,这就有两个金融—实体连接途径在起作用:一个途径是平衡表渠道,货币政策(如利率的改变)通过改变贷款人的资产净值而影响贷款人的平衡表和收入,从而影响贷款人的现金流和借款人的资金状况;另一个途径是银行借款,货币政策直接影响贷款的供给。

该金融 CGE 模型包括信贷途径,银行部门实际上是在国内国外储蓄方和国内投资者之间起着中间桥梁作用。由于企业借款用于支付劳动者报酬和满足投资需求,信用借贷市场环境可以直接影响着实体经济的运行,信用借贷市场也影响着政府赤字。政府债务利息在政府总支出占着相当大的比重,因此,提高利息将会对政府账户产生重要影响。这样,储蓄不再像传统 CGE 模型假设的那样自动地转换成投资,而是根据经济行为人的行为规则进行重新配置。

表 7-2 金融平衡表

资产		负债	
居民家庭 (Households)			
现金	CD_h	国内贷款	DLPU, DLPR
国内银行存款	DTD		
国外银行存款	FTD		
国债	NDEBT		
其他资产	$ASSET_h$		
企业 (Firms)			
活期存款	WCB	国内贷款	DLPF
流通货币	CDF	国外贷款	FLP
商业银行 (Banks)			
企业的国内贷款	DLP	企业储蓄	WCB
政府的国内贷款	DLG	国外储蓄	FCD
银行储备金	RR	居民家庭储蓄	DTD
其他资产	$ASSET_b$		
政府 (Government)			
政府存款	SAV_g	政府债务	GD
其他资产	$ASSET_g$	国债	SNDEBT

续表

资产		负债	
中央银行（Center Bank）			
外汇储备	FR	银行储备金	RR
其他资产	ASSETc	短期资本流入税收	RRF
		流通货币	CS
国外部门（ROW）			
政府的国外借款	FLG	国外储蓄	FR
国外贷款	FLP	在国外的储蓄	FTD
国外储蓄	FCD		
其他资产	ASSETf		

表 7-2 提供了金融部门的概括，现金和信用借贷市场的需求方和供给方的行为可以具体解释如下：

企业贷款需求用于以下两个方面：首先，当产品价格超过企业的盈利成本线时，来满足企业的投资扩建需求；其次，按照一定比例支付因产品额外的流动资金的需求，即：

$$WC_i = wc_i \cdot (WL_i \cdot D_i + PN_i \cdot ND_i) \tag{7-46}$$

其中，WC_i 为名义工资率；LD_i 为部门劳动雇员；PN_i 和 ND_i 分别为部门的中间复合投入品的价格和需求量。

该模型假设流动资本的一部分（swcb）为了应对流动资本平衡作为银行储蓄，另一部分作为企业拥有的现金，即：

$$WCB = swcb \cdot \sum_i WC_i \tag{7-47}$$

$$CD_{firms} = (1 - swcb) \cdot \sum_i WC_i \tag{7-48}$$

当信用借贷市场不能充分满足企业的流动资本需求时，那么，新增借款的企业需求就等于固定资产投资需求（ZDP）减去企业留存净利润，加上流动资本需求，即：

$$CR_i = (ZDP_i - RETP_i) + WC_i \tag{7-49}$$

由于企业可以从国内和国外两方面借款，因此，企业面临的借款利率为：

$$I_i = \gamma_i \cdot IDL + (1 - \gamma_i) \cdot iwl \tag{7-50}$$

其中，r_i 为部门 i 从国内借款占总借款的比率；IDL 是国内借款利率，为内生变量；iwl 为国外借款利率。

农村居民家庭和城镇居民家庭的储蓄可以增加他们的金融资本存量，即：

$$FW_{h,t} = SAV_h \cdot Y_h \cdot (1 - tax_h) + \overline{FW_{h,t-1}} \tag{7-51}$$

根据凯恩斯货币需求函数来决定居民的现金和储蓄的配置比重，假定居民家庭的名义现金需求量（CD_h）是交易需求（与名义收入 Y 成正比）和流动偏好（随着储蓄利率的增加而减少）的函数：

$$CD_h = \lambda \cdot Y_h \cdot [1 + \Psi_h \cdot IDD + (1 - \Psi_h) \cdot iwd]^{-\eta} \tag{7-52}$$

其中，η 为现金需求的利率弹性系数；λ 为收入的现金持有比例参数；Ψ_h 为居民的国内储蓄在其总储蓄中的比率。

定期储蓄需求是资金财富和现金需求的差额，即：

$$TD_h = FW_h - CD_h \tag{7-53}$$

正如以上所述，假设农村居民家庭的储蓄全部储存在国内银行，而城镇居民家庭的储蓄既可以储存在国内银行，也可以储存在国外银行，因此：

$$TD_{urb} = DTD_{urb} + FTD_{urb} \tag{7-54}$$

其中，$DTD_{urb} = \Psi_{urb} \cdot TD_{urb}$，$FTD_{urb} = (1 - \Psi_{urb}) \cdot TD_{urb}$

中央银行的行为方式直接取决于资产平衡表，即：

$$ER \cdot \Delta FR = \Delta CS + \Delta RR \tag{7-55}$$

在固定汇率体制下，为了满足外汇储备的净增加（ΔFR），中央银行必须投放本国相应的基础货币量或者银行系统的储备（ΔRR）；在浮动汇率下，外汇储备被假设为某一定值（如：$\Delta RR = 0$），汇率（ER）允许完全自由变化以达到外汇市场平衡。

在 t 时期，流通货币的供给为：

$$CS_t = \Delta CS + \overline{CS}_{t-1} \tag{7-56}$$

作为中介的银行部门，是在借款方和贷款方之间提供金融服务，以确保在不同利息水平下达到资金的借贷平衡。因此，必须满足以下两个条件：

其一，表 7-2 必须达到借贷平衡，换句话说，即表 7-2 的总资产必须等于总负债，即：

$$RR + DLP + DLG = FCD \cdot ER + DTD + WC \tag{7-57}$$

其中，$DTD = \sum_h DTD_h \tag{7-58}$

$$FCD = FCDS + FCDL \tag{7-59}$$

$$RR = rr \cdot (FCD \cdot ER + DTD + WCB) \tag{7-60}$$

其二，假设政府对银行储备金不支付任何利息，于是有：

$$YBAN = IDL \cdot DLP - IDD \cdot \left(\sum_h DTD_h + swcb \cdot WCB\right)$$

$$-IDD \cdot ER \cdot (FCDS + FCDL) \tag{7-61}$$

根据模型中的银行部门的储蓄投资均衡条件，得到：

$$S_{foreign} + S_{gov} + S_{firms} + S_{rur} + S_{urb} = I_{fixed} \tag{7-62}$$

本文假定政府禁止通过印钞来填补财政赤字，因此，模型中政府的预算赤字（DEF）只能通过国外借债（FLG）、发行国债（sndebt）和国内银行借款（DLG）来弥补。

政府的金融负债行为可以表示为：

$$DLG_t = (1-\tau) \cdot DEF_t + DLG_{t-1} \tag{7-63}$$

$$FLG_t \cdot ER_t = \tau \cdot DEF_t + FLG_{t-1} \tag{7-64}$$

其中，τ 为政府国外负债的比重。

对于政府发行的国债，本文假定农村居民家庭、城镇居民家庭和国外（投资机构）

三个经济主体可以拥有,并且政府发行的债券外生,这三个经济主体拥有的国债内生,其拥有国债数量的多少取决于现金、存款、债券等资产的最优组合,即:

$$sndebt = NDEBT_{rur} + NDEBT_{urb} + NDEBT_{row} \qquad (7\text{-}65)$$

在该模型中,外国(the Rest of the World,ROW)需要出口、提供进口和国外资本,也是国内城镇居民家庭储蓄的接收者,外国资本在国内的储蓄会因长期和短期,其行为方式会有所不同。假定外国在国内的长期资本储蓄函数表示为:

$$FCDL = \mu_0 + \mu_1 \cdot (IDD - iwd) \qquad (7\text{-}66)$$

其中,截距项(μ_0)假定为正,因为长期储蓄是典型的非高流动性,因此,即使国内外的储蓄利率差为零,那么依然也很可能会有一些国外的长期储蓄。参数 μ_1 取决于外国投资者对国内外储蓄利率差的反映强弱程度。

外国短期储蓄(FCDS)假定为指数形式的函数,这是基于短期资本具有"热钱"的性质,即对国内外利率差反映强烈,可能成几何形式的增大或减小,因此:

$$FCDS = \nu_0 + e^{\nu_1 \times (IDD - iwd)} \qquad (7\text{-}67)$$

六、闭合模块(市场出清模块)

同实体 CGE 模型一样,该金融 CGE 模型也要求各个市场均达到均衡,具体说来,市场出清包括投资储蓄均衡、劳动力供给需求均衡、商品市场均衡、金融市场均衡等。

正如上述论述,部门的劳动力需求(LD_i)由公式(7-67)决定,劳动总供给(L)外生给定,名义工资可表示为:

$$W_i = \omega_0 \times AP_i^{\omega_1} \cdot RUN^{-\omega_2} \qquad (7\text{-}68)$$

其中,$AP_i = \dfrac{PV_i \cdot V_i}{LD_i}$ 为部门的平均劳动产出,ω_0 是规模变量,参数 ω_1 和 ω_2 分别是名义工资的平均产出弹性系数和失业率弹性系数。

失业(UNMP)取决于外生的劳动供给和劳动需求之间的差额,即:

$$UNMP = \bar{L} - \sum_i LD_i \qquad (7\text{-}69)$$

失业率(RUN)定义为:

$$RUN = \dfrac{\bar{L} - \sum_i LD_i}{\bar{L}} \qquad (7\text{-}70)$$

商品市场均衡要求商品的供给和需求相等,即:

$$XD_i^d = XD_i^s \qquad (7\text{-}71)$$

金融市场的均衡要求:①总资产等于总负债,如公式(7-57)所示。②现金需求等于供给,即 $CS = \sum_h CD_h + CD_{firms}$;央行资产收支平衡,即公式(7-55)。

(本章作者:娄 峰)

参考文献

[1] André Fargeix and Elisabeth Sadoulet. A Financial Computable General Equilibrium Model for the Analysis of Ecuador's Stabilization Programs, OECD Development Centre. Working Paper, No. 10, February, 1990.

[2] Christian A.. Emini and Hippolyte Fofack. A Financial Social Accounting Matrix for the Integrated Macroeconomic Model for Poverty Analysis-Application to Cameroon with a Fixed-Price Multiplier Analysis. World Bank Policy Research Working Paper 3219, February 2004.

[3] Cibis B. A.. A Computable General Equilibrium Model with Financial Market. Working Paper, 2000.

[4] Claudio H., Dos Santos, Gennaro Zezza. A Post-Keynesian Stock-Flow Consistent Macroeconomic Growth Model: Preliminary Results. Working Paper, No. 402, February 2004.

[5] C.W.M Naastepad. Restoring Macroeconomic Stability through Fiscal Adjustment: A Real-Financial CGE Analysis for India. Review of Development Economics, 2003, 7(3). 221-244, 2003.

[6] Erinc Yeldan. Financial Liberalization and Fiscal Repression in Turkey: Policy Analysis in a CGE Model With Financial Markets. Bilkent University, Ankara, Turkey, 1996.

[7] Feltenstein, Andrew. A General Equilibrium Approach to the Analysis of Trade Restrictions, with an Application to Argentina: IMF Staff Papers, 1980 (27), 749-784.

[8] Jean K. Thisen. The Treatment of Financial Variables in Social Accounting Matrix-Based Short-term Forecasting Model Africa Development. Vol. XXVI, 2001, 183-218. Council for the Development of Social Science Research in Africa 2001 (ISSN 0850-3907).

[9] Lewis, Jeffrey D.. Macroeconomic Stabilization and Adjustment Policies in a General Equilibrium Model with Financial Markets. the University of Michigan Press, 1994.

[10] Luis Carlos Jemio and Manfred Wiebelt March. Macroeconomic Impacts of External Shocks and Anti-Shock Policies in Bolivia: A CGE Analysis, Kiel Working Paper, No.1100, 2002.

[11] Marc Lavoie, Wynne Godley. Kaleckian Models of Growth in a Stock Flow Monetary Framework: A Neo-Kaldorian Model. Working Paper, No. 302, June 2000.

[12] Meagher G.. General Equilibrium Analysis of Fiscal Incidence in Australia. Working Paper Prepared for Waterloo CGE Conference, 1990.

[13] Stanford, James Owen. Estimating the Effects of North American Free Trade: A Three Country General Equilibrium Model with Real-World Assumptions. Ottawa, Canada: Canadian Centre for Policy Alternatives, 1995.

[14] 陈立. 辽宁省动态金融 CGE 模型及政策模拟, 大连: 东北财经大学硕士论文, 2006.

[15] 范金, 郑庆武. 中国地区宏观金融社会核算矩阵的编制, 当代经济科学, 2003 (5).

[16] 霍丽骊等. CDF—CGE 模型基本结构及应用. 数量经济技术经济研究, 2006 (1).

[17] 李猛. 不同汇率机制下石油价格波动的金融 CGE 模型分析. 数量经济技术经济研究, 2009 (4).

[18] 李雪松. 一个中国经济多部门动态的 CGE 模型. 数量经济技术经济研究, 2000 (12).

[19] 徐继峰. 中国金融 CGE 模型的建立及农业信贷政策模拟, 北京: 农业经济与发展研究所研究生院硕士论文, 2006.

[20] 郑玉歆, 樊明太. 中国 CGE 模型和政策分析. 北京: 社会科学文献出版社, 1999.

[21] 周建军, 王韬. 金融 CGE 模型研究与应用. 金融教学与研究, 2003 (1).

第八章 中国发展低碳经济的潜力空间研究
——基于系统动力学理论和投入—产出分析模型

第一节 研究背景

一、气候变化与低碳经济

气候变化是当今国际社会普遍关注的全球性环境问题,已有的科学研究表明,全球气候变暖与人类活动造成的温室气体浓度升高有很大的相关性(IPCC,2007)。气候变化已经对地球生态系统和人类社会造成了影响,虽然关于气候变化的幅度、影响强度以及区域分布等问题的认识还有很大的不确定性,但其未来的影响程度和后果严重性,则与人类社会如何应对气候变化所做的努力是密切联系的。防止气候变化的关键在于控制温室气体(GHG)排放[GHG主要包括CO_2、CFCs、甲烷(CH_4)、臭氧(O_3)和氧化亚氮(N_2O)等],特别是二氧化碳(CO_2)排放量。CO_2是最重要的人为温室气体。其中,能源系统排放的CO_2又占全部人为排放CO_2的70%,主要是化石燃料生产和使用造成的。政府间气候变化专门委员会(IPCC)推出了一系列关于气候变化问题的评估报告,对气候变化科学知识的现状,气候变化对社会、经济的潜在影响以及如何适应和减缓气候变化的可能对策进行评估。这些评估报告使国际社会日益意识到全球气候变化对人类当代及未来生存环境的威胁和挑战,意识到采取共同应对措施的重要性和紧迫性。

根据IPCC第四次评估报告(IPCC,2007),全球大气二氧化碳浓度已从工业化前的约280ppm(ppm为百万分之一)增加到了2005年的379ppm。2005年大气二氧化碳浓度值已经远远超出了根据冰芯记录得到的65万年以来浓度的自然变化范围(180~330ppm)。工业化时期以来大气二氧化碳浓度的增加,主要源于化石燃料的燃烧,另一个显著的贡献是土地利用变化,但相对要小。化石燃料燃烧所导致的二氧化碳年排放量,从20世纪90年代的平均每年64亿吨碳(235亿吨二氧化碳),增加到2000~2005年的每年72亿吨碳(或264亿吨二氧化碳)。与土地利用变化相关的二氧化碳排放量,在20世纪90年代估算值为每年16亿吨碳(59亿吨二氧化碳),尽管这些估算值具有很大的不确定性。因此，限制能源系统化石燃料燃烧产生的 CO_2 排放成为限制全球 GHG 排放的首要目标。

一般认为，"低碳经济"是英国政府在其于 2003 年发布的能源白皮书《我们能源的未来：构建一个低碳经济》(Our Energy Future: Creating a Low Carbon Economy) 中首先提出的，表明了英国在这轮全球经济社会转型趋势中的发展路径。由于英国是西方世界最早实现工业化的国家，其所引领的未来政策方向备受瞩目，引起了世界各国的广泛关注，日本、欧盟、加拿大等也纷纷提出了迈向低碳经济转型的政策方案。"低碳经济"是目前世界各国谈论最多的话题之一，但其概念仍然不是很明确，而且在不断地更新发展中。"低碳经济"可以简单理解为在保持一定经济增长速度的前提下，以尽可能最小的量排放温室气体的经济发展模式，属于动态发展的概念。其实质是建立经济高效、能源节约、低碳排放的生产方式和消费方式，形成可持续的能源系统、技术体系和产业结构。核心是通过能源技术创新、制度创新和人类生存发展观念的根本性转变达到低碳的发展模式。

而目前大气中浓度过高的温室气体对正在上演的全球气候变暖有直接作用，并且证实这些浓度过高的温室气体是人类经济活动、生产生活的结果。因此，在全球范围内倡导低碳经济是避免灾难性气候变化的必要手段，各国寻求低碳经济发展模式已经变成缓解全球变暖长期战略的一个重要组成部分。与此同时，日益枯竭的不可再生型能源资源、不断上升的能源需求以及能源价格，也是推动全球向低碳经济转型的一些主要影响因素。

二、对发展低碳经济评估研究的必要性

无论是研究气候变化的影响、应对气候变化的适应策略，以及发展低碳经济的各种机制和经济手段的实施，都需要综合评估发展低碳经济的影响。一直以来，国际上对于全球排放限额及其在国家之间的分配存在着严重分歧，其原因归根到底还是减少 CO_2 排放成本估计问题的复杂性和不确定性。如果能够以很低的成本甚至零成本实现低碳经济发展目标，就不会导致 2009 年年底的哥本哈根气候变化高峰会议最终以未取得实质性成果而终。

对于拥有 13 亿多人口的大国而言，中国绝大部分的人均资源储藏量不及世界平均水平，而又处于重化工化发展阶段，因而，我们强调"低碳经济"发展理念，重点在于通过管理机制改革、技术创新，利用"低碳经济"思想利用好各种资源，尤其是能源资源，形成低碳生产方式和生活方式，转变经济社会发展模式，达到建设"资源节约型，环境友好性"的社会目标。

2011 年颁布的《"十二五"节能减排综合性工作方案》指出[1]，"十一五"期间全国单位国内生产总值能耗降低了 19.1%，二氧化硫、化学需氧量排放总量分别下降 14.29% 和 12.45%，基本实现了"十一五"规划纲要确定的约束性目标，扭转了"十五"后期单位

---

[1] 国务院：《国务院关于印发"十二五"节能减排综合性工作方案的通知》，http://www.gov.cn/。

国内生产总值能耗和主要污染物排放总量大幅上升的趋势，为保持经济平稳较快发展提供了有力支撑，为应对全球气候变化作出了重要贡献，也为实现"十二五"节能减排目标奠定了坚实基础。但随着工业化、城镇化进程的加快和消费结构的持续升级，我国能源需求呈刚性增长，受国内资源保障能力和环境容量制约以及全球性能源安全和应对气候变化的影响，资源环境约束日趋强化，"十二五"时期节能减排的形势仍然十分严峻，任务十分艰巨。特别是我国节能减排工作还存在责任落实不到位、推进难度增大、激励约束机制不健全、基础工作薄弱、能力建设滞后、监管不力等问题。

研究低碳经济问题，需要涉及经济、能源、碳排放环境等诸多领域之间的关系。当前中国低碳经济问题需要关注三个基本问题：中国能源安全问题、气候变化风险评估问题、参与国际谈判及碳排放额的分配博弈问题。利用建模方法综合评估中国发展低碳经济的潜力空间以及可能的路径选择，是中国应对气候变化的一种可行技术手段，为中国很好地参与国际合作和开展碳排放交易提供科学数据和技术支持。这也有助于在气候变化的国际谈判中掌握主动，维护国家利益，也有利于制定具有能源—环境—经济协调的、符合低碳经济模式的能源发展战略。基于目前有关气候变化减排、低碳经济模型的研究现状，本文通过对我国碳排放特征分析比较，利用系统动力学理论和投入—产出分析方法对我国发展低碳经济的潜力空间问题进行初步探索。

第二节 中国碳排放的特征分析

分析碳排放的特征，首先需要估算中国的碳排放水平，这里指的是因化石能源使用所产生的碳排放。根据中国的能源消费特点，我们分别按照国家、地区、产业三个层次的碳排放量进行了估算（蒋金荷，2011a；2011b），得到以下几点结论：

（1）1990~2010年中国碳排放总量呈增长趋势，万元GDP碳排放强度年均下降率达到4.19%，经济发展属于"高碳排放"期（表8-1）。

表8-1 1990~2010年中国经济增长、能源消费、碳排放的关系

年份	GDP（亿元）	能源消费（亿tce）	碳排放（亿tCO_2）	人均碳排放（吨CO_2）	能源强度（tce/万元）	碳排放强度（tCO_2/万元）
1990	43023	9.87	23.30	2.04	2.29	5.42
1991	46981	10.38	24.57	2.12	2.21	5.23
1992	53653	10.92	25.80	2.20	2.03	4.81
1993	61164	11.60	27.27	2.30	1.90	4.46
1994	69177	12.27	28.75	2.40	1.77	4.16
1995	76717	13.12	30.60	2.53	1.71	3.99
1996	84389	13.52	31.71	2.66	1.60	3.76
1997	92237	13.59	31.44	2.58	1.47	3.41
1998	99431	13.62	31.16	2.42	1.37	3.13

续表

年份	GDP (亿元)	能源消费 (亿 tce)	碳排放 (亿 tCO_2)	人均碳排放 (吨 CO_2)	能源强度 (tce/万元)	碳排放强度 (tCO_2/万元)
1999	106988	14.06	32.27	2.44	1.31	3.02
2000	115975	14.55	33.13	2.49	1.25	2.86
2001	125601	15.04	34.04	2.52	1.20	2.71
2002	137031	15.94	36.12	2.65	1.16	2.64
2003	150734	18.38	42.13	3.08	1.22	2.79
2004	165958	21.35	48.80	3.55	1.29	2.94
2005	184937	23.60	54.08	3.91	1.28	2.92
2006	208424	25.87	59.34	4.26	1.24	2.85
2007	238021	28.05	64.24	4.56	1.18	2.70
2008	260871	29.14	66.03	4.79	1.12	2.53
2009	284871	30.66	69.40	5.23	1.08	2.44
2010	314497	32.49	72.42	5.43	1.03	2.30
年均变化率(%)	10.46	6.14	5.83	5.02	-3.91	-4.19

注：GDP 按照 2005 年不变价格计算。

数据来源：笔者根据《2011 中国统计年鉴》、《2011 中国能源统计年鉴》整理、推算。

中国 2010 年一次能源中因化石能源使用所产生的 CO_2 排放量达到 72.4 亿吨，为 1990 年的 3.1 倍，年均增长 5.83%，占世界总排放量的比重近 20%左右，尤其是 2002~2010 年，年均增长率达到 9.87%。经济发展与能源消费、碳排放水平的关系见图 8-1，可见，1990~2010 年随着经济的发展，能源消费与碳排放水平相应地随着增加，能源的消费弹性系数和碳排放弹性系数分别为 0.59、0.56，也就是说，经济每增长 1%，需要消费能源增长 0.59%，CO_2 排放增长 0.56%。但 2002 年以后随着经济以年均 10.9%的速度

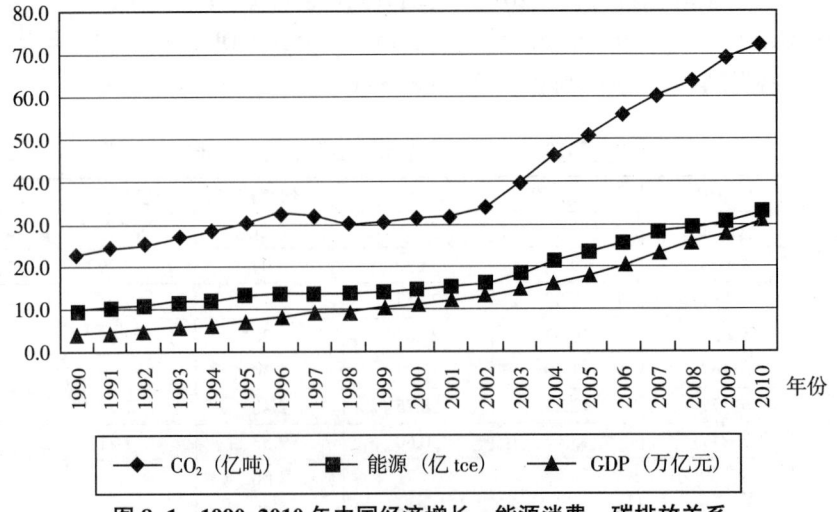

图 8-1 1990~2010 年中国经济增长、能源消费、碳排放关系

数据来源：笔者根据《2011 中国统计年鉴》、《2011 中国能源统计年鉴》整理、推算。

快速增长，能源消费、碳排放增长也更加快速，2010年能源消费、碳排放比2002年分别增加了104%、120%。这种发展导致的直接后果是资源环境对经济制约的瓶颈效应更加明显。

与世界各国相比，中国二氧化碳排放强度明显偏高，如果仅仅以能源消费中化石燃料的使用而产生的CO_2排放量来估计"碳排放强度"，按照2005年不变价格，"碳排放强度"由1990年的5.42吨CO_2/万元GDP下降到2010年的2.30吨CO_2/万元GDP，即20年期间万元GDP碳排放强度降低了57.5%，年均下降率达到4.19%。因此，随着国家相关政策的完善与落实以及技术的发展，未来中国碳排放强度的减少趋势是可以期待的，但经济发展阶段的特点、能源生产与消费的结构特征决定了中国经济社会发展过程在短时期内不可能达到"低碳排放"。

（2）工业碳排放量占全国总排放量的85%，处于主导地位，工业单位产值碳排放强度呈递减趋势，而交通运输业则略有缓慢上升。

2007年，中国因化石能源使用引起的碳排放达到60.23亿吨CO_2，其中排放量最大的行业是工业和交通运输业，分别占总排放量的85%和6.1%，农业排放占1.7%（表8-2）。1995~2007年工业碳排放量由25.1亿吨CO_2增加到51.2亿吨CO_2，增加了1.0倍，占全国碳排放的比例逐渐升高，从81%增加到85%。从碳排放强度分析，工业单位增加值碳排放远远高于农业和商业、服务业，交通运输业和工业都属于"高碳排放"行业。1995~2007年，除了交通运输业外，其余五大产业的碳排放强度均有不同程度的降低，降幅最大的是工业和商业服务业，分别降低了43.2%和45.8%，交通运输业则增加了9%；农业的碳排放强度处于平稳态势。

表8-2　1995~2007年六大产业的碳排放量、占总排放比例、碳排放强度

产业 \ 年份	1995	2000	2002	2003	2004	2005	2006	2007
排放量（亿吨CO_2）								
第一产业	0.69	0.74	0.78	0.80	0.99	1.03	1.07	1.05
第二产业	25.22	26.18	27.48	33.90	39.06	43.29	47.88	51.83
工业	25.07	25.84	27.26	33.43	38.53	42.74	47.30	51.19
第三产业	2.14	2.78	3.02	3.30	3.86	4.17	4.56	4.93
交通运输业	1.08	1.80	1.98	2.25	2.65	2.96	3.31	3.69
商业服务业	0.29	0.32	0.33	0.37	0.42	0.45	0.48	0.52
占全国排放量比例（%）								
第一产业	2.24	2.33	2.36	1.99	2.16	2.02	1.91	1.74
第二产业	81.8	82.8	82.7	84.5	84.8	85.2	85.7	86.0
工业	81.3	81.8	82.0	83.4	83.6	84.2	84.7	85.0
第三产业	6.92	8.81	9.09	8.22	8.38	8.20	8.17	8.19
交通运输业	3.50	5.70	5.94	5.60	5.75	5.83	5.94	6.12
商业服务业	0.93	1.00	1.00	0.92	0.90	0.88	0.85	0.86

续表

年份 产业	1995	2000	2002	2003	2004	2005	2006	2007
单位增加值排放量（吨 CO_2/万元）								
第一产业	0.45	0.40	0.39	0.40	0.38	0.45	0.44	0.44
第二产业	7.22	4.58	4.16	4.42	4.57	4.56	4.47	4.21
工业	8.31	5.17	4.68	4.98	5.12	5.12	5.02	4.72
第三产业	0.73	0.60	0.53	0.54	0.57	0.56	0.54	0.51
交通运输业	2.47	2.57	2.42	2.61	2.70	2.72	2.73	2.69
商业服务业	0.36	0.26	0.22	0.23	0.23	0.23	0.21	0.20

注：GDP、产业增加值按照2005年不变价格计算。
数据来源：作者根据历年《中国统计年鉴》、《中国能源统计年鉴》整理、推算。

从工业行业内部看，2007年六大主要碳排放工业——电力工业、石油加工、冶金工业、建材工业、化学工业和煤炭采掘业的碳排放总量为35.65亿吨 CO_2，占全国碳排放总量的59.2%，占工业部门的78.3%（图8-2），是碳排放最多的六大行业，根据中国经济社会发展特点，当前还处于工业化加速推进阶段，可以预见，这种趋势还需维持一段时期。由此可见，目前我国碳排放主要集中在工业部门内的这六大部门，经济发展仍然属于"高能耗、高排放、高污染"的粗放型经济发展模式。

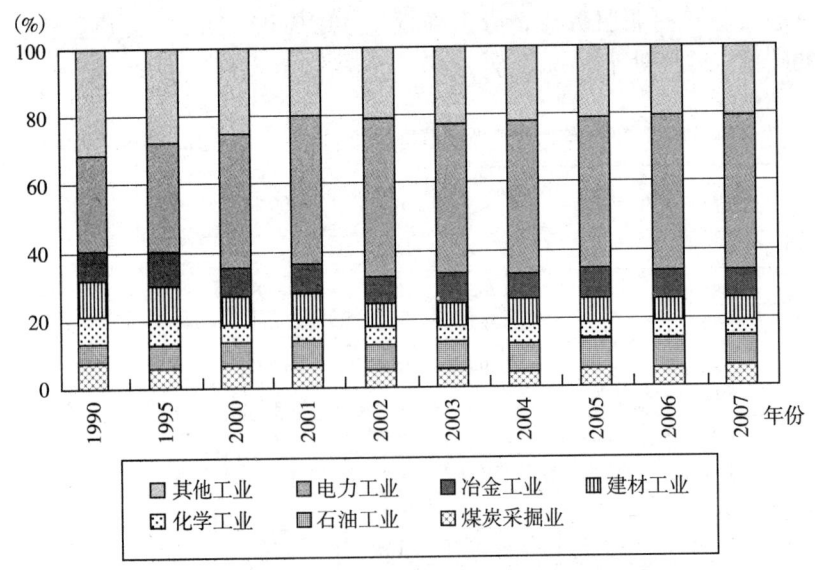

图8-2 1990~2007年主要工业部门碳排放比例变化

数据来源：笔者根据《2011中国统计年鉴》、《2011中国能源统计年鉴》整理、推算。

（3）中国各地区碳排放水平与经济发展水平关系密切，绝大部分地区都符合"高发展、高排放"、"低发展、低排放"规律。

由于中国各地区能源资源禀赋、能源消费结构以及经济发展水平的差异，各地区的碳排放系数也存在不同程度的差异。理论上，各省市碳排放量的和等于全国的碳排放总量，但由于每个省市对各种能源的折算系数不同（根据国家统计年鉴），导致各个地区能源消费量之和不等于全国的能源消费总量。因此，碳排放总量的这两个值也是不一样的。

表8-3 2007年中国各地区CO_2排放量、碳排放强度与人均GDP（当年价）

地区	碳排放（万吨CO_2）	人均碳排放（吨CO_2/人）	碳排放强度（吨CO_2/万元）	人均GDP（元）
北京	8045.7	4.93	0.86	55151
天津	8836.4	7.93	1.75	45007
河北	48370.1	6.97	3.53	19967
山西	55868.2	16.47	9.74	16790
内蒙古	37096.5	15.42	6.09	25026
辽宁	32568.4	7.58	2.95	25644
吉林	16597.3	6.08	3.14	19144
黑龙江	21143.6	5.53	2.99	18507
上海	15249.7	8.21	1.25	64592
江苏	41262.1	5.41	1.60	33524
浙江	29038.3	5.74	1.55	36834
安徽	19469.9	3.18	2.64	12007
福建	14092.1	3.94	1.52	25580
江西	10826.0	2.48	1.97	12520
山东	65905.4	7.04	2.54	27637
河南	45543.4	4.87	3.03	16088
湖北	23578.6	4.14	2.55	16055
湖南	21369.9	3.36	2.32	14390
广东	34519.1	3.65	1.11	32462
广西	10665.6	2.24	1.79	12282
海南	1334.7	1.58	1.09	14551
重庆	8672.6	3.08	2.10	14602
四川	20208.5	2.49	1.92	12926
贵州	20801.7	5.23	7.59	6817
云南	15960.5	3.54	3.37	10460
陕西	16440.5	4.39	3.01	14327
甘肃	8983.3	3.43	3.32	10313
青海	2176.2	3.95	2.78	13796
宁夏	8054.9	13.20	9.06	13669
新疆	10885.3	5.20	3.09	16678
全国	602331	4.56	2.34	18665

数据来源：笔者根据2009年《中国统计年鉴》，《中国能源统计年鉴》进行估算、整理得出。

从各地区的单位产值碳排放强度分析，2007年处于前四位的是山西、宁夏、贵州、内蒙古，远远高于全国平均水平（图8-3）。而经济比较发达的东部沿海省市，其碳排放强度都低于全国平均水平，东北、部分西部及中部省市略高于全国平均水平。而这几个省市显然都属于高耗能产业相对发达地区，未来不可避免地存在降低碳排放强度的压力。

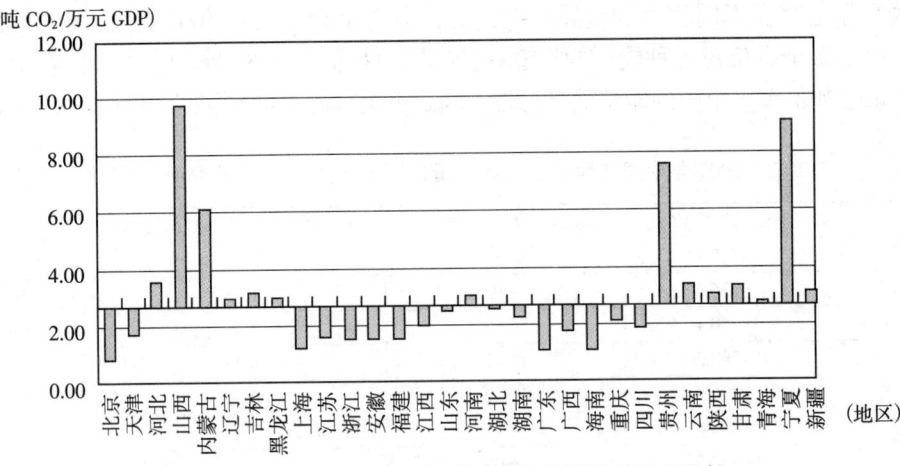

图 8-3 2007 年中国各地区单位增加值碳排放强度比较

注：坐标原点为全国平均值 2.70 吨 CO_2/万元 GDP。

第三节 低碳经济模型的研究现状

目前，除了 IPCC 发表的四次气候变化综合评估报告外，有关气候变化研究对国际社会、学术界影响较大的当属由前世界银行首席经济师、英国经济学家尼古拉斯·斯特恩主持完成并发布的两份气候变化报告。第一份是 2006 年颁布的《斯特恩回顾：气候变化经济学》（Stern，2006），这份长达 700 页的报告从经济学的角度论述全球应对气候变化的紧迫性，强调只有尽快大幅度减少温室气体排放，才能避免全球升温超过 2℃ 可能造成的巨大经济损失。该报告认为不断加剧的温室效应将会严重影响全球经济的发展，其严重程度不亚于世界大战和经济大萧条。如果全球以每年 1% 的 GDP 投入，可以避免将来每年 5%~20% 的 GDP 损失。2008 年又发表一份新报告——《气候变化全球协定的关键要素》（Stern，2008），该报告包括八个部分，分别从减排目标、发展中国家的参与、国际碳市场、减少毁林的资金问题、技术、适应等方面，提出了一套完整的 2012 年后国际气候制度设置方案。我国学者认为，"报告的目的在于影响气候谈判，为促进 2009 年底在哥本哈根会议达成 2012 年后的国际气候协定提供可供谈判的蓝本"（陈迎、潘家华，2008）。

目前西方一些发达国家都积极开展低碳经济领域的研究工作。国际上利用模型展开低碳经济研究的有日本"2050 日本低碳社会"，该项目始于 2004 年，由几个单位的 60 位气候变化等专家联合成立工作组，经过 4 年的努力，于 2008 年取得一系列成果，提出了"日本迈向低碳社会的行动和方案"。[①] 他们还与英国专家成立合作项目"一个可持

[①] 研究成果请见日本国立环境研究所，2050 低碳社会情景，http://2050.nies.go.jp。

续低碳社会",基于可持续发展就降低全球温室气体排放在地区、国家、国际尺度上采取行动的必要性、紧迫性和可行性进行研究,成果提交给 G8 和 G20 等高级别会议。

综合评价模型(Integrated Assessment Model,IAM)作为一类连接复杂环境问题科学和政策的新模式,兴起于 20 世纪 80 年代中期。早期综合评价的一个例子是欧洲酸化 RAINS 模型。综合评价模型是一种对气候变化问题之下许多自然和社会要素之间的关系进行综合评价的工具。从与全球气候变化有关的社会经济问题的整体机制入手,综合包括自然和社会科学领域中与之相关的原理性知识而构造的,对 CO_2 等温室气体的排放(或减排)对策进行综合评估的模型(钟笑寒、李子奈,2002)。

综合评价模型通常包括自然和社会模型,当前开发的气候变化综合评价模型考虑了影响温室气体排放的情景以及自然系统的统计、政治、经济变量(王铮等,2010)。在过去的 20 多年中,国际上已经开发出各类综合评估评价模型。现有的模型分为三类:一是政策评估模型,预测政策的自然、生态、经济和社会后果;二是政策最优化模型,在给定的政策目标下对关键政策控制变量进行最优化;三是不确定下的决策模型,考虑最主要的输入、参数和结构特征的不确定性,或用概率的方法描述少数来自政策最优化模型或政策评价模型的参数和输入。模型的规模一般都比较庞大,需要采用计算机进行模拟运算。著名的 IAM 模型有:美国耶鲁大学的 DICE、RICE(Nordhaus 等,1996、1999),德国汉堡大学的 FOUND(Tol,1997;Link 等,2004),美国斯坦福大学的 MERGE(Manne 等,1995、2004)。

基于最近 10 年来各类 IAM 在气候变化评估方面的应用,这些模型可以分为五大类(有些类别之间有重叠):福利最大化、一般均衡、局部均衡、模拟和成本最小化(表 8-4)(Stanton etc.,2009)。

表 8-4 IAM 模型主要类型及特征

模型类型	全球	区域
福利最大化	DICE-2008;ENTICE-BR;DEMETER-1CCS;MIND	RICE-2004;FEEM-RICE;FUND;MERGE;CETAM;GRAPE;AIM/Dynamic Global
一般均衡	JAM;IGEM	IGSM/EPPA;SMG;WORLDSCAN;ABARE-GTEM;G-CUBED/MSG3;MS-MRT;AIM;IMACLIM-R;WIAGEM
部分均衡	—	MiniCAM;ICAM-s;E3MG;GIM
模拟/仿真	—	PAGE-2002;ICAM-3;E3MG;GIM
成本最小化	GET-LFL;MIND	DNE21+;MESSAGE-MACRO

每种模型都有其自身的优缺点,且都为制定气候和发展政策所必需的决策提供了不同的视角。福利最优模型通过选择每段时期的减排量,来最大化所有时期的社会总福利,其中减排成本会降低经济产出。一般均衡模型将经济视为一系列相互关联的经济部门(劳动、资本、能源等)的组合,并通过寻找一组能同时满足每一部门供需的价格来求解这些模型。局部均衡模型运用一般均衡的部分工具,在假设其他部门价格不变的情况下来考察某些经济部门。模拟模型基于对未来减排和气候条件的"脱线"预测上;一组预先决定的每期减排量决定了生产中能使用的碳的总量,且模型的结果包含了减排成

本和损害成本。设计成本最小化模型的目的是为了用其来找出气候经济学模型中最具成本效益的解。

中国最早开展低碳经济发展情景研究工作的是国家发改委能源研究所，他们研究了中国发展低碳经济 2050 年的能源和碳排放情景（姜克隽等，2009）。在有关中国 CO_2 减排问题模型开发方面，有代表性的模型大多基于一般均衡理论、系统优化方法以及投入—产出分析方法，但由于每种方法都有其自身使用条件和使用范围（蒋金荷等，2010），这些研究采用的模型方法、研究侧重点、基年不同，基准情景下的社会经济存在差异、一次能源消费量和 CO_2 排放量也相去甚远，从而得到的 CO_2 减排成本也千差万别。这些评估模型问题也是当前气候变化研究领域亟待深入研究的关注点。

第四节　模型方法与情景模拟结果

一、模型方法简述

我们在已有中国经济动态模型（CEDM）的基础上（蒋金荷，2006），根据本次研究的目标，增加了一个环境碳排放模块。其中，中国未来经济社会动态模型（CEDM）是利用系统动力学原理与投入—产出分析相结合的方法开发的。系统动力学理论是强调系统结构与系统动态行为关系的因果机理模型，模拟分析中—长期各指标间的相互影响，根据研究需要可以仿真模拟主要状态变量的未来发展趋势。投入—产出分析可以刻画经济系统各部门间的复杂关系，以总需求作为已知，并为如何满足该需求提供了相当详细的部门信息，适用于分析采取某种行动后对各部门的影响结果，但该方法比较适合于短期分析。因而将这两种建模方法结合起来可以充分发挥每种方法的长处，达到研究目标的需要。该模型主要模拟不同情景下中国主要经济、社会指标（如经济总量、经济结构、投资、人口等）的趋势、主要行业的能源需求和碳排放。

CEDM 动态模型由经济（包括 16 个产业部门）、能源、人口、环境（CO_2）、科技等子块以及国民收入、需求、资本与储蓄等部分组成。系统结构示意图见图 8-4。

该模型基于新古典经济理论，以经济增长为核心来考虑生产与需求。其中生产部分是劳动、资本、能源、技术进步等生产要素投入的产出；需求部分是对消费品与投资品的需求。为了研究实现低碳经济发展路径选择，模型中设有对四种能源（煤炭、石油、天然气、新能源与可再生能源）的需求以及 CO_2 排放。通过预先设置的不同的能源消费结构及能源效率，即一次能源供应量的改变，模拟生产部门的产出变化，从而分析在不同情景下对国民经济系统各部门能源消费、碳排放的变化影响。

环境碳排放模块包括能源需求分析和碳排放测算两个模块，以及一些涉及低碳经济评价的主要环境指标的估算，暂不涉及其他环境排放指标。这是一类自下而上的模块，

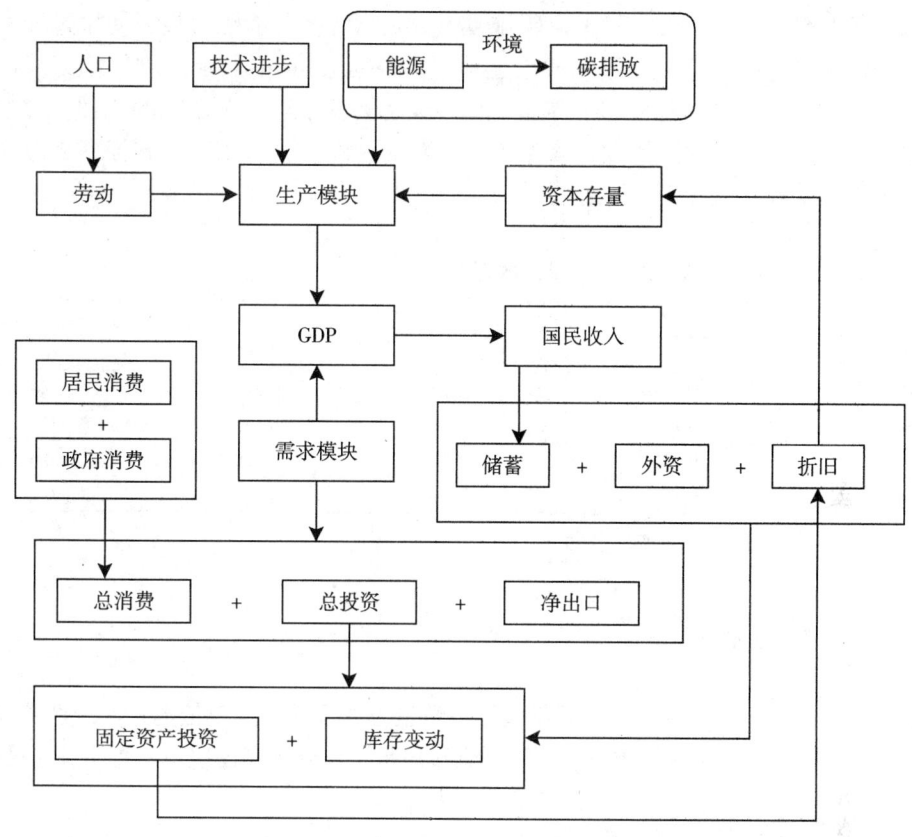

图 8-4 CEDM 结构示意

主要描述产业、居民、能源和低碳经济社会技术创新的影响关系。在这个模块中，通过产业和居民两个经济主体在能源需求结构、能源的使用效率等技术层面的变化，来体现技术进步、消费行为的改善等是如何影响能源的需求结构及碳排放水平的。

各个部门的能源需求量是由部门活动水平（本模块利用产业部门的增加值、交通运输的客运周转量）和能源消费单元的消费强度（部门单位增加值能源消费量）求得的。产值能耗主要反映了部门的技术进步。居民生活的能源需求量与居民生活水平的提高有直接关系，如消费活动的提高，供暖、空调、炊事电气化、家电等进入家庭，不仅提高了能源需求量，而且能源消费结构发生了变化，优质、高效、清洁的能源以及电能将替代各种化石能源（如煤炭）。

碳排放量的测算指的是源自化石燃料的燃烧与活动，煤炭是主要的 CO_2 排放源。从部门层面上讲，交通运输部门、电力、炼油及化石燃料加工等部门是主要的 CO_2 排放部门。对于一次能源消费的 CO_2 排放量估算，不难得到：

CO_2 排放量 = 增加值 × 能源消费量/增加值 × CO_2 排放/能源消费量

$$= 增加值 × 部门能源消费强度 × 碳源排放系数 \qquad (8-1)$$

可见，一次能源消费的二氧化碳排放总量与经济活动产出（用国内生产总值 GDP 或部门增加值表示）、能源结构（影响着不同能源品种的碳排放系数）以及能源效率（一次能源消费强度)密切相关,其中,碳排放系数是指每一种能源燃烧或使用过程中单位能源所产生的碳排放数量。一般在使用过程中,根据 IPCC 的假定,可以认为某种能源的碳排放系数是不变的(表8-5)。本模块的开发主要基于以上关系式的原理,对主要产业活动进行分析。考虑到碳排放,模型中设有对四种能源,即煤炭、石油、天然气和可再生新能源的需求以及 CO_2 的排放量。[①]

表8-5 各种能源的碳排放系数(吨碳/吨标煤)

数据来源	煤炭	石油	天然气	水电、核电
DOE/ EIA	0.702	0.478	0.389	0.0
日本能源经济研究所	0.756	0.586	0.449	0.0
国家发改委能源所	0.7476	0.5825	0.4435	0.0
Zhang, Zhongx	0.651	0.543	0.404	0.0
平均值	0.7142	0.5474	0.4214	0.0

资料来源:徐国泉(2004),[②] Zhang(1998)。[③]

二、情景分析结果

在进行情景模拟前,首先需要情景设计,情景方案设计的主要依据是实现低碳经济社会目标的途径和措施。实现低碳发展,降低碳排放量,不外乎考虑以下三种实施途径:

(一)减少能源消费总量

减少能源消费总量,自然降低了碳排放总量,一般考虑两种措施:一种是降低经济发展速度,随着经济规模的缩小,对能源的需求量相应地减少。但对于处于工业化、城镇化加速推进的发展中大国,保障中国经济发展的平稳性,既是经济社会和谐发展的需要,也是经济全球化大背景下国际社会的需要。另一种是调整经济结构,降低能源密集型产业比例,提高产业"清洁"度,即提高"低碳"排放产业的比例。这需要改变生产发展模式,属于长远战略规划,短时期内很难见效。这也是造成我国经济发展模式难以实现根本性转变的主要原因所在。

(二)优化能源结构

优化能源结构,提高"低碳"或者"零碳"排放能源的比例,提高新能源开发力度,积极采用低碳技术,如碳捕获储存技术CCS等,增加新能源、可再生能源的消费比例,实现能源消费的"低碳"化。

[①] 可再生新能源指在现有条件下,包括电力、新能源与可再生能源等"零碳排放"能源。
[②] 徐国泉,刘则渊,姜照华.中国碳排放的因素分解模型及实证分析:1995-2004.中国人口资源与环境,2006,16(6):第158-161.
[③] Zhang Zhongxiang. The Economics of Energy Policy in China: Implications for Global Climate Change, Cheltenham, UK: Edward Elgar Publishing Limited., 1998.

(三) 发挥技术进步作用，提高能源效率，降低碳排放密度

从能源系统而言，通过实施一系列有效的政策措施，提高能源使用效率，降低能源消费强度和碳排放强度。这主要体现了能源系统的技术进步作用。

根据研究目标，设计了三种情景，各种情景含义如下。以2007年为基年，但经济数据按照2005年的不变价格计算，这是为了便于比较分析。

（1）基准情景：根据近10年我国能源强度和碳排放强度的发展态势分析，我们假定基准情景的能源消费强度变化等同于这10年的变化，即能源效率以每年3.0%的速率增加。为了更加明显地分析经济发展速度与碳排放的关系，我们对经济发展速度设置了两种情景，即高、低两种方案：

高方案：基本按照国家颁布的经济社会发展规划，即未来2010~2050年期间年均增长率达到5.2%。产业结构中第二产业明显偏高。

低方案：考虑到各种资源的制约，适当降低经济发展速度，假定在未来2010~2050年经济年均增长率为4.5%。产业结构中第三产业明显增大。

人口政策作为我国的基本国策，在两种经济情景下我们采用一样的发展情景，均按照国家未来人口规划方案。

（2）结构低碳情景。假定未来"零碳排放"的新能源结构比例在2050年达到30%，相应的能源消费强度年均下降率仍保持3.0%。这一情景设置的目标是探讨能源结构改变对发展低碳的潜力。

（3）效率低碳情景。假定未来能源效率在2010~2050年年均提高达到4.0%，而新能源结构比例与基准情景一致，分析提高能源效率的低碳发展潜力。

根据以上情景方案，我们对每种方案进行了模拟计算，主要社会经济指标、能源、碳排放数值见表8-6、表8-7、表8-8。为了方便模型计算，我们分析了1990~2010年能源消费的碳排放密度（单位能源消费的碳排放量）与新能源结构，发现它们煤炭结构，发现它们具有以下关系式：

碳排放密度 = 0.52874 + 0.001174 × 新能源比例 + 0.001889 × 煤炭比例

拟合度达到96%以上。我们在模型中直接利用该关系式进行碳排放量的估算。例如，2010年根据煤炭、石油、天然气的消费比例，得到碳排放量为19.98亿吨碳，利用上述关系式得到20.04亿吨碳，误差为0.3%。

表8-6 基准情景下2010~2050年中国能源需求和碳排放（经济高速、低速）

年份	2007	2010	2020	2030	2040	2050
人口（百万）	1321	1341	1434	1485	1503	1482
能源消费结构（%）						
煤炭	71.1	70.9	55.4	50.9	49.1	49.9
石油	18.8	16.5	14.6	13.5	13.0	13.2
天然气	3.3	4.3	2.6	2.4	2.3	2.3
新能源/可再生	6.8	7.9	12.0	15.0	18.0	21.0
能源消费强度（tce/万元GDP）	1.18	1.04	0.76	0.56	0.42	0.31

续表

年份	2007	2010	2020	2030	2040	2050
高速经济增长方案						
GDP（亿元）	238021	313925	629200	1105700	1717100	2422100
增长率（%）	14.2	10.5	7.2	5.8	4.5	3.5
人均 GDP（美元）	2369	3486	6550	11100	17000	24350
产业结构（%）						
第一产业	10.3	8.9	6.8	5.5	4.5	3.8
第二产业	48.0	49.4	48.4	46.2	44.5	42.3
第三产业	41.7	41.8	44.8	48.3	51	53.9
一次能源消费（百万吨标煤）	2805	3250	4803	6225	7129	7415
煤炭	1994	2304	3225	4036	4459	4469
石油	527	536	853	1067	1179	1182
天然气	93	140	150	187	207	207
新能源/可再生	191	270	576	934	1283	1557
碳排放（百万吨 C）	1752	1998	2831	3539	3905	3909
碳排放强度（tc/万元 GDP）	0.74	0.64	0.45	0.32	0.23	0.16
人均碳排放（tc/人）	1.33	1.49	1.97	2.38	2.60	2.64
低速经济增长方案						
GDP（亿元）	238021	313925	606100	987260	1392600	1835550
增长率（%）	14.2	10.5	6.8	5	3.5	2.8
人均 GDP（美元）	2369	3486	6730	10250	14000	18200
产业结构（%）						
第一产业	10.3	8.9	6.7	5.4	4.5	3.9
第二产业	48.0	49.4	47.4	45.1	41.5	36.5
第三产业	41.7	41.8	45.9	49.5	54	59.6
一次能源消费（百万吨标煤）	2805	3250	4627	5558	5782	5619
煤炭	1994	2304	3106	3604	3617	3387
石油	527	536	821	953	956	895
天然气	93	140	144	167	168	157
新能源/可再生	191	270	555	834	1041	1180
碳排放（百万吨 C）	1752	1998	2727	3160	3167	2962
碳排放强度（吨 C/万元 GDP）	0.74	0.64	0.45	0.32	0.23	0.16
人均碳排放（吨 C/人）	1.33	1.49	1.90	2.13	2.11	2.00

注：按 2005 年价格计算；美元汇率按 2010 年 100 美元=671.49 元计算。
数据来源：历年统计年鉴，模型计算。

表 8-7　结构低碳情景下 2010~2050 年中国能源需求和碳排放趋势

年份	2007	2010	2020	2030	2040	2050
能源消费结构（%）						
煤炭	71.1	70.9	62.6	55.9	49	42.6
石油	18.8	16.5	16.1	15.6	15.5	15.7

续表

年份	2007	2010	2020	2030	2040	2050
天然气	3.3	4.3	6.3	8.5	10.5	11.7
新能源/可再生	6.8	7.9	15.0	20	25	30
能源消费强度（tce/万元 GDP）	1.18	1.04	0.76	0.56	0.42	0.31
经济高速增长下						
一次能源需求（百万吨标煤）	2805	3250	4803	6225	7129	7415
煤炭	1994	2304	3007	3480	3493	3159
石油	527	536	773	971	1105	1164
天然气	93	140	303	529	749	868
新能源/可再生	191	270	721	1245	1782	2225
碳排放（百万吨 C）	1752	1998	2713	3276	3479	3345
碳排放强度（tc/万元 GDP）	0.74	0.64	0.43	0.30	0.20	0.14
人均碳排放（tc/人）	1.33	1.49	1.89	2.21	2.31	2.26
经济低速增长下						
一次能源需求（百万吨标煤）	2805	3250	4627	5558	5782	5619
煤炭	1994	2304	2897	3107	2833	2394
石油	527	536	745	867	896	882
天然气	93	140	292	472	607	657
新能源/可再生	191	270	694	1112	1445	1686
碳排放（百万吨 C）	1752	1998	2614	2925	2821	2535
碳排放强度（tc/万元 GDP）	0.74	0.64	0.43	0.30	0.20	0.14
人均碳排放（tc/人）	1.33	1.49	1.82	1.97	1.88	1.71

注：按 2005 年价格计算。
数据来源：历年统计年鉴，模型计算。

表 8-8　效率低碳情景下 2010~2050 年中国能源需求和碳排放趋势

年份	2007	2010	2020	2030	2040	2050
能源消费结构（%）						
煤炭	71.1	70.9	67.1	64.8	62.6	60.3
石油	18.8	16.5	17.8	17.1	16.5	15.9
天然气	3.3	4.3	3.1	3.0	2.9	2.8
新能源/可再生	6.8	7.9	12.0	15.0	18.0	21.0
能源消费强度（tce/万元 GDP）	1.18	1.04	0.69	0.46	0.30	0.20
经济高速增长下						
一次能源需求（百万吨标煤）	2805	3250	4331	5060	5224	4899
煤炭	1994	2304	2907	3281	3268	2952
石油	527	536	769	868	864	781
天然气	93	140	135	152	152	137
新能源/可再生	191	270	520	759	940	1029
碳排放（百万吨 C）	1752	1998	2876	2862	2582	2876
碳排放强度（tc/万元 GDP）	0.74	0.64	0.26	0.17	0.11	0.26
人均碳排放（tc/人）	1.33	1.49	1.78	1.94	1.90	1.74

续表

年份	2007	2010	2020	2030	2040	2050
经济低速增长下						
一次能源需求（百万吨标煤）	2805	3250	4172	4518	4237	3713
煤炭	1994	2304	2801	2929	2650	2237
石油	527	536	741	775	701	592
天然气	93	140	130	136	123	104
新能源/可再生	191	270	501	678	763	780
碳排放（百万吨 C）	1752	1998	2458	2568	2321	1957
碳排放强度（tc/万元 GDP）	0.74	0.64	0.41	0.26	0.17	0.11
人均碳排放（tc/人）	1.33	1.49	1.71	1.73	1.54	1.32

注：按 2005 年价格计算。
数据来源：历年统计年鉴，模型计算。

第五节　低碳经济发展潜力分析

从碳排放总量而言，三种情景下，经济高速增长的碳排放、能源需求均远远高于经济低速增长的情形（图 8-5）。并且在高速经济增长下，基准情景在 2050 年前碳排放仍未达到高峰期，但在经济低速增长下，在 2040 年前后有望达到高峰期（图 8-6）。即经济增长速度的快慢直接影响碳排放高峰期。在结构低碳、效率低碳情景下，当经济增速比较缓慢时，均比快速增长的碳排放高峰期更早出现。一般而言，碳排放强度高峰期要早于人均碳排放高峰期，更早于碳排放总量高峰期。我们的情景计算均表现出这种特征。

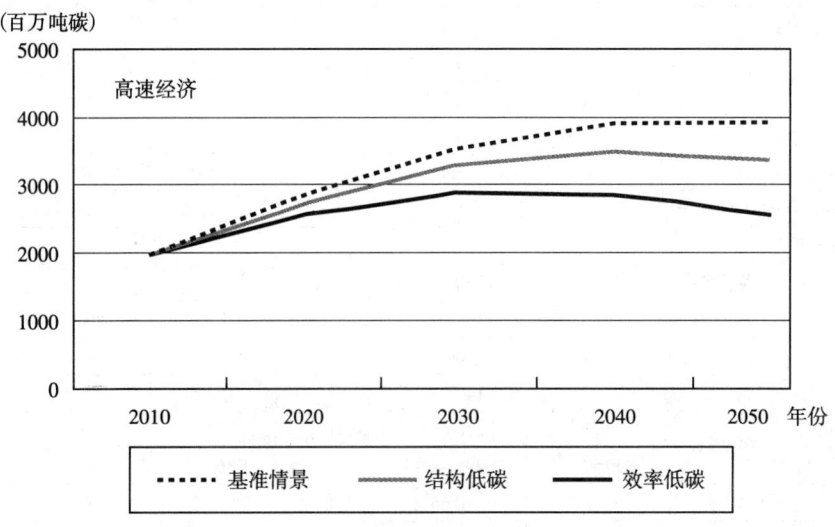

图 8-5　高速经济增长水平下三种情景的碳排放

第八章 中国发展低碳经济的潜力空间研究

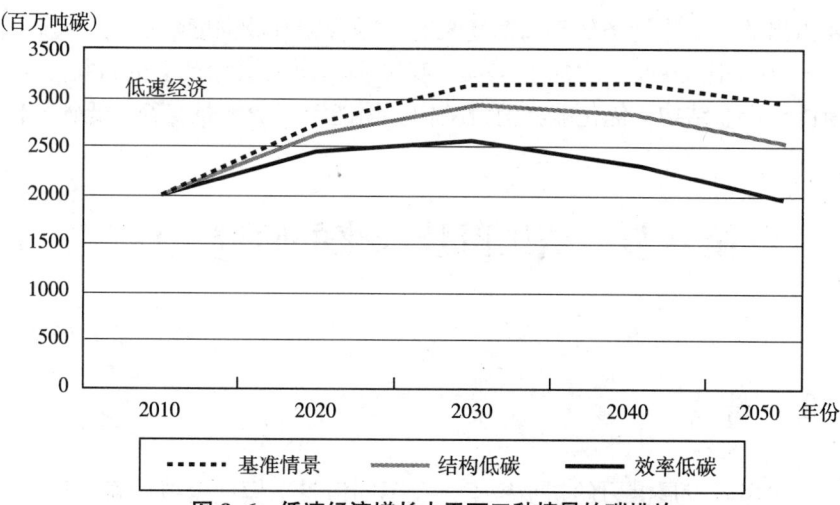

图 8-6 低速经济增长水平下三种情景的碳排放

基准情景下,当经济高速增长时,在 2050 年碳排放总量达到 3909 百万吨碳,人均达到 2.64 吨碳,而通过改变能源结构,使新能源消费在 2050 年达到 30%,煤炭比例仅占一次能源消费的 42.6%,那么碳排放总量可以减少 17%;如果通过技术进步,提高能源效率,即比基准情景下提高 55%,那么碳排放量可降低 51%,亦即能源效率每提高 1 个百分点,可以减少碳排放 0.92 个百分点。可见,提高能源效率比改变能源消费结构更有利于降低碳排放量。

从碳排放强度变化分析,三种情景下碳排放强度均有不同程度的下降,按照 2005 年不变价格计算,2005 年万元 GDP 碳排放量为 0.80tC/万元 GDP,2010 年为 0.64tC/万元,降低了 20%。基准情景下,2020 年为 0.45tC/万元 GDP,将降低 43.7%,即如果每年能源使用效率提高 3%,那么到 2020 年,我国万元 GDP 的碳排放量完全可以满足减少 40% 的国际承诺(图 8-7)。

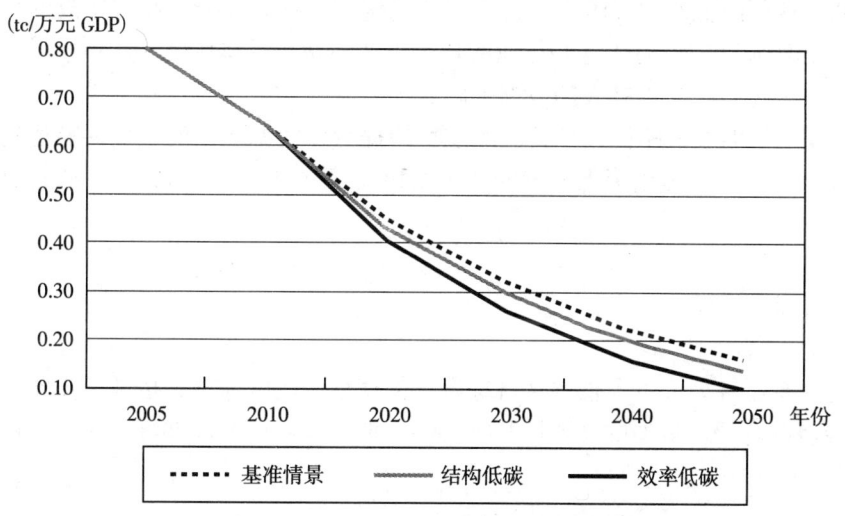

图 8-7 2005~2050 年碳排放强度变化趋势

但需要指出的是，当经济处于高速增长时，尽管碳排放强度降低了，但碳排放总量仍然增加，2020年比2005年增加了92%，我国仍然面临国际社会的减排压力，因此，还需要不断调整产业结构，优化能源消费结构，使能源消费不断朝着"低碳"化趋势。

第六节　结论以及未来的研究工作

一、几点结论

通过对低碳经济发展潜力的初步探索以及不同情景下模型模拟计算，我们主要得到以下几点结论：

（1）中国政府做出的国际承诺，即到2020年碳排放强度比2005年降低40%的目标是可以实现的，只要具备年均能源使用效率提高3个百分点。根据中国过去20多年的发展历程，碳排放的这种技术效应通过努力是可以达到的。但需要指出的是，当经济处于高速增长时，尽管碳排放强度降低了，但碳排放总量仍然增加，还面临着减排的压力。碳排放强度的降低并不意味着经济发展的低碳化。

（2）碳排放强度、碳排放总量、人均碳排放的高峰期是不同的，根据碳排放环境影响模型，这三者的时序是符合一定规律的，一般碳排放强度的高峰期先于人均碳排放量，后者先于碳排放总量。根据国家统计局最新出版的《中国统计年鉴》（2011年）以及本模型的模拟计算，中国能源消费强度、单位GDP碳排放强度从1990年以来一直呈现出下降趋势，在不同低碳发展情景下，人均排放量大概在2030~2040年达到高峰，而碳排放总量在2040~2050年达到。

（3）从产业部门低碳发展潜力分析，工业系统、一些高耗能、高碳排放的行业是发展低碳经济的实施部门，对于这些行业的技术工艺现状、具体措施、产品能耗等需要更加具体化，为模型提供更加扎实的数据基础。

（4）低碳情景的发展路径选择，能源效率的提高、能源结构的改变都能达到经济发展的低碳化趋势，但是适当降低经济发展速度和规模对于缓解能源需求和碳排放压力也是必要的。

二、未来工作

经过这次探索性研究以及低碳经济综合评价模型研制的体会，也进一步印证了开发中国气候经济综合评估模型的必要性和重要性，期望今后研究能够继续深入，逐步完善本模型。

（1）模型开发的艰巨性和有待进一步完善。开发 LIAM 模型的复杂性主要取决于两个因素：一方面是中国经济社会发展的独特性。中国经济具有明显的二元特征，城乡差距非常明显、区域发展差距很不协调、经济对出口与投资具有很强的依赖性，经济总量已跃居世界第二，但人均经济水平仍然较低，人均资源拥有量绝大部分均低于世界平均水平。另一方面是气候变化问题的复杂性和不确定性等。这就决定了模型的机理、主要参数的设定与现有模型是有差别的。

模型缺少能源供应系统的优化模块，故还不能回答发展低碳经济的成本估算和代价问题。这是今后首先需要完善扩充的模型。发展低碳经济的基础在于产业系统，对于产业模块，基础数据比较缺乏，期待今后多做实地调研，补充完善这一模块。

（2）模型需要扩充成全球性和区域性的。这一方面是由于碳排放的全球性特点，以及各区域经济社会发展存在差距等。也就是将中国作为全球经济的一个经济体，即在经济全球化的体系下建模，评估气候变化的影响适应策略问题。另一方面是中国发展的多区域特点，这需要在模型中体现出区域发展的差别性，才能使模拟结果更具有针对性和可靠性，提出的政策建议也更加具有可利用性。

（本章作者：蒋金荷）

参考文献

[1] Andreas Loschel. Technological Change in Economic Models of Environmental Policy: A Survey. Ecological Economics, 2002, 43 (2-3): 105-126.

[2] E A. Stanton, F. Ackerman and S. Kartha. Inside the integrated assessment models: four issues in climate economics. Climate and Development, 2009 (1): 166-184.

[3] Environmental Defense Fund (EDF). Special Issues on American Clean Energy and Security Act. 2009, http://www.edf.org/.

[4] F. Ackerman, Stephen J. DeCanio, Richard B. Howarth and Kristen A. Sheeran. Limitations of integrated assessment models of Climate Change, Climatic Change, 2009 (95): 297-315.

[5] IPCC. Climate Change 2001: Synthesis Report——Contribution of Working Group I, II, and III to the Third Assessment Report of the Intergovernmental Panel on Climate Change. R.T. Watson, et al. (eds.), Cambridge University Press, Cambridge, United Kingdom, 2001.

[6] IPCC. IPCC Fourth Assessment Report: Climate Change 2007. 2007, http://www.ipcc.ch/ipccreports/assessments-reports.htm.

[7] Manne A. S., Wene C. O.. MARKAL-MACRO: A Linked Model For Energy Economy Analysis, BNL-47161. New York: Brookhaven National Laboratory (BNL) and Associated Universities, Inc., 1992.

[8] Rahul Pandey. Energy Policy Modelling: Agenda for Developing Countries. Energy Policy, 2002 (30): 97-106.

[9] Stern N.. The Economics of Climate Change: The Stern Review. Cambridge, UK: Cambridge University Press, 2006.

[10] Stern N.. Key Elements of a Global Deal on Climate Change. The London School of Economics and Political Science (LSE), April 30, 2008.

[11] Zhang A-ling. Review of Hybrid Approaches of Energy-economy-environmental System Model.

Journal of Systems Engineering,2007,5.

[12] Zhang Z.. Macroeconomic Effects of CO_2 Emission Limits: A Computable Equilibrium Analysis for China. Journal of Policy Modeling, 1997, 19 (5): 213-250.

[13] UNFCCC. 联合国气候变化框架公约. 北京:中国环境出版社,1994.

[14] 陈迎,潘家华. 对斯特恩新报告的要点评述和解读:气候变化研究进展,2008,4(5):266-271.

[15] 蒋金荷. 长远战略系统集成模型初探. 见全周英等. 长远战略系统集成与可持续发展,北京:社会科学文献出版社,2006,108~142.

[16] 蒋金荷. 中国碳排放量测算及影响因素分析. 资源科学,2011a,33(4):612-619.

[17] 蒋金荷. 中国碳排放特征及发展低碳经济的对策分析. 经济研究参考,2011b,37(1):6-14.

[18] 蒋金荷,吴滨. 低碳经济模型现状和几个理论问题探讨. 资源科学,2010,32(2):242-247.

[19] 姜克隽等. 中国发展低碳经济的成本优势. 绿叶,2009(5).

[20] 李继峰,张阿玲. 混合式能源—经济—环境系统模型构建方法论. 系统工程学报,2007,5.

[21] 李善同,翟凡. 一个中国经济的可计算一般均衡模型. 数量经济技术经济研究,1997:38~44.

[22] 王铮,吴静,朱永彬,乐群. 气候保护的经济学. 北京:科学出版社,2010.

[23] 魏一鸣,范英,韩智勇等. 中国能源报告(2006):战略与政策研究. 北京:科学出版社,2006.

[24] 张树伟. 基于一般均衡(CGE)框架的交通能源模拟与政策评价. 北京:清华大学博士论文,2007.

[25] 郑玉歆,樊明太. 中国CGE模型及政策分析. 北京:社会科学文献出版社,1999.

[26] 钟笑寒,李子奈. 全球变暖的宏观经济模型. 系统工程理论与实践,2002(3):20~25.

第九章 能源经济系统动力学模型研究

能源是国民经济的重要基础部门,也是关系国计民生和中华民族伟大复兴的战略性产业。能源的长期稳定供应是顺利实现我国跨越式发展战略的重要保障,能源价格的平稳是宏观经济稳定运行的基础。因此,建设能够反映中国能源市场特点和发展规律、并提供中长期预测的国家模型系统十分重要。这有利于提高我国的经济管理水平,促进可持续发展,推动资源节约型和环境友好型社会的建设。

本文利用系统动力学建模原理构建了中国能源模型系统(CEMS)。该模型系统运用系统动力学建模原理,把能源需求与供给、人口与就业、宏观经济、产业经济综合集成于一个模型系统,为能源及其他相关问题的研究提供一个模拟平台,从而实现能源前景预测和相关政策效果模拟等研究任务。

CEMS可以提供一个中国能源供给、需求和贸易的中长期前景展望。鉴于我们的研究工作刚刚开始,对具体能源部门和产业部门的许多技术性细节的把握还不够深入,因此目前本文提供的预测更多的是一种趋势展望,而不是追求准确性的短期预测。但是,它仍然能够为我国的经济、能源、气候变化等重大课题提供一个长远的视角,对未来30~40年的总体走势有一个基本判断,对一些重大问题比如能源供给能否完成对经济发展的保障任务作出初步回答。

因此,不应该把本文的预测结果当成一个准确的数量预测,有时候把它们作为一种定性回答可能会更好。这也是中长期预测的一个重要特点,即它是基于情景假定的回答问题,一旦情景假定发生变化,预测结果就会发生重大变化。从这个意义上讲,CEMS也是提供了一个基于系统仿真模拟的政策分析工具,可以从、正反两方面来进行政策设计:从预期结果索要政策路径和从发展路径看可能结果。

中国能源模型系统是我们的最新研究成果,系统的各个部分还不够完善。尤其是对石油天然气、电力、煤炭供给能力与潜力的分析还比较薄弱,这有待于在以后的工作中引入其他专业研究机构的参与,因此目前的预测结果可能会存在较大误差。今后,我们将在原有研究基础之上,引入外部专业性研究机构的力量,对模型系统不断加以完善,并根据更新后的模型系统继续提供对中国能源前景的分析预测。

该模型系统建立了基本完整的能源经济分析框架,同时为今后进一步完善留下了接口。我们相信,经过2~3年的继续努力,在其他专业机构的支持下,这一模型系统未来一定会更加完善、更加有效,能够为相关决策部门提供更好的预测和分析能力。

第一节 建设中国国家能源预测与分析模型系统的重要意义

能源是现代经济体系的基础部门,是工农业生产、居民生活、国防的重要保障和支柱。在全球经济仍然依赖化石能源的情况下,各国对能源需求和供给保障的研究都十分重视,不少国家尤其是发达国家和国际组织都建立了能源分析预测模型系统。如美国能源信息署(EIA,隶属于美国能源部)建立的美国国家能源模型系统(NEMS),国际能源组织(IEA)的世界能源模型(WEM),也有很多国家利用IEA开发的MARKAL模型技术[1]发展了各自的国家模型系统。这些模型都为各自国家的能源与经济、环境发展规划提供了有效的智力支持。

改革开放30多年来,中国经济取得了全球瞩目的快速增长业绩。中国已经成为世界第二大经济体,并且依然保持着迅猛的发展势头。与此同时,中国也遇到了能源资源保障能力不足、环境污染严重、气候变化压力增大等问题的困扰和制约。

目前,中国已经成为世界最大的能源生产国、第二大消费国和第二大温室气体排放国。并且,按照目前的走势发展下去,中国也将很快成为能源消费和温室气体排放的第一大国。与此同时,中国国内化石能源资源已经接近开采的峰值,如果没有新的矿藏发现,石油、煤炭、天然气的增产潜力已经到了难以为继的程度。2010年,中国的石油表观消费量4.49亿吨,其中进口2.39亿吨,进口依存度达到了53.7%。预计未来进口依存度还将继续上升。

能源是国民经济的重要战略部门,既要保障国民经济的平稳运行,也要保障国家的战略安全。由于能源资源在全球分布的不平衡性,能源的稳定供应对于维护我国经济持续又好又快增长具有十分重要的战略意义。在市场经济条件下,能源价格作为国民经济的基础价格,对宏观经济运行、产业经济发展和居民生活都有十分重要的影响。能源价格是经济运行的先导性指标,能源价格是供给端输入型通货膨胀的重要来源之一。能源作为重要的基础性资源,由于其稀缺性和不可替代型,它的定价对于社会财富分配、社会公平也有重要影响。

同时,能源生产与消费也是温室气体排放的一个重要来源。中国也面临着越来越大的温室气体减排的压力,在涉及全球气候变化的国际谈判中,切实需要一个能够对中长期经济、能源发展趋势及相应的温室气体排放进行预测,并且能够和国际接轨的能源模型系统。否则,我们就会面临底牌不清的问题,在国际谈判中处于不利地位。

---

[1] MARKAL模型是以参考能源系统为基础的动态的线性能源系统优化模型,可对能源系统中各种能源开采、加工、转换、输送和分配环节以及终端用能环节进行详细的描述。模型的优化目标是规划期内总功能成本最低。Hamilton D.L., Goldstein A.G., Lee J., et al. MARKAL-MACRO: An Overview.

但是在目前，我国现有的能源模型系统还无法充分满足对能源中长期需求、供给及其经济、环境影响进行评估预测的要求。这导致了我国对能源需求、供给的长期走势估计不足，并在相关产业规划和宏观经济调控、转变经济发展方式等方面缺乏有效的长期考虑，导致了规划落后于变化、政策落后于发展的尴尬局面。

因此，加强对能源需求、供应的研究，建立一套能够实现能源供求关系中长期预测和相关政策分析的模型系统，对于实现国民经济的长期持续增长和社会稳定，保障国家战略安全意义重大。为此，我们利用系统集成思想和系统动力学的建模方法，对建设中国国家能源经济系统模型进行了初步的探索，统筹研究密切相关的能源、经济、人口、资源与环境问题，目前已经建立起了一个中国能源经济模型系统（CEMS）的基本框架，并能够在这套模型系统上实现中长期的能源供求和进出口贸易预测，并且可以进行一些政策分析。今后，我们将在此基础之上加以完善，力求建立一个相对完善的中国国家能源模型系统，为国家进行中长期能源与经济、气候变化方面的规划和政策制定提供预测、模拟方面的支持。

第二节 同类模型系统综述

能源模型最早的应用出现在20世纪50年代的美国，到70年代起已经出现了很多能源经济模型系统。从建模技术讲，各种大型模型系统在能源经济建模中都有应用。一般来说，经济计量学模型系统多用于能源对宏观经济、增长等方面的影响分析。比如1982年的比较模型EMF-7（能源建模论坛工作组，Energy Modeling Forum Study Group 7），比较了14个主要宏观经济模型中四次能源价格冲击的反应，其中包括一次油价下跌（20%）；CGE类的模型主要用于分析能源价格、税收（包括环境方面的税收）、关税等对国民经济的结构性影响和对其他各产业的影响；系统动力学模型往往用于中长期的预测研究。由于本模型系统的主要目的在于中长期预测，以及各种政策变化对中长期需求的影响，因此，本节讨论的重点就是用于中长期预测分析的模型系统。

一、能源模型的发展过程

能源系统分析必须实现能源平衡，因此，必然要使用能源核算框架。Hoffman和Wood（1976）认为，这种应用始于20世纪50年代的美国。这种能源平衡方法在今天的各种能源模型系统中仍在广泛使用，比如长期能源替代规划（LEAP）能源需求演进模型（MEDEE）。

这种能源平衡框架的自然延伸就是能源系统的网络描述，也称为参考能源系统（Reference Energy System，RES），即通过考虑整个能源系统的技术特征来描述整个供应链的所有活动。这种方法允许综合考虑现有的和未来的技术，并能够分析不同发展路径的经济、资源、环境影响(Hoffman 和 Wood, 1976)。

尽管随着引入更多的技术与资源问题，模型会变得越来越复杂，但是这种建模方法最重要的优势仍然是它可以应用最优化技巧来分析能源品种之间的替代。因此，从早期的 RES 建模开始，线性规划方法就成为这种建模方法的有机组成部分。为解决美国的有效资源配置而设计的 Brookhaven 能源系统最优化模型（BESOM），已经可以进行对未来的预测。其他版本的同类模型也纷纷出现，包括通过投入—产出表实现与宏观经济链接的模型系统也研究出来了，提高了模型系统的分析预测能力（Hoffman 和 Jorgenson, 1977）。此后，出现了多期动态模型，现在最著名的 MARKAL 就是从 BESOM 衍生出来的。许多国家仿照 BESOM 研发了自己的模型或者采用了 BESOM 模型（Munasinghe 和 Meier, 1993），比如印度的 TERI 能源经济环境模拟评估模型和墨西哥的 ENERGETICOS。其他应用，如能量流最优化模型（Energy Flow Optimization Model, EFOM）和市场配置模型（Market Allocation Model, MARKAL）也从此出现。很多发展中国家则使用区域能源前景产生者模型（regional energy Scenario Generator, RESGEN）（Munasinghe 和 Meier, 1993）。在美国，Hudson 和 Jorgenson（1974）首先实现了宏观经济增长计量模型与产业能源模型的链接。产业模型由投入—产出系数内生决定，宏观模型可以实现对能源需求和产出的估计。

上述大多数研究多为国家水平。在 Jay Forrester 提出系统动力学分析方法之后，大规模全球模型开始出现，首先就是 Meadows 等（1972）的《增长的极限》（Limits to Growth）。受此影响，此后又出现了一些类似的全球模型系统，如《替代能源资源》（Alternative Energy Resource）（Workshop, 1977），美国 EIA（1978），国际应用系统分析研究所（in Haefele 等, 1981）。

1973~1985 年的一项主要进展是对能源与经济之间相互依赖和互动关系的研究和争论。Hogan 和 Manne（1979）通过一个简单的替代弹性模型解释了资本和能源之间的替代关系及其对能源需求的影响。Berndt 和 Wood（1979）则认为，资本和能源在短期内是一种互补关系，但是在长期则是替代关系。Hudson 和 Jorgenson（1974）使用一般均衡框架分析了油价上升对经济的影响。

这一时期的另一发展是对"自上至下"(top-down) 还是"自下至上"(bottom-up) 的建模方法的争论。传统的"自上至下"方法是总量视角，相信油价和市场的影响；"自下至上"模型则强调能源部门的技术特征。

20 世纪 70 年代石油价格的上涨引起了对能源模型系统的需求，尤其是能源战略规划的建模需求。IAEA（1978）为电力部门规划建立了 Wien 自动系统规划模型（WASP）。这一模型在过去 30 年得到广泛的运用和改进，增加了不同的特点。电力模型经常要依赖最优化方法。

国家模型方面，除了前面提到的美国模型之外，法国也建立了两个广泛应用的模型，即 MEDEE 模型和 EFOM 模型。印度也在此框架内建立了投入—产出规划模型。还有其他一些能源部门和宏观经济的混合模型，把宏观经济因素与详细的能源终端利用特征联系起来。到 20 世纪 80 年代，能源模型的关注点转向能源—环境互动关系上，同时也更注重长期预测。印度的 TEEESE 模型即是用于评价能源—环境关系,并为印度的绿色发展作出规划(Pachauri 和 Srivastava,1988)。

到 20 世纪 90 年代,研究重点转向能源环境互动和气候变化相关的议题。这一时期,出现了很多区域的和全球的模型,包括亚太模型(AIM)、二代模型(SGM)、区域空气污染信息与模拟(RAINS)亚洲模型,Global2100,气候和经济集成动态模型、POLES 等。同时,原有的模型也在扩展和更新。MARKAL 模型取得了更广泛的应用。LEAP 模型成为联合国气候变化框架会议的国际交流标准。由于气候变化议题需要长期(100 年甚至更多)的预测,因此也就产生了预测的偏差和对不确定性的分析和处理方法,比如欧盟的超长期能源环境模型。

二、能源模型系统的主要类型及其特点

能源系统模型可以按照不同标准进行分类。Hoffman and Wood (1976) 根据建模技术把能源模型分为以下几类:基于线性规划的方法、投入—产出方法、经济计量方法、流程模型(Process Model)、系统动力学方法和博弈论。Pandey(2002)有另一套分类(表 9-1)。

Nakata(2004)的分类方法考虑了建模方法(Modeling Approach)("自上至下"还是"自下至上"、方法论(Methodology)(局部均衡、一般均衡还是混合模型)、建模技术(Modeling Technology)(最优化、经济计量学还是能源核算)和空间尺度(国家、区域还是全球模型)。这又形成了新的分类。

表 9-1 当前主要能源模型

模型名称	标志	开发人	所分析的能源市场	主要特征
US MARKAL	MARKAL	美国能源部、Brookhaven 国家实验室	所有能源市场,包括进口和出口	大型国家模型,考虑了所有能源终端消费部门的技术特性。每种能源技术以初始资本成本及能源效率和其他能源选择进行竞争
Energy 2020	E2020	加拿大能源研究所(Canadian Energy Research Institute)	所有加拿大和美国的能源市场	一种系统动力学方法,类似此前美国能源部的 FOSSIL2 和后来的 IDEAS 模型
National Energy	NEMS	美国能源信息署(EIA)	所有美国能源市场,包括进口和出口	包含所有市场的大型工程—经济模型,考虑了大量技术选择的细节、终端需求和能源市场以及政策变化
政策办公室电力模型系统(Policy Office Electricity Modeling System)	POEMS	美国能源部	所有美国能源市场,包括进口和出口	目的是更好地分析电力市场,包含比 NEMS 更详细的地区信息
NANGAS/IPM	NANGAS	美国环保署、ICF 咨询公司	美国电力和天然气市场,包括进口和出口	系统使用天然气模型(NANGAS)和集成电力规划模型(IPM)分析燃料市场变化的环境影响

续表

模型名称	标志	开发人	所分析的能源市场	主要特征
北美洲天然气区域模型（North American Regional Gas）	NARG	加利福尼亚能源委员会	加拿大和美国天然气市场	该模型覆盖了大量的天然气区域市场，分析了近期电力市场的发展趋势及其对天然气市场的潜在影响
美国和国际天然气模型（MUSINGS）	CRA	查尔斯河委员会（Charles River Associates）	加拿大和美国天然气市场	校准了天然气的供给和需求条件，使用NEMS校准美国市场，使用加拿大资源数据和国家石化委员会数据校准加拿大市场

资料来源：Pandey（2002）。

（一）基于最优化过程的自上至下模型

（1）区域能源前景产生器模型（Regional Energy Scenario Generator，RESGEN）。由资源管理学会（Resource Management Associates）研发，在20世纪90年代广泛使用于发展中国家的能源规划。它实际上更像一个软件包，允许建模者设定一个国家的能源系统特征。它依赖RES方法，使用线性规划作为求解方法。这种模型十分灵活，已广泛用于多个发展中国家。最近，RAINS-ASIA模型用它来预测许多亚洲国家的能源前景。

（2）能量流最优化模型（Energy Flow Optimisation Model，EFOM）。20世纪70年代由Finon（1974）和后来的位于法国Grenoble的能源经济研究所（Institut Economique et Juridique de l'Energie）研发。它是一个基于跨期最优化的线性规划模型，以最小化总折现成本来满足一国外生设定的能源需求。该模型可用来分析特定部门或整体经济的能源系统规划。为进行环境方面的分析，该模型修正后的版本叫做EFOM-ENV，它实际上是MARKAL模型家族的姊妹模型。

（3）市场配置模型（Market Allocation Model，MARKAL）。它是应用最为广泛也最为知名的最优化模型（Seebregts等，2001），使用线性最优化技术产生最小成本来满足既定需求。模型通过能源转化过程覆盖整个能源系统——从能源资源到终端应用。与其他"自下至上"模型一样，MARKAL模型提供能源系统的详细技术表达，并能用于分析环境效应。标准模型的模块构建如图9-1所示。

市场配置模型（Market Allocation，MARKAL）是1976~1981年由IEA组织开发多国合作开发的。MARKAL是一个技术导向的能源部门线性规划模型，属于"自下至上"式的动态线性规划技术。大多数IEA成员国已应用该模型建立了自己的国家能源系统（Tosato等1984）。一些发展中国家如巴西、中国、厄瓜多尔、印尼等国也用于支持能源规划（Berger等1987；Wene，1989）。表9-2是现有MARKAL模型的应用情况。

和多数能源系统模型一样，MARKAL中的能源载体把能源转换与消费连接起来。这种使用者定义的网络包括了初级能源供给（如采掘、石油萃取）、转换和加工（如电厂、炼厂等）、终端利用能源服务需求（如锅炉、汽车、住房空调等）的所有能源载体。对能源服务的需求可以按照部门来分解（居住、制造业、运输、商业），也可以根据部门

表 9-2 MARKAL 模型家族

模型名称	建模方法	特征描述
MARKAL	线性规划（LP）	标准版本
MARKAL-MACRO	非线性规划（NLP）	宏观经济和能源系统集成模型，能源需求内生
MARKAL-MICRO	NLP	微观经济和能源系统集成模型，能源需求内生
多区域 MARKAL	NLP	多国模型链接在一起
含不确定性的 MARKAL	随机规划	含随机规划的标准 MARKAL 模型

资料来源：Seebregts 等（2001）。

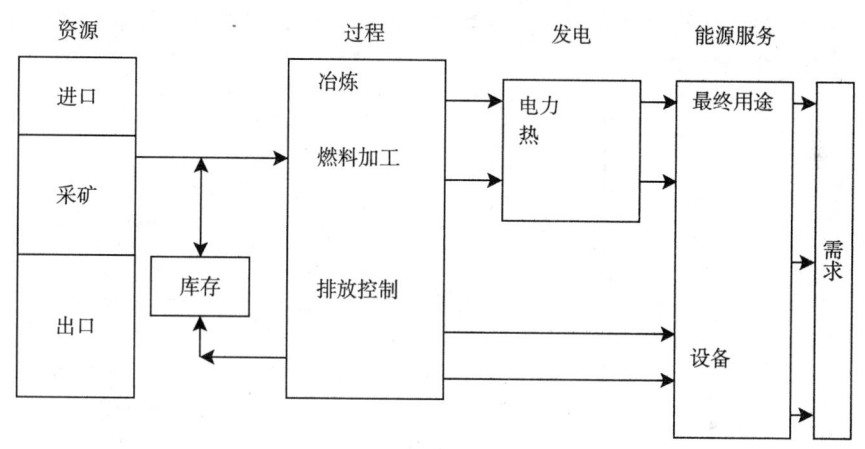

图 9-1 MARKAL 构成模块

资料来源：Seebregts 等（2001）。

内部的特定功能来分解（如住房空调、取暖、照明、热水等）。

模型求解采用最优化路径，选取每种资源、能源载体、转换技术，在各种约束下求解其最小成本。使用者定义技术成本、技术特征（如转换效率）和能源服务需求。模型采用 GAMS（General Algebraic Modeling System）建模系统。

作为这种集成求解方法的结果，供给侧技术与能源服务需求相匹配。MARKAL 的应用包括（APEC，2002 年 9 月 30 日）：①探求最小成本的能源系统和投资策略；②探求可持续发展原则下对环境排放和废弃物管理限制的成本—效率反应；③评估新技术和研发优先领域（R&D）；④评估规制、税收和补贴的效应；⑤不同情景下的长期能源平衡前景分析；⑥建立基态，评估京都议定书条件、清洁发展机制（CDM）、排放贸易机会等情况下的增量问题和项目影响分析（温室气体储存），以及评估区域和国际合作的价值。

（4）MARKAL-EFOM 系统集成（The Integrated MARKAL-EFOM，TIMES）。它是 MARKAL 模型和 EFOM 模型集成到一起的一个新的模型体系（Loulou 等，2005；Vaillancourt 等，2008）。该模型能够产生整个系统或者特定部门的最小成本，可以用于投资或运行决策。

（5）模块化能源系统分析和规划模型（Modular Energy System Analysis and Planning，MESAP）。它是斯图加特大学 IER 研发的模块化工具箱，使用大量子模块模型，用于能源和环境规划。该模型由三部分组成：计算模块、数据和信息模块，以及附属工具。

(二) 自下至上的核算模型

长期能源替代规划模型 (Long-range Energy Alternatives Planning Model, LEAP)。可用于各种地理区域 (城市、州、国家、区域和全球) 的特定问题。该模型的核算框架能够产生基于能源系统物理特性的能源需求和供给的持续过程，它依赖情景分析方法产生能源系统演化的可能路径。因此，对于需求预测，模型将分析可能的替代能源的市场份额。在供给端，模型使用核算和模拟方法来回答"如果……那么"式的替代能源发展问题。模型工具十分灵活，可以考虑不同的数据要求，并能够在能源核算框架下支持经济计量模拟。模型框架见图9-2。

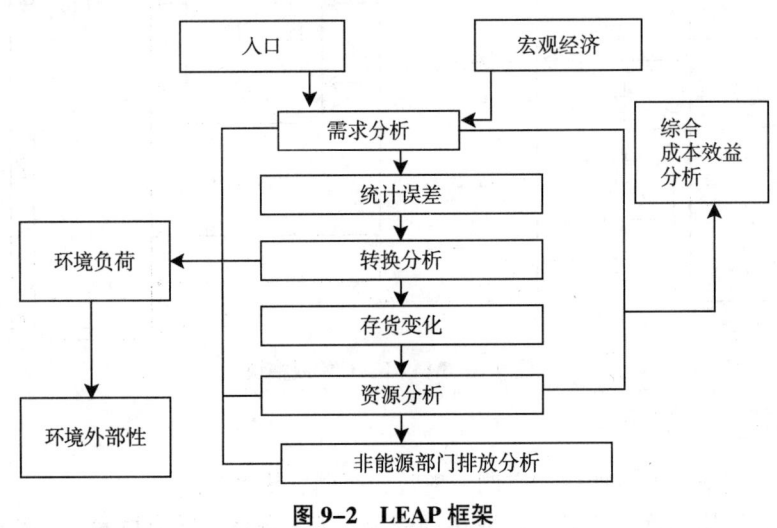

图 9-2 LEAP 框架

资料来源: Heaps (2002)。

(三) 混合模型

(1) 国家能源模型系统 (National Energy Modeling System, NEMS)。由美国能源部开发和使用，每年产生一份年度能源展望 (Annual Energy Outlook)。这是一个典型的能源—经济互动混合模型，用于分析能源市场在不同增长和政策情景下的表现。模型使用大约25年的时间尺度 (到2030年)。

(2) 长期能源系统前景展望 (Prospective Outlook on Long-term Energy Systems, POLES)。它是一个递推的分类全球能源分析和模拟模型，被欧盟和法国政府用来进行长期能源政策分析。模型分为四个基本模块：最终能源需求、新能源和可再生能源技术、传统能源转换系统以及化石燃料供给，也就是包括了全部能源体系。需求分析使用分类终端利用方法，对不同能源利用强度的终端利用分类对待。全球需求从国家和区域需求产生，大消费国分别考虑。

模型考虑了12种可再生能源和新能源技术，使用学习曲线和细分市场来考虑其发展。化石燃料转化在总量水平上进行分析,并考虑转化损失和转化效率。电力系统考虑了更多的细节,使用筛分曲线方法来确定不同电力技术的市场份额。石油和天然气供给使用一个复杂的主要产品生产模型,考虑了资源、生产累积和资源消耗信息。POLES 的模型结构见图 9-3。

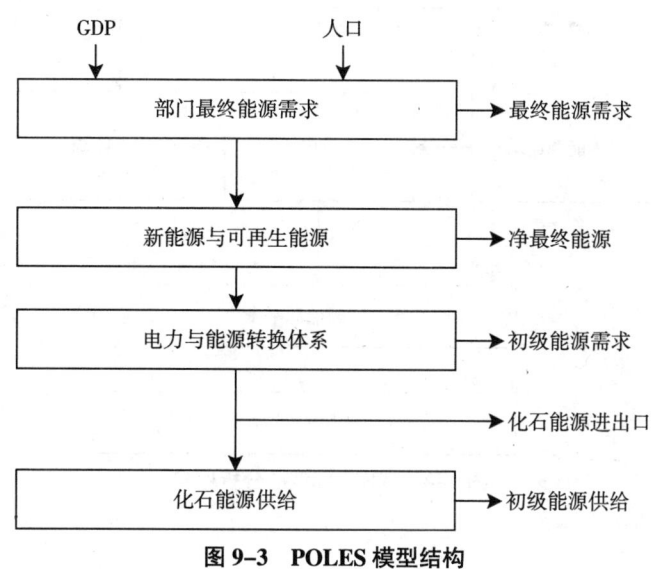

图 9-3　POLES 模型结构

资料来源:Criqui(2001)。

(3)国际能源署(IEA)的世界能源模型系统(WEM)。自 1993 年起,IEA 提供中长期的能源预测。世界能源模型(WEM)这一大型数学模型用于模拟世界能源市场的运行,并产生基准情景和其他政策情景的分部门、分区域的详细预测。该模型系统有六个主要模块:最终能源需求、发电、石油炼制和其他转换、化石能源供给、CO_2 排放和投资。

最终能源需求模块预测和使用经济活动、能源价格和其他变量作为能源需求的主要驱动因素。发电模块考虑电力需求,决定不同技术条件下的新装机容量。化石能源供给模块分别考虑石油和天然气。石油供给由 OPEC、非 OPEC 和非传统石油生产。OPEC 供给作为平衡变量,非 OPEC 和非传统石油生产由国际油价决定。天然气供应、净进口和出口分别考虑,并综合考虑区域天然气市场。煤炭供应没有单独模块,但是包含在供给系统之中。

排放模块分析每个区域的 CO_2 排放,并决定编辑成本曲线。在市场出清价格决定中也考虑了排放贸易的可能性。尽管模型总结构没有改变,但是在 WEM 的不同版本中已经有很重大的变化。最近几次更新中,模型实现了与宏观经济的链接,也改进了工业与运输部门。现有模型由将近 16000 个方程组成(图 9-4)。WEM 能够分析:①全球能源前景:包括需求、供给、国际贸易、按部门与燃料的能源平衡(到 2030 年)。②能源利用的环境效应:来自不同能源消费前景燃料燃烧的 CO_2 排放。③政策行动和技术变迁的效应:不同政策和技术情景对能源消费、供给、贸易、投资和排放的影响分析。④能源部门投资需求评估：模型评估能够满足 2030 年之前的燃料供应链投资需求，同时也评估对不同政策前景的需求侧投资需求。

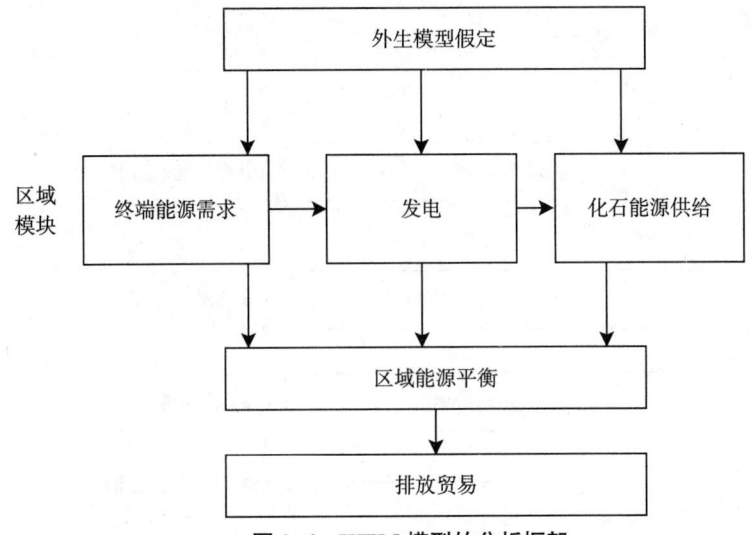

图 9-4　WEM 模型的分析框架

资料来源：IEA（2007）。

（4）全球能源市场分析系统（System for the Analysis of Global Energy Markets，SAGE）。它是美国能源部开发的用于分析全球能源形势的新工具。这是一个区域集成能源模型，标准模型考虑 42 种终端能源需求。区域需求预测基于需求趋势、经济和人口驱动、能源装备存量和技术变化。预测模型考虑 15 个区域或国家，重点仍是能源消费大国。

模型供给考虑世界石油市场、天然气市场和其他能源资源。给定区域需求，模型决定了最小成本的供给选择来满足考虑了终端设备和供给可能的最终需求。模型结果按时期进行，每 5 年一个时期，共 25 年或 30 年。

（四）美国能源模型系统（NEMS）

1. 基本情况

NEMS 由美国能源部 EIA 设计和运转，是一个分析美国能源市场的基于计算机操作的能源经济模型系统，用于直至 2025 年的中期分析。NEMS 基于对宏观经济和金融、世界能源市场、资源禀赋和成本、行为和技术选择标准、能源技术的成本和效果特征、人口等因素，预测生产、进口、转化、消费和能源价格。

NEMS 可用于分析现有的和提议的与能源生产和应用有关的政府法律、规制的影响，能源生产、转化和消费的新技术和高级技术的影响，碳排放减排的影响和成本，可再生能源应用增长的影响，能源效率提高带来的潜在节约，排放标准提高（可能是诸如 1990 年清洁空气法令修正案带来的结果，替代或者重整燃料应用的规制，以及气候变化政策等）的影响。

EIA 利用 NEMS 分析预测替代性的能源政策和能源市场的各种假设对美国能源、经

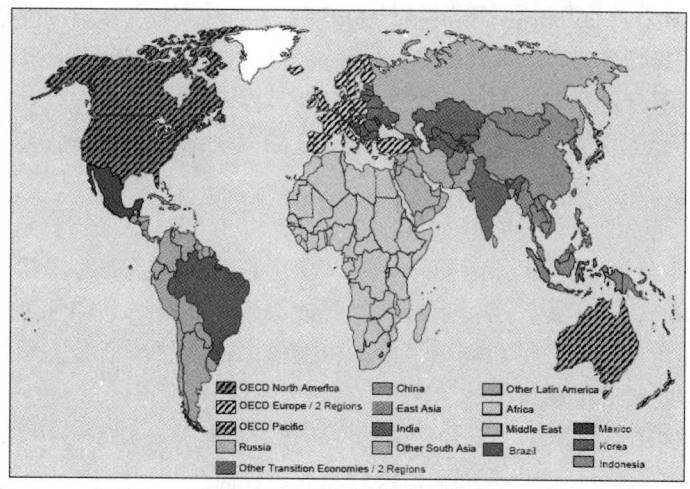

图 9-5　WEM 的 18 个区域

资料来源：IEA（2007）。

济、环境和安全方面的影响。2025 年之前每年提交分析预测结果。预测长度为 20~25 年，在这样长的一段时间内，技术、人口和经济的条件不至于有过大的变化，使得预测结果可以令人信服。NEMS 提供一个持续的框架来代表美国能源体系的相互作用，以及这一体系对各种各样的假定和政策变化的反应。作为一个年度模型，NEMS 能够模拟新能源项目和政策的影响。

在美国，能源资源和价格、对特定能源服务的需求以及能源市场的其他特征变化很大。NEMS 是一个区域模型，每个子模块的区域分解反映了数据的可得性、区域特性、地质学和其他因素，也考虑了分析上的便利。例如，需求模块（如居民、商业、工业和运输）使用了 9 个调查区，电力市场模块使用了 15 个供给区域（基于北美电力可靠性委员会 NERC），石油和天然气供给模块基于地质分区使用了 7 个陆地和 3 个海上供给区，石化市场模块基于 5 个防务区的石化管理署使用了 3 个区域。

NEMS 每年在 Annual Energy Outlook（AEO）中作出并出版基准预测。为和 EIA 保持政策中心的要求相一致，AEO 在预测时假定了联邦、州和地区的法律保持不变，也会根据白宫、国会、能源部政策办公室和能源部其他部门以及其他政府机构的要求作出分析。NEMS 的最初版本于 1993 年 12 月完成，用于为 Annual Energy Outlook（1994）提供预测。预测结果并不表示必然发生，只是表示在特定的假定和方法论下可能发生。假定包括，基于化石能源、世界能源供给和需求变化趋势、新能源技术和发展的速度，以及技术采用和突破的速率和范围等估计的经济上可行的资源基础。

2. 主要假定

NEMS 的每一个模块都隐含着许多假定和数据，来表现未来美国能源的生产、转化或者消费。两个重要假定与美国经济增长和世界石油价格有关。

AEO2003 包括 5 个基本集成情景：一个参考情景、一个高的和低的经济增长情景、一个高的和低的世界石油价格情景。参考情景对经济增长和世界石油价格选用了中等假定。经济增长的基本因素为劳动力和生产率的增长，OPEC 的石油产量导致石油价格的不同水平。

除了 5 个基本情景之外，AEO2003 还有 21 个其他情景，能够用来研究不同关键假定对 NEMS 不同部分的影响。其中很多假定与新技术或技术突破的影响有关。模型可以通过运行整个模型体系的一小部分来研究 NEMS 的模块结构，分析假定条件的变化带来的比较静态影响。

3. NEMS 模块结构

总体上，NEMS 模拟了能源市场的行为以及它们与美国经济的相互作用。模型实现了终端需求区域的供需平衡，通过求解每一种能源产品的价格来实现生产者愿意生产的数量与消费者愿意消费的数量之间的平衡。模型体系反映了市场经济学、产业结构和现存的能源政策与规制对市场行为的影响。

NEMS 包括四个供给模块（石油和天然气、天然气输送、煤炭、可再生能源）、两个转换模块（电力、石化）、四个终端用户模块（居民、商业、运输和工业）、一个模块模拟能源—经济互动（宏观经济活动）、一个模块模拟世界石油市场（国际能源活动）、一个模块提供实现所有模块一般市场均衡的机制（集成模块）。图 9-6 显示了 NEMS 的系统结构。

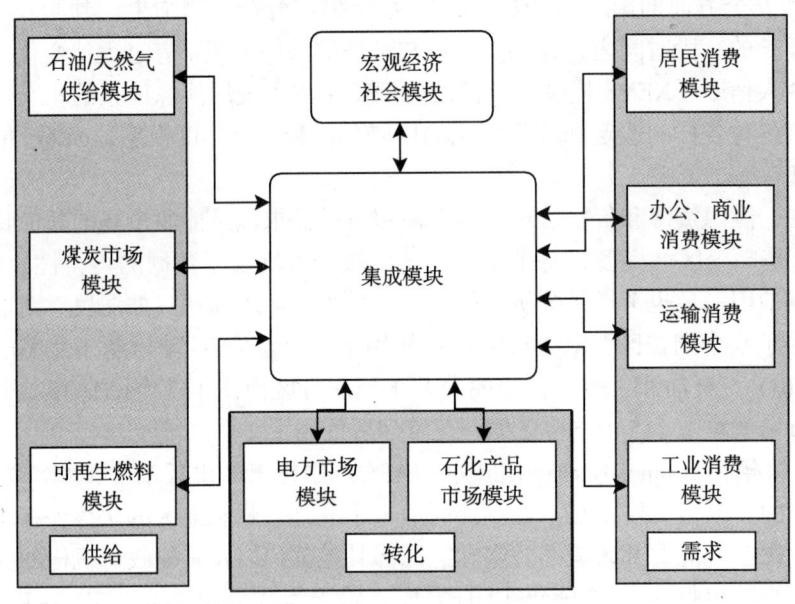

图 9-6　NEMS 系统结构

由于能源市场是不均质的，单个方法不足以代表所有供给、转换和终端用户部门。NEMS 的模块化设计在方法论上体现了的灵活性。同时，模块化既可以单独运转一个模块，也可以集体运转多个模块来进行不同的分析。不同模块之间的互动由集成模块控制。

NEMS 总体数据结构用来协调和沟通各模块之间的信息流。这些数据汇总到集成模块的共同界面。总体数据结构包括能源市场价格和消费，宏观经济变量，能源生产、运输和转换信息，以及集中模型控制变量、参数和假定。总体数据结构不包括单个模块内部定义的变量，也不包括那些与其他模块无关的变量。

总体数据结构的一个关键变量子集是用于实现 NEMS 能源平衡收敛算法的终端用户价格和燃料数量。这些能源价格和需求数量由产品、区域和部门定义。燃料价格涵盖生产、进口和运输燃料所必需的所有活动。价格和数量变量的区域为 9 个调查区域。

NEMS 系统包含了大量的技术细节、区域细节，这建立在美国非常高效和细分的统计调查基础之上，我国各种能源模型系统目前尚无法与之相比。表 9-3 是 NEMS 系统的细节信息总结。

表 9-3　NEMS 细节信息总结

能源活动	分类	区域
居民需求	16 种终端利用服务 3 种居住类型，34 种终端利用技术 10 种终端利用服务	9 个调查区域
商业需求	11 种建筑类型 10 种分布式热电技术 64 种终端利用技术	9 个调查区域
工业需求	7 个能源密集型行业 8 个非能源密集性行业 热点联产	4 个调查区域，分享 9 个调查区域
运输需求	6 种轿车型号 6 种轻卡车型号 对轻税车辆 63 种传统燃料节约技术 汽油、柴油和轻税车辆的 13 种替代燃料 20 种老式轻税车辆 窄体和宽体飞行器 6 种高级飞行器技术 中重卡车 37 重高级载重卡车技术	9 个调查区域
电力	11 种化石燃料发电技术 2 种分布式发电技术 7 种可再生能源发电技术 传统和高级核电 边际和平均成本定价 发电装机容量扩张 7 种环境控制技术	15 个电力供给区域（包括阿拉斯加和夏威夷，基于北美电力稳定委员会区域和次区域划分方法） 9 个需求调查区域
可再生能源	风电、地热、太阳能、光伏发电 垃圾填埋场天然气、生物沼气、传统水电	15 个电力供给区域
石油供给	陆上 深海和浅海	6 个低于 48 个陆上区域 3 个低于 48 个海上区域 3 个阿拉斯加区域
天然气供应	传统低于 48 个陆上区域 低于 48 个深海和浅海区域 煤层气 气页岩 油砂 加拿大、墨西哥和液化天然气 阿拉斯加天然气	6 个低于 48 个陆上区域 3 个低于 48 个海上区域 3 个阿拉斯加区域 8 个液化天然气进口区域
天然气运输和配送	核心与非核心 高峰与非高峰 管道容量扩张	12 个低于 48 个区域 10 个管道边界点
炼油	5 种原油分类 14 种产品分类 超过 40 种不同技术 炼油能力扩张	3 个加总炼油区域（根据国防区石油管理局）

续表

能源活动	分类	区域
煤炭供给	3种硫分分类 4种热值分类 井下和露天开采类型 进口和出口	11个供给区域 16个需求区域 16个出口区域 20个进口区域

资料来源：EIA（2003）。

三、国内能源模型

改革开放以来，国内一些研究单位也开始建立中国的能源模型系统，中国社会科学院数量经济与技术经济研究所也曾经参与中国 MARKAL 模型系统的建设工作。比较典型的有国家发改委能源研究所、中国环境与发展国际合作委员会（CCICED）建立的能源模型系统，此外中国科学院、中国工程院、清华大学等单位也曾先后建立过国家能源模型系统。

（一）能源研究所模型

1992 以来，能源研究所开始在能源模型开发与应用方面进行了长期研究。1994 年之后，能源研究所开始与国际上一些知名研究机构就能源与气候变化模型进行长期合作，已经开发完成了一组模型，这些模型各自有不同的特点和政策分析功能。2000 年以来开始有针对性地构建我国的能源环境综合评价模型，到目前为止已经开始形成一个综

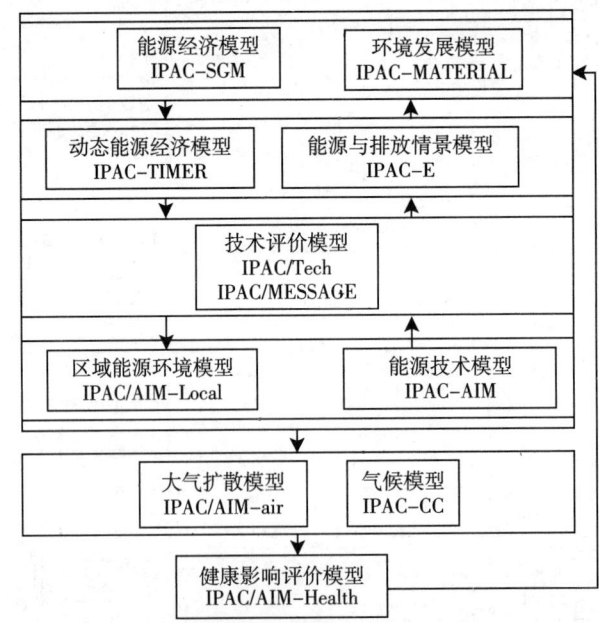

图 9-7　能源研究所中国能源环境综合政策评价模型（IPAC）结构

资料来源：能源研究所（2006）。

合评价模型框架，我们称之为中国能源环境综合政策评价模型（IPAC）。

IPAC 模型主要包括三个部分：能源与排放模型、环境模型和影响模型。能源与排放模型是 IPAC 模型的主要构成部分，包括多个不同类型的模型。环境模型包括大气扩散模型和一个简单气候模型。影响模型包括健康影响模型。它们之间存在关联，能源与排放模型的结果输入到环境模型中，计算能源活动所引发的大气污染物浓度以及可能的升温，之后由影响模型计算对健康的影响，这种影响转换为对经济的影响后，再反馈回能源排放模型。

（二）中国 MARKAL 模型

由中国环境与发展国际合作委员会（CCICED）课题组开发（1997~2002），能够分析中国不同能源情景的环境管理政策（Wu 等，2001a；Wu 等，2001b；Larson 等，2003a；Larson 等，2003b）。模型结构见图 9-8。

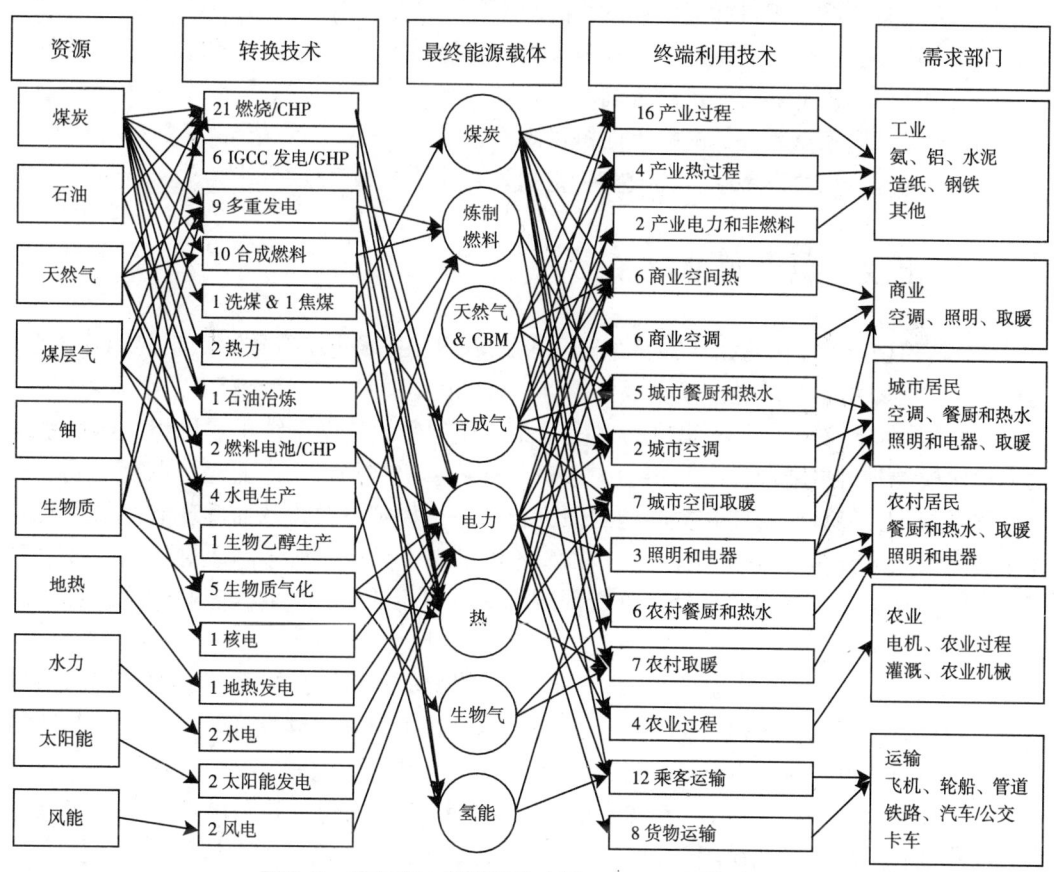

图 9-8　CCICED 课题组的中国 MARKAL 模型结构

资料来源：E.D. Larson 等（2002）。

第三节 CEMS 的目标、主要特点与创新

一、目标

中国能源模型系统（CEMS）设定了以下目标：
(1) 模拟能源、宏观经济、微观经济、人口就业、温室气体排放之间的互动机制和政策传导机制。
(2) 实现能源消费、供给、进出口的中长期预测。
(3) 为实现节能减排目标提供数量化的政策路径模拟。
(4) 为产业、运输、居住部门实现节能目标提供技术路径建议。
(5) 为社会提供产业发展预测咨询服务。
(6) 为实现国家温室气体减排承诺提供政策建议。
(7) 成为经济社会发展综合集成实验室的重要支持模型系统。

二、主要特点与创新

CEMS 结构设计充分考虑了经济增长、能源消费、技术进步等重要因素的相互关系。这种关系也是系统动力学经济模型都要重点考虑的问题。CEMS 具有以下几个显著特点：

(1) 充分体现了综合系统集成的建模思路。模型系统贯彻系统集成思想，运用系统动力学建模原理，把能源需求与供给、人口与就业、宏观经济、产业经济综合集成于一个模型系统，为能源及其他相关问题的研究提供一个模拟平台，从而实现能源前景预测和相关政策效果模拟等等研究任务。CEMS 还可以与中国社会科学院数量经济与技术经济研究所多年研发的中国宏观经济分析预测模型系统相链接，从而为宏观经济形势分析提供更好的分析模拟工具。

(2) 建立了一个相对完整的"人口—经济—能源—环境"分析系统，把经济问题与能源、环境、人口问题统筹考虑，充分反映了当今社会对可持续发展、人与自然和谐的关注。这种设计也是对科学发展观思想在能源建模领域的一个探索。

(3) CEMS 单独建立了人口与就业模块。我们认为，人口分布与增长趋势、老龄化等对经济的长期增长、能源消费构成有越来越重要的影响。而且，人口与就业问题不完全是短期的宏观经济问题，而是中长期的增长问题，因此，有必要建立一个单独的模块，实现在一个框架下对能源、环境、人口问题与经济中长期增长的互动机制进行模拟和分析，从而更好地理解可持续发展问题，统筹考虑能源环境问题与资源节约型、环境友好型社会建设的互动关系。

（4）注重政策模拟，提供节能和温室气体减排政策分析工具。通过把能源技术效率外生化，从而能够对国家的节能和温室气体减排政策进行有效的政策分析。只有通过提高能源技术效率，才能做到在促进经济增长、提高居民生活水平的同时实现节能和温室气体减排目标，否则必然要以牺牲发展为代价。

（5）关注能源结构调整和新能源发展。CEMS 不仅可以对传统化石能源如石油、煤炭、天然气进行中长期的预测，而且能够提供对清洁能源和非传统能源的中长期预测，以及非传统能源发展的经济、社会、环境影响。

（6）加强了对产业和部门的研究，可以为社会提供产业发展预测和产业节能减排方面的咨询。CEMS 对各行业和家庭消费、运输等部门展开深入研究，注意把握行业发展规律，从而增加了预测的精度与合理性。

第四节 中国能源模型系统的结构设计

CEMS 结构设计参考了美国能源部国家能源模型系统（NEMS）。这是因为两者的主要目标基本一致，都是为了进行一国的能源消费、供给、进出口以及温室气体排放的中长期预测。但是由于国内在统计和普查数据上还有相当的欠缺，我们在一些具体的模型结构上也有所差别。未来我们将进一步完善 CEMS 系统，使之可以与 NEMS 相媲美，并成为中国能源预测与政策模拟的代表性模型。同时，CEMS 模型更注重能源利用技术的进步，这为中国当前推动节能减排工作提供了有力的分析工具。

一、总体结构

CEMS 包括了七个模块：宏观经济模块、人口与就业模块、产业模块、价格模块、能源需求模块、能源供给与贸易模块、能源温室气体排放模块。各模块之间的相互关系如下：外生的产业增长和产业能耗决定能源消费需求；由于国内能源生产不足以满足国内需求，所以能源供给外生的由资源、技术和生产潜力决定；能源需求与能源供给的缺口由进口来满足；能源供需关系决定能源价格，并与产业增长和劳动力收入增长一起影响宏观经济增长；能源消费过程与能源生产过程以及排放系数决定温室气体排放水平。

CEMS 模型结构的基本考虑有以下几个方面：

（1）尽管能源系统具有独特的技术特性和资源特性，能源仍然是经济的一部分。能源终端消费需求来自其他部门，包括工业部门、运输部门、住房消费和办公消费，以及能源转化部门自身的消耗。简单地说，能源终端消费需求由其他部门决定。

（2）充分考虑经济增长的机制问题，选择了从微观到宏观的经济增长建模路径。既然能源需求的增长来自对其他部门需求的增长，那么建模时要考虑一个问题：是从宏观经济的增长来决定各部门的增长，还是从微观经济也就是各部门的增长来求出宏观的增长？本模型采用的是后者，也就是认为，经济增长来自工业化、城市化和人口因素，这是由长期的增长趋势决定的，而不是由短期的宏观经济决定的。因此，对每个行业产品的需求是由经济增长规律和中国的经济结构外生决定的，在遇到资源约束时，经济会寻找替代性的路径，继续实现居民对各种产品和服务的需求。比如以提高能源效率、发展可再生能源来应对传统能源的资源约束。因此，本模型采用了外生化产业（实际产出）增长，并以此作为模型基础的建模路线。

（3）能源资源稀缺性的考虑，是能源生产制约能源消费需求，还是消费需求拉动能源生产，需求与供给之间的缺口能否完全由进口来满足？这一问题十分重要。我们认为，在可以预见的时间内，世界能源供给潜力仍然能够满足全球的能源需求，中国能源需求的增长可以通过进口来满足。当然，这一过程也会导致能源价格的上涨。但是这种价格上涨不会影响潜在的经济增长趋势，也就是不会影响对各部门产品与服务的需求，但是会影响各种生产活动的能源技术效率的改进。也就是说，能源价格上涨会促进能源技术效率的提高。

（4）能源载体之间的替代关系。目前很多基于最优化的模型系统把市场和价格因素作为能源载体之间相互替代的决定因素。从理论上说，这无疑是正确的。但是在实际中，能源网络和能源利用设备的投资往往有很长的时效，一旦投资形成，很难在寿命结束之前就改换其他能源载体。比如，输油管道很难改为输送其他能源品种的管道，如液化煤炭、天然气；燃煤电厂也不会改为燃油电厂。一般情况下，能源载体之间的比例变化，多是在增长过程中实现，也就是只有新的能源网络和能源设备建设时才会在不同能源载体之间作出选择。因此，我们采用外生化的方式，即各能源品种的增长外生地由资源、技术、市场等因素决定，而没有考虑通过内生化的方式，由相互之间的比较来决定。

（5）能源利用技术进步的决定。除最终需求之外，能源利用的技术效率是决定能源需求的另一重要因素。从理论上说，技术进步有本身的规律，如学习曲线、摩尔定律等。同时，技术进步也受到企业生产成本的影响，通俗地说，就是能源价格上涨，导致企业成本压力增大，会促进提高能源利用效率的研发活动，从而推动能源技术效率的提高。但是，通过对统计数据的模拟，我们发现，尽管能源价格上涨与能源技术效率进步存在相似的趋势，却并没有发现统计上显著的数量关系。这表明，能源技术进步除了对市场价格作出反应之外，它更多地受到技术进步自身规律的影响。因此，我们还是采用了外生化的技术进步行为模式。

（6）能源部门对宏观经济的影响机制在于价格传导。能源是国民经济的基础部门，对宏观经济的稳定运行具有重要影响。在宏观经济学理论中，能源价格既可以是国内需求拉动型通货膨胀的构成之一（能源需求增长过快引起其价格快速上涨，又进一步拉动其他价格上涨），也可以是输入型通货膨胀的来源（国际能源价格上涨引起国内投入成本增加，引发国内价格上涨）。在本模型中，我们把国际石油价格外生，由国际石油价格传导至国内石油价格；而把国内煤炭价格增长内生。这两种价格，再与劳动者报酬率一起共同影响国内工业品出厂价格。通过国内工业品价格传导至国内消费，进而影响宏观经济。

（7）对国际因素我们采取了外生化的处理方式。能源越来越成为一个国际性的市场，国际因素的影响有两方面：国际经济增长引起外需增长带动出口增加，并带动对能源的消费；国际能源价格上涨带动国内能源价格上涨，抑制国内的能源消费。对于第一种影响，我们暂时根据有关预测把国际经济增长外生化，同时把它与国内出口相联系，但是并没有反映在产业的增长上（产业增长外生，且已考虑了外需的影响）。对于第二种影响，我们仍然采取外生化的办法。尽管国际原油价格上涨区域与中国石油需求增长的关系越来越大，但是对国际石油价格的外生预测（引用国外尤其是 EIA 的预测）已经充分考虑了各种因素，包括中国经济的崛起，所以我们认为这样做不会影响模型的模拟结果。下一步的工作可以考虑把国内能源需求与国际能源市场建立链接，实现油价变化内生化。

（8）生活能源消费需求增长暂时定为外生。下一步可以实现与人口因素的链接，使之内生化。生活能源消费主要为家庭取暖、空调、烹调、热水和家用电器的能源消费。这些需求与经济发展水平和居民的居住形态有关。在经济增长路径和城市化路径外生的情况下，这些需求也就外生了，并取决于相关设备的技术效率。因此，把生活能源消费外生没有问题，只是目前的模型系统比较简单，没有具体确定相关设备的使用情况与能源效率。

（9）交通运输能源消费需求增长暂时定为外生。目前由运输增长率与能耗降低率外生决定。在下一步的工作中，我们将建立运输能源消费需求模块，让运输能源消费由产业、人口等因素内生决定。

（10）CEMS 没有单独建立办公、商业消费需求模块，而是把它作为产业模块的一部分。这是由于目前中国没有相应的统计数据来支撑。

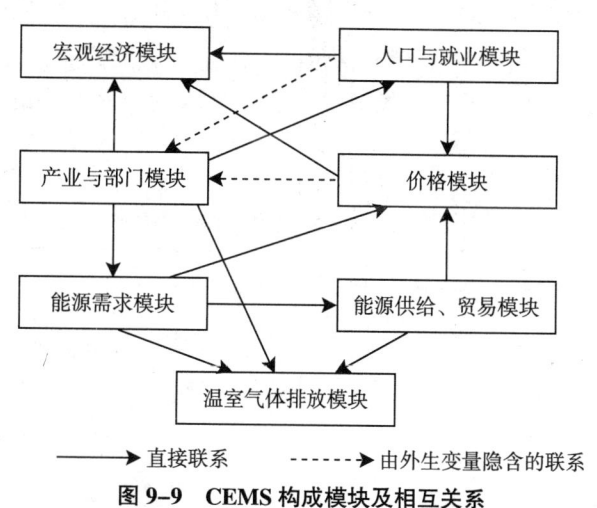

图 9-9 CEMS 构成模块及相互关系

二、人口与就业模块（Demographic & Employment Module, DEM）

人口、就业模块与产业模块相连接，同时它输出的劳动收入与劳动报酬变动是宏观经济模块和价格模块的输入变量。它模拟人口、就业、工资与收入的互动关系，是关系宏观经济增长和能源需求的重要影响因素。

DEM 的逻辑过程如下：由人口增长趋势影响经济活动人口，也就是可以进入劳动市场的总人口。这部分人口作为就业的蓄水池。同时，由产业增长带来对产业劳动力的需求，城市化进程带来对服务业就业的需求。就业需求与劳动力供给的相互作用决定了劳动力报酬的水平。当劳动力需求增长较快（总就业占经济活动人口的比例较高）时，劳动报酬率就有上涨的趋势。

由于劳动工资支出是企业总成本的重要部分，因此劳动报酬水平及其变化率是社会价格水平（以工业品出厂价格来代表）的基础。当劳动报酬率上升时，社会就会面临通货膨胀的压力。另一方面，就业和劳动报酬水平共同决定了劳动者收入的增长，并进而决定了全社会的消费能力，这构成了宏观经济的一个重要影响因素。

人口问题的另一个重要方面是居住形态，也就是在城乡之间、区域之间的分布。城市地区居民与农村地区居民之间、寒冷地区居民与温暖地区居民之间在能源消费需求上存在着较大差异，因此，人口在城乡和区域之间的分布对总能源消费产生重要影响。但是，由于时间等方面的限制，目前模型系统没有模拟人口对生活消费能源的影响。下一步，我们将继续这一工作。

在人口与就业模块中，有两个非常重要的输出变量：劳动者收入增长率和劳动者报酬变动率。劳动者收入增长率部分决定了消费的增长率，而劳动者报酬变化率是工业品价格变动率的重要来源之一。劳动者收入增长率取决于两方面：就业的增长率和劳动报酬的增长率。因此，在中间变量里，就业增长率的决定非常重要，它由产业实际产出增长率、实际城市化率变动率和产业就业系数共同决定。对于劳动者报酬变化率，根据我们的研究，它取决于就业市场的紧张程度，也就是取决于就业率的二次变动。也就是说，当就业增速加快时，工资水平就要提高（具体方程见附录）。

表 9-4　人口、就业模块的基本情况

输出变量	输入变量（从其他模块）	外生变量
劳动收入增长率 劳动者报酬变化率 就业率 就业增长率 就业率变动率 总就业 经济活动人口	各产业实际产出的增长率	经济活动人口增长率 退休率 产业就业系数 实际城市化率增长率

三、宏观经济模块（Macroeconomic Economy Module，MEM）

本模型系统的宏观经济模块是一个简单的 GDP 增长模型。MEM 采用支出法 GDP 的核算方法，通过对投资、消费、净出口的加总得出支出法 GDP 以及 GDP 的增长率。应该指出的是，这里的数据都是考虑了价格因素的真实增长数据，而不是名义增长数据。

第九章 能源经济系统动力学模型研究

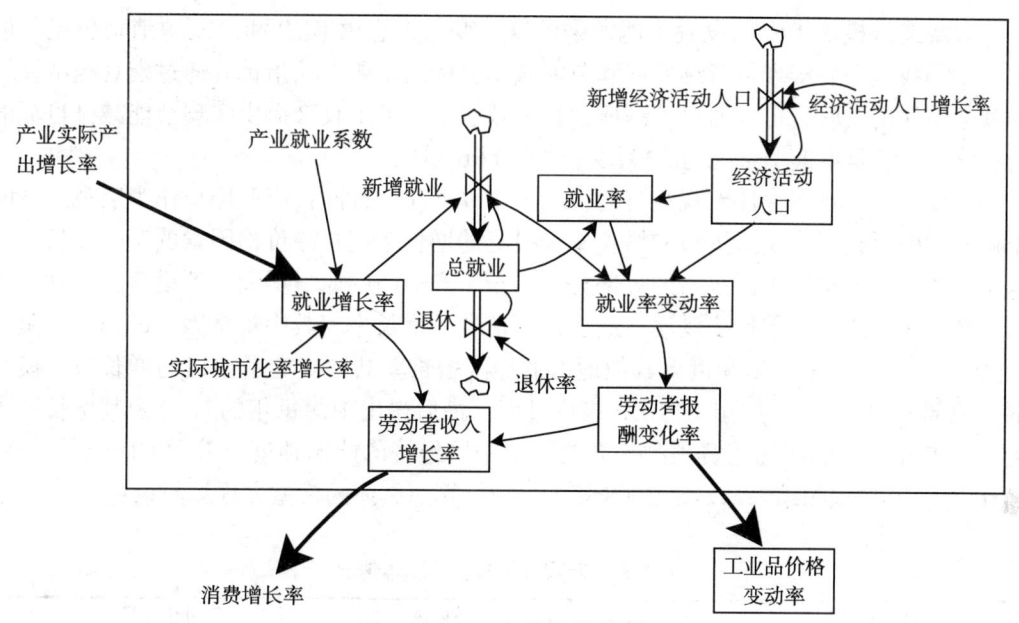

图 9-10 人口与就业模块结构

模型结构见图 9-11。其中的逻辑关系是，产业实际产出增长率决定投资增长率，并和世界经济增长率一起决定了中国经济的出口增长率；劳动者收入增长率和工业品价格增长率共同决定了消费的增长率，而消费增长率又决定进口的增长率。其中，劳动者收入对消费有正向的促进作用，而工业品价格的变化方向则与消费增长相反。

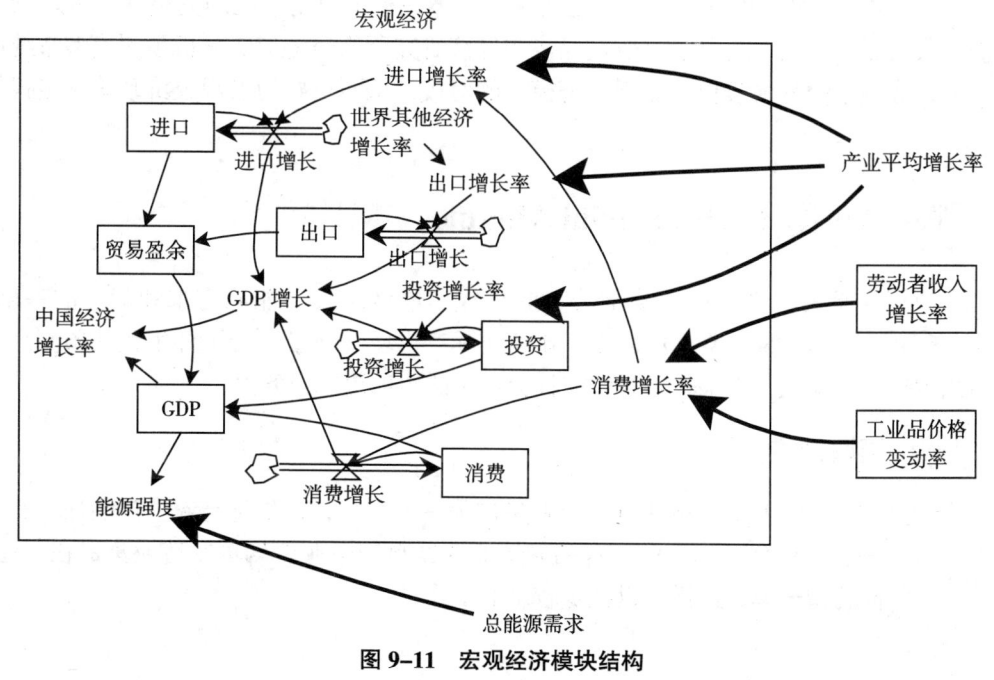

图 9-11 宏观经济模块结构

宏观经济模块中专门设置了能源强度这一变量，它由 GDP 和总能源消费决定。能源强度是我国今后实现可持续发展和节能减排目标的重要考核指标。通过宏观经济模块与其他模块的关联，可以通过控制能源技术效率等政策工具来提供实现节能减排目标的合理路径。这是本模型系统为决策层提供的分析工具。

在模型中，我们设计宏观经济运行取决于以下几个方面：产业增长作为宏观经济的基础，它的增长率决定了进口的增长率和投资的增长率（扣除价格因素的实际增长率），这里应该说明的是，中国进口的大部分是用于生产部门的原材料和机器设备；劳动者收入的增长率和工业品价格变动率一起决定了消费的增长率（其中价格因素的作用是负向的）；产业平均的增长率和世界其他地区的经济增长率共同决定了出口的增长率；模块的其他部分则是内生的支出法 GDP 核算过程，最后得出中国每年的 GDP 及其增长率预测。GDP 预测与总能源消费预测一起决定了中国经济的能源强度（万元 GDP 平均能源消耗）。所有的预测结果都是以 2008 年人民币计算（具体的模型方程见附录）。

表 9-5 宏观经济模块的基本情况

输出变量	输入变量（从其他模块）	外生变量
GDP、GDP 增长率 投资、投资增长率 消费、消费增长率 出口、出口增长率 进口、进口增长率 贸易盈余	产业实际产出增长率 劳动者收入增长率 工业品价格增长率	世界其他经济增长率

目前 MEM 模块是相对简单的，主要是为了体现整个模型系统的完整性。未来宏观经济模块可以被中国社会科学院数量经济与经济研究所的经济形势分析预测模型系统所替代，并实现系统其他模块与宏观经济模型的对接，从而更好为宏观经济政策制定提供参考。

四、产业模块（Industrial Module，IM）

产业模块是模型系统的重要部分，它构成了经济增长、能源需求和就业的基础。CEMS 按照统计年鉴的分类，对每个行业的实际产出增长前景进行了外生化的预测。这种对微观行业的预测，未来将是我们向社会提供的一项重要服务。

（一）模块结构

为计算方便，我们把一些相近的行业集成为一个行业，比如把与农业产品加工有关的四个行业——农副食品加工业、食品制造业、饮料制造业、烟草制造业集成在一起，预测一个相同的增长率，这样可以减少较多的工作量。

表 9-6　CEMS 行业分类

编号	行业名称
I1	农林牧渔、水利业
I2	煤炭开采和洗选业
I3	石油和天然气开采业
I4	黑色金属矿采选业
IZ5（有色金属和其他采矿业）	包括有色金属矿采选业、非金属矿采选业、其他采矿业
IZ6（农产品加工和食品、饮料、烟草业）	农副食品加工业、食品制造业、饮料制造业、烟草制品业
IZ7（纺织服装木材家具造纸印刷文体设备业）	纺织业，纺织服装、鞋、帽制造业，皮革、毛皮、羽毛（绒）及其制品业，木材加工及木、竹、藤、棕、草制品业，家具制造业，造纸及纸制品业，印刷业和记录媒介的复制，文教体育用品制造业
I8	石油加工、炼焦及核燃料加工业
IZ9（化工医药化纤塑料橡胶金属制品业）	化学原料及化学制品制造业，医药制造业，化学纤维制造业，橡胶制品业，塑料制品业，金属制品业
I10	非金属矿物制品业
I11	黑色金属冶炼及压延加工业
I12	有色金属冶炼及压延加工业
IZ13（机器设备制造及工艺品业）	通用设备制造业，专用设备制造业，电气机械及器材制造业，通信设备、计算机及其他电子设备制造业，仪器仪表及文化、办公用机械制造业，工艺品及其他制造
I14	交通运输设备制造业
I15	废弃资源和废旧材料回收加工业
I16	电力、热力的生产和供应业
I17	燃气生产和供应业
I18	水的生产和供应业
I19	建筑业
I20	批发、零售业和住宿、餐饮业
I21	其他行业
I22	交通运输、仓储和邮政业
I23	生活消费

注：IZ5、IZ6、IZ7、IZ9、IZ13 为集成后的行业。

（二）外生预测结果

产业部门的预测与中国经济的发展阶段有密切关系。前面对城市化进程的预测表明，中国城市化进程已经进入中期，今后的主要趋势是让更多的人享受城市化福利。中国社会科学院的其他研究表明，中国的工业化也已进入中期甚至中后期。从趋势上看，中国各产业的快速发展时期还能够持续一段时间。根据我们的研究结果，在 2020 年之前，中国仍将保持目前的快速增长势头；2020~2030 年，各产业将相继进入比较平稳的增长阶段；2030 年之后，出口型和资源型工业的发展速度会趋于平缓；2040 年之后，工业化和城市化过程将基本结束。

我们在长期进行产业预测研究的基础上，在本模型系统中对表 9-6 中除掉两个能源生产部门（石油加工、炼焦及核燃料加工业，以及电力、热力的生产和供应业）之外的其他各行业都给出了到 2050 年的趋势预测（石油、天然气、煤炭等的开采业作为采掘业没有记为能源生产部门)。两个能源生产部门的预测结果由模型系统内生产生。在预测工作中，我们对不同行业进行了不同的处理，一些重要行业如黑色金属及冶炼业、交通运输设备制造业、有色金属冶炼加工业等，我们进行了比较具体的预测；对其他行业所作的预测会粗略一些，给出了不同发展阶段的平均增长趋势。

对资源型行业，我们根据中国的资源禀赋特点进行了预测，并考虑了中国工业化和城市化进程的阶段特点，具体表现就是随着资源稀缺性的提高和工业化、城市化进程的放缓，资源型产品的产量增速放缓，有的行业甚至会出现负增长，如石油和天然气开采、黑金属矿开采、有色金属矿开采、非金属矿开采、煤炭开采等行业。

对那些与经济发展阶段和人民生活水平相关的行业，我们更多地考虑了经济发展的规律，其预测更多地体现了不同发展阶段的特点。这些行业包括：建筑业、水的生产和供应业、燃料的生产与供应业、批零住宿餐饮业、交通运输仓储邮政业、其他行业，以及生活消费。

对制造业的预测，我们充分考虑中国在这些行业的人力资源优势，不仅考虑了国内市场的需求，也考虑了中国制造业在世界上的竞争力，对它们给出了比较乐观的预测。同时，我们也考虑到在中国基本完成现代化之后，成本会有所上升。因此，这些行业的高速增长阶段会逐渐结束。

对农业的预测，我们充分考虑了土地产出的有限性，做出了相对保守的预测（年均5%）。另外，对废弃资源和废旧材料回收这一行业，我们预测未来它会有比较好的增长前景。

需要指出的是，由于我们的任务主要是趋势性预测，而不是追求比较准确的短期预测，所以各行业给出的预测都是一种发展趋势。

对体现生活质量的服务性产业，以及金融、物流等现代服务业，将会出现较快的增长。

两个能源生产部门——电力和热力的生产和供应业、石油加工炼焦与核燃料加工业，我们采用了模型内生的预测方法。

今后，我们还会对各产业和部门，尤其是居民消费和交通运输部门的增长趋势，进行更加深入的研究和预测，以弥补目前的分析较为粗略所产生的问题。

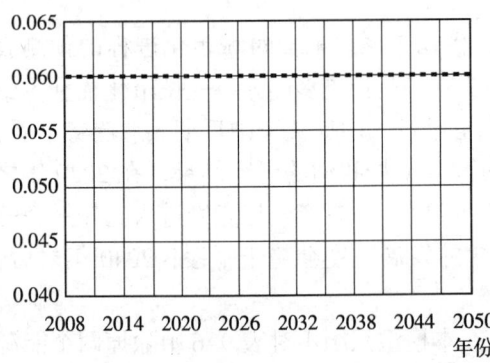

图 9-12 农林牧渔业、水利业产量增长率预测

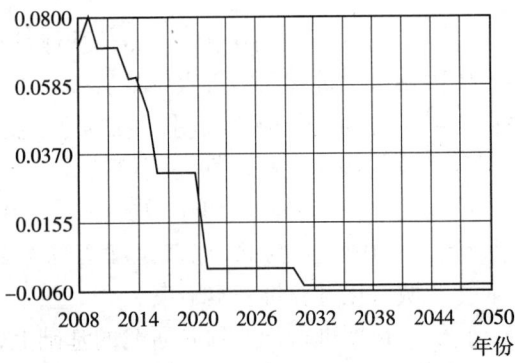

图 9-13 煤炭开采和洗选业产量增长率预测

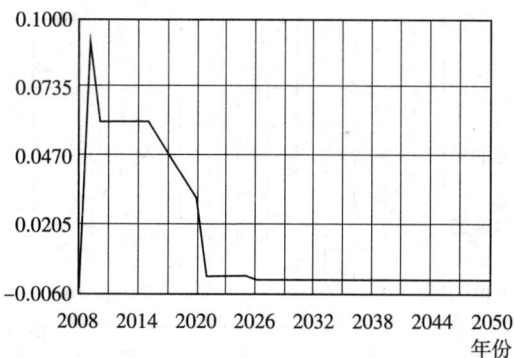

图 9-14 石油和天然气开采业产量增长率预测

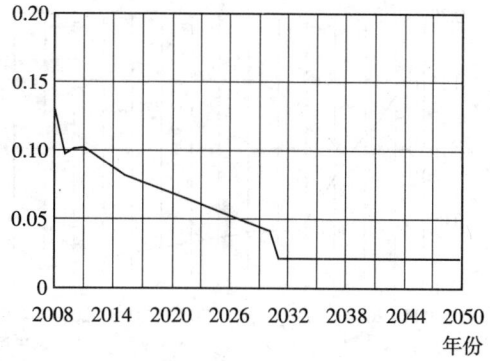

图 9-15 黑色金属矿采选业产量增长率预测

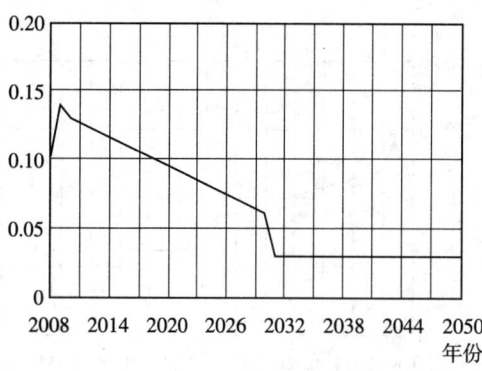

图 9-16 IZ5 业产量增长率预测

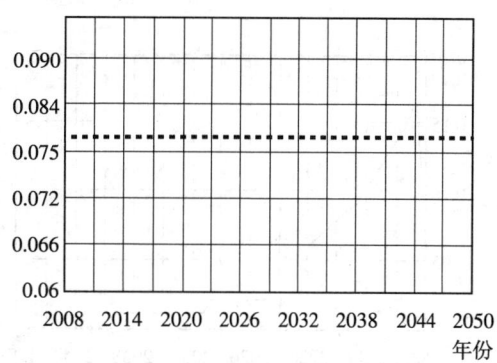

图 9-17 IZ6 业产量增长率预测

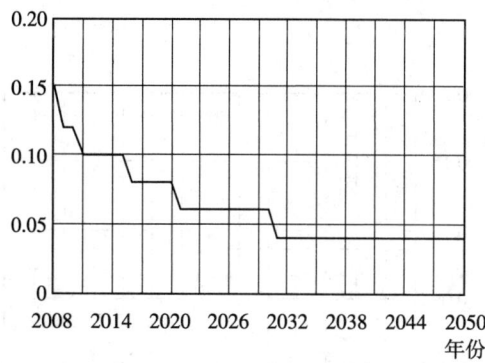

图 9-18 IZ7 业产量增长率预测

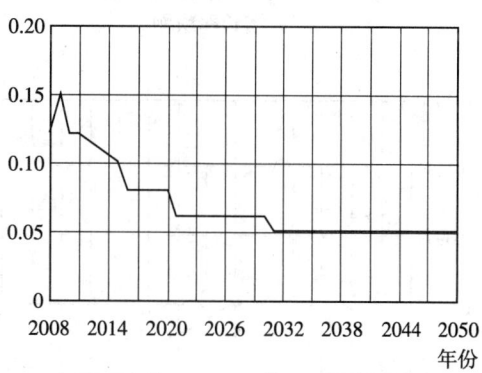

图 9-19 IZ9 业产量增长率预测

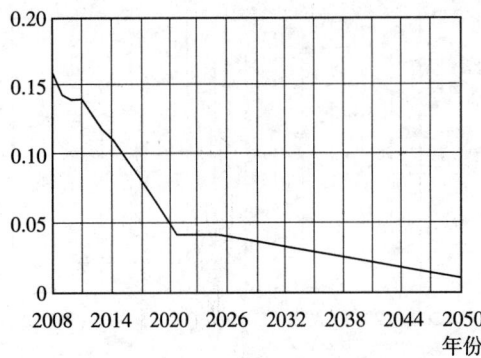

图 9-20 非金属矿物制品业产量增长率预测

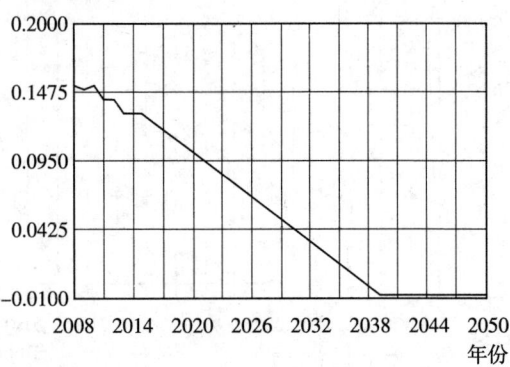

图 9-21 黑色金属冶炼及压延加工业产量增长率预测

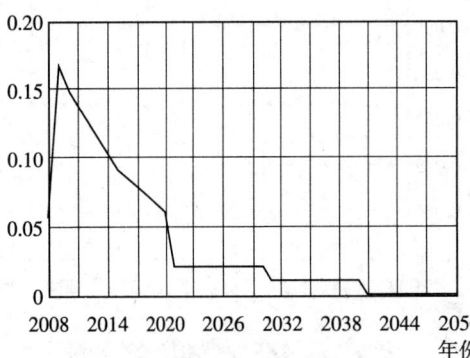

图 9-22 有色金属冶炼及压延加工业产量增长率预测

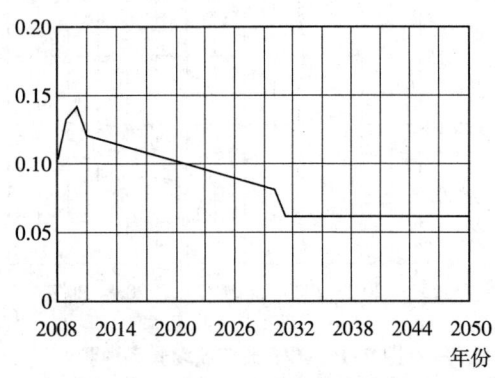

图 9-23 IZ13 业产量增长率预测

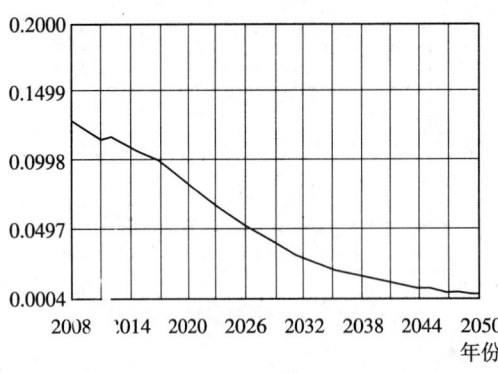

图 9-24 交通运输设备制造业产量增长率预测

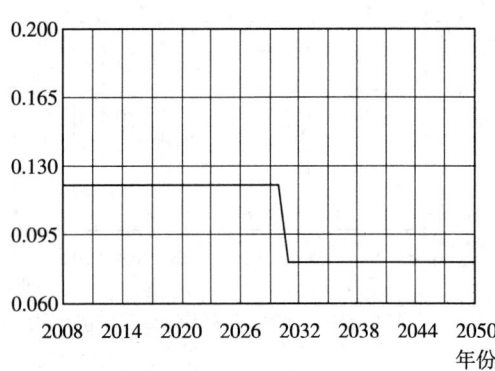

图 9-25 废弃资源和废旧材料回收加工业产量增长率预测

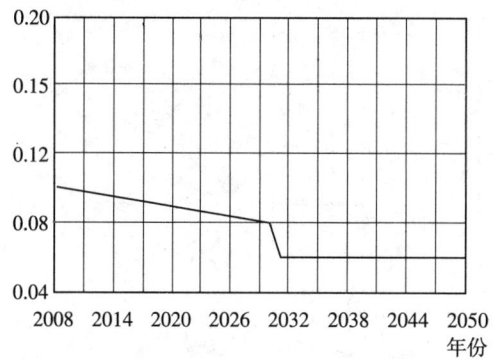

图 9-26　燃气生产和供应业产量增长率预测

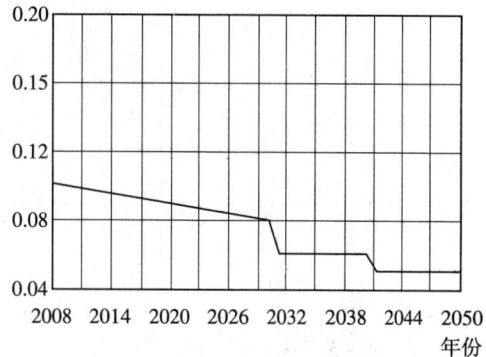

图 9-27　水的生产和供应业产量增长率预测

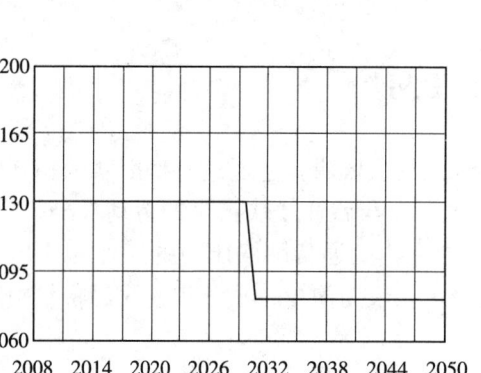

图 9-28　建筑业产量增长率预测

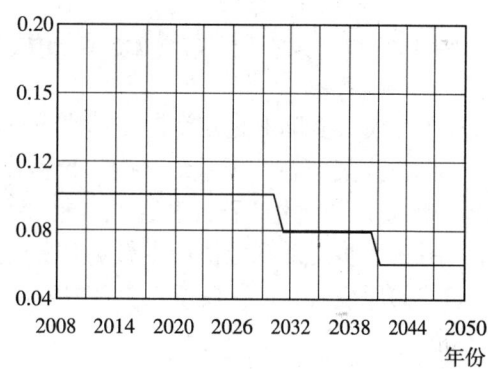

图 9-29　批发、零售业和住宿、餐饮业产量增长率预测

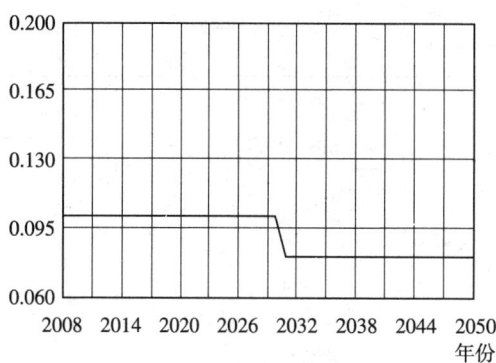

图 9-30　其他行业产量增长率预测

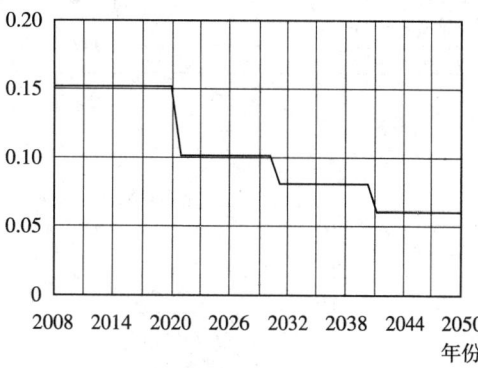

图 9-31　交通运输、仓储和邮政业产量增长率预测

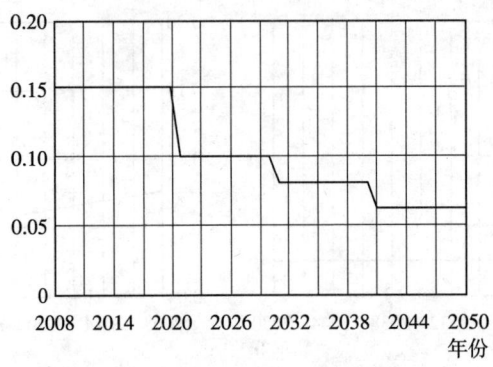

图 9-32 生活消费实物量增长率预测

五、价格模块（Price Module，PM）

价格模块实际上是一个链接模块，或者说是集成模块，它通过价格因素的相互联结把不同模块集成在一个系统之内。价格模块把人口与就业模块产生的劳动报酬率变化、能源市场变化产生的石油和煤炭价格变化集成到代表通货膨胀压力的工业品出厂价格上，并进一步对宏观经济产生影响。目前这一模块较为简单，下一步，我们将对国际石油价格的形成机制进行模拟，使之内生化。

表 9-7　价格模块的基本情况

输出变量	输入变量（从其他模块）	外生变量
工业品价格变动率 煤炭价格变动率 石油价格变动率	总煤炭需求增长率 劳动者报酬变化率	国际油价增长率

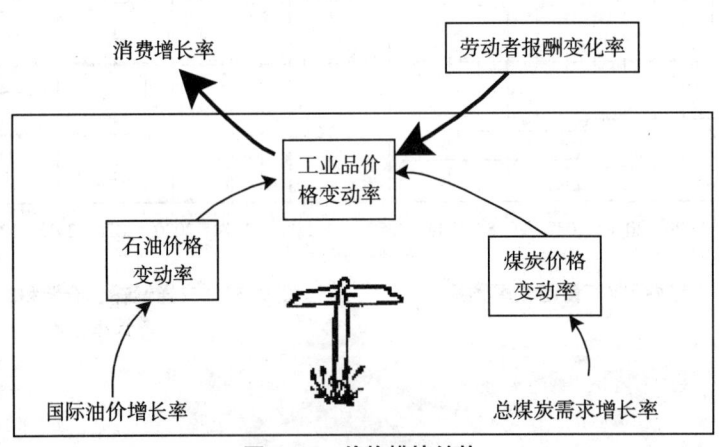

图 9-33　价格模块结构

价格是经济系统的重要方面。本模型系统以工业品出厂价格（PPI）代表社会整体价格水平，而没有使用消费者价格指数（CPI），这是因为 PPI 的构成更为全面。从价格的构成看，劳动力成本、原材料成本和能源成本是三个基本方面（其他方面包括税收负担等，但是不占主要部分）。

通过计量经济学分析（表 9-8），我们认为 PPI 基本上可由劳动者报酬变化率、煤炭石油价格变动率、煤炭价格变动率三个变量来解释。其中劳动者报酬变化率代表着 PPI 中来自劳动力成本的部分，煤炭价格变动率则主要解释了来自能源的成本，而石油价格的变动率基本上能够解释来自原材料的成本。这是因为，由于中国以煤炭为主的能源结构使得中国工业的能源成本主要来自煤炭，而石油在工业中更多的是作为原材料（主要在运输部门作为能源）。

表 9-8 工业品价格模拟结果

Dependent Variable: PPI				
Method: Least Squares				
Sample: 1991 2009				
Included observations: 19				
Variable	Coefficient	Std. Error	t-Statistic	Prob.
煤炭价格变化率	0.16	0.078	2.02	0.062
石油产品价格变化率	0.19	0.039	4.90	0.0002
劳动者报酬变化率	0.34	0.10	3.20	0.0060
常数	−0.052	0.013	−3.99	0.0012
R-squared	0.90	Mean dependent var		0.046
Adjusted R-squared	0.89	S.D. dependent var		0.0797
S.E. of regression	0.027	Akaike info criterion		−4.269
Sum squared resid	0.019	Schwarz criterion		−4.069
Log likelihood	44.48	F-statistic		46.69
Durbin-Watson stat	1.43	Prob (F-statistic)		0.000000

六、能源需求模块（Energy Demand Module，EDM）

能源消费需求模块是 CEMS 的重点模块。能源消费需求分为两部分：终端能源消费需求和加上能源转换部门能源消耗的总能源消费需求。终端能源消费需求是指把非能源转换部门的农业和加工业能源需求、生活能源消费需求、运输能源需求等加总在一起的终端能源消费的需求；能源转换部门则包括石油炼制炼焦和核燃料工业与电力热力工业。

EDM 在计算能源需求时，也按照这一过程进行计算。为了简化，目前 CEMS 把生活消费和交通运输也各作为一个部门来计算其能源消费需求。以黑色金属冶炼及压延加工业为例，每个行业（部门）的能源消费需求的预测方法见图 9-34。

EDM 模块以产业模块的产业划分为基础，按照《中国统计年鉴 2010》的分行业能源

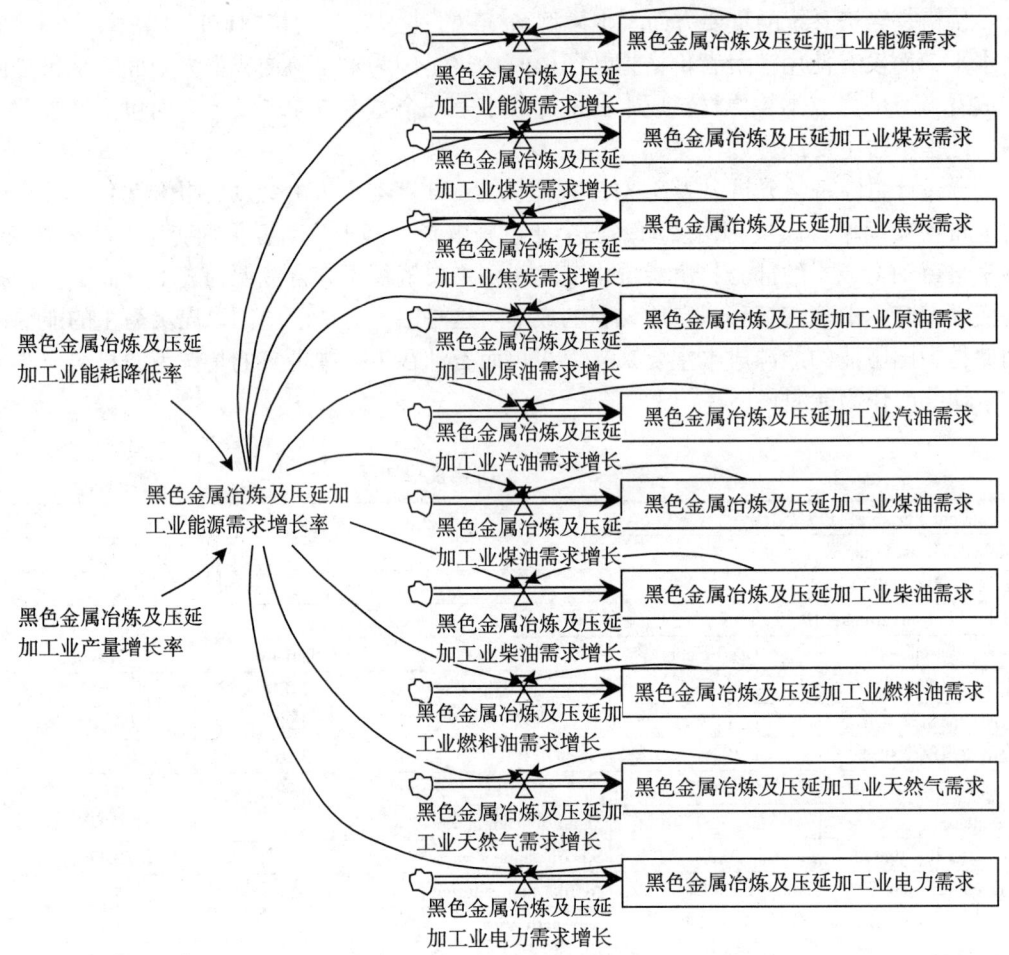

图 9-34 黑色金属冶炼及压延加工业终端能源消费需求

消费统计 2008 年数据①作为起始基准,通过产量增长率和行业能耗降低率来预测未来该行业的能源消费需求。

终端能源消费需求就是各行业各项终端需求的加总,具体公式为:

终端能源需求 = IZ5 业能源需求 + IZ6 业能源需求 + IZ7 业能源需求 + IZ9 业能源需求 + IZ13 业能源需求 + 交通运输设备制造业能源需求 + 其他行业能源需求 + 农林牧渔水业能源需求 + 建筑业能源需求 + 批零住宿餐饮业能源需求 + 有色金属冶炼及压延加工业能源需求 + 水业能源需求 + 煤炭开采和洗选业能源需求 + 燃气业能源需求 + 生活消费能源需求 + 石油和天然气开采业能源需求 + 资源和材料回收业能源需求 + 运输、仓储和邮政能源需求 + 非金属矿物制品业能源需求 + 黑色金属冶炼及压延加工业能源需求 + 黑色金属矿采选业能源需求

---

① 中国统计年鉴 2010. 中国统计出版社,2010.

在计算出不包含能源转换部门的各种终端能源需求及其增长之后,再求出其年度的增长率,并作为对能源转换部门(石油炼制炼焦和核燃料工业与电力热力工业)需求的增长率。能源转换部门根据这一增长率确定出每年的能源需求(中间转换需要的能源)及其增长。然后,终端能源消费需求与转换过程的能源消耗加在一起,就构成了总的能源消费需求。因此,本模型系统中对能源转换部门的能源需求是内生的。

由各行业(不包括能源转换行业)的终端能源消费需求加总在一起,得出各项终端能源需求:终端能源需求、终端煤炭需求、终端焦炭需求、终端原油需求、终端汽油需求、终端煤油需求、终端柴油需求、终端燃料油需求、终端天然气需求、终端电力需求(这里列举的并非全部的能源载体,只是进入统计的主要品种)。在这里我们对两个对石油、炼焦和核燃料加工业作了特殊处理,把炼油过程和炼焦过程分别计算。另外,我们把终端电力需求增长率作为总电力需求增长率的替代。

EDM 模块目前没有考虑在消费需求中各种能源载体之间的替代,而是沿用目前的消费结构。下一步,我们将考虑各种能源载体之间的替代行为,尤其是清洁能源的替代行为。

表 9-9 能源需求模块的基本情况

输出变量	输入变量(从其他模块)	外生变量
各部门能源需求	各部门实际产出增长率	各部门能耗降低率
各部门煤炭需求		
各部门焦炭需求		
各部门原油需求		
各部门汽油需求		
各部门煤油需求		
各部门柴油需求		
各部门燃料油需求		
各部门天然气需求		
各部门电力需求		
终端能源需求		
终端煤炭需求		
终端焦炭需求		
终端原油需求		
终端汽油需求		
终端煤油需求		
终端柴油需求		
终端燃料油需求		
终端天然气需求		
终端电力需求		
总能源需求		
总煤炭需求		
总焦炭需求		
总原油需求		
总汽油需求		
总煤油需求		
总柴油需求		
总燃料油需求		
总天然气需求		
总电力需求		

注:各行业包括交通运输部门和生活消费部门。

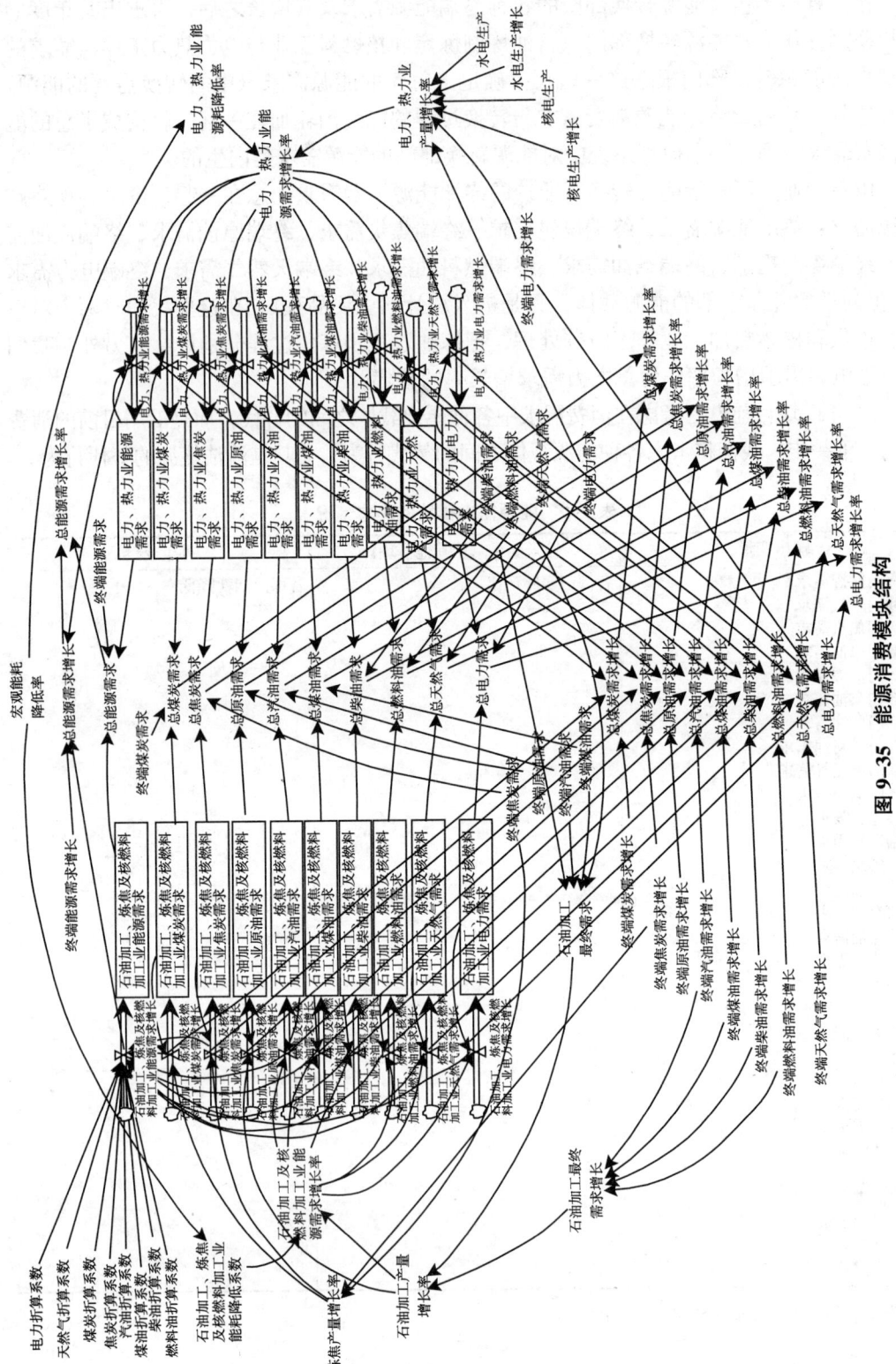

图 9-35 能源消费模块结构

七、能源供给与贸易模块（Energy Supply and Trade Module，ESTM）

在能源消费需求快速增长的背景下，中国现有能源资源的保障能力已经明显不足。石油进口依存度已经超过50%，天然气进口也快速增长，[①]在煤炭方面中国也已经由出口国转变为进口国。在这一情况下，中国的能源供给问题已经简单化了：国内按照生产潜力生产，不足部分由进口补充。

ESTM模块根据国内的资源情况和生产潜力进行了外生化的供给预测，并与能源需求模块相对照，不足部分由进口来满足。因此，本模块假定的前提是世界其他地区的能源供给能力在预测期内完全可以满足世界能源需求。当然，通过价格方面的调整，会影响区域之间与不同社会群体之间的财富分配。

ESTM的结构见图9-35。其中，一次能源供给总量的计算，按照不同能源载体的折算系数折算为万吨标准煤，然后加总在一起得出；电力的生产假定全部在国内进行，忽略电力的直接进出口，如黑龙江从俄罗斯进口电力，云南、广西向越南出口电力等，因此电力总供给就等于电力总需求；火力发电的预测，由总电力需求减去水电、核电和其他一次能源电力的生产得出，尽管这可能忽略了少量企业循环经济过程的发电量，但是误差应该不大；石油炼制过程也都假定在国内进行，因此没有成品油的贸易，各种成品油的生产量与需求量相等。

ESTM还直接得出了石油、天然气、煤炭等的进口预测，以及非传统的可再生能源的预测。可再生能源的预测，多数基于国家的有关规划。

表9-10 能源供给与贸易模块的基本情况

输出变量	输入变量	外生变量
一次能源生产总量	总能源需求	煤炭生产增长率
一次能源生产总量增长率	总煤炭需求	天然气生产增长率
能源进口总量	总焦炭需求	水电生产增长率
能源进口依存度	总原油需求	核电生产增长率
煤炭生产	总汽油需求	其他一次能源电力生产增长率
天然气生产	总煤油需求	原油生产增长率
水电生产	总柴油需求	液态生物燃料生产增长率
核电生产	总燃料油需求	沼气燃料生产增长率
其他一次能源电力生产	总天然气需求	
原油生产	总电力需求	
液态生物燃料生产		
沼气燃料生产		
火力发电		
石油炼制总量		
石油进口		

[①] 2010年全国天然气产量达到944.8亿立方米，比上年增长12.1%。进口LNG 934万吨，增长75%；首次进口管道气44亿立方米。资料来源：能源局.全年石油表观消费量4.49亿吨.新浪财经，2011-1-28.

续表

输出变量	输入变量	外生变量
石油进口依存度 焦炭产量 煤炭进口 天然气进口 焦炭产量 汽油产量 煤油产量 柴油产量 燃料油产量		

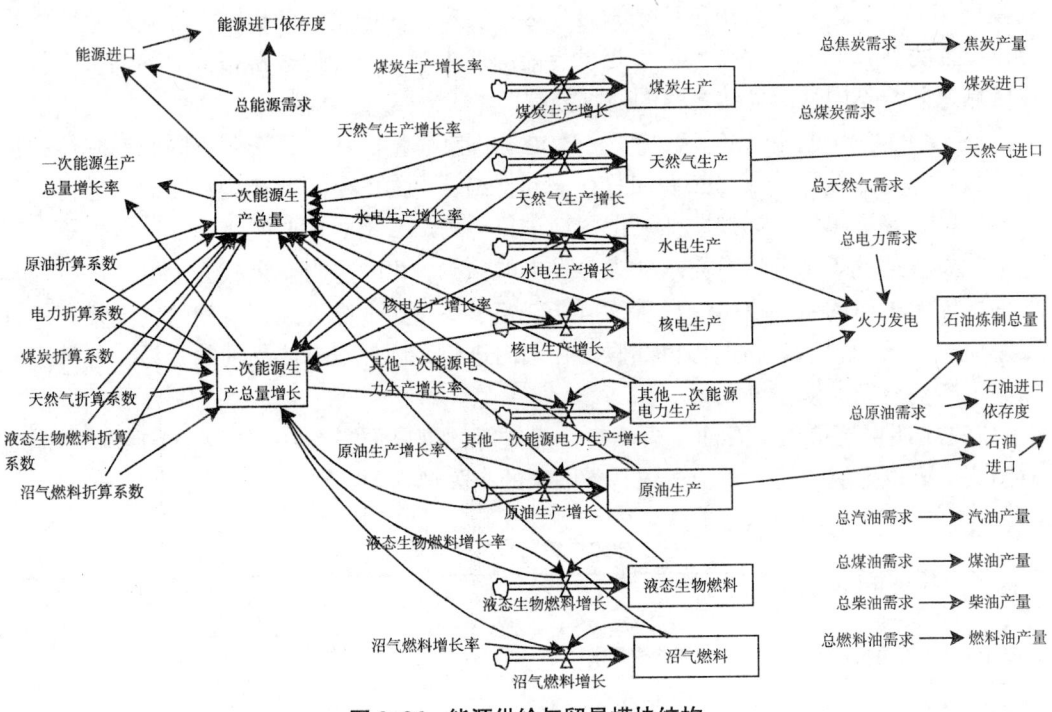

图 9-36 能源供给与贸易模块结构

八、能源温室气体排放模块（Energy Greenhouse Gas Emission Module, EGHGEM）

由于温室气体排放的计算工作量很大，限于人力和资金的约束，目前没有进行能源温室气体排放的测算。下一步，我们将争取进一步的资金支持，尽早建立能源温室气体排放模块。

第五节 初步模拟结果

一、经济增长前景

经济增长前景预测是能源需求预测的基础。从1978年改革开放起,中国数量超过10亿的巨大人口经历了30多年10%左右的长期高速经济增长速度,创造了世界经济增长史的奇迹。到2010年,中国正式成为继美国之后的世界第二大经济体。但是,对中国经济增长方式的批评也一直不绝于耳。比如,克鲁格曼就认为中国经济缺乏创新,是一种低水平的增长,难以持续。[①] 那么,中国未来的经济增长前景如何,中国经济已经持续至今的快速增长何时放缓? 只有回答了这一问题,才能对能源未来需求与供给做出比较可靠的预测。

在CEMS中,经济增长前景预测主要考虑了以下几个方面:人口因素、城市化进程、工业化进程。同时,我们还需要考虑另外两个问题:资源与环境问题,以及作为世界能源市场重要风向标的国际石油价格。

(一) 人口与就业

人口因素是经济的最基本因素。长期以来,中国一直是世界第一人口大国,但是持续的计划生育政策,已经导致中国出现了劳动力供给不足的迹象。而且,计划生育政策还使老龄化提前到来,出现了"未富先老"的社会问题(图9-37)。

目前中国已经进入了老龄化阶段,未来40年将是中国老龄加快化的重要时期。与能源资源保障一起,劳动力供给已经成为中国经济进一步增长的约束。

综合各种人口因素,我们对未来中国经济活动人口的增长做出了预测(图9-38)。预测结果表明,如果当前的人口政策不发生变化,中国经济活动人口增长就会趋于停止,并在2020年左右出现下降。这一下降趋势将在2040年之后结束,并达到新的人口平衡。

与这一人口趋势相对应,中国未来的就业也会出现下降。这一趋势还由于产业发展的就业带动能力弱而得到加强。但是,由于中国人口的下降和老龄化,就业率在2020年之后可能出现上升,到2030年之后会达到甚至超过100%的就业率。当然,这不意味着到时候没有失业,而是会出现退休人口重返工作和外来劳工增加的情况(图9-39、图9-40)。

与这种就业率上升相对应的结果,就是今后劳动者的工资将长时期上涨(图9-41)。这有利于提高劳动在社会财富分配中的比重,也将刺激企业更多地提高资本有机构成,加大研发投入力度。同时,工资水平的长期上涨也给宏观经济带来通货膨胀的压力。

---

① Paul Krugman. The Myth of Asia's Miracle. Foreign Affairs, Nov.Dec. 1994, 73 (6), 62.

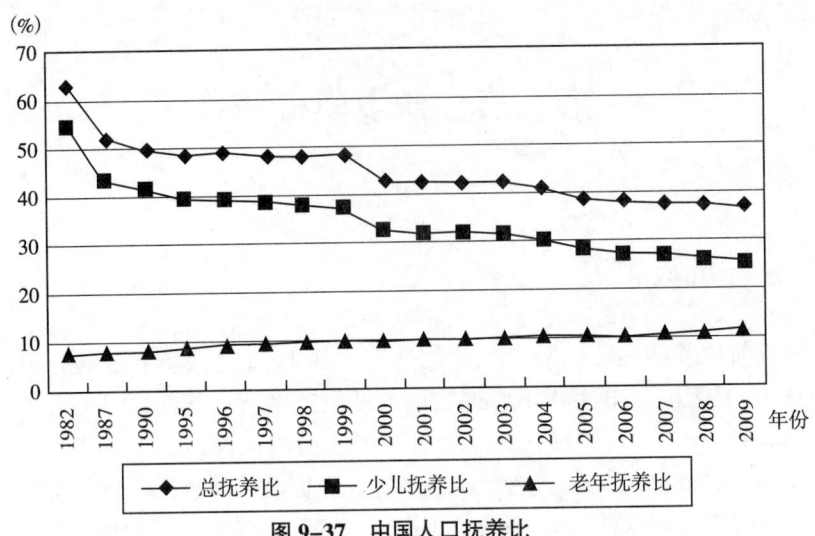

图 9-37 中国人口抚养比

数据来源：《中国统计年鉴 2010》，表 3-3。

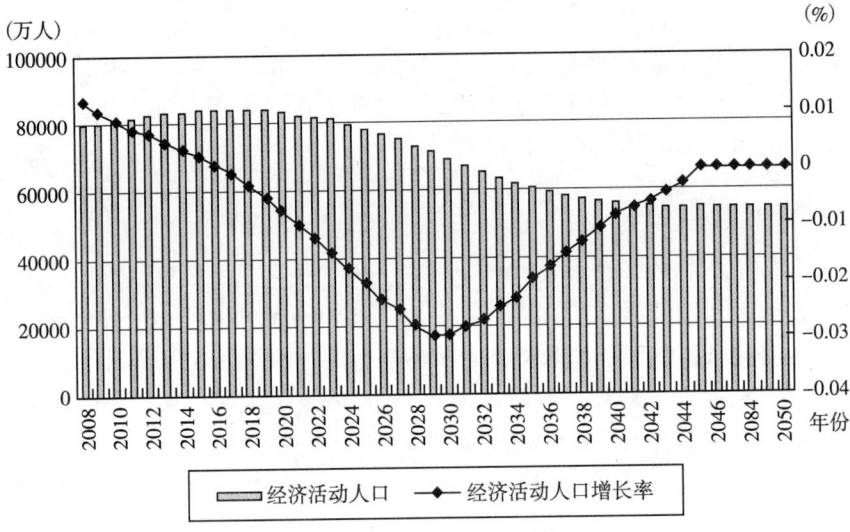

图 9-38 经济活动人口增长

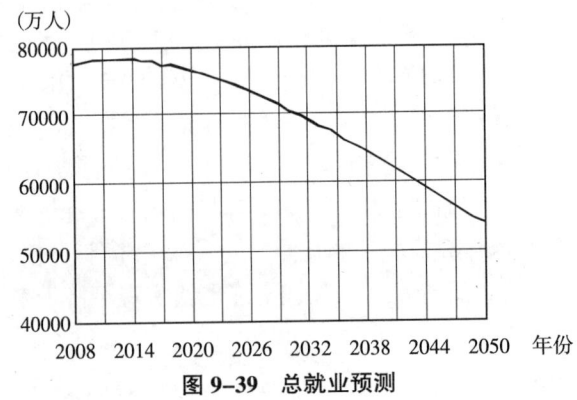

图 9-39 总就业预测

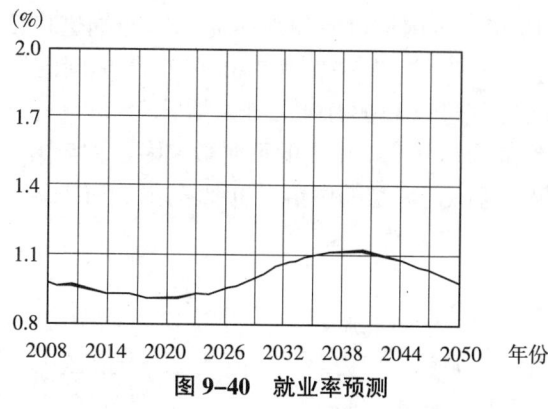

图 9-40 就业率预测

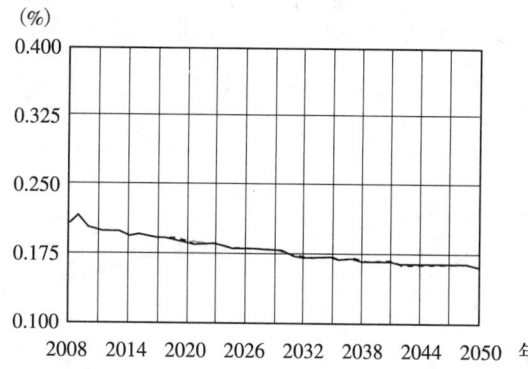

图 9-41 劳动者报酬变化率预测

（二）资源与环境

对于资源、环境与经济发展的关系，有各种看法。笔者的基本观点是，资源、环境约束针对的是发展方式，而不是发展本身。资源和环境的约束，将逼迫中国走更加节约资源和保护环境的发展道路，而不是此前的过度依赖资源投入和固定资产投资、环境污染严重的发展路径。这一转变将促使中国企业提高资本有机构成，采用更能体现规模经济和更高技术水平的生产工艺。因此，从长期看，资源、环境约束有利于促进中国的经济增长，并提高经济发展的质量。

但是，中国未来仍然要解决各种矿产资源严重依赖进口的问题。比如，中国的石油进口依存度已经超过了 50%，铁矿石进口依存度已经超过了 60%（2009 年为 69%，2010 年回落到 63%）。因此，世界资源能否满足中国需求就成为一个必须研究的问题。

中国为经济增长付出了资源和环境方面的沉重代价，对矿产资源的无序开采既加速了资源的枯竭速度，也严重破坏了生态环境。中国几乎所有的江河湖泊都遭到了严重的污染，水域面积和水资源总量迅速下降，重金属污染长期得不到治理和抑制，世界上空气污染最严重的城市几乎都在中国。

能源保障也是中国经济的一个重要"短板"。1993 年，中国从之前的石油出口国转变为净进口国,到 2010 年,中国进口原油 2.39 亿吨,石油进口依存度达到了 53.7%[①];2010 年的煤炭进口量比上年增长 30.9%,为 1.65 亿吨,[②]中国已经从从煤炭出口国转变为净进口国;2010 年天然气进口 LNG 934 万吨,增长 75%,首次进口管道气 44 亿立方米。[③]可以说,中国已经成为国际能源市场的重要影响因素,与国际能源市场的互动日益重要。因此,中国不仅要考虑能源长期供给,也要考虑能源的长期安全。

(三) 城市化

城市化是伴随工业化的一个必然产物。从图 9-42 可以看出,从 1949 年之后,中国的城市化进程一直在持续,城镇人口占总人口的比例一直在上升,而乡村人口比例一直在下降。20 世纪 90 年代之后,这一进程大大加快,并带动了房地产开发、城市服务业、汽车工业的快速发展。因此,对城市化进程进行合理预测,对于能源模型系统的成功建模具有重要意义。

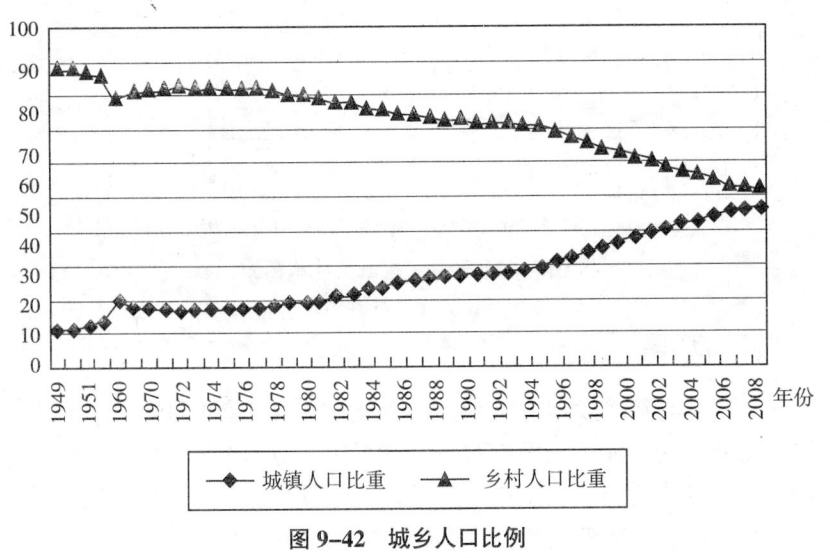

图 9-42 城乡人口比例

根据最新的统计数据,2009 年中国城市人口比例达到 46.6%,已经处于中等程度的城市化水平。但是,中国的人口城市化统计有一定偏差。一方面,很多城市的远郊区人口,实际上处于农村生活状态,但是因为在行政区划上属于城市而纳入城镇人口;另一方面,在城市里有大量的农村转移人员,如农民工和外出经商、服务人员,他们一年有 90% 左右的时间居住在城市内,却因为农村户口而被统计为乡村人口。因此,在本模型中,我们对统计数据做了相应调整,并在此基础之上做了实际城市化率变动率的预测,

---

①③ 国家能源局. 全年石油表观消费量 4.49 亿吨. 新浪财经,2011-1-28.
② 资料来源:北京中国海关统计咨询服务中心. 转引自金在线,http://news.cnfol.com/110119/101,1588,9191575,00.shtml.

也就是每年城市化率的增长率（图9-43）。

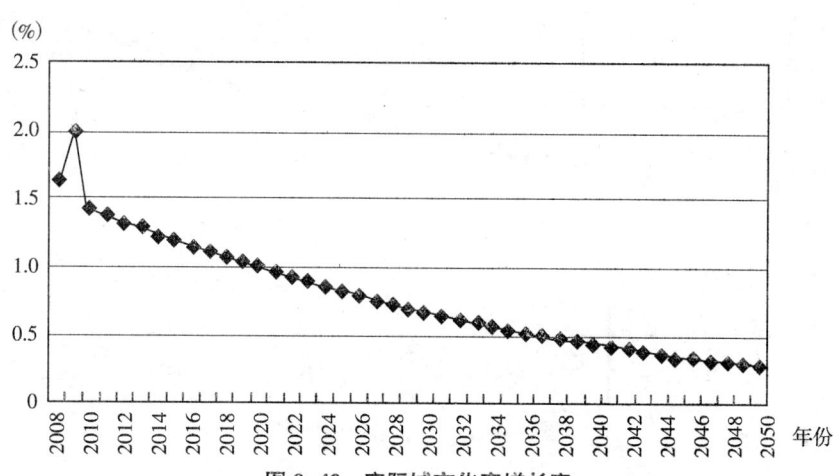

图 9-43　实际城市化率增长率

从图 9-43 可以看出，我们预测的趋势是中国城市化率还将进一步提高，但是发展速度会趋于减缓。人口城市化的进程到 2050 年将基本结束。

（四）工业化与产业发展

产业部门的增长与中国经济的发展阶段有密切关系。前面对城市化进程的预测表明，中国城市化进程已经进入中期，今后的主要趋势是让更多的人享受城市化福利。根据我们的研究结果，在 2020 年之前，中国仍将保持目前的快速增长势头；2020~2030年，各产业将相继进入比较平稳的增长阶段；2030 年之后，出口型和资源型工业的发展速度会趋于平缓；2040 年之后，工业化和城市化过程基本都将结束。各行业的趋势预测在前面的产业模块中已经给出。

（五）国际石油价格

石油价格是国际能源市场的风向标，也是宏观经济的重要影响变量。但是，对石油价格的作用往往存在高估的倾向。一般都会认为，石油价格上涨会影响对石油和其他能源产品的需求，并进一步影响经济增长。其实这种影响是一种短期的效果。从长期看，石油价格或者说能源价格，并没有影响到对石油和其他能源品种的长期需求趋势，也没有影响到长期的经济增长趋势。这是因为，从较长的时间尺度看，经济其他部门有能力对上涨的石油价格做出反应，主要是通过技术进步提高能源利用效率来实现。从历史上看，尽管名义上的石油价格一直在上涨，但是如果考虑通货膨胀和美元贬值因素，石油价格的波动并没有表面上那么剧烈。

CEMS 目前版本暂时设定国际石油价格为外生。根据我们的研究成果，对国际原油价格预测如图 9-44 所示。

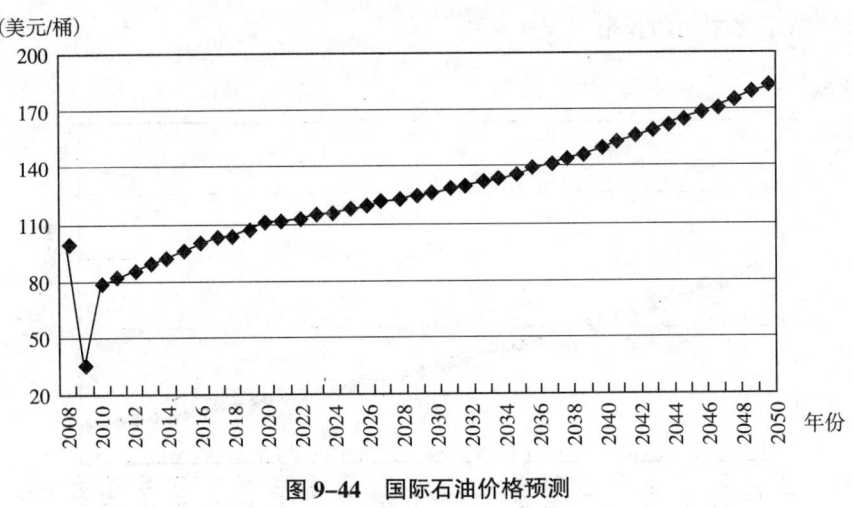

图 9-44 国际石油价格预测

(六) 情景假定与政策分析工具

与其他预测模型不同，CEMS 采用了不同的能源技术进步速度（具体地说，就是能耗降低率）作为情景假定的变量。其他模型系统都是采用不同的经济增长率或者不同的国际石油价格作为分析的情景假定。这样做的最大好处是，可以为政策制定部门提供良好的分析工具，来决策如何制定相关政策以实现节约能源和减少温室气体排放的目标，以及这些政策对系统其他变量的影响，如经济增长率等。而如果以经济增长率或者石油价格来作为情景工具，则没有这种效果——政府不知道如何来实现预定的经济增长率或者石油价格。

CEMS 目前版本采用基准情景是年均能耗降低率为 0.037，这是最近 20 年来中国经济宏观上的能源效率技术进步的平均值。高节能情景的能耗降低率为 0.041（提高 10%），低节能情景的能耗降低率为 0.033（降低 10%）。但是，根据行业特点对石油加工、炼焦和核燃料加工业以及电力热力加工业有所不同。

(七) 经济增长前景预测

CEMS 综合考虑各种预测，给出了对中国经济增长前景的预测（图 9-45）。从图 9-45 可以看出，中国经济在未来 40 年左右的时间内，尽管经济增长率有所下降，但是仍然保持着较快的增长。需要指出的是，CEMS 目前设计的宏观经济模块，相对比较简单。未来 CEMS 将会和数量经济与技术经济研究所的宏观经济形势分析预测模型实现联接，把经济增长预测的任务交给宏观经济形势分析预测模型。

二、能源需求

受快速的工业化和城市化进程的驱动，中国成为世界上能源需求增长最快的国家。

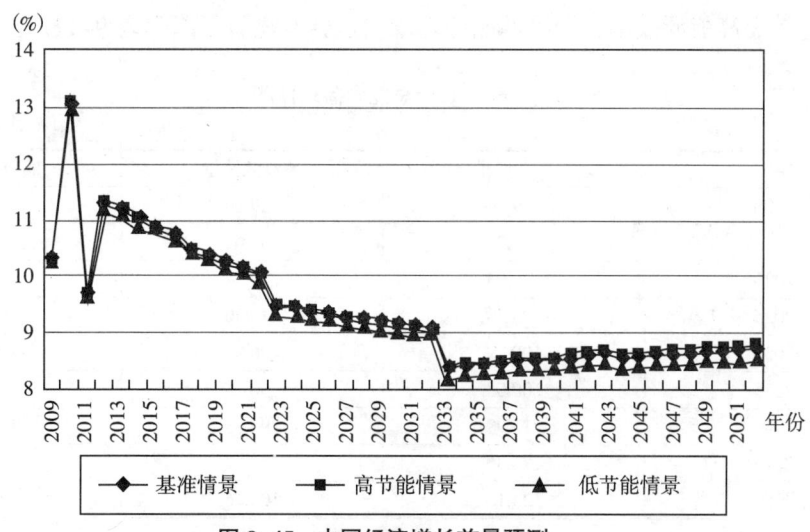

图 9-45　中国经济增长前景预测

对中国这种快速的能源需求增长,曾经有过多种批评意见,比如中国拉高了世界石油价格,中国是最大的温室气体排放国,等等。那么,未来中国的能源需求走势如何,就成为一个全球关注的问题。同时,这也是中国必须考虑的一个重要问题,因为它涉及能源安全和国际收支的平衡。

(一) 能源总量

从我们的预测结果看,中国总能源需求还将快速增长,到 2020 年,基准情景下的总能源需求将达到 70.03 亿吨,为 2008 年的 2.4 倍;2030 年将达到 100.29 亿吨,为 2008 年的 3.44 倍;到 2050 年将达到 124.16 亿吨,为 2008 年的 4.26 倍(图 9-46)。如

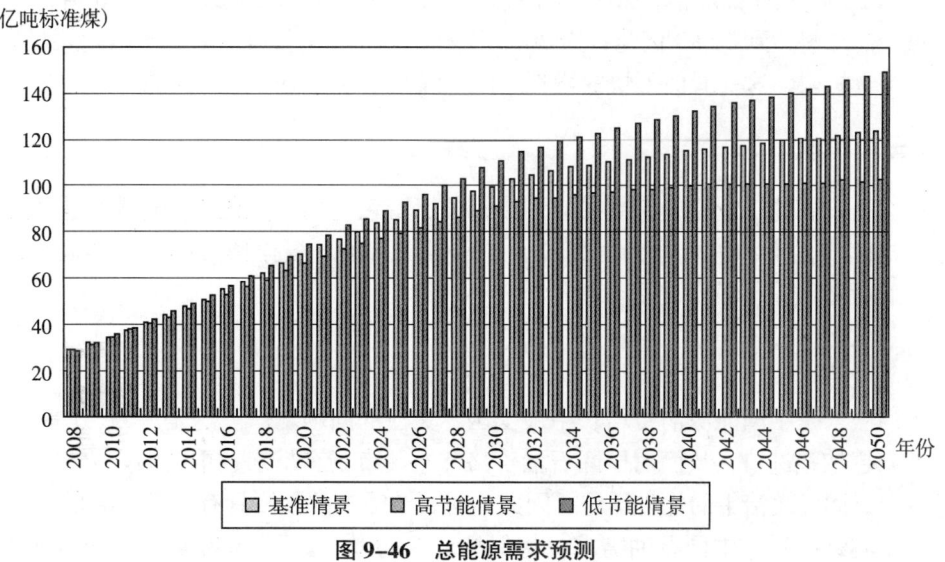

图 9-46　总能源需求预测

果能够有效提高能源效率,中国的能源需求增速会有显著下降(表9-11)。

表 9-11　总能源需求预测

单位:亿吨标准煤

年份	基准情景	高节能情景	低节能情景
2008	29.14	29.14	29.14
2015	51.24	49.63	53.03
2020	70.03	66.34	74.06
2025	85.79	79.50	92.70
2030	100.29	90.92	110.75
2035	109.03	96.70	123.05
2040	114.99	99.78	132.65
2045	118.86	100.92	140.14
2050	124.16	103.16	149.59

(二) 煤炭

煤炭一直是中国能源消费与生产的主要形式。长期以来,煤炭都占到能源消费总量的70%左右(2009年为70.4%)。这种能源结构,一方面使得中国可以比较容易地控制国内能源市场,免遭国际油价大幅波动的困扰;另一方面,也给中国带来了严重的生态和环境保护压力。近年来,国内煤炭生产潜力已经差不多走到了尽头,安全生产形势严峻。因此,煤炭需求的未来走势对于中国经济前景有重要影响。

从预测结果看,煤炭需求的增长速度慢于总能源需求的增速。这是因为,当中国工业化过程基本完成之后,对钢铁、有色金属、水泥等高耗能产品的需求会趋于减少,从而对煤炭的需求增长也会趋于减缓。按照基准情景的预测,2020年,煤炭需求达到57亿吨,为2008年的2.03倍;2030年将达到71.90亿吨,为2008年的2.56倍;到2050年,煤炭需求将达到72.88亿吨,为2008年的2.59倍(表9-12)。鉴于国内煤炭生产能力已经接近极限,这一看似不快的增长速度对煤炭供给也将带来很大的压力。

(三) 焦炭

焦炭是重要的工业原料,主要应用于钢铁、有色金属、煤化工等行业。中国是世界上最大的焦炭生产和消费国,也是最大的焦炭出口国。根据预测结果,焦炭需求将在2030年前后达到高峰值,之后会逐年下降。

(四) 石油

石油需求是中国能源消费增长中最受国际关注的问题之一。这是因为,中国的石油需求越来越依赖进口,从而对国际石油价格和石油市场有越来越重要的影响力,而石油问题一向是国际政治中的优先话题,因此,对石油需求的预测具有不言而喻的意义。

从预测结果看,中国石油需求仍将保持较快的增长。到2020年,中国石油需求将

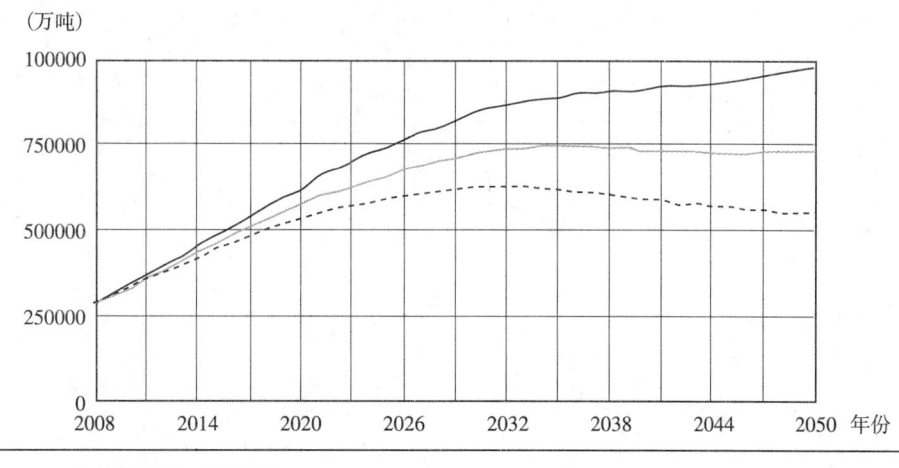

图 9-47　总煤炭需求预测

表 9-12　总煤炭需求预测

单位：亿吨

年份	基准情景	高节能率情景	低节能率情景
2008	28.11	28.11	28.11
2015	45.38	43.34	47.76
2020	57.00	52.64	61.97
2025	65.54	58.55	73.61
2030	71.90	62.08	83.54
2035	73.79	61.55	88.77
2040	73.00	58.71	91.13
2045	72.26	56.11	93.49
2050	72.88	54.74	97.61

达到 8.03 亿吨，为 2008 年的 2.25 倍；到 2030 年，将达到 12 亿吨；到 2040 年，将达到 15.48 亿吨；而到 2050 年，将超过 18 亿吨。以中国巨大的人口总量，这一需求应该不算很多（目前美国 3 亿人口年需求约为 9 亿吨）。但是，这势必引起中国对国际原油市场依赖程度的进一步加深。

在石油消费中，与交通运输有关的汽油、柴油、煤油都表现出了较快的增长趋势。基准情景的成品油预测结果见表 9-15。

（五）天然气

天然气是中国近年来需求增长最快的能源产品，2010 年天然气表观消费量比上年增长 18.2%。这与中国快速的城市化进程和为实现节能减排目标而采用清洁能源的努力有关。预计未来 20 年，中国对天然气的需求仍将快速增长，这种增长既包括生活能源消费的需求，也包括了工业和第三产业需求的快速增长。

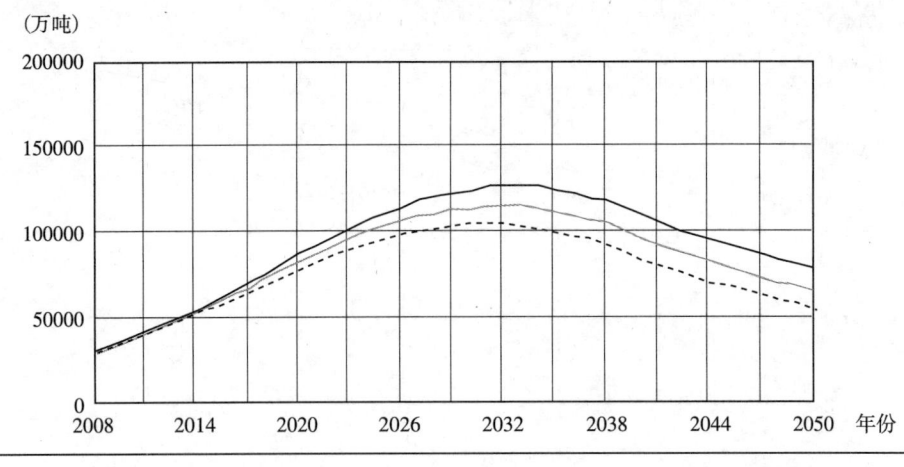

图 9-48 总焦炭需求预测

表 9-13 焦炭消费需求预测

单位：万吨

年份	基准情景	高节能率情景	低节能率情景
2008	29900.3	29900.3	29900.3
2015	47243.5	45886.5	48634.8
2020	62524.5	59477.5	65714
2025	74501.8	69411.1	79942.4
2030	79911.5	72917.3	87543.4
2035	76677.1	68524.4	85760
2040	66387.4	58106	75807.6
2045	55579.2	47643.3	64796.2
2050	47401.1	39795.1	56420.7

根据基准情景的预测结果，到 2015 年，天然气需求将达到 1376.45 亿立方米，为 2008 年的 1.69 倍；到 2020 年，将达到 1901.77 亿立方米，为 2008 年的 2.34 倍。

（六）电力

目前电力需求主要来自工业（2009 年占到 73.5%），而生活消费所占的比例很低（2009 年为 12.7%）。这显示出中国快速的工业化进程。未来伴随着工业化进程的基本完成和城市化水平的提高。这一电力需求结构将会发生改变，生活消费需求将会有较快的增长，总电力需求也仍将保持较快的增长速度。

根据预测结果，到 2015 年，电力总需求将达到 58365.6 亿千瓦小时，约为 2008 年的 1.69 倍；到 2020 年将达到 78244.9 亿千瓦小时，为 2008 年的 2.27 倍。

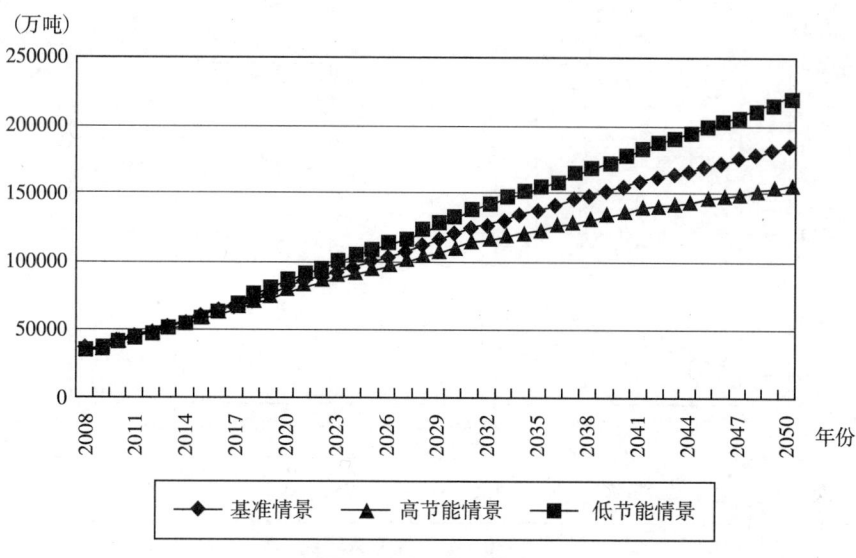

图 9-49 总原油需求

表 9-14 原油总需求预测

单位：万吨

年份	基准情景	高节能率情景	低节能率情景
2008	35637.8	35637.8	35637.8
2015	59014.2	57334.1	61009.4
2020	80324.8	76445.4	84724.1
2025	99053.1	92343.4	106599
2030	120000	109583	131767
2035	137126	122659	153642
2040	154809	135639	176993
2045	169303	145297	197535
2050	184628	155198	219845

表 9-15 成品油需求预测

单位：万吨

年份	汽油	柴油	煤油	燃料油
2008	6145.52	13532.6	1294.01	3140.92
2015	11428	21251	2595.35	5098.45
2020	17882.4	27038.5	4266.09	6314.44
2025	24521.9	31596.4	5923.46	7023.95
2030	32525.1	36261.5	7882.25	7599.47
2035	40030.9	39137.1	9743.91	7753.7
2040	48382.3	41508.7	11828.4	7702.53
2045	55170.6	43687.6	13361.2	7599.16
2050	62090.1	46358.1	14827.3	7538.62

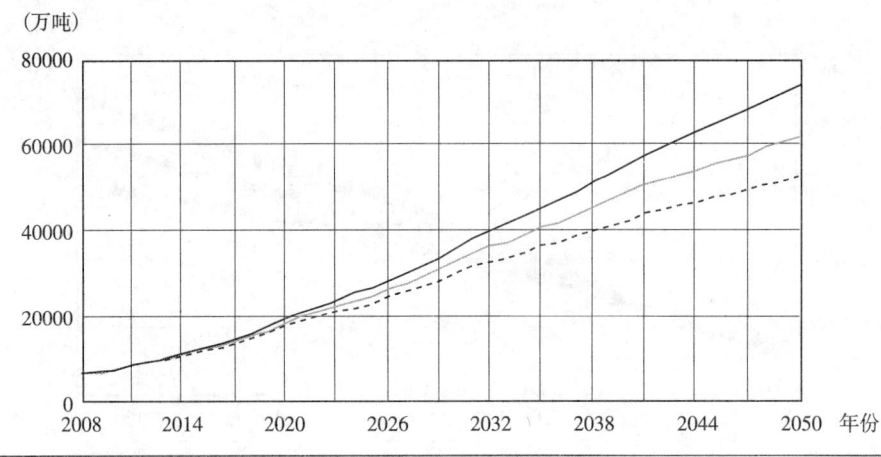

图 9-50　总汽油需求预测

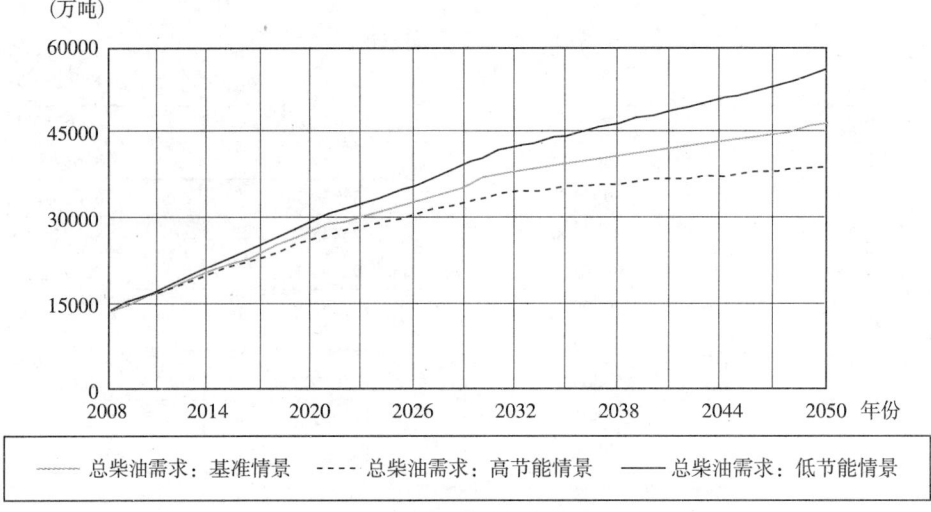

图 9-51　总柴油需求预测

（七）能源消费结构

在未来 40 年，中国能源消费仍将保持较快的增长速度。同时，能源消费结构也将出现较大变化。从预测结果看，有两个重大变化：一是煤炭在能源消费中的比重趋于下降，从 2008 年的约 70% 下降到 2020 年的 54.57%，到 2050 年，将下降到 43.42%；二是其他能源（主要是核电、水电、其他可再生能源）的比例上升，从 2008 年的 10% 左右上升到 2020 年的 22.18%，2050 年上升到总量的 32.04%。石油和天然气的需求也都略有上升（表 9-18）。

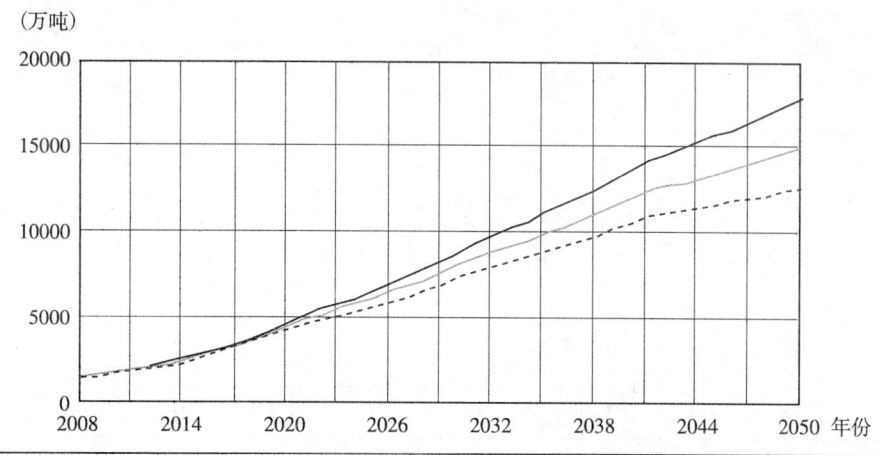

图 9-52　总煤油需求预测

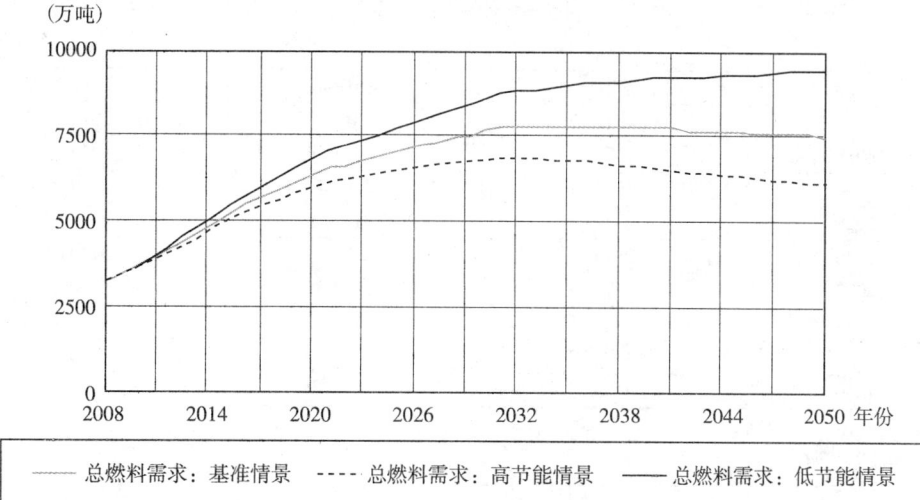

图 9-53　总燃料油需求预测

（八）能源消费的产业结构

从能源消费的部门结构看，工业部门仍然是最大的消费者。但是，伴随着中国工业化进程的逐渐完成，工业部门（包括制造业和采矿业）的份额逐渐下降，制造业所占份额从 2008 年的 59% 下降到 2020 年的 55%，到 2030 年下降到 48%，到 2050 年将下降到约 31%；采矿业会从 2008 年的 5.85% 下降到 2020 年的 2.59%，到 2030 年下降到 1.29%。

与此同时，生活消费的能源需求增长非常迅速。这是因为，尽管中国的城市化率已经很高，但是城市居民生活质量还有很多可以改善之处，大量进城的农民家庭也会逐渐融入城市生活，享受现代工业文明的成果，此外，还有大量的农村人口等待进入城市。

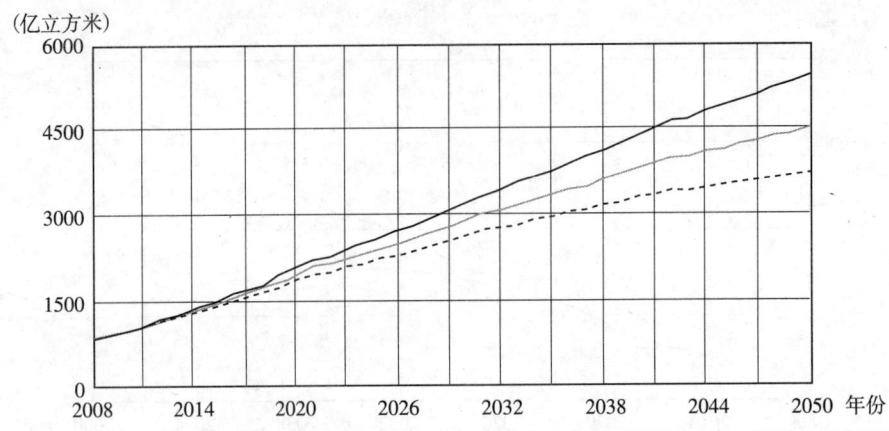

图 9-54　总天然气需求预测

表 9-16　总天然气需求

单位：亿立方米

年份	基准情景	高节能情景	低节能情景
2008	812.938	812.938	812.938
2015	1376.45	1331.89	1423.4
2020	1901.77	1798.46	2012.03
2025	2349.01	2171.75	2541.99
2030	2846.47	2573.94	3149.64
2035	3278.92	2901.25	3708.32
2040	3743.57	3242.39	4325.83
2045	4099.72	3476.1	4840.13
2050	4455.39	3698.42	5373.85

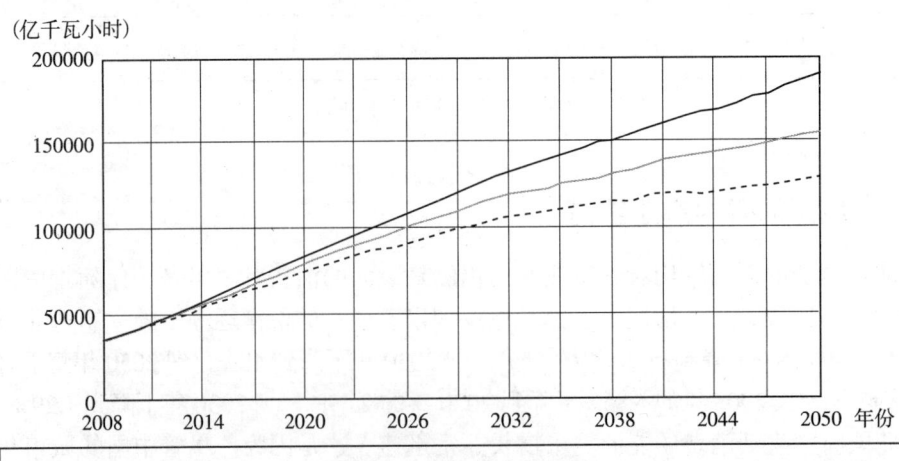

图 9-55　总电力需求预测

第九章 能源经济系统动力学模型研究

表 9-17 总电力需求预测

年份	基准情景	高节能情景	低节能情景
2008	34541.4	34541.4	34541.4
2015	58365.6	56411.4	60470.2
2020	78244.9	73841.2	83002.2
2025	95141.2	87705.9	103310
2030	112178	101051	124662
2035	124171	109341	141192
2040	135097	116324	157146
2045	144073	121347	171385
2050	154409	127253	187796

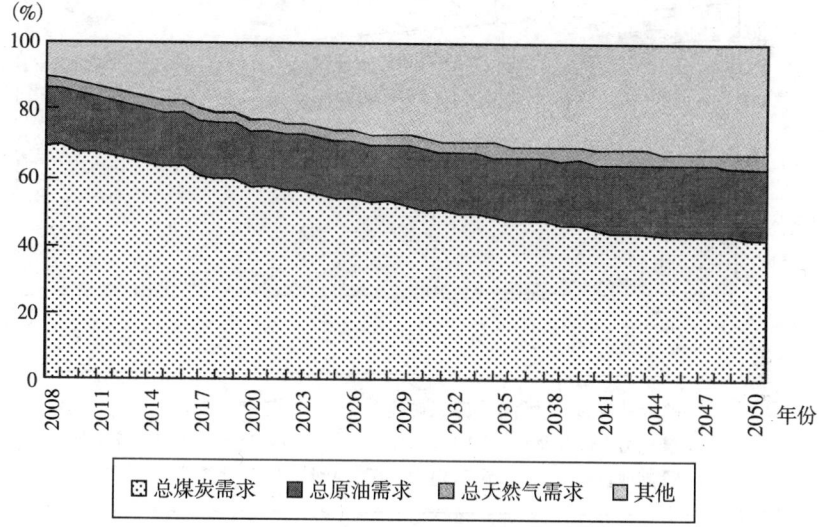

图 9-56 能源需求结构的变化

表 9-18 能源需求结构预测

单位：%

年份	总煤炭需求	总原油需求	总天然气需求	其他
2008	68.89	17.47	3.39	10.25
2015	63.27	16.45	3.26	17.02
2020	58.14	16.39	3.30	22.18
2025	54.57	16.49	3.32	25.61
2030	51.21	17.09	3.45	28.25
2035	48.34	17.97	3.65	30.04
2040	45.35	19.23	3.95	31.47
2050	43.42	20.35	4.19	32.04

注：其他能源包括核电、水电以及其他非化石能源。

而农村居民在生活条件改善之后，也将大幅度提高自身的物质享受水平和能源需求，比如家用电器、温度调节、洗浴等。因此，未来的生活消费能源需求就成为增长最快的部门。与此相对应，建筑业的能源需求比例也将上升，包括城市新住宅的建设、农村住宅建设和翻新等活动。

运输能源需求所占比例也将有所上升，但是上升速度并不快。这是因为，尽管伴随着中国汽车社会的来临，家用轿车能源需求上升很快，但是由于中国工业化进程的基本完成和国内矿物资源的耗竭，大宗货物如煤炭、矿石、水泥、钢材等运输的能源需求增长会慢于家庭轿车能源消费的增速。尽管如此，从总量上看，运输能源需求仍然是重要的能源消费者。

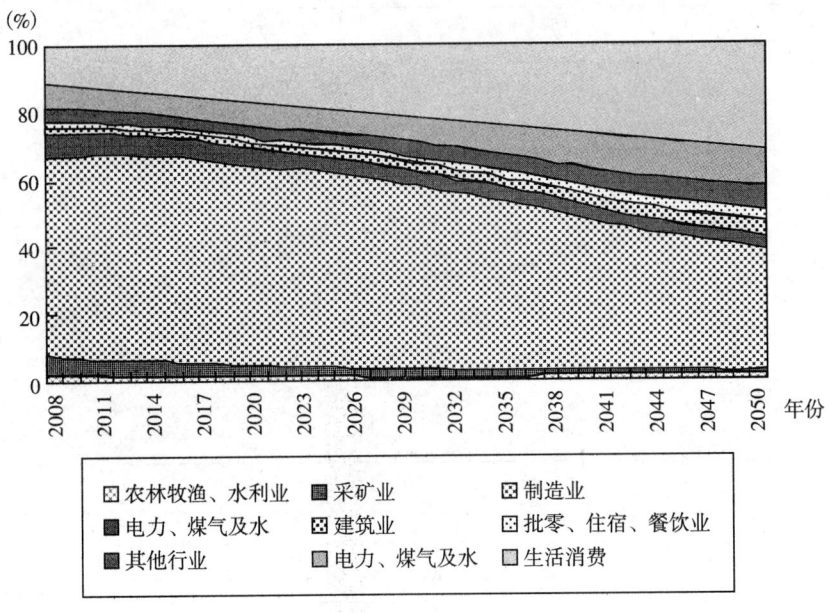

图 9-57　能源需求的产业部门结构

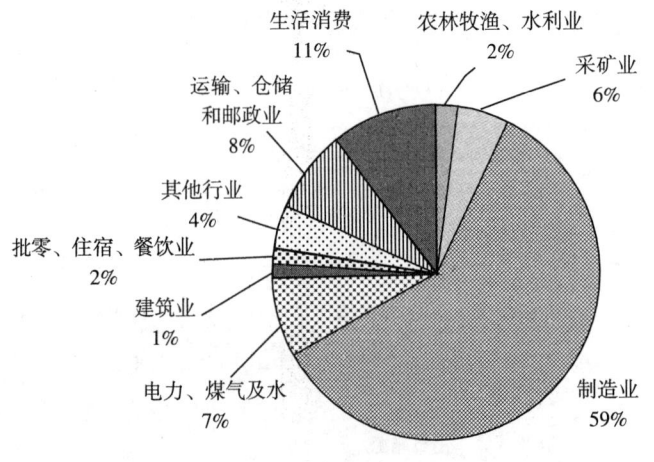

图 9-58　2008 年的能源消费结构

第九章 能源经济系统动力学模型研究

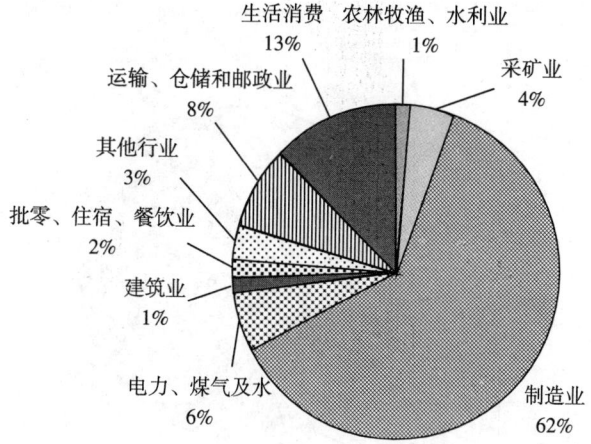

图 9-59　2015 年的能源消费结构

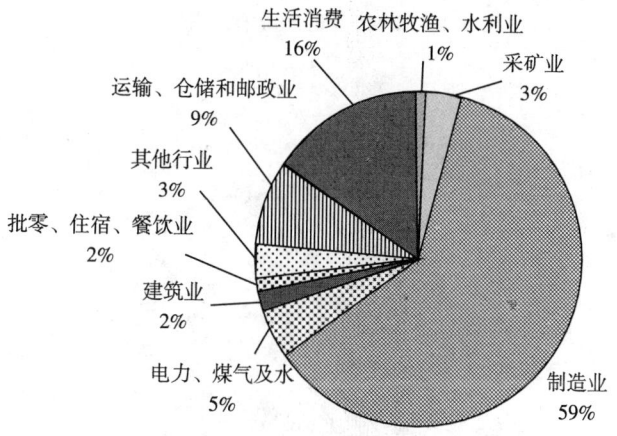

图 9-60　2020 年的能源消费结构

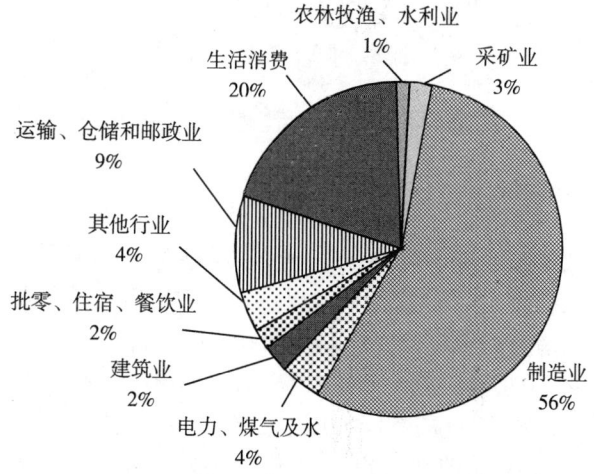

图 9-61　2030 年的能源消费结构

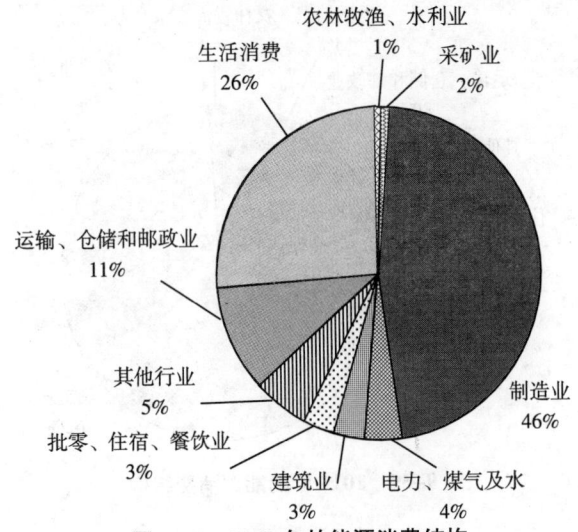

图 9-62 2040 年的能源消费结构

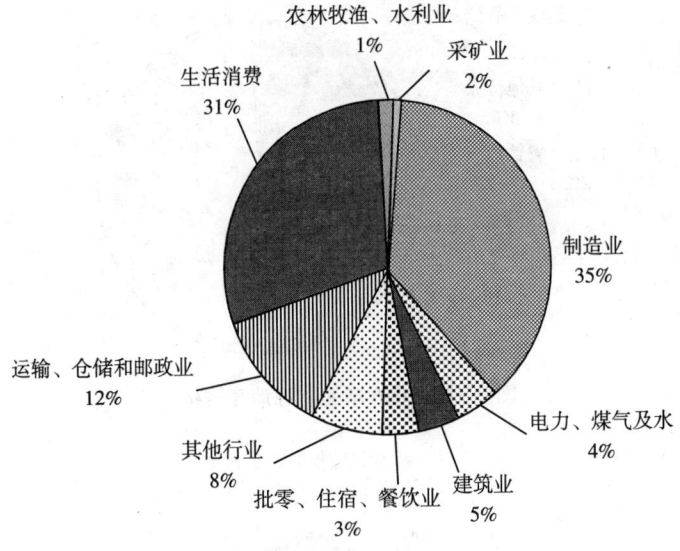

图 9-63 2050 年的能源消费结构

（九）重点行业和领域的能源消费

工业领域仍然是最大的能源消费者。"十一五"期间，为实现节能减排目标，国务院曾经确定七大重点领域：钢铁、有色金属、煤炭、电力、石化、化工、建材、纺织。我们对这七个行业的能源消费需求进行了预测（图9-64）。

从预测结果看，在2030年之前，钢铁、化工、建材三个行业是最大的能源消费部门，其次则是石油加工、炼焦及核燃料加工业。在2030年之后，钢铁部门的能源消耗会有所下降，但仍然是重要的消费大户。化工行业则会逐渐成为最大的能源消费部门（2040年之后）。因此，推动这七大重点部门尤其是钢铁、化工的能源技术进步，对于实

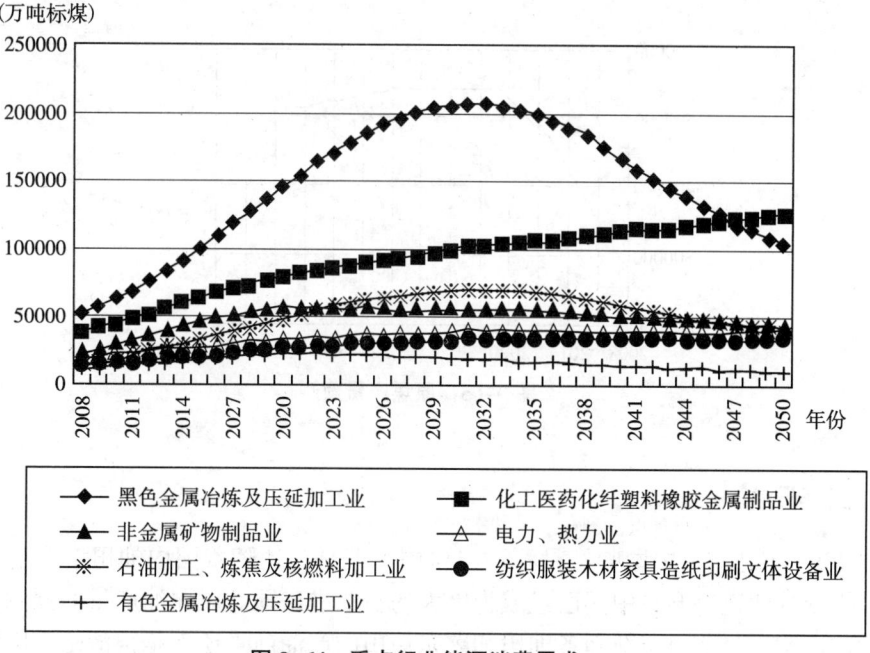

图 9-64 重点行业能源消费需求

注：煤炭（主要是炼焦过程）和石化包含在"石油加工、炼焦及核燃料加工业"中；建材主要包含在非金属矿物制品业中（如水泥、玻璃等）。

现节能减排目标是十分重要的。

三、能源供给

中国面临着严峻的能源供给形势。随着中国经济的快速发展和经济总量的扩大，国内能源资源已经无法满足快速增长的需求。在这种情况下，对国内能源供给的预测就变得相对简单了，只要根据国内资源禀赋和生产潜力进行供给的预测，而不必担心是否出现供大于求的局面。

（一）煤炭

煤炭一直是中国最主要的能源供给形式。2009年，煤炭占能源生产总量的77.3%[《中国统计年鉴》(2010)]，这是世界上最高的比例了。但是，煤炭作为能源的主要形式存在一系列的环境问题，其能源利用效率也不高。由煤炭燃烧引起的大面积酸雨已经成为中国重大的环境难题。近年来，随着煤炭开采深度的增加和成本的上升，煤炭生产也遇到了前所未有的问题，如资源耗竭和安全生产。

根据我们的预测，中国煤炭生产在2020年前后将达到高峰，此后煤炭产量将出现持续的下降。预计高峰产量为52亿吨。

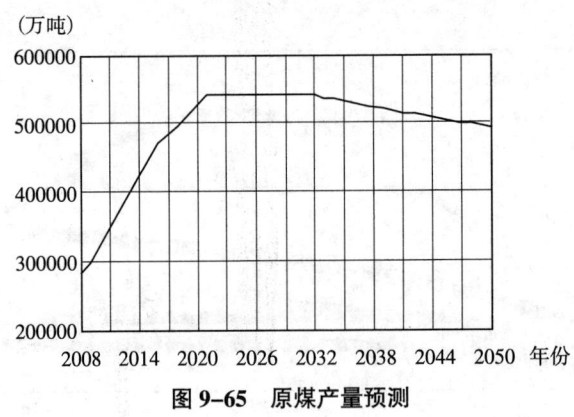

图 9-65 原煤产量预测

（二）石油

在 1993 年之前，中国曾经是石油出口国。但是，伴随着国内油田增产潜力的枯竭和石油需求的快速上升，中国已经成为巨大的石油进口国。对原油产量的预测需要考虑多方面的因素。目前对于新疆各油田和冀东油田的产油前景还不是很清楚，因此，对石油未来产出的预测可能会有比较大的偏差。笔者所做的预测考虑了这两处油田以及未来可能发现的其他油田带来的变化，同时也考虑了采油技术改进和非传统石油产量增长带来的产量增加，因此给出了较高的产量预测。根据基准情景的预测，中国的原油产量在 2021 年达到峰值（3.13 亿吨），之后会逐步趋于下降。到 2050 年，中国原油产量将保持在 2.77 亿吨左右的水平。

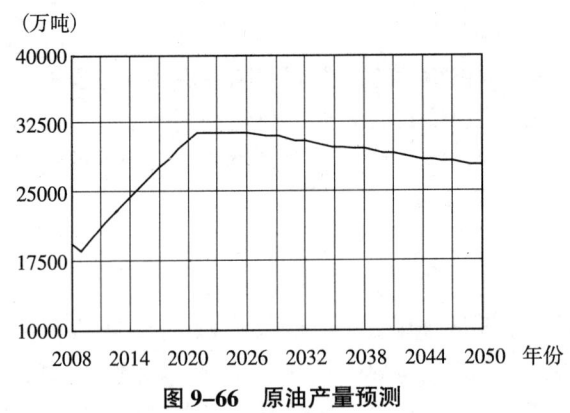

图 9-66 原油产量预测

受国内原油产量增长的限制，成品油的生产将越来越依赖进口原油。出于这一形势，未来国内的炼油厂可能会更多地建在沿海港口附近以及靠近中亚石油产地的新疆等地。

（三）天然气

天然气在中国能源生产中的份额一直不高。但是随着中国对天然气需求的快速增长，中国对天然气勘探开采以及非常规天然气如油田伴生气等的重视，未来天然气生产可能会有比较好的前景。但是由于国内资源禀赋的限制，天然气的生产未来仍然无法满足国内的需求，中国势必在煤炭和石油之外成为天然气的大宗进口国。

根据 CEMS 的预测，到 2020 年，国内天然气产量将达到 1765 亿立方米，约为 2008 年（803 亿立方米）的 2 倍；到 2030 年，产量将达到 2537 亿立方米，2040 年达到 3003 亿立方米，之后将稳定在这一水平上（图 9-67）。

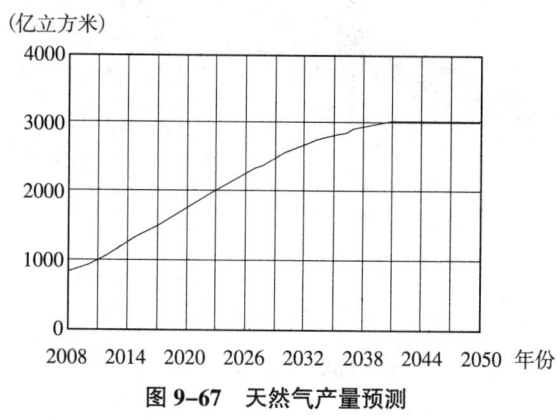

图 9-67 天然气产量预测

（四）电力

与总的能源结构相似，电力装机容量中，燃煤的火电容量占据主要份额，其次是水力发电，再次是核电、风电等。近年来，中国发电装机容量进一步增长，但电源结构有较大改善，水电装机增势明显，火电规模则进一步缩减。截至 2010 年底，中国发电装机容量达到 9.62 亿千瓦，同比增长 10.07%，增速与上年基本持平。其中，非化石能源发电装机比重上升至 26.53%。

中国电力企业联合会于 2011 年 1 月 17 日发布的《全国电力工业统计快报》显示，发电总装机中比重最大的火电装机容量达 7.0663 亿千瓦，占比为 73.45%，较 2009 年的 74.49% 有所下降；而水电开发步伐更是大幅加快，装机容量创 2.134 亿千瓦新高。

在电力行业 "十二五" 规划中，成本低、污染小的水电被提到了显要位置，"十二五" 期间将 "优先" 发展水电。预计到 2020 年，水力发电装机容量将达到 3.3 亿千瓦，全国水电开发程度为 82%，其中西部水电开发程度达到 67%。抽水蓄能电站 2015 年规划装机 4100 万千瓦左右，2020 年达到 6000 万千瓦左右。

与此同时，火力发电则继续向着大容量、高参数、环保型方向发展。据了解，年底全国在运百万千瓦超超临界火电机组达 33 台，还有 11 台在建。

另外，核电也被列入 "大力发展" 之列。2010 年底即已实现装机容量突破 1000 万千瓦，达 1082 万千瓦，在建规模达 26 台，合 2914 万千瓦。中电联在前不久发布的《电力工业 "十二五" 规划研究报告》中称，规划 2015 年中国核电装机 4294 万千瓦，主要布局在沿海地区，2011 年开工建设中国首个内陆核电，力争 2015 年投产首台机组；

2020 年达到 9000 万千瓦，力争达到 1 亿千瓦。①

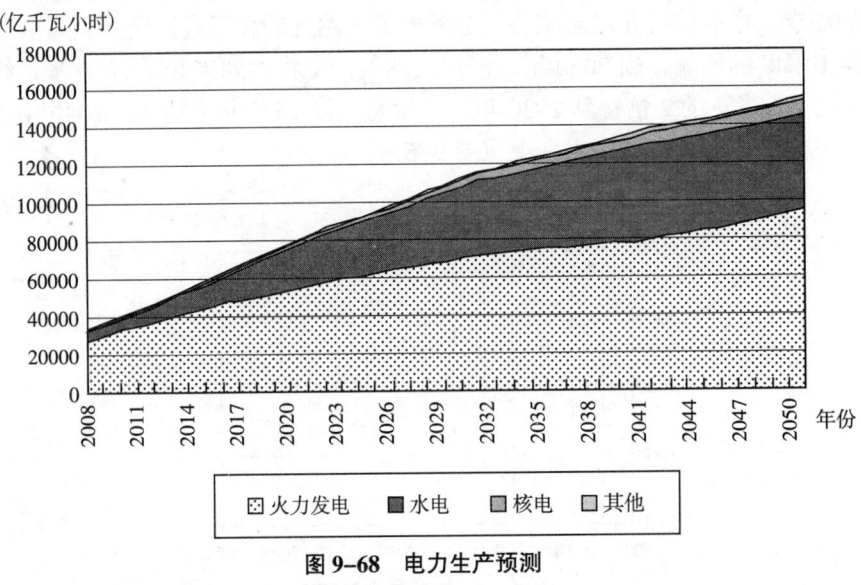

图 9-68 电力生产预测

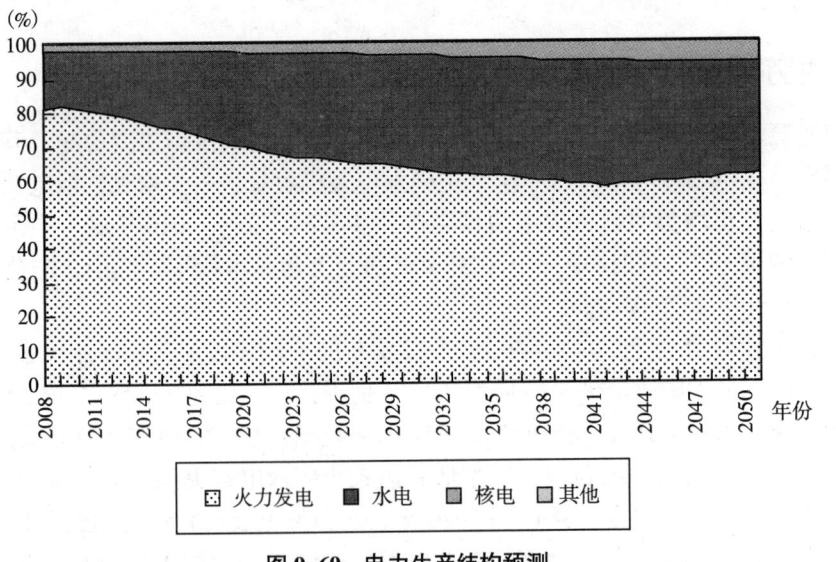

图 9-69 电力生产结构预测

CEMS 除了依据国家有关的电力发展规划之外，也充分考虑环境保护压力以及其他制约因素，对水电发展的预测与相关规划有所差异。根据我们的预测，2020 年，水电发电量将达到 21983.3 亿千瓦小时，为 2008 年（5851.9 亿千瓦小时）的 3.76 倍；到 2030

---

① 2010 年全国发电装机 9.62 亿千瓦 "水进火退" 形势明显. 第一财经日报，2011-1-18. http://stock.jrj.com.cn/2011/01/1802029009371.shtml

年将达到 37513.7 亿千瓦小时，为 2008 年的 6.41 倍；到 2040 年，将达到 49191.9 亿千瓦小时，为 2008 年的 8.41 倍。

核电是近年来中国电力生产另一个重点领域，按照相关规划，核电在未来 20 年将迎来快速的增长。

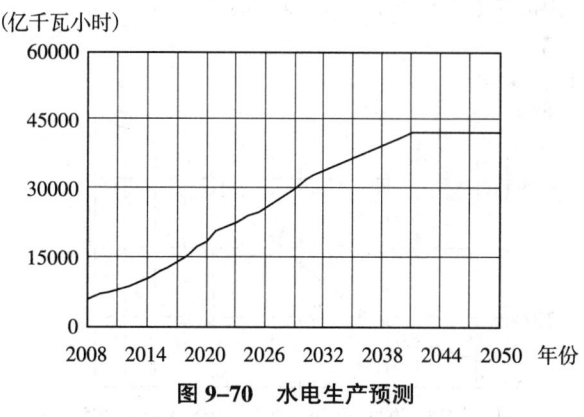

图 9-70 水电生产预测

表 9-19 1991~2020 年我国大水电基地开发规划

水电基地	可开发容量	1990年实际装机容量	1991~2000年新增装机容量	2001~2010年新增装机容量	2011~2020年新增装机容量	新增装机容量合计	累计装机容量	占可开发容量比重
总计	23852	928	1587	4562	4662	10811	11740	61.7
金沙江	5033	—	—	—	2100	2100	2100	41.7
雅砻江	1944	—	330	114	530	974	974	50.1
大渡河	1772	70	60	374	110	544	614	34.7
乌江	868	63	58	388	222	668	731	84.3
长江上游	2890	271	145	1980	—	2125	2396	85.9
南盘江红水河	1312	91	407	553	201	1161	1252	95.4
澜沧江	2225	—	170	535	700	1405	1405	63.1
黄河下游	1576	335	218	334	528	1080	1415	89.8
黄河中游	641	12	36	122	224	382	394	64.6
湘西	774	84	162	162	47	371	456	58.9
怒江	2132	—	—	—	—	—	—	0
东北	1198	—	—	—	—	—	512	42.8
闽浙赣	1487	—	—	—	—	—	698	47

资料来源：中国水利水电建设工程集团公司网站，http://www.sinohydro.com/664-1784-502634.aspx。

到 2010 年，中国有 11 个正在运行的核反应堆，另有 8 个核电厂在建，以及 8 个计划中的核电厂，其中最大的是位于山东海阳的 4.4GW 核电站，计划于 2014 年投入商业运行。

根据 CEMS 预测，2020 年核电发电量将达到 1714.15 亿千瓦小时，为 2008 年的 2.51 倍；到 2030 年，将达到 3769.26 亿千瓦小时，为 2008 年的 5.51 倍；2040 年将达到

6315.15亿千瓦小时;2050年将达到7924.55亿千瓦小时。

除了传统的火力发电、水电、核电之外,还有一些其他的发电形式,如风电、太阳能发电、生物质发电、地热发电等可再生的电力生产方式。为应对气候变化,中国政府也规划了大规模的可再生能源计划,包括风电、光伏发电等可再生电力。对传统火电、水电和核电之外的其他电力生产的预测见图9-72。

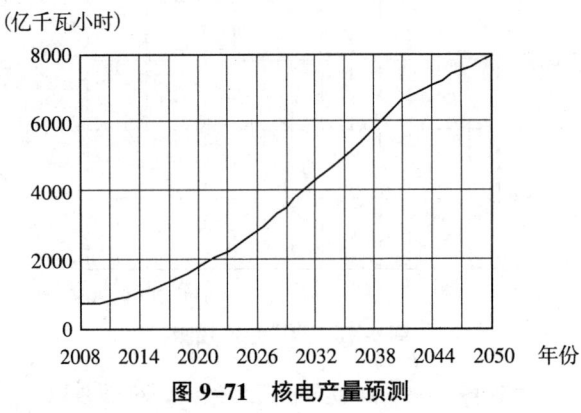

图9-71　核电产量预测

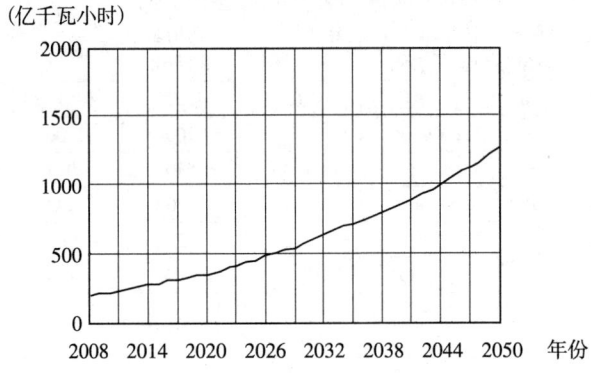

图9-72　其他一次能源电力生产预测

但是,刚刚发生的日本核电厂核泄漏事故是否会打击中国发展核电的信心,目前还是一个未知数。CEMS所作的预测,尚未考虑这一最新事件的影响。如果出现了规划上的最新调整,我们将在下一版本中进行修正。

火电仍将是中国电力生产的主流。在基准情景下,未来火电占总发电量的比例仍将保持在60%以上。对火电发展的预测见图9-73和表9-20。

(五) 生物能源

生物能源是可再生能源的另外一种重要形式。除了生物质发电之外,液态生物燃料还包括生物柴油、生物乙醇汽油和来自生物质发酵过程的沼气生产。受到粮食安全考虑的限制,中国目前对发展液态生物燃料比较谨慎,但是鼓励不与粮食争地的液态生物燃

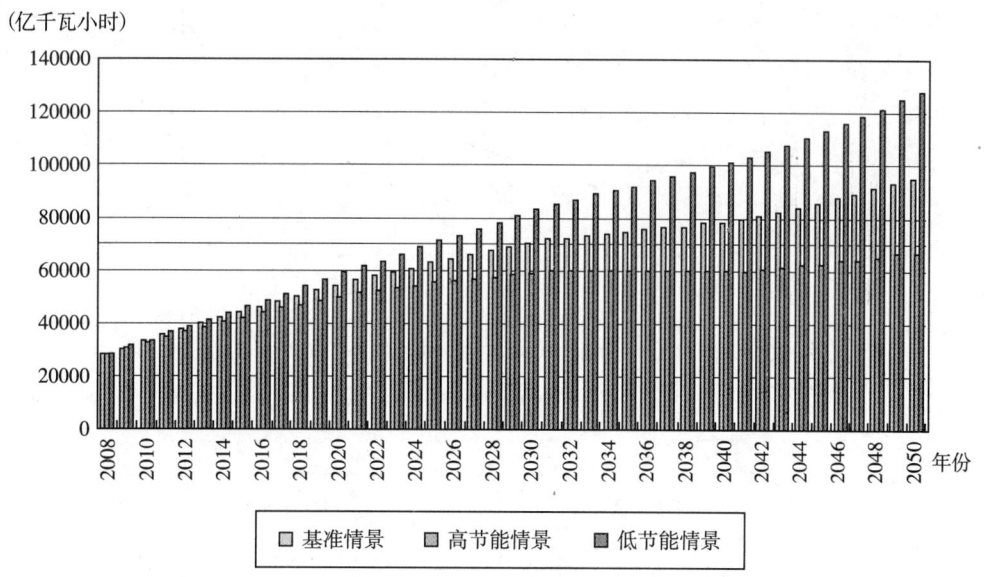

图 9-73 火力发电预测

表 9-20 火力发电趋势预测

年份	基准情景	高节能情景	低节能情景
2008	27811.7	27811.7	27811.7
2015	44271.2	42316.9	46375.7
2020	54199.4	49795.7	58956.7
2025	62738.8	55303.4	70907.3
2030	70327.8	59201	82812.4
2035	75047.9	60217.6	92069.2
2040	78742.5	59969.7	100792
2045	85442.9	62716.9	112755
2050	94808.5	67652.3	128195

料的生产，如甘蔗渣制酒精、纤维素乙醇等的发展。同时，中国在农村推广沼气作为厨房和取暖的燃料以及一些现代化养殖企业利用牲畜粪便生产沼气进行发电，也将大大促进生物能源的发展。

中国是农业大国，每年产生 7 亿吨左右的农作物秸秆，养殖业也提供了大量的沼气生产原料。这些都为发展生物能源提供了很大的空间。对液态生物燃料和沼气生产的预测见图 9-74 和图 9-75。

(六) 总能源供给与结构

综合各种一次能源生产预测的结果，可以得出一次能源生产总量的预测（图 9-76）。从图 9-76 可以看出，在 2020 年之前，能源生产仍然保持较快的增长速度，在 2021~2040 年，增长速度有所减缓，2040 年之后，能源生产基本保持平稳。这一过程也反映了中国未来的工业化与城市化进程的特点。

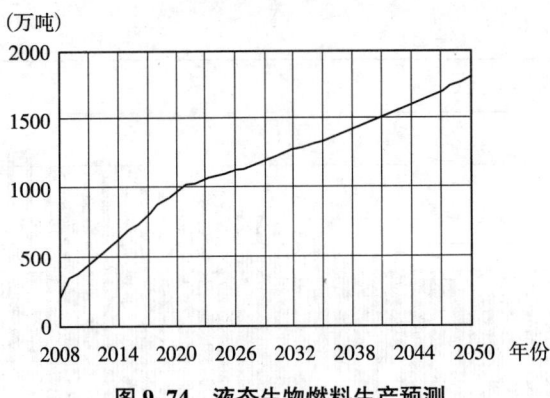

图 9-74 液态生物燃料生产预测

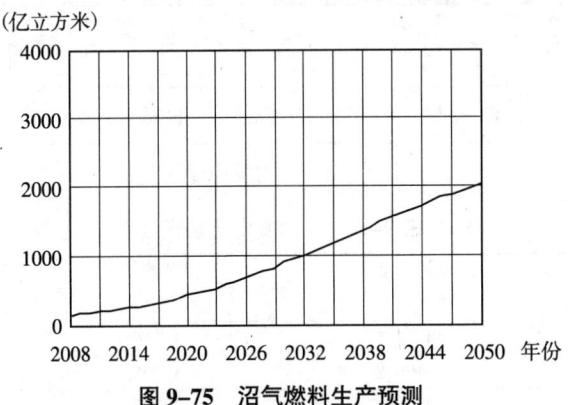

图 9-75 沼气燃料生产预测

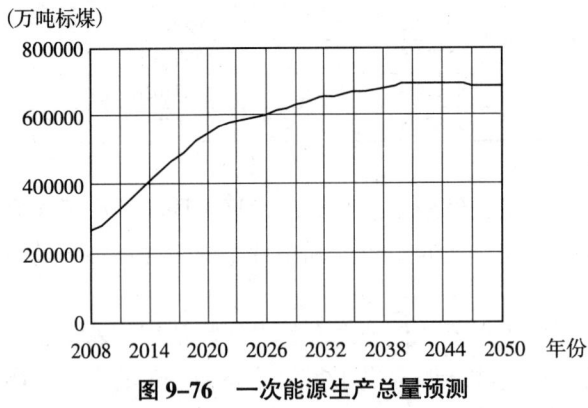

图 9-76 一次能源生产总量预测

从能源生产结构看,尽管存在下降趋势,煤炭所占比例仍然最大。到 2020 年,煤炭占能源生产的比例预计为 69.47%,到 2050 年,会下降到 51.61%。增长最快的将是水电的份额,将会从 2008 年的 8.91% 上升到 2020 年的 16.4%、2030 年的 23.77%、2050 年的 29.84%。原油所占的份额由于国内石油资源的限制,在能源生产中的份额将会下降,到 2050 年,会降至 5.81%。核电的比例将从 2008 年的 1.04% 上升到 2050 年的 4.69%。天然气的份额将从 2008 年的 3.68% 上升到 2050 年的 5.40%。

表 9-21 能源生产结构预测

单位：%

年份	煤炭生产	核电生产	其他一次能源电力生产	水电生产	天然气生产	液态生物燃料生产	原油生产	沼气燃料生产
2008	75.47	1.04	0.30	8.91	3.68	0.10	10.26	0.24
2015	74.07	1.00	0.26	11.99	3.74	0.20	8.44	0.30
2020	69.47	1.28	0.26	16.40	3.96	0.23	8.01	0.39
2025	65.23	1.74	0.30	19.99	4.43	0.24	7.53	0.54
2030	60.79	2.39	0.36	23.77	4.83	0.25	6.87	0.74
2035	57.28	3.01	0.42	26.49	5.15	0.26	6.45	0.93
2040	54.00	3.72	0.50	28.97	5.32	0.28	6.08	1.15
2045	52.58	4.22	0.61	29.65	5.36	0.31	5.92	1.35
2050	51.61	4.69	0.74	29.84	5.40	0.34	5.81	1.58

四、能源贸易与安全保障

能源资源禀赋与快速增长的巨大消费规模，决定了中国能源供给越来越依赖国际市场。1993 年，中国从石油净出口国转变为石油净进口国；2010 年，中国作为煤炭生产大国，也从传统的煤炭净出口国转变为净进口国。同时，中国的天然气也需要进口。有鉴于国际能源市场的不稳定性，中国的能源贸易和能源安全保障已经成为一个重要的问题。

从图 9-77 和图 9-78 可以看出，中国未来能源供给对国际市场的依存度仍将上升。到 2020 年，基准情景下能源供给总的对外依存度将达到 23%，而到 2050 年，这一数字将上升到 45%。

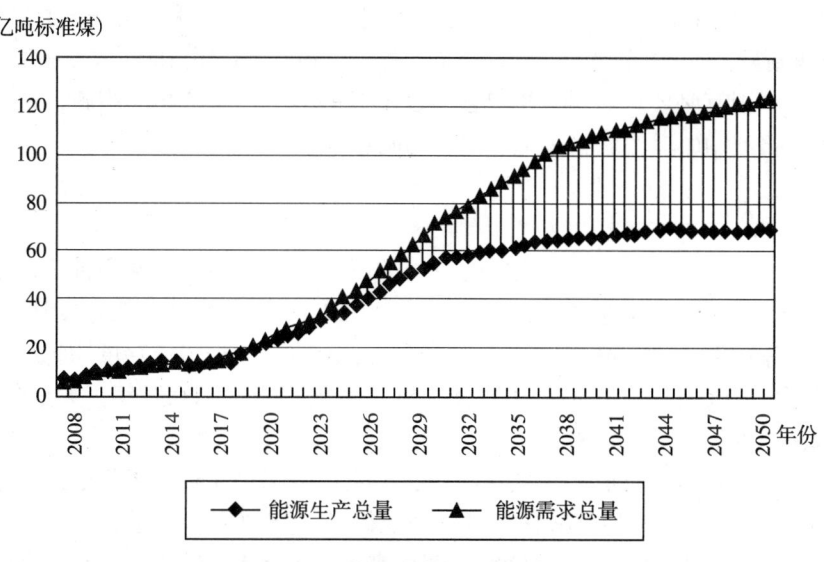

图 9-77 能源生产与需求形势

注：2010 年前为实际值，2011 年后为基准情景的预测值。

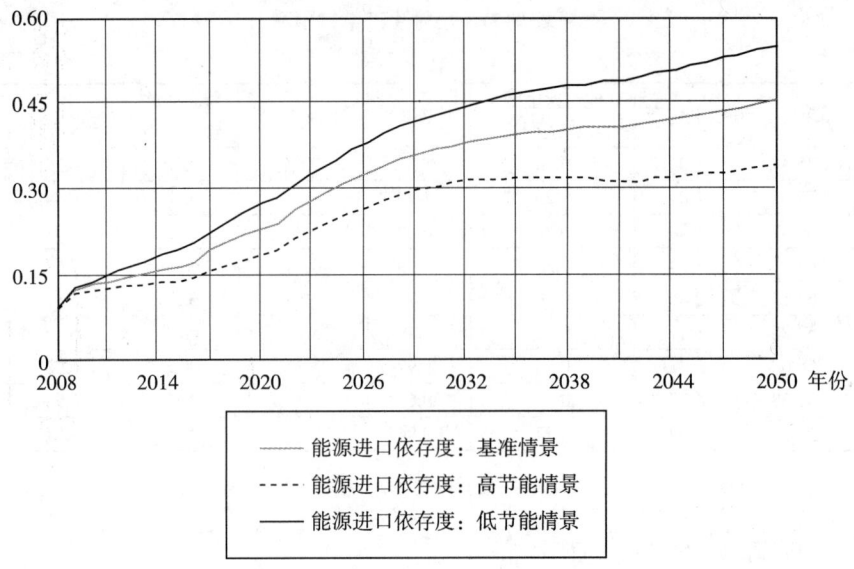

图 9-78 能源供给对外依存度预测

（一）煤炭

煤炭是中国最主要的能源资源。但是，随着中国能源需求的增长和国内煤炭资源的耗竭，国内生产也无法保障全部的煤炭需求。2010 年，中国进口了 1.46 亿吨煤炭，比上年增长 40.9%。根据模型结果，在基准情景下，2020 年煤炭进口依存度将达到 7.6%，到 2030 年将达到 24.5%，2050 年将达到 32.3%。

煤炭贸易形势的转变，是中国能源领域的重大变化。由于中国煤炭需求数量巨大，必然导致进口数量的快速增长，这将导致国际煤炭市场的复苏。澳大利亚、美国原来已经停用的煤矿可能重新投入使用并进入国际市场。同时煤炭贸易的增长还可能引起海运市场的紧张。

因此，中国有必要针对煤炭进口依存度上升的情况，采取相应措施，来应对可能出现的市场价格波动、运力紧张等可能出现的问题。

（二）石油

中国已经是国际能源市场上重要的石油进口国。2010 年，全年石油表观消费量 4.49 亿吨，增长 12.3%；原油进口 2.39 亿吨，增长 17.5%；石油进口依存度达到了 53.7%。未来伴随着中国对石油产品需求的快速增长，中国的石油进口依存度还将继续攀升。在基准情景下，2020 年，中国石油进口依存度将达到 62.2%，2050 年，甚至会达到 85%。因此，未来石油的供给保障将是一个十分重大的问题。

目前，为保障石油供应，降低供给中断风险，中国正在致力于石油进口来源的分散化。从图 9-81 看，中国的分散化策略已经取得了一定效果。但是，由于全球石油资源的相对集中，中国石油进口来源仍然大部分来自政治不稳定的中东和非洲地区。因此，中国还将受到国际石油市场波动的影响。

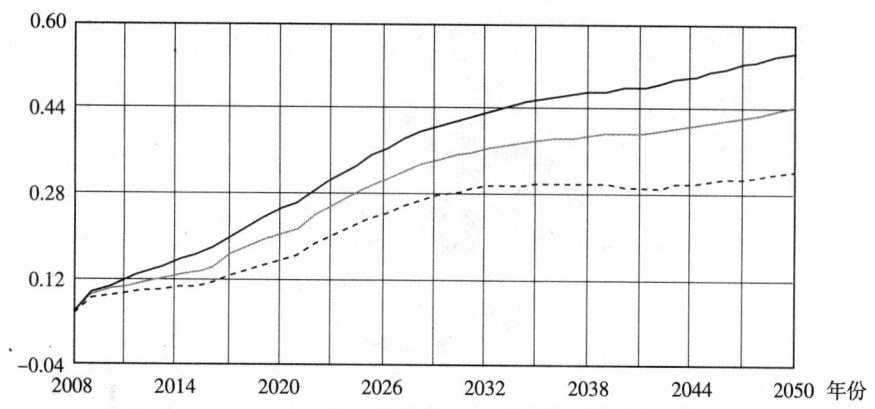

图 9-79 煤炭进口依存度预测

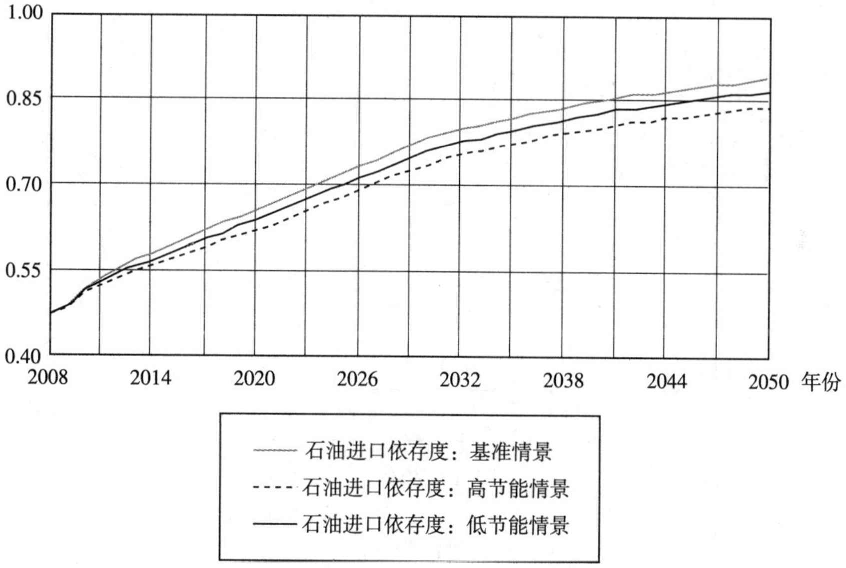

图 9-80 石油进口依存度预测

(三) 天然气

与石油和煤炭一样,未来中国的天然气也需要大量进口。尽管近年来中国石油气的勘探和开采进展很快,但是由城市化进程带来的对优质能源——天然气需求的增长更快。2010 年,中国进口液化天然气（LNG）934 万吨,增长 75%；首次进口管道气 44 亿立方米。

从图 9-82 可以看出,未来中国天然气进口也将快速增长。到 2020 年,天然气的进口依存度将达到 7.2%；到 2050 年,将达到 44% 的进口依存度。由于天然气进口严重依

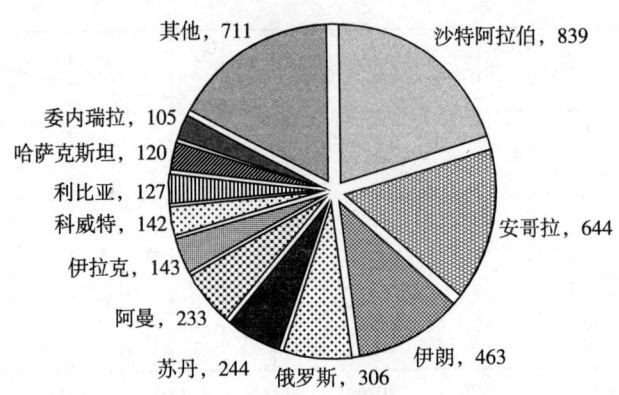

图 9-81 中国原油进口来源，2009（千桶/天）

Source: FACTS Global Energy.

赖管道运输或者液化设备，因此，建设陆上输气管道和港口接受设备将成为未来重要的能源投资领域。

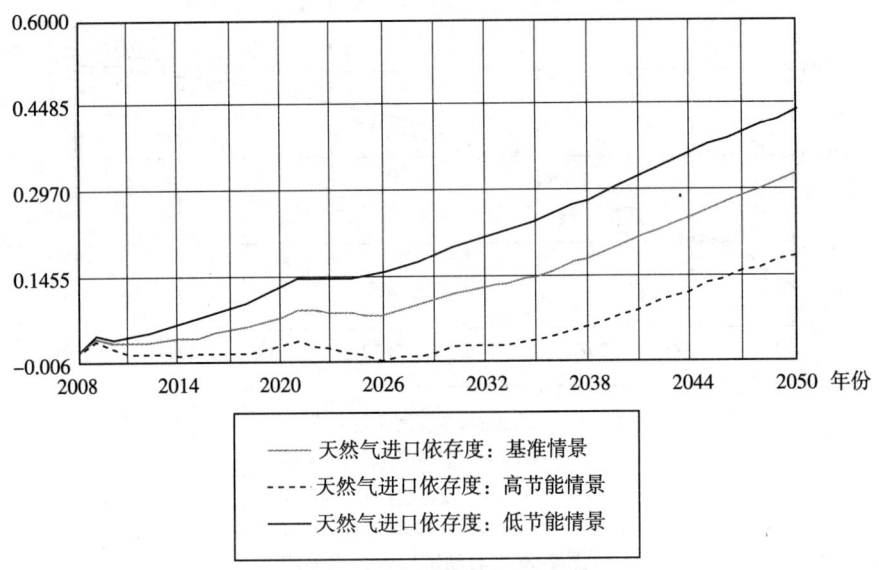

图 9-82 天然气进口依存度预测

五、节能目标与政策

可持续发展是未来中国经济增长的必经之路。为应对气候变化和建设资源节约型、环境友好型社会，中国已经承诺：到 2020 年实现单为 GDP 的温室气体排放比 2005 年下降 40%~45% 的政策目标。如何实现这一目标，是未来 10 年中国政府的重要课题。

但是，中国绝不能通过牺牲发展速度、降低居民生活标准来实现节能目标。只有通过提高发展质量，有效降低经济发展对能源投入的依赖，才是根本的解决途径。因此，加强科技研发投入,大幅度提高能源效率,是实现节能减排目标的关键。

根据 CEMS 的预测,如果中国保持年均 3.7%的能源效率提高率(能耗降低率),到 2020 年,与 2008 年相比能源强度能够降低 29.08%(图 9-83、表 9-22)。由于与 2005 年相比,2008 年的 GDP 平均能耗已经下降了 12.45%,所以到 2020 年,GDP 平均能耗将比 2005 年下降 37.9%,略低于国家温室气体减排的目标。

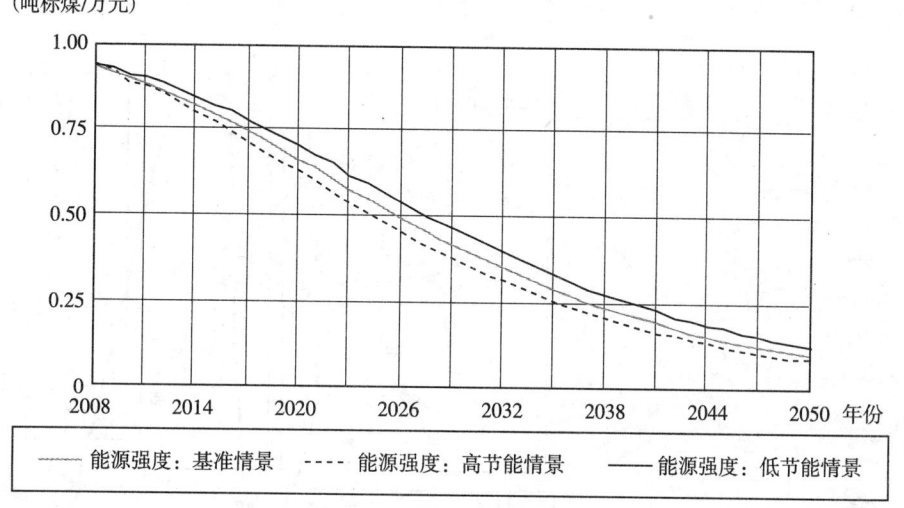

图 9-83　宏观能源强度预测

表 9-22　宏观经济能源强度预测

单位:吨标煤/万元 GDP

年份	基准情景		高节能情景		低节能情景	
	能源强度	比 2008 年下降 (%)	能源强度	比 2008 年下降 (%)	能源强度	比 2008 年下降 (%)
2008	0.9355	—	0.9355	—	0.9355	—
2015	0.7940	15.13	0.7678	17.93	0.8210	12.24
2020	0.6634	29.08	0.6265	33.03	0.7025	24.91
2025	0.5177	44.66	0.4772	48.99	0.5617	39.96
2030	0.3914	58.16	0.3519	62.39	0.4354	53.46
2035	0.2839	69.65	0.2487	73.42	0.3243	65.33
2040	0.2000	78.62	0.1704	81.78	0.2349	74.89
2045	0.1380	85.25	0.1143	87.78	0.1667	82.18
2050	0.0958	89.76	0.0771	91.75	0.1191	87.27

注:GDP 数据为 2008 年人民币,未考虑通货膨胀因素。

如果考虑中国还会推动清洁能源的替代过程,如以水电、天然气等代替温室气体排放较多的煤炭,中国将会减排更多的温室气体,为世界应对气候变化做出更大的贡献。

因此,从预测结果看,中国完全有可能实现 2020 年的温室气体减排目标,为世界应对气候变化的集体努力做出贡献。但是,这仍然需要中国进行艰苦的努力,包括加大科技研发投入及能源浪费行为的经济成本等。

附 录

附录 1

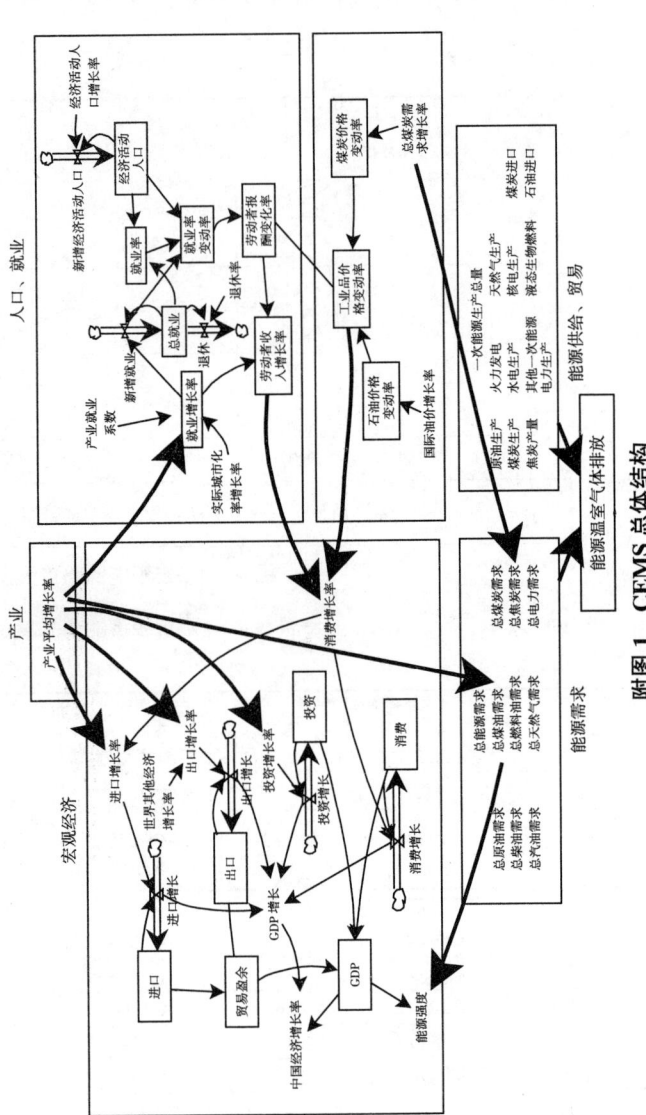

附图 1　CEMS 总体结构

附录2 人口与就业预测

(一) 人口预测

CEMS 人口数据来自《中国统计年鉴 2010》,对经济活动人口到 2050 年的预测根据国家老龄化工作委员会《中国老龄化问题》研究课题组的老龄化趋势(2010)进行。

附表1 经济活动人口增长率预测

年份	经济活动人口增长率	年份	经济活动人口增长率
2009	0.011	2030	−0.029
2010	0.0066	2031	−0.028
2011	0.0050	2032	−0.027
2012	0.0065	2033	−0.025
2013	0.0050	2034	−0.023
2014	0.0036	2035	−0.020
2015	0.0022	2036	−0.018
2016	0.00085	2037	−0.015
2017	−0.00028	2038	−0.013
2018	−0.0025	2039	−0.011
2019	−0.0049	2040	−0.0081
2020	−0.0072	2041	−0.0077
2021	−0.0096	2042	−0.0067
2022	−0.012	2043	−0.0049
2023	−0.015	2044	−0.0028
2024	−0.017	2045	0
2025	−0.020	2046	0
2026	−0.023	2047	0
2027	−0.025	2048	0
2028	−0.028	2049	0
2029	−0.029	2050	0

资料来源:课题预测。

(二) 城市化预测

改革开放之后,中国一直处于持续的城市化阶段。从统计数据上看,中国的城市化率提高很快。但是,中国的城市化统计数据存在两个方面的问题:一方面,城市区域的扩大把很多处于农村生活状态的城市远郊区居民划入城市人口,但是这些居民实际上的居住形态仍然是农民式的;另一方面,大量已经进城的农民包括农民工和在城市经营服务业、商业的农民家庭,在统计上仍然算作农村人口,尽管他们的生活形态已经接近于城市居民。

附表 2　实际城市化率增长率预测

单位：%

年份	实际城市化率增长率	年份	实际城市化率增长率
2009	0.0199	2030	0.0067
2010	0.0143	2031	0.0064
2011	0.0138	2032	0.0062
2012	0.01336	2033	0.0059
2013	0.0129	2034	0.0057
2014	0.0125	2035	0.0055
2015	0.012	2036	0.0052
2016	0.0116	2037	0.005
2017	0.0112	2038	0.0048
2018	0.0108	2039	0.0046
2019	0.0104	2040	0.0044
2020	0.01	2041	0.0042
2021	0.0096	2042	0.004
2022	0.0093	2043	0.0039
2023	0.0089	2044	0.0037
2024	0.0086	2045	0.0035
2025	0.0082	2046	0.0034
2026	0.0079	2047	0.0032
2027	0.0076	2048	0.0031
2028	0.0073	2049	0.003
2029	0.007	2050	0.0028

资料来源：课题预测。

有鉴于此，我们对中国的城市化率数据进行了重新预测，即城市化率增长率。这一数据含义是每年进入城市化生活状态的人口的变化率，与统计年鉴上的城市人口不是一个概念。

附录3 能源需求基础数据与参数

(一) 行业能源需求基础数据

附表3 行业能源消费需求基础数据

行业	能源消费总量(万吨标准煤)	煤炭消费量(万吨)	焦炭消费量(万吨)	原油消费量(万吨)	汽油消费量(万吨)	煤油消费量(万吨)	柴油消费量(万吨)	燃料油消费量(万吨)	天然气消费量(亿立方米)	电力消费量(亿千瓦小时)
农林牧渔、水利业	6013.13	1522.57	53.14	—	160.44	1.26	1098.87	1.50	—	887.05
煤炭开采和洗选业	9356.17	18317.30	55.80	—	22.36	2.87	93.48	6.44	5.14	639.93
石油和天然气开采业	4210.04	299.41	0.01	1294.56	27.84	0.13	272.77	41.43	104.41	318.43
黑色金属矿采选业	1408.03	182.05	102.92	—	5.96	1.03	54.66	0.65	0.04	320.08
IZ5	2076.20	702.30	23.14	0.00	9.57	1.35	105.00	0.61	0.09	422.83
IZ6	5670.45	3664.87	23.00	0.79	37.47	1.17	116.68	38.70	3.97	678.31
IZ7	13242.38	7235.36	23.67	1.50	77.40	4.35	212.40	84.77	3.93	2140.51
石油加工、炼焦及核燃料加工业	13747.01	26437.72	103.48	31204.73	20.05	2.08	59.26	320.27	26.03	423.80
IZ9	37982.20	17649.95	2366.57	2801.09	125.37	8.43	358.28	372.55	206.00	4643.99
非金属矿物制品业	25460.52	23049.05	305.49	17.78	38.03	2.32	329.57	515.13	43.75	1959.68
黑色金属冶炼及压延加工业	51862.92	24126.17	25477.78	0.15	24.72	2.25	124.97	98.40	17.06	3693.10
有色金属冶炼及压延加工业	11287.99	3301.39	498.07	0.38	7.00	2.18	75.37	98.41	6.08	2511.23
IZ13	10063.62	1867.18	597.69	1.21	115.91	11.58	289.53	61.80	19.48	2054.87
交通运输设备制造业	2732.58	835.57	139.70	0.14	46.46	9.05	118.85	14.23	11.62	471.93
废弃资源和废旧材料回收加工业	56.84	9.54	3.04	—	0.38	0.05	3.74	0.65	—	11.47
电力、热力的生产和供应业	18676.48	136725.09	7.13	9.93	21.99	0.23	284.23	382.83	73.92	4804.88
燃气生产和供应业	634.60	1136.08	29.15	0.31	2.10	0.01	14.55	2.05	9.99	55.08

续表

行业	能源消费总量（万吨标准煤）	煤炭消费量（万吨）	焦炭消费量（万吨）	原油消费量（万吨）	汽油消费量（万吨）	煤油消费量（万吨）	柴油消费量（万吨）	燃料油消费量（万吨）	天然气消费量（亿立方米）	电力消费量（亿千瓦小时）
水的生产和供应业	834.11	35.16	0.07	—	3.51	0.01	3.68	0.56	0.10	238.52
建筑业	3812.53	603.18	10.70	—	196.19	9.67	370.79	37.70	0.99	367.34
批发、零售业和住宿、餐饮业	5733.58	1791.39	7.54	—	135.28	20.82	152.72	6.25	17.75	1017.44
其他行业	11771.34	1791.56	6.93	—	1121.93	25.90	1151.80	9.46	20.92	1912.97
交通运输、仓储和邮政业	22917.25	665.41	0.29	165.66	3090.43	1174.59	7649.31	1142.77	71.55	571.82
生活消费	31898.32	9147.61	64.93		855.14	12.68	592.08	—	170.12	4396.10

注：行业能源需求基础数据均来自《中国统计年鉴2010》表7-9。

（二）能耗降低率

目前CEMS没有做分行业的能耗降低率预测，而是统一采用相同的能耗降低率。目前CEMS对能源需求预测使用了三种情景：基准情景，各行业能耗降低率为0.037；高节能情景，各行业能耗降低率为0.041；低节能情景，各行业能耗降低率为0.033。

附录4 各种能源折算系数

我国采用的能源标准是标准煤，以此作为各种能源换算成标准煤时的标准量。国家标准（GB2589-81）规定，每千克标准煤的热值为29271千焦（7000千卡）[特别说明：根据GB2589-1990标准规定，应用基低（位）发热量为29.3076MJ（兆焦）的燃料，称为1Kg（公斤）标准煤]。国家公布的参考标准如表附表4。

附表4 各种能源折标准煤参考系数表

能源名称	平均低位发热量	折标准煤系数
原煤	20908千焦（5000千卡）/千克	0.7143千克标准煤/千克
洗精煤	26344千焦（6300千卡）/千克	0.9000千克标准煤/千克
其他洗煤		
（1）洗中煤	8363千焦（2000千卡）/千克	0.2857千克标准煤/千克
（2）煤泥	8363~12545千焦（2000~3000千卡）/千克	0.2857~0.4286千克标准煤/千克
焦炭	28435千焦（6800千卡）/千克	0.9714千克标准煤/千克
原油	41816千焦（10000千卡）/千克	1.4286千克标准煤/千克
燃料油	41816千焦（10000千卡）/千克	1.4286千克标准煤/千克
汽油	43070千焦（10300千卡）/千克	1.4714千克标准煤/千克

续表

能源名称	平均低位发热量	折标准煤系数
煤油	43070 千焦（10300 千卡）/千克	1.4714 千克标准煤/千克
柴油	42652 千焦（10200 千卡）/千克	1.4571 千克标准煤/千克
液化石油气	50179 千焦（12000 千卡）/千克	1.7143 千克标准煤/千克
炼厂干气	45998 千焦（11000 千卡）/千克	1.5714 千克标准煤/千克
油田天然气	38931 千焦（9310 千卡）/m³	1.3300 千克标准煤/m³
气田天然气	35544 千焦（8500 千卡）/m³	1.2143 千克标准煤/m³
煤矿瓦斯气	14636~16726 千焦（3500~4000 千卡）/m³	0.5000~0.5714 千克标准煤/m³
焦炉煤气	16726~17981 千焦（4000~4300 千卡）/m³	0.5714~0.6143 千克标准煤/m³
其他煤气		
（1）发生炉煤气	5227 千焦（1250 千卡）/m³	0.1786 千克标准煤/m³
（2）重油催化裂解煤气	19235 千焦（4600 千卡）/m³	0.6571 千克标准煤/m³
（3）重油热裂解煤气	35544 千焦（8500 千卡）/m³	1.2143 千克标准煤/m³
（4）焦炭制气	16308 千焦（3900 千卡）/m³	0.5571 千克标准煤/m³
（5）压力气化煤气	15054 千焦（3600 千卡）/m³	0.5143 千克标准煤/m³
（6）水煤气	10454 千焦（2500 千卡）/m³	0.3571 千克标准煤/m³
煤焦油	33453 千焦（8000 千卡）/千克	1.1429 千克标准煤/千克
粗苯	41816 千焦（10000 千卡）/千克	1.4286 千克标准煤/千克
热力（当量）	0.03412 千克标准煤/10^6 焦	0.14286 千克标准煤/1000 千卡
电力（当量）	3596 千焦（860 千卡）/千瓦小时	0.1229 千克标准煤/千瓦小时
电力（等价）	11826 千焦（2828 千卡）/千瓦小时	0.4040 千克标准煤/千瓦小时

资料来源：标准煤的折算系数，http://www.syjn.gov.cn/html/jienenzhishi/nen。

附录 5 能源生产预测

附表 5　能源生产预测

年份	一次能源生产总量（万吨标准煤）	煤炭生产（万吨）	核电生产（亿千瓦小时）	其他一次能源电力生产（亿千瓦小时）	水电生产（亿千瓦小时）	天然气生产（亿立方米）	液态生物燃料生产（万吨）	原油生产（万吨）	沼气燃料生产（亿立方米）
2008	265192	280200	683.9	193.81	5851.9	802.99	200	19043.1	120
2009	278432	299814	700.997	203.501	5658.79	843.139	346	18452.8	132.6
2010	302693	323799	738.15	213.676	6626.44	927.453	390.98	19762.9	146.523
2011	326147	346465	782.439	224.359	7620.41	1001.65	441.807	21146.3	161.908
2012	350803	370718	835.645	235.577	8725.36	1078.78	495.708	22203.6	178.908
2013	377237	396668	899.154	247.356	9946.92	1158.61	552.219	23264.5	197.694
2014	402718	420468	974.683	259.724	11289.7	1240.87	610.754	24324.3	218.451

续表

年份	一次能源生产总量（万吨标准煤）	煤炭生产（万吨）	核电生产（亿千瓦小时）	其他一次能源电力生产（亿千瓦小时）	水电生产（亿千瓦小时）	天然气生产（亿立方米）	液态生物燃料生产（万吨）	原油生产（万吨）	沼气燃料生产（亿立方米）
2015	314	445696	1064.35	272.71	12757.4	1325.25	670.608	25378.3	241.389
2016	541	467981	1170.79	286.346	14352.1	1411.39	730.962	26421.7	266.735
2017	475685	482020	1287.87	300.663	16074.3	1498.89	790.901	27449.2	294.742
2018	496817	496481	1416.66	315.696	17922.9	1587.33	849.428	28455.7	325.69
2019	518792	511375	1558.32	331.481	19894.4	1676.22	905.49	29435.8	359.887
2020	541591	526717	1714.15	348.055	21983.3	1765.06	958.009	30384.3	397.675
2021	565181	542518	1885.57	365.458	24181.7	1853.31	1005.91	31295.8	439.431
2022	571864	542518	2036.41	383.731	25390.7	1927.44	1026.03	31295.8	474.586
2023	578894	542518	2199.33	402.917	26660.3	2004.54	1046.55	31295.8	512.553
2024	586292	542518	2375.27	423.063	27993.3	2084.72	1067.48	31295.8	553.557
2025	594077	542518	2565.29	444.216	29393	2168.11	1088.83	31295.8	597.841
2026	602271	542518	2770.52	466.427	30862.6	2254.84	1110.6	31295.8	645.669
2027	610398	542518	2992.16	489.748	32405.7	2322.48	1132.82	31139.3	697.322
2028	618961	542518	3231.53	514.236	34026	2392.16	1155.47	30983.6	753.108
2029	627985	542518	3490.06	539.947	35727.3	2463.92	1178.58	30828.7	813.357
2030	637495	542518	3769.26	566.945	37513.7	2537.84	1202.15	30674.6	878.425
2031	647518	542518	4070.8	595.292	39389.4	2613.97	1226.2	30521.2	948.699
2032	651180	539806	4274.34	619.104	40374.1	2666.25	1250.72	30368.6	996.134
2033	654987	537107	4488.06	643.868	41383.5	2716.61	1275.74	30216.5	1045.94
2034	658943	534421	4712.46	669.623	42418	2764.91	1301.25	30065.7	1098.24
2035	663051	531749	4948.08	696.407	43478.5	2810.99	1327.28	29915.3	1153.15
2036	667315	529090	5195.49	724.264	44565.5	2854.72	1353.82	29765.8	1210.81
2037	671740	526445	5455.26	753.234	45679.6	2895.95	1380.9	29616.9	1271.35
2038	676331	523812	5728.02	783.364	46821.6	2934.57	1408.52	29468.9	1334.91
2039	681092	521193	6014.43	814.698	47992.1	2970.43	1436.69	29321.5	1401.66
2040	686027	518587	6315.15	847.286	49191.9	3003.44	1465.42	29174.9	1471.74
2041	691144	515994	6630.9	881.178	50421.7	3033.47	1494.73	29029	1545.33
2042	690059	513414	6763.52	916.425	50421.7	3033.47	1524.62	28883.9	1591.69
2043	689009	510847	6898.79	953.082	50421.7	3033.47	1555.11	28739.5	1639.44
2044	687994	508293	7036.77	991.205	50421.7	3033.47	1586.22	28595.8	1688.62
2045	687016	505752	7177.5	1030.85	50421.7	3033.47	1617.94	28452.8	1739.28
2046	686074	503223	7321.06	1072.09	50421.7	3033.47	1650.3	28310.5	1791.46
2047	685170	500707	7467.48	1114.97	50421.7	3033.47	1683.31	28169	1845.21
2048	684303	498203	7616.83	1159.57	50421.7	3033.47	1716.97	28028.1	1900.56
2049	683476	495712	7769.16	1205.95	50421.7	3033.47	1751.31	27888	1957.58
2050	682689	493234	7924.55	1254.19	50421.7	3033.47	1786.34	27748.5	2016.31

附录6 能源需求预测（基准情景）

附表6 能源需求预测（基准情景）

年份	总能源需求（亿吨标准煤）	煤炭（万吨）	原油（万吨）	天然气（亿立方米）	电力（亿千瓦小时）
2008	29.14	281096	35637.8	812.938	34541.4
2009	31.68	306183	38094.6	871.648	37285.1
2010	34.65	330058	41277.8	950.424	40558
2011	37.73	354427	44487.3	1026.06	43910.1
2012	40.91	378814	47876.1	1106.89	47329.7
2013	44.26	404028	51447.4	1192.4	50911.5
2014	47.67	428688	55141.3	1282.05	54569.6
2015	51.24	453846	59014.2	1376.45	58365.6
2016	54.96	479185	63038	1475.64	62286.3
2017	58.58	502088	67047.6	1572.8	66073.1
2018	62.3	524925	71256	1675.84	69994.4
2019	66.12	547588	75676.1	1785.28	74050.5
2020	70.03	570006	80324.8	1901.77	78244.9
2021	74.02	592133	85222.2	2026.1	82584.6
2022	76.94	608491	88464.5	2101.15	85618.4
2023	79.88	624572	91845.8	2179.89	88725.7
2024	82.83	640247	95372.8	2262.46	91901.3
2025	85.79	655393	99053.1	2349.01	95141.2
2026	88.74	669901	102895	2439.7	98442.1
2027	91.67	683583	106899	2534.49	101795
2028	94.58	696363	111077	2633.72	105201
2029	97.45	708182	115440	2737.62	108661
2030	100.29	719001	120000	2846.47	112178
2031	103.1	728807	124770	2960.57	115757
2032	104.72	732711	127735	3036.39	117868
2033	106.25	735494	130779	3114.63	119970
2034	107.68	737203	133907	3195.42	122069
2035	109.03	737905	137126	3278.92	124171
2036	110.31	737688	140441	3365.32	126286
2037	111.53	736659	143860	3454.77	128423
2038	112.71	734945	147389	3547.5	130596
2039	113.85	732685	151036	3643.69	132816
2040	114.99	730028	154809	3743.57	135097
2041	116.25	728037	158740	3847.74	137516
2042	116.76	725750	161251	3908.14	139016

续表

年份	总能源需求（亿吨标准煤）	煤炭（万吨）	原油（万吨）	天然气（亿立方米）	电力（亿千瓦小时）
2043	117.37	724092	163847	3970.26	140608
2044	118.07	723045	166530	4034.1	142293
2045	118.86	722596	169303	4099.72	144073
2046	119.74	722728	172170	4167.13	145947
2047	120.71	723429	175132	4236.36	147917
2048	121.77	724688	178194	4307.46	149983
2049	122.92	726493	181358	4380.46	152147
2050	124.16	728837	184628	4455.39	154409

附录7 能源需求预测（高节能情景）

附表7 能源需求预测（高节能情景）

年份	总能源需求（亿吨标准煤）	煤炭（万吨）	原油（万吨）	天然气（亿立方米）	电力（亿千瓦小时）
2008	29.14	281096	35637.8	812.938	34541.4
2009	31.53	304167	37937.6	867.515	37102.3
2010	34.34	325727	40938.4	941.45	40162
2011	37.22	347478	43939.8	1011.58	43269.6
2012	40.16	368948	47092.2	1086.15	46413
2013	43.26	390924	50396.8	1164.59	49684
2014	46.38	412055	53792.8	1246.32	52997.1
2015	49.63	433365	57334.1	1331.89	56411.4
2016	53.00	454544	60991.4	1421.27	59912.4
2017	56.24	473109	64603.9	1507.88	63251.1
2018	59.55	491328	68376.4	1599.3	66685.9
2019	62.92	509103	72319	1695.98	70215.3
2020	66.34	526366	76445.4	1798.46	73841.2
2021	69.82	543078	80772.4	1907.4	77568.9
2022	72.24	554435	83500	1969.07	80041.3
2023	74.68	565361	86334.4	2033.63	82558.3
2024	77.10	575741	89280.3	2101.15	85114.7
2025	79.50	585470	92343.4	2171.75	87705.9
2026	81.88	594453	95529.6	2245.52	90328.4
2027	84.21	602530	98837.9	2322.4	92973.9
2028	86.50	609641	102277	2402.64	95641.8
2029	88.73	615745	105856	2486.42	98333.4
2030	90.92	620819	109583	2573.94	101051

续表

年份	总能源需求（亿吨标准煤）	煤炭（万吨）	原油（万吨）	天然气（亿立方米）	电力（亿千瓦小时）
2031	93.06	624860	113470	2665.41	103799
2032	94.11	623994	115686	2721.78	105211
2033	95.06	622114	117954	2779.8	106602
2034	95.93	619275	120277	2839.59	107976
2035	96.70	615545	122659	2901.25	109341
2036	97.41	611015	125106	2964.92	110703
2037	98.06	605785	127622	3030.73	112072
2038	98.66	599973	130212	3098.81	113457
2039	99.23	593704	132883	3169.31	114871
2040	99.78	587110	135639	3242.39	116324
2041	100.43	581093	138509	3318.52	117882
2042	100.44	575283	140118	3356.26	118642
2043	100.52	570037	141785	3395.1	119473
2044	100.68	565332	143511	3435.05	120375
2045	100.92	561146	145297	3476.1	121347
2046	101.23	557461	147146	3518.28	122389
2047	101.60	554257	149059	3561.59	123501
2048	102.05	551518	151037	3606.04	124682
2049	102.57	549228	153083	3651.65	125933
2050	103.16	547372	155198	3698.42	127253

附录8 能源需求预测（低节能情景）

附表8 能源需求预测（低节能情景）

年份	总能源需求（亿吨标准煤）	煤炭（万吨）	原油（万吨）	天然气（亿立方米）	电力（亿千瓦小时）
2008	29.14	281096	35637.8	812.938	34541.4
2009	31.82	308589	38289.1	875.94	37482.1
2010	34.97	335037	41679.2	959.696	40978.6
2011	38.26	362594	45152.8	1041.14	44598
2012	41.66	390306	48817.5	1128.53	48312.5
2013	45.28	419241	52701.7	1221.5	52228.3
2014	48.99	448247	56775.4	1319.67	56268.9
2015	52.89	477612	61009.4	1423.4	60470.2
2016	56.98	507527	65432.6	1533	64839
2017	61.01	535216	69874.9	1641.44	69106.3
2018	65.18	563205	74559.3	1756.98	73553.9

续表

年份	总能源需求（亿吨标准煤）	煤炭（万吨）	原油（万吨）	天然气(亿立方米)	电力（亿千瓦小时）
2019	69.48	591390	79502.3	1880.25	78183.9
2020	73.91	619698	84724.1	2012.03	83002.2
2021	78.48	648087	90249.5	2153.25	88018.6
2022	81.93	670265	94061.1	2243.18	91679.3
2023	85.44	692422	98050.3	2337.81	95450.6
2024	88.99	714417	102226	2437.34	99328.6
2025	92.57	736117	106599	2541.99	103310
2026	96.18	757397	111181	2651.99	107392
2027	99.80	778046	115973	2767.38	111566
2028	103.41	797972	120991	2888.55	115834
2029	107.02	817101	126251	3015.85	120198
2030	110.63	835380	131767	3149.64	124662
2031	114.23	852786	137558	3290.34	129235
2032	116.54	863184	141396	3389.45	132198
2033	118.75	872435	145351	3492.01	135174
2034	120.89	880575	149431	3598.23	138169
2035	122.95	887667	153642	3708.32	141192
2036	124.94	893800	157993	3822.52	144253
2037	126.87	899087	162494	3941.1	147365
2038	128.78	903665	167154	4064.31	150540
2039	130.66	907689	171983	4192.45	153795
2040	132.55	911332	176993	4325.83	157146
2041	134.59	915850	182224	4465.22	160684
2042	135.79	919435	185859	4554.88	163167
2043	137.09	923808	189620	4647.21	165776
2044	138.52	928964	193511	4742.27	168515
2045	140.05	934896	197535	4840.13	171385
2046	141.71	941600	201699	4940.85	174389
2047	143.48	949071	206006	5044.51	177529
2048	145.37	957309	210463	5151.18	180808
2049	147.38	966311	215074	5260.93	184229
2050	149.52	976080	219845	5373.85	187796

（本章作者：刘　强）

参考文献

[1] 中华人民共和国国务院新闻办公室. 中国的能源状况与政策. 2007.

[2] 《中华人民共和国节约能源法》（1997年11月1日第八届全国人民代表大会常务委员会第二十八次会议通过、2007年10月28日第十届全国人民代表大会常务委员会第三十次会议修订）。

[3] 《中华人民共和国可再生能源法》（2005年2月28日第十届全国人民代表大会常务委员会第十四次会议上通过）。

[4] 国家发展改革委员会. 节能中长期专项规划, 2006.

[5] 国家发展改革委员会. 核电中长期发展规划（2005~2020年）.

[6] 国家农业部. 农业生物质能产业发展规划（2007~2015年），2007年5月。

[7] 国家能源局. 全年石油表观消费量4.49亿吨, 新浪财经, http://www.sina.com.cn, 2011年1月28日。

[8] U.S. Energy Information Administration. International Energy Outlook 2010, July 2010, http://www.eia.gov/oiaf/ieo/index.html.

[9] European Commission. World Energy Technology Outlook-WETO H2, EUR 22038, http://ec.europa.eu/research/energy/, 2006.

[10] International Energy Agency. World Eneergy Outlook 2007, China and India Insights, 2007.

[11] Energy Information Administration. Country Analysis Briefs: China, November 2010.

[12] 陈文颖, 吴宗鑫. 用MARKAL模型研究中国未来可持续能源发展战略: 清华大学学报（自然科学版），2001, 41（12）.

[13] 历年《中国统计年鉴》，中国统计出版社。

[14] 能源研究所（2006）. 中国能源政策综合评价模型. http://www.eri.org.cn/manage/englishfile/187-2006-7-19-1875018.pdf.

[15] 国家农业部. 农业生物质能产业发展规划（2007~2015年），2007. 中国发展门户网, http://www.chinagate.com.cn, 2009年6月23日。

[16] Bhattacharyya Subhes C., Govinda R. Timilsina. A review of energy system models. The full text archive of this journal is available at: http://www.emeraldinsight.com/1750-6220.htm, 2010.

[17] Chen Wenying. The costs of mitigating carbon emissions in China: findings from China MARKAL-MACRO modeling. Energy Policy, 2005（33）: 885-896.

[18] Community Research, European Commission. World Energy Technology Outlook-2050. EUR 22038, 2006.

[19] Criqui, P. Poles-Prospective Outlook on Long-term Energy Systems, Information Document, LEPII-EPE, Grenoble, 2001. The full text is available at: http://web.upmf-grenoble.fr/lepii-epe/textes/POLES8p_01.pdf.

[20] EIA. The National Energy Modeling System: An Overview 2003. http://www.eia.doe.gov/oiaf/aeo/overview/index.html, 2003.

[21] Energy Modeling Forum（EMF）7. Working Group Report. Macroeconomic Impacts of Energy Shocks: A Summary of Key Results, Hickman, Bert G., Hillard G. Huntington, and James L. Sweeney, eds, 1982.

[22] Hamilton, Leonard D., Gary A. Goldstein, John Lee., Alan S. Manne, William Marcuse, Samuel C. Morris, and Clas-Otto Wene. MARKAL-MACRO: An Overview. November 12, 1992.

[23] Heaps, C., Integrated Energy-environment Modelling and LEAP, SEI Boston and Tellus Institute, Boston, MA, 2002. The full text is available at: www.energycommunityorg/defaultasp?action$_{1/4}$42

[24] IEA. World energy model - methodology and assumptions, World Energy Outlook 2007, International Energy Agency, Paris, available at: http://www.worldenergyoutlook.org/docs/weo2007/WEM_ Methodology_07. pdf, 2007.

[25] Larson E.D., P. DeLaquil, Z. Wu, W. Chen, and P. Gao. Exploring Implications to 2050 of Energytechnology Options for China. Prepared for the Sixth Greenhouse Gas Control Technologies Conference, Kyoto, Japan, September 30. October 4, 2002.

[26] Mohammad Reza Faraji Zonooz, Z.M. Nopiah, Ahmad Mohd.Yusof, Kamaruzzaman Sopian, A Review of MARKAL Energy Modeling, European Journal of Scientific Research, ISSN 1450-216X Vol.26, No.3, 352-361, 2009.

[27] Russ, Peter et al.. Global Climate Policies: Analysis of Greenhouse Gas Emission Reduction Scenarios with the POLES and GEM-E3 Models. European Commission, Joint Research Centre, Institute for Prospective Technological Studies. EUR 23768 EN - 2009.

[28] Seebregts A.J., Goldstein, G.A. and Smekens K., Energy/environmental Modelling with MARKAL family of models, in Chamoni, P., Leisten, R., Martin A., Minnemann, J. and Stadtler, H. (Eds), Operations Research Proceedings 2001 -Selected Papers of the International Conference on Operations Research, Duisburg, 3-5 September, Springer, Berlin, 2001, 75-82.

[29] Strachan N., R. Kannan and S. Pye. Final Report on DTI-DEFRA Scenarios and Sensitivities using the UK MARKAL and MARKAL-Macro Energy System Models, available at http: //www.ukerc.ac.uk/content/ view/142/112, 2007.

[30] Teng Fei, Alun Gu, Maosheng Duan. Energy Models in China: A Literature Survey. Global Climate Change Institute, Tsinghua University, September 2007.